La prospective juridique

Logiques Juridiques

Fondée par Gérard Marcou
Dirigée par Jean-Claude Némery et Thomas Perroud

Le droit n'est pas seulement un savoir, il est d'abord un ensemble de rapports et pratiques que l'on rencontre dans presque toutes les formes de sociétés. C'est pourquoi il a toujours donné lieu à la fois à une littérature de juristes professionnels, produisant le savoir juridique, et à une littérature sur le droit, produite par des philosophes, des sociologues ou des économistes notamment.

Parce que le domaine du droit s'étend sans cesse et rend de plus en plus souvent nécessaire le recours au savoir juridique spécialisé, même dans des matières où il n'avait jadis qu'une importance secondaire, les ouvrages juridiques à caractère professionnel ou pédagogique dominent l'édition, et ils tendent à réduire la recherche en droit à sa seule dimension positive. À l'inverse de cette tendance, la collection « Logiques juridiques » des éditions L'Harmattan est ouverte à toutes les approches du droit. Tout en publiant aussi des ouvrages à vocation professionnelle ou pédagogique, elle se fixe avant tout pour but de contribuer à la publication et à la diffusion des recherches en droit, ainsi qu'au dialogue scientifique sur le droit. Comme son nom l'indique, elle se veut plurielle.

Dernières parutions

Virginie LANCERON, *La fonction de coordination en droit public*, 2019.
Mohamed Jamal BENNOUNA, *Responsabilité civile extracontractuelle et assurance des constructeurs, Droit comparé*, 2019.
Yaya DIALLO, *Les sûretés et garanties réelles dans les procédures collectives*, 2019.
Sangoné THIAM, *Droits de la défense et enquête policière*, 2019.
Georges-Philippe ZAKHOUR, *Les investissements étrangers, Droit application et tribunal compétent*, 2019.
Rachid EL BAZZIM, *Conseil de la concurrence au Maroc*, 2019.
Bienvenu OKIEMY, *L'OMC, une ingénierie juridique et commerciale à reconfigurer*, 2019.
Didier JAMOT, *Annuaire des engagements internationaux ayant fait l'objet d'une loi d'autorisation sous la Ve République*, 2019.
Sotirios LYTRAS, *Le phénomène disciplinaire dans le droit public héllenique contemporain*, 2019.
Massimo VOGLIOTTI, *Pour une nouvelle éducation juridique*, 2018.
Claire AGUILON, *Justice constitutionnelle et subsidiarité. L'apport de l'expérience canadienne pour la construction européenne*, 2018.

Boris Barraud

La prospective juridique

L'Harmattan

***

5-7, rue de l'École-Polytechnique – 75005 Paris
www.editions-harmattan.fr

ISBN : 978-2-343-19034-1
EAN : 9782343190341

Il n'est pas de vent favorable pour celui qui ne sait où il va.

Sénèque

Introduction

La prospective est une anticipation scientifique et critique visant à éclairer l'action présente à la lumière des futurs possibles et du futur souhaitable. En connaissant mieux le futur, on peut agir plus efficacement aujourd'hui.

Est-il possible d'adopter une telle approche en droit ou, du moins, à l'égard du droit ? Il s'agira en ces pages de réfléchir à la possibilité et à l'opportunité d'importer les fins et les moyens de la prospective au sein de la recherche juridique.

Comme l'a écrit Paul Valéry, « nous entrons dans l'avenir à reculons »[1]. Or, dans un monde qui change chaque jour un peu plus vite et plus profondément, une telle attitude, repli sur le passé plutôt qu'ouverture au futur, n'est peut-être pas la mieux appropriée. En droit, quelques leçons intéressantes pour les juristes et les légistes pourraient être tirées de la prospective, cela afin de mieux comprendre, analyser, expliquer, produire et appliquer le droit — cet objet de plus en plus complexe et incertain, mais aussi de plus en plus archaïque parce qu'il ne change pas aussi rapidement que son environnement, parce qu'il ne s'adapte pas autant que nécessaire aux nouvelles sociétés, économies, cultures, technologies etc.

I. La prospective

Chaque homme, lorsqu'il agit, le fait à l'aune d'une certaine conception de l'avenir, qu'il soit proche ou plus lointain. Choix des études, choix d'un emploi, choix d'un lieu de résidence etc., on saisit des occasions, mais celles-ci ne se présentent que parce qu'on imagine un futur donné et qu'on ignore les autres futurs possibles. Il ne s'agit cependant pas là de prospective. Celle-ci consiste en une approche moins spontanée et instinctive, plus objective, méthodique et raisonnée, plus scientifique.

Si chacun se fait une idée de l'avenir et de son avenir, la prospective vise à identifier les avenirs les plus plausibles à grand renfort de documentation,

---

[1] Cité par G. Berger, « L'attitude prospective » (1959), in *De la prospective – Textes fondamentaux de la prospective française (1955-1966)*, L'Harmattan, coll. Prospective, 2007, p. 88.

d'identification des facteurs clés, d'auditions d'acteurs clés et d'experts et d'élaboration de scénarios. Elle recherche, en outre, les moyens de faire advenir, parmi ces avenirs possibles, l'avenir le plus souhaitable — qui a été choisi cette fois de manière plus subjective. Démarche consistant, par une approche rationnelle et holistique, à préparer demain (et après-demain) dès aujourd'hui, sa définition générale (*A*) est le fruit d'une histoire récente (*B*). Et les écoles française et américaine de la prospective doivent être précisément distinguées (*C*) — cet ouvrage se plaçant essentiellement dans les pas de l'école française.

A. Définition de la prospective

Depuis toujours, les hommes souhaitent maîtriser les changements, agir plutôt que subir, ce qui, dans un monde incertain, suppose, si ce n'est une certaine confiance en l'avenir, du moins une volonté de faire l'avenir. La prospective entend ainsi servir l'action présente en l'éclairant par le futur — non le futur qui sera dans l'absolu, par définition inconnaissable, mais le futur qui pourrait être et le futur qui devrait être.

L'étude scientifique des avenirs possibles et la réflexion critique quant à l'avenir souhaitable

La prospective se définit comme l'étude scientifique des avenirs possibles et la réflexion critique quant à l'avenir souhaitable. Apparaissent ainsi les deux branches cardinales de la prospective : la prospective exploratoire, scientifique et objective, et la prospective stratégique, critique et normative.

Sa version exploratoire en fait une science humaine et sociale répondant à des fins propres et s'appuyant sur des moyens spécifiques, tandis que ses aspects stratégiques l'apparentent à un courant philosophique original. Mais ces deux branches sont bien les deux jambes d'un seul et même corps ; l'une ne saurait se passer de l'autre car l'une n'a que peu d'intérêt sans l'autre. C'est pourquoi il faut comprendre la prospective comme un tout. Il serait notamment vain de réfléchir à l'avenir souhaitable sans avoir au préalable étudié les avenirs possibles. Si l'objectif est de rendre le souhaitable plus probable, il est indispensable de savoir ce qui est possible et ce qui est impossible.

À l'inverse, une recherche se bornant à identifier les futurs potentiels, sans prendre position quant à un futur désirable, est envisageable. Une recherche prospective purement scientifique n'est donc pas une incongruité, au contraire. Mais elle semblera souvent incomplète dès lors que la prospective est au service de l'action efficace et de la prise de décision éclairée. La construction de scénarios correspond au volet exploratoire, préactif et préventif de la prospective. Celui-ci est indispensable à son volet stratégique, proactif et volontariste, qui intervient logiquement en second.

Quatre attitudes sont ainsi possibles face à l'avenir, dont seules les deux dernières peuvent impliquer des recherches prospectives :

Attitudes face à l'avenir	Types de scénarios privilégiés	Stratégies privilégiées
Passive	Pas de scénarios	Fil de l'eau
Réactive	Pas de scénarios	Adaptative
Pré-active	Exploratoires	Préventive
Pro-active	Stratégiques	Volontariste

Prospective, projection, prévision, planification, prédiction, futurologie, science-fiction...

Le mot « prospective » provient des termes latins « *pro* », pour « en avant », et « *specto* » ou « *spectare* » signifiant « regarder ». Étymologiquement, la prospective consiste donc à regarder en avant et son antonyme est la rétrospective, lorsqu'on regarde en arrière. La prospective désigne donc une branche de la recherche dont l'objectif est d'éclairer l'action présente à la lumière des futurs. Pour cela, elle s'appuie sur des outils relativement sophistiqués permettant de préfigurer le plus pertinemment possible ces futurs.

La prospective doit être distinguée des autres modes d'appréhension du futur. La confusion entre prospective, projection, prévision, planification, prédiction et futurologie est à l'origine de beaucoup d'incompréhensions.

Une projection est le prolongement mathématique dans le futur d'une évolution passée en appliquant certaines hypothèses d'extrapolation ou d'inflexion de tendances. Elle ne constitue une prévision que si elle est assortie d'une probabilité puisqu'une prévision consiste en l'appréciation avec un degré déterminé de confiance, donc une probabilité, de l'évolution d'une grandeur à un horizon donné et en fonction de conjectures données[2]. Généralement, la prévision prend la forme d'une estimation chiffrée à partir des données du passé et de certaines hypothèses. Avec elle, l'avenir est conçu telle la continuité du passé, alors que la prospective accorde tout autant d'importance aux ruptures, aux revirements et aux inflexions. Cela constitue une différence essentielle.

---

[2] Par exemple, R. Saint-Paul, P.-F. Ténière-Buchot, *Innovation et évaluation technologiques – Sélection des projets, méthodes de prévision*, Entreprise moderne d'édition, 1974 ; É. Jantsch, *La prévision technologique*, OCDE, 1968.

La planification, pour sa part, est la fixation d'objectifs à atteindre à long ou très long terme, ainsi que des moyens censés permettre de remplir ces objectifs[3]. Dans ce cas, et à la différence de la prospective stratégique, la fixation d'un futur désiré est la base de tout le processus. On ne choisit pas un futur souhaitable parmi des futurs possibles qui auraient été déterminés au préalable car on considère que tout est possible à condition de le vouloir.

Enfin, la prédiction ou divination est l'action d'annoncer à l'avance, tel l'oracle de Delphes, un événement grâce à une inspiration surnaturelle, par voyance ou prémonition. Et la futurologie (concept anglo-saxon) désigne un ensemble de recherches « scientifiques » sur l'avenir qui se rapprochent de la prédiction en ce qu'elles visent à envisager avec certitude ce qui, par nature, est absolument incertain[4]. La futurologie est, par ailleurs, largement impactée par des biais idéologiques et par une grande place laissée à l'imaginaire qui la rendent approximative. La prospective s'appuie, pour sa part, sur des canons, formes et procédés scientifiques devant la rendre plus fiable.

L'intérêt de la science-fiction aux yeux des prospectivistes

La science-fiction est peut-être le domaine privilégié de la futurologie. Or celle-ci est toujours accompagnée d'images — pessimistes le plus souvent — d'un projet social radical. Il n'est en tout cas pas permis de considérer que les auteurs de romans d'anticipation seraient des prospectivistes. En revanche, les écrits, par exemple, de Jules Verne et Albert Robida en France, H. G. Wells (*La Guerre des mondes*) et de George Orwell (*1984*) au Royaume-Uni, Isaac Asimov (*Fondation*), Ray Bradbury (*Chroniques martiennes*) ou Robert Heinlein (*L'Histoire du futur*) aux États-Unis peuvent être regardés, avec recul mais aussi intérêt, par les prospectivistes, d'autant que beaucoup de ces auteurs, à l'image de Jules Verne, H. G. Wells et Isaac Asimov, étaient des scientifiques de formation.

Les auteurs de science-fiction accordent à la dynamique des sciences et des techniques un rôle déterminant dans l'évolution des sociétés, tandis qu'en prospective, on insiste sur le pouvoir d'anticipation et d'autodétermination des hommes. Le facteur technologique, surtout à l'époque actuelle et *a fortiori* au cours des prochaines décennies, ne peut cependant qu'être mis au cœur du jeu du futur. À l'inverse de la science-fiction, la prospective n'a, en revanche, guère de vocation littéraire.

---

[3] Par exemple, E. Jantsch, H. Ozbekahn, *Vers une théorie générale de la planification – Prospective et politique*, OCDE, 1969 ; P. Schwartz, *The Art of the Long View – Planning for the Future in an Uncertain World*, Doubleday, 1991 ; R. Ayres, *Prévision technologique et planification à long terme*, Hommes et Techniques, 1972.

[4] Par exemple, E. Cornish, *Futuring – The Exploration of the Future*, World Future Society, 2004.

En définitive, il est donc assez aisé, parmi toutes les publications sur le futur, de distinguer celles qui ne relèvent pas de la prospective[5].

L'utilité des prévisions et projections pour la prospective

Foncièrement informative, pragmatique et tournée vers l'action, la prospective est une discipline d'aide à la décision pratiquée aussi bien à l'intérieur de l'État que parmi diverses organisations publiques et privées[6]. Une prospective exploratoire est un panorama des futurs possibles (« futuribles ») en fonction des déterminismes du passé, des variables du présent, des acteurs et de leurs projets et des potentialités du futur. Chaque scénario, mêlant différentes hypothèses, peut faire l'objet d'une appréciation chiffrée, donc d'une prévision. Et, si la prévision est plutôt de court terme et la prospective davantage de long terme, nul doute que cette dernière peut faire appel à cette première. « Il faut, à la fois, savoir dans quelle direction l'on marche et s'assurer de l'endroit où l'on va poser le pied pour le prochain pas », écrivait ainsi Gaston Berger, fondateur de l'École française de la prospective[7].

La prospective peut aussi prendre appui sur des projections, parmi d'autres outils. En revanche, elle ne saurait aller de pair avec la futurologie ou la prédiction, trop abstraites et aléatoires, ni avec la planification, cette dernière étant excessivement arbitraire pour pouvoir s'associer avec elle, même dans son volet stratégique.

Non prédire l'avenir mais construire l'avenir

Contrairement à beaucoup d'approches de l'avenir, la prospective ne prétend en aucun instant prévoir ou prédire quoi que ce soit. Ses finalités sont l'action et la décision ; et l'action et la décision présentes, non l'action et la décision futures. Or, pour agir, il convient de savoir ce que peut être demain et ce que devrait être demain[8]. L'objectif n'est donc pas de prédire l'avenir mais de construire l'avenir — là où la futurologie tend à confondre ces deux aspects avec une approche performative du futur : quand prédire le futur, c'est faire le futur.

Pour cela, la prospective se penche davantage sur le présent que sur le futur ; et peut-être même plus sur le passé que sur le futur. En effet, ce qui

---

[5] Par exemple, P. Papon, *Bref récit du futur*, Albin Michel, 2012.

[6] J. Darcet, « Introduction », in *Étapes de la prospective*, Puf, coll. Bibliothèque de prospective, 1967, p. 1.

[7] G. Berger, « L'attitude prospective » (1959), in *De la prospective – Textes fondamentaux de la prospective française (1955-1966)*, L'Harmattan, coll. Prospective, 2007, p. 90.

[8] Par exemple, L. Armand, M. Drancourt, *Plaidoyer pour l'avenir*, Calmann-Lévy, 1962.

l'intéresse est l'action présente ; et, pour concevoir l'avenir, les seules données exploitables ont trait à l'actualité et au passé. L'avenir n'est pas prédéterminé. Il ne saurait, dès lors, quels que soient les méthodes utilisées et les progrès des systèmes experts, de l'intelligence artificielle et des méthodes et outils en général garantissant une certaine rigueur et une certaine fiabilité dans la réflexion, être anticipé à l'avance. « Toute forme de prédiction est une imposture », écrit Michel Godet, figure de proue de la prospective en France[9]. Toute science du futur est impossible.

L'anticipation, un art et une science

Ce que peut faire un scientifique, c'est explorer les futurs possibles afin de faciliter les prises de décisions en permettant d'opérer un recul critique sur l'action — au lieu d'agir dans l'urgence et la précipitation. La prospective montre ainsi que l'anticipation est un art mais qu'elle peut aussi être une science. Il s'agit toutefois d'une science du présent et du passé au moins autant que du futur. Le futur n'existe pas et n'est pas davantage prédéterminé. Il serait donc vain de le rechercher. Il est inconnaissable. Les prospectivistes expliquent ainsi que « la prospective n'a pas pour objet de prédire l'avenir — de nous le dévoiler comme s'il s'agissait d'une chose déjà faite — mais de nous aider à le construire. Elle nous invite donc à le considérer comme à faire, à bâtir, plutôt que comme quelque chose qui serait déjà décidé et dont il conviendrait seulement de percer le mystère »[10]. Ce faisant, la prospective possède une double fonction de réduction des incertitudes face à l'avenir et de priorisation, par la légitimation, des actions.

Les avenirs possibles et concevables, objet d'étude de la prospective

En même temps, tout n'est pas possible — au moins avec la même probabilité. Le futur est ouvert en ce que divers avenirs pourraient potentiellement advenir. Mais le nombre d'avenirs à la fois possibles et concevables n'est pas illimité. Ce sont ces avenirs à la fois possibles et concevables qui constituent l'objet d'étude de la prospective. Et cet objet est abordé avec des moyens d'investigation aussi scientifiques que possible, loin de la boule de cristal et du marc de café.

On a l'habitude de se représenter le temps sous l'aspect d'une ligne, avec un instant « t » (comme « temps »), un avant qui est passé et un après qui est

[9] M. Godet, « Le plaisir de l'indiscipline intellectuelle pour construire l'avenir autrement », in Ph. Durance, dir., *La prospective stratégique en action – Bilan et perspectives d'une indiscipline intellectuelle*, Odile Jacob, 2014, p. 31.

[10] H. De Jouvenel, *Invitation à la prospective*, Futuribles, coll. Perspectives, 2004, p. 7.

à venir. Mais, si la direction du passé est donnée, celle du futur ne l'est pas. Elle est multiple, hétérogène et, dès lors, affaire de projets et de volonté — ainsi que, pour une part non dérisoire, de hasard. Pour s'aventurer dans le champ des possibles de manière éclairée plutôt qu'en toute improvisation, il y a la prospective. C'est pourquoi deux principes constitutifs de la prospective sont que la volonté humaine est capable d'influencer l'avenir de manière à favoriser ce qui est désirable et que cette capacité fonde une obligation morale de réfléchir à l'avenir et à ses trajectoires possibles[11].

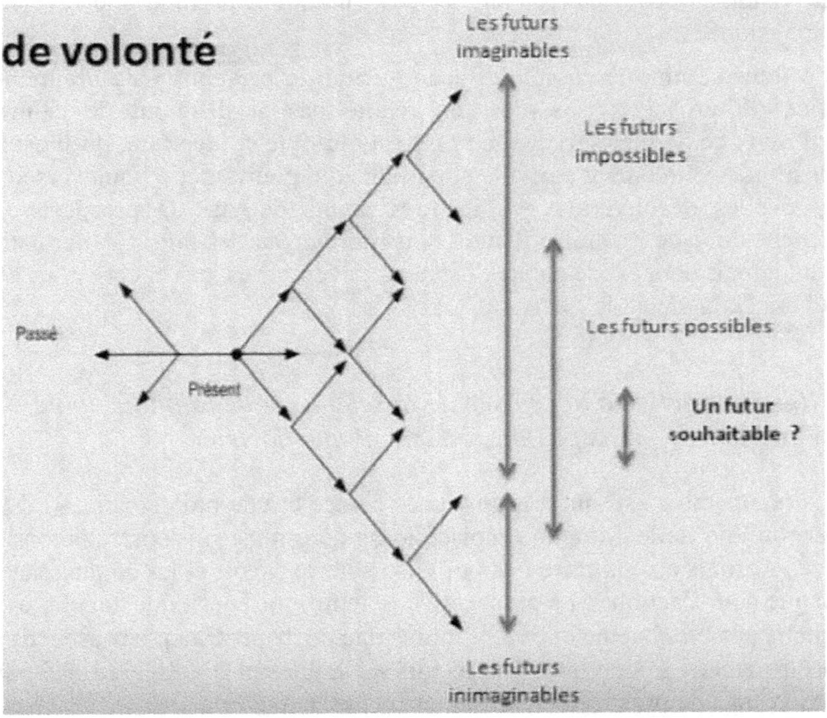

Ph. Durance, « Libérer l'innovateur : la prospective en pratique », ESSEC, 9 juin 2011

Ce graphique montre comment les futurs peuvent être formalisés. Tel est le travail du prospectiviste : situé au moment présent, donc au carrefour des temps, conscient d'un passé plus ou moins incertain dont il faut tirer les leçons, il identifie les acteurs et facteurs clés, détermine différentes hypothèses et, à partir de ces dernières, conçoit des scénarios comme autant de futurs possibles pour, parmi eux, déterminer un futur souhaitable — en ayant à

[11] Ph. Durance, M. Godet, *La prospective stratégique – Pour les entreprises et les territoires*, Dunod-Unesco, coll. Stratégie de l'entreprise, 2011, p. XVI.

l'esprit que certains futurs imaginables sont impossibles et, surtout, que certains futurs possibles sont inimaginables.

La « puissance de l'imprévisible »[12] oblige à une certaine modestie dans les résultats et les propositions. Les méthodes formelles de la prospective n'ont pas la prétention de permettre des calculs véritablement scientifiques. Il s'agit seulement d'apprécier et de mettre en rapport, de façon aussi objective et empirique que possible, des réalités aux multiples inconnues. Le prospectiviste se distingue ainsi du prévisionniste, prolongateur de tendances, et du visionnaire qui conçoit un scénario unique à partir d'une révélation métaphysique.

Le futur comme le passé s'effacent[13]. Seul le présent existe vraiment et l'office du prospectiviste n'est en réalité pas si différent de celui de l'historien : ce dernier sait que le passé est multiple et incertain, qu'il est une reconstitution forcément partielle et partiale, qui pourrait être bouleversée par de nouvelles découvertes. À bien des points de vue, la prospective se rapproche donc de l'histoire. Toutes deux portent sur des faits qui, par nature, ne sont jamais donnés : le passé n'est plus, l'avenir n'est pas encore, tous deux sont hors de la vie et de l'existant.

La prospective à la croisée de la science et de la philosophie, mais pas un système ni une doctrine

La prospective est tout à la fois une science et une philosophie — il faut gager qu'une telle situation épistémologique n'est ni contradictoire ni malvenue, mais au contraire très porteuse pour le savoir et les connaissances, ainsi que pour l'action[14]. La prospective, scientifique et critique donc, n'est en revanche pas un système et encore moins une doctrine. Chaque prospectiviste peut être amené à identifier des avenirs désirables et d'autres qu'il faudrait craindre, mais la prospective, en soi, est neutre et ouverte.

Ce qui l'intéresse se résume à ses moyens et principes méthodologiques propres et originaux, permettant d'élaborer les scénarios des avenirs prévisibles, et à l'état d'esprit nécessaire afin de s'orienter vers un avenir souhaitable. Si elle fait appel à la liberté et à l'imagination tant des prospectivistes que des acteurs concernés, elle se caractérise surtout par la rigueur des méthodes qu'elle déploie afin de poser les problématiques adéquates, décrire le système étudié, identifier les données clés (acteurs et variables), élaborer les scénarios en réduisant les incohérences et en renforçant la plausibilité et orienter les actes des hommes vers un futur donné.

---

[12] N. Taleb, *Le cygne noir – La puissance de l'imprévisible*, Les Belles Lettres, 2008.
[13] P.-A. Taguieff, *L'effacement de l'avenir*, Galilée, 2000.
[14] M. Godet, « Penser et agir autrement », *L'ENA hors les murs* 2016, n° 458, p. 7.

Si la prospective n'est pas un domaine constitué académiquement — et telle est peut-être sa chance[15] —, elle repose sur un héritage important bien que récent. Il existe une histoire de la prospective dont les prospectivistes actuels sont les héritiers.

B. Histoire de la prospective

L'avenir a toujours été source d'inquiétudes et de pessimisme ou d'espérances et d'optimisme. Et les hommes ont de tout temps souhaité le connaître ou, du moins, l'imaginer à l'avance. La demande de discours sur le futur est une constante de l'histoire des sociétés. Depuis l'Antiquité, toutes sortes de pratiques sont ainsi apparues afin de diminuer l'incertitude liée au futur, souvent de manière assez décevante, si ce n'est captieuse, spécieuse et dolosive.

L'histoire des futurs est d'ailleurs tout à fait passionnante[16]. Et, dans cette histoire, la prospective n'occupe qu'une place limitée, notamment parce qu'elle est d'apparition récente et parce qu'elle demeure l'apanage de quelques érudits et de quelques passionnés[17].

Devins, oracles et prophètes : rationalisme et libre arbitre contre fatalisme et déterminisme

Longtemps, les « recherches » sur le futur se sont limitées à différentes techniques de divination et de consultation des auspices. Le « devin » accédait, par et pour ses prédictions, à un statut proche de la prêtrise. En Grèce, l'oracle de Delphes est resté célèbre. Des femmes, les pythies, entraient en transe en articulant leurs prédictions. Au Moyen-Orient et en Europe occidentale, les druides, marabouts, sahirs et autres sorciers ont

---

[15] Cependant, cela aboutit à une pluralité de prospectives qui, parfois, n'ont plus qu'un tronc commun très limité. Pour ne prendre qu'un exemple, on propose une « prospective conceptive » consistant en une « prospective non prédictive, qui se concentre davantage sur les changements de paradigmes susceptibles de se produire, et sur les possibilités ainsi ouvertes par les paradigmes émergents » (G. Amar, « Prospective conceptive : pour un futur ouvert – Approche théorique et illustration dans le monde du transport », *Futuribles* 2014, n° 404). La tentative la plus récente est celle d'une prospective « systémique » qui « se proclame non seulement l'héritière achevée de toutes celles qui l'ont précédée (marxiste, structuraliste, positiviste), mais déclare en outre constituer une rupture épistémologique définitive » (P. Tolila, « Quand la prospective rêve de science », *Le Banquet la revue du CERAP* janv. 1997, p. 2).

[16] *Cf.* B. Cazes, *Histoire des futurs – Les figures de l'avenir de Saint Augustin au XXIe siècle*, L'Harmattan, coll. Prospective, 2008 ; G. Minois, *Histoire de l'avenir – Des prophètes à la prospective*, Fayard, 1996.

[17] *Cf.* S. Cordobes, Ph. Durance, *Attitudes prospectives – Eléments d'une histoire de la prospective en France après 1945*, L'Harmattan, coll. Prospective, 2007.

progressivement abandonné leur fonction prédictive aux religieux, sous la forme de la prophétie et de l'eschatologie.

En parallèle, d'autres formes de prédiction du futur sont apparues, telles que la géomancie ou le tarot. Plus tard, quand, au siècle des Lumières, l'influence des religions régressa au profit de celle de la science, les récits du futur s'appuyèrent davantage sur des évaluations et des concepts scientifiques[18]. C'est ainsi qu'ont été rendues possibles des œuvres littéraires telles que celle de Jules Verne.

La prospective est une manière fondamentalement différente d'envisager l'avenir, qui va de pair avec la montée du rationalisme et du libre arbitre dans les sociétés modernes. Elle rompt ainsi avec le fatalisme et le déterminisme (un seul futur à découvrir) qui jusqu'alors marquaient les travaux sur l'avenir même les plus sérieux. La prise de conscience de la maîtrise par l'homme de son destin a justifié le développement de différents principes de responsabilité — par exemple le principe de précaution —, ainsi que l'apparition de la prospective comme nouvelle branche parmi les sciences humaines et sociales.

Gaston Berger ou le lien intime entre la prospective et la France

Toute histoire intellectuelle possède son contexte d'émergence, ses maîtres et ses institutions de référence. Concernant la prospective, tout cela est intimement lié à la France. Tandis que les fins et les moyens qu'elle désigne ne sont apparus qu'un peu plus tôt au XXe siècle, en Amérique du nord, le concept de prospective, sous cette dénomination, a été créé à la fin des années 1950 par le philosophe français Gaston Berger. Celui-ci était alors directeur général de l'enseignement supérieur au ministère de l'Éducation nationale et professeur de philosophie à l'université. Gaston Berger est ainsi considéré comme le père de la prospective.

Observant que l'étude du futur n'avait pas encore été systématiquement entreprise, il a posé les jalons de ce nouveau champ de recherche à l'occasion d'un article séminal publié en 1957 dans *La Revue des Deux Mondes*[19]. Il en décrit la nécessité, les fondements et l'utilité. Jusqu'à présent, « prospective » n'avait été utilisé qu'en tant qu'adjectif féminin de « prospectif ». Gaston Berger est le premier à utiliser le mot en tant que substantif. Peu après, toujours en 1957, il fonde le Centre International de Prospective. Constitué d'une trentaine de membres, professeurs mais aussi chefs d'entreprise et hauts fonctionnaires, le Centre a permis de consolider et diffuser la prospective, sans

---

18 Par exemple, P.-S. De Laplace, *Essai philosophique sur les probabilités*, Courcier, 1816.

19 G. Berger, « Sciences humaines et prévision », *La Revue des Deux Mondes* 1957, p. 419 s. Également, G. Berger, « L'attitude prospective », *Prospective* 1958, n° 1 ; G. Berger, *Phénoménologie du temps et prospective*, Puf, 1964.

parvenir toutefois à en faire une science sociale institutionnellement reconnue comme telle[20]. Gaston Berger a également fondé la revue *Prospective*, qui, bien qu'un temps poursuivie sous l'intitulé *Prospectives*, a cessé de paraître en 1973[21]. Les années 1960 ont peut-être constitué l'« âge d'or » de la prospective en France[22]. Il reste néanmoins aujourd'hui beaucoup de prospectivistes actifs ; et des recherches et réflexions sur la prospective sont encore régulièrement menées[23].

Gaston Berger était un disciple du philosophe Maurice Blondel, qui considérait l'avenir tel un domaine à construire à partir des matériaux et des contraintes du passé : « L'avenir ne se prévoit pas, il se prépare », disait-il[24]. Gaston Berger allait plus loin encore en considérant que « l'avenir est la raison d'être du présent »[25] et qu'une grande partie des actions s'expliquent par les projets qui les justifient[26].

L'accélération du temps et du changement et le besoin croissant d'anticipation

La prospective est née sur la base d'une critique de la décision publique et de la séparation du pouvoir et du savoir, des fins et des moyens[27]. Le constat opéré par Gaston Berger et par ceux qui l'ont suivi dans l'aventure de la prospective était que, en des temps où le changement n'avait de cesse de s'accélérer sous l'effet des techniques nouvelles (nucléaire, cybernétique,

---

20 C'est à partir de là que certaines grosses firmes industrielles ont commencé à ouvrir, à côté ou au-delà de leurs services de prévision, des « départements du futur » ou des « bureaux des hypothèses » au sein desquels on s'applique à concevoir, d'une manière aussi objective et rationnelle que possible, les différents traits que pourrait prendre le visage du monde de demain.

21 Les premiers travaux de prospective ont notamment été publiés dans la revue *Analyse & prévision* de la SEDEIS (Société d'études et de documentation économiques, industrielles et sociales), dans les *Bulletins de la SEDEIS*, puis, à partir de 1974, dans la revue *Futuribles*.

22 *Cf.* G. Berger, J. de Bourbon-Busset, J. Massé, *De la prospective – Textes fondamentaux de la prospective française (1955-1966)*, L'Harmattan, coll. Prospective, 2007. Un premier volume de l'illustre collection « Que sais-je ? » des Presses universitaires de France est paru dès 1962 (A.-C. Decouflé, *La prospective*, Puf, coll. Que sais-je ?, 1962 ; du même auteur également *Traité élémentaire de prévision et de prospective*, Puf, 1978).

23 Par exemple, J. Lesourne, *Les temps de la prospective*, Odile Jacob, 2012 ; C. Dartiguepeyrou, dir., *Prospective d'un monde en mutation*, L'Harmattan, 3 vol., 2012.

24 Cité par Ph. Durance, M. Godet, *La prospective stratégique – Pour les entreprises et les territoires*, Dunod-Unesco, coll. Stratégie de l'entreprise, 2011, p. XVII.

25 Cité par Ph. Durance, M. Godet, *La prospective stratégique – Pour les entreprises et les territoires*, Dunod-Unesco, coll. Stratégie de l'entreprise, 2011, p. XVII.

26 À l'occasion de ses travaux philosophiques précédents, il s'était notamment consacré à ce que la pensée existentielle a nommé les « conditionnements » de la liberté. L'étude de ces conditionnements, données incontournables de toute action possible, est devenue l'un des éléments importants de la prospective.

27 Ph. Durance, « La prospective : une philosophie en action », *RPPI* 2016, n° 1.

astronomie (premier satellite en 1957), aéronautique etc.), un nouveau mode d'approche de la prise de décision était nécessaire.

Le contexte des années 1950/1960 dans lequel la prospective a émergé était à bien des égards similaire à celui d'aujourd'hui. Les nouvelles technologies de l'époque chamboulaient de nombreux secteurs. D'aucuns estimaient que les découvertes faites par la science posaient autant, voire plus, de problèmes qu'elles n'en solutionnaient. L'accélération du temps était devenue un fait d'expérience pour la plupart des décideurs. Or des défauts d'anticipation faisaient que, souvent, les conséquences des décisions se produisaient dans un monde totalement différent de celui dans lequel elles avaient été préparées, provoquant en conséquence de nombreux dysfonctionnements.

Face à des situations nouvelles qui se succèdent de plus en plus vite, les méthodes classiques principalement tournées vers le passé, les habitudes et les traditions ne suffisaient plus[28]. Pour décider, il était désormais temps de se projeter dans le futur au lieu de se retourner en direction du passé. Dans son texte fondateur, Gaston Berger, animé de préoccupations humanistes, explique ainsi :

> *Notre civilisation s'arrache avec peine à la fascination du passé. De l'avenir, elle ne fait que rêver et, lorsqu'elle élabore des projets qui ne sont plus de simples rêves, elle les dessine sur une toile où c'est encore le passé qui se projette. Elle est rétrospective avec entêtement. Il lui faut devenir « prospective ». [...] L'homme a mis des milliers d'années pour passer de la vitesse de sa propre course à celle que peut atteindre un cheval au galop. Il lui a fallu vingt-cinq ou trente siècles pour parvenir à couvrir cent kilomètres dans une heure. Cinquante ans lui ont suffi pour dépasser la vitesse du son. [...] Quand tout se transforme lentement, les mêmes structures complexes se maintiennent et les surprises ne sont pas trop à craindre. Cette foi dans la stabilité s'est longtemps exprimée par l'idée générale de « nature ». Des équilibres avaient été reconnus, dans beaucoup de domaines, qui tendaient à se rétablir d'eux-mêmes lorsqu'ils avaient été altérés. [...] Dans ce monde mobile, qui se transforme sous nos yeux et que nous contribuons nous-mêmes à transformer, il n'est pas surprenant que soient peu efficaces des procédés fondés sur la permanence et sur l'habitude qu'elle engendre. Des forces nouvelles sont à l'œuvre et elles font craquer les cadres traditionnels où nous avions coutume d'inscrire nos modestes changements. Pour faire face à des situations originales, nous sommes condamnés à un effort d'invention qui ne saurait se suspendre.*[29]

---

[28] *Cf.* G. Minois, *Histoire de l'avenir – Des prophètes à la prospective*, Fayard, 1996.

[29] G. Berger, « Sciences humaines et prévision », *La Revue des Deux Mondes* 1957, p. 419-421.

Et de noter par ailleurs :

> *Nous avons à faire face à des situations vraiment nouvelles, dans lesquelles nous ne saurions nous laisser guider sans examen par des habitudes de pensée ou d'action dont certaines sont devenues inadéquates ; d'autre part nous avons à notre disposition des moyens d'investigation et d'action si largement accrus [...] que notre vision du monde en est transformée et qu'il nous faut soumettre à la critique les notions qui semblaient les plus évidentes et les mieux assurées.*[30]

Le philosophe stigmatise ainsi une certaine paresse intellectuelle conduisant à voir dans l'existant un décor fixe voué à demeurer en l'état. Rompant avec cette tendance à prendre des décisions en se référant à un contexte considéré comme immuable, il propose la prospective. Il faudrait abandonner les outils d'analyse du passé (extrapolation de statistiques, recherche d'antécédents et de précédents) au profit d'instruments d'analyse du futur. Il n'a cependant jamais affirmé qu'il faudrait oublier le passé — et aucun prospectiviste sérieux ne le soutient. Au contraire, la connaissance de l'histoire des idées, des techniques ou encore des sociétés est indispensable en prospective.

Les autres précurseurs de la prospective

Gaston Berger est mort en 1960, peu de temps après ses premiers travaux sur la prospective. D'autres précurseurs peuvent être signalés : en 1959, l'ingénieur Pierre Massé confrontait « Prévision et prospective » ; en 1960, l'économiste et philosophe politique Bertrand de Jouvenel forgeait le concept de « futuribles » pour indiquer que, si le passé est incorrigible, l'avenir, en revanche, est ouvert à plusieurs futurs possibles, qu'il est donc synonyme de liberté, de pouvoir et de volonté[31] ; l'économiste Jean Fourastié enseignait la

---

[30] G. Berger, *Traité pratique d'analyse du caractère*, Puf, 1964 (cité par J. Darcet, « Introduction », in *Étapes de la prospective*, Puf, coll. Bibliothèque de prospective, 1967, p. 8).

[31] Il appela « Futuribles » le comité international de réflexion qu'il venait de créer, dont les travaux relevaient souvent plus de l'anticipation spéculative mais qui a depuis largement repris à son compte l'héritage du Centre d'études prospectives de Gaston Berger. « Futuribles » est également le nom donné à une revue mensuelle francophone de prospective, fondée par Bertrand de Jouvenel en 1974, dont l'objectif est de fournir à ses lecteurs une analyse des grands enjeux du monde contemporain et de ses évolutions possibles. Dans son ouvrage sur le sujet de 1964, Bertrand de Jouvenel n'utilise d'ailleurs pas une seule fois le mot « prospective », ce qui témoigne de sa volonté de forger un autre courant de pensée (B. de Jouvenel, *L'Art de la conjecture*, Éditions du Rocher, 1964). En 1967, Futuribles est devenu une association internationale. Futuribles se présente désormais tel un centre indépendant d'études et de réflexion, de type *think tank*, qui assure une veille et mène des études de prospective afin de contribuer à une meilleure compréhension de la dynamique du monde contemporain à moyen

prospective au Conservatoire national des arts et métiers (CNAM) ; et, en 1962, l'académicien Jacques de Bourbon-Busset esquissait des « Réflexions sur l'attitude prospective ».

Un peu plus tard, l'économiste et statisticien Michel Godet, auteur d'une thèse sur la crise de la prévision et l'essor de la prospective[32], a contribué fortement à préciser les méthodes de la prospective[33], en particulier de la prospective dite « stratégique », mais en indiquant bien que celle-ci à dans tous les cas besoin d'un important travail préalable de prospective exploratoire[34].

La prospective au service des pouvoirs et des politiques publics

Reste que Gaston Berger est bien le pionnier en même temps que le principal théoricien de la prospective et, dès 1955, il proposait un « Essai d'anthropologie prospective ». La prospective a été perpétuée par un groupe d'« activistes du futur » qui, situés au premier rang des pouvoirs économique et politique français, en ont diffusé les principes et les ont appliqués au moment de préparer certaines politiques publiques.

Aujourd'hui, la prospective a conquis de nombreux acteurs, publics comme privés, et sa renommée a largement dépassé les frontières françaises[35]. Initialement, elle a été intimement liée à l'appareil étatique, se présentant telle une activité publique bienvenue au moment d'élaborer et évaluer les politiques[36]. Il existe des commissions, équipes, directions ou

---

et long terme. Hugues de Jouvenel, le fils de Bertrand de Jouvenel, est actuellement rédacteur en chef de la revue *Futuribles* et président de l'association Futuribles International.

[32] M. Godet, *Crise de la Prévision, essor de la prospective*, Puf, 1977.

[33] Notamment, M. Godet, *Prospective et planification stratégique*, Economica, 1985 ; M. Godet, « La prospective, pourquoi faire ? », *Analyse financière* 1979, n° 39, p. 6 s. ; M. Godet, « Sept idées-clés », *Futuribles* nov. 1983. Quelques autres œuvres pourraient être citées, qui ont également permis de préciser les fins et moyens du courant français de la prospective. Notamment, A. Tiano, *La méthode prospective*, Dunod, 1975.

[34] Michel Godet préside le Cercle d'Action pour la Prospective, qui a mis en ligne gratuitement et en quatre langues les logiciels et outils de la prospective stratégique depuis 2003.

[35] Ph. Durance, « La prospective : une philosophie en action », *RPPI* 2016, n° 1.

[36] La reconnaissance officielle de la prospective a été le fait du commissaire général au Plan, Pierre Massé, puis de Jérôme Monod dès la création, en 1963, de la délégation à l'Aménagement du territoire. Imaginée au départ dans un contexte éducatif, la prospective française a élargi son champ de vision jusqu'à une ambition planificatrice, étayant « l'ardente obligation » que le Général De Gaulle assignait au Plan. Le rôle du Commissariat général du Plan, installé au lendemain de la Seconde Guerre mondiale pour coordonner l'effort de reconstruction et assurer la nécessaire concertation entre les acteurs, fut donc important. Et beaucoup d'initiatives d'études de prospective vinrent de la Délégation à l'aménagement du territoire et à l'action régionale (DATAR), tandis qu'une forte culture prospective s'est déployée au sein de la Direction générale de la recherche scientifique et technique. Les militaires étaient aussi de la partie : la première unité introduisant le mot « prospective » dans

départements dédiés à la prospective dans différents ministères. Mais le développement de la prospective stratégique à l'initiative de Michel Godet lui a permis de conquérir les entreprises.

Prospectives (au pluriel)

Les idées phares de la prospective ne sont pas absolument novatrices. Elles imprégnaient déjà les réflexions d'Aristote, séparant la cause efficiente, provoquant l'effet, et la cause finale, justifiant les actes par un projet, ou de Sénèque selon qui « il n'est pas de vent favorable pour celui qui ne sait où il va ».

La prospective, en raison de ses origines historiques mais aussi de ses prolongements actuels, est toutefois bel et bien une singularité française. Mais elle n'est pas une exclusivité française[37] et, aujourd'hui, il existe essentiellement deux grands pôles et deux grandes écoles de prospectivistes : la France et les États-Unis. Ils se distinguent sur de nombreux points, bien qu'ils s'appuient sur un tronc commun.

Pour ce qui est de l'École française de prospective, continuatrice des jalons posés il y a 60 ans par Gaston Berger, elle est reconnue pour son approche originale, articulant anticipation, réflexion stratégique et mobilisation des hommes. Aujourd'hui, de nombreux enseignements de prospective sont dispensés, notamment au CNAM et par l'association Futuribles. Mais la prospective demeure mal identifiée scientifiquement et institutionnellement — ce dont elle pourrait se réjouir. Les prospectivistes ont ainsi des origines très variées : philosophes, ingénieurs, sociologues, historiens, géographes etc. Et on voit dans l'existence d'une chaire *ad hoc* au CNAM un « symbole à la fois de la nécessité de la reconnaissance disciplinaire, et donc de l'institutionnalisation, et de la volonté de rompre avec toute forme de conservatisme ou, mieux, d'académisme »[38].

---

le vocabulaire administratif fut le Centre de prospective et d'évaluation du ministère de la défense, fondé par Hugues de l'Estoile en 1964. Plus tard, quand, à la fin des années 1980, le Centre de prospective et d'évaluation du ministère de la recherche et de la technologie (1982-1992), transformé ensuite en Agence pour la diffusion de l'information technologique, a souhaité élaborer un scénario du XXIe siècle, à partir d'enquêtes systématiques et au moyen d'un réseau international de veille technologique, elle s'est notamment appuyée sur l'ethnotechnologie, soit l'analyse des systèmes techniques, du processus d'innovation et des interactions technologie-société. Cette discipline nouvelle devait permettre une prospective mieux fondée.

[37] Au niveau international, il existe deux organisations principales : la WFS (World Future Society), d'obédience surtout américaine, qui édite la revue *Futurist* et organise un symposium annuel ; et la WFSF (World Futures Studies Federation), qui a été créée avec le parrainage de l'UNESCO et qui constitue un club de professionnels véritablement international.

[38] O. Faron, « La prospective, une science neuve et utile ! », in Ph. Durance, dir., *La prospective stratégique en action – Bilan et perspectives d'une indiscipline intellectuelle*, Odile Jacob,

C. Écoles française et américaine de la prospective

Il est difficile de traduire le terme « prospective » en anglais[39], langue qui n'a jamais connu de véritable équivalent : ni *futurology*, ni *futures studies*[40], ni *futures research*[41], ni *forecasting* — ce dernier renvoyant à la modélisation économique et à la prévision technologique[42]. On peut éventuellement évoquer des « *scenarios* » ou des « *future- oriented studies* » ou se référer à des expressions telles que « *creating futures* »[43]. Au début des années 1990, le groupe de prospective de la Commission européenne s'appelait *Forward Unit*.

Le Foresight, *équivalent de la prospective exploratoire*

Le terme qui semble le plus proche de « prospective » est cependant « *foresight* », apparu il y a une vingtaine d'années à peine. Longtemps, les anglo-saxons ont d'ailleurs utilisé le terme français « prospective » afin de désigner cette discipline particulière[44]. Le recours à « *foresight* » pour renvoyer à l'équivalent de la prospective est toutefois aléatoire et, dans le « rapport Brundtland » par exemple, publié par les Nations unies en 1987, le

---

2014, p. 8. Le CNAM (Conservatoire national des arts et métiers) a joué un rôle de marqueur, tant au niveau national qu'au niveau international, de l'affirmation de la prospective par la création d'une chaire *ad hoc* au début des années 1980. Aujourd'hui, la chaire de prospective et développement durable des entreprises, des territoires et des réseaux est occupée par Philippe Durance, qui a succédé à Michel Godet. Par ailleurs, les activités des prospectivistes se sont développées, depuis 2003, dans le cadre du Cercle des entrepreneurs du futur. Celui-ci a permis de mettre gratuitement en ligne et en trois langues (français, anglais, espagnol) les outils logiciels développés notamment par Michel Godet afin d'identifier les variables clés, analyser les jeux d'acteurs, construire les scénarios, les probabiliser, choisir de façon multicritère en avenir incertain. En 2010, le Cercle des entrepreneurs du futur est devenu un programme commun du CNE (Centre national de l'entrepreneuriat), un institut du CNAM, et de la Fondation Prospective et Innovation.

[39] En ce sens, M. Godet, *From Anticipation To Action – A Handbook of Strategic Prospective*, Unesco Publishing, coll. Future-oriented Studies, 1994.

[40] Par exemple, E. Masini, *Why Futures Studies?*, Grey Seal, 1993.

[41] Par exemple, J. C. Glenn, Th. J. Gordon, *Futures Research Methodology*, American Council for the United Nations University, 2003.

[42] Ph. Durance, M. Godet, *La prospective stratégique – Pour les entreprises et les territoires*, Dunod-Unesco, coll. Stratégie de l'entreprise, 2011, p. XIII.

[43] M. Godet, *Creating Futures – Scenario-Planning as a Strategic Management Tool*, 2e éd., Economica-Brookings, 2006.

[44] En 1996, l'économiste Ben R. Martin publia un article qui forgea le concept de *foresight*, affirmant pour la première fois l'équivalence avec le français « prospective » : « *The starting point of foresight, as with la prospective in France, is the belief that there are many possible futures* » (cité par Ph. Durance, M. Godet, *La prospective stratégique – Pour les entreprises et les territoires*, Dunod-Unesco, coll. Stratégie de l'entreprise, 2011, p. XIII).

terme était déjà utilisé, mais dans le sens d'intuition d'un avenir à deviner[45]. Aussi propose-t-on de parler plus exactement de « *strategic foresight* »[46].

Mais le *foresight* anglo-saxon repose sur l'idée d'un avenir à connaître quand la prospective française s'attache davantage à un avenir à construire. Telle est la grande césure entre les deux approches, dont la conséquence est que les prospectivistes français sont placés en situation d'acteurs, au contraire des prospectivistes américains qui sont seulement des informateurs, des éclaireurs.

Toujours est-il que, si la prospective est aujourd'hui un monde contrasté, que ce soit dans ses conceptions, ses principes ou ses pratiques, il existe principalement deux écoles bien distinctes : l'École française de la prospective et l'École américaine de la prospective.

Ce champ de recherche et les méthodes qui l'accompagnent se sont en effet développés, bien que sous des formes variables, dès l'immédiat après Seconde Guerre mondiale aux États-Unis. Les dirigeants américains, et notamment le ministère de la Défense, ont pris conscience que la manière de faire la guerre venait de connaître et allait encore connaître de profondes évolutions (radars, troupes aéroportées, déplacement des champs de bataille et, surtout, arme nucléaire). C'est pourquoi on a souhaité, dès 1945, conduire les premières études à visée véritablement exploratoire, que l'on définit aujourd'hui comme « prospectives ». Dès lors, il s'est agi d'étudier le futur dans un cadre rationalisé, scientifique et de plus en plus institutionnalisé[47].

---

[45] G. H. Brundtland, *Our Common Future – Notre avenir à tous*, Éditions du Fleuve, 1989.

[46] Notamment, Ph. Durance, J. Coates, M. Godet, dir., *Strategic Foresight*, Elsevier, 2010 ; P. Bishop, *Strategic Foresight*, University of Houston, 2007.

[47] Mais déjà en 1933 le président Franklin Roosevelt avait fait œuvre pionnière en créant une « Commission présidentielle de recherche sur les tendances sociales », puis en commandant un rapport sur « les tendances technologiques et la politique gouvernementale » (H. De Jouvenel, *Invitation à la prospective*, Futuribles, coll. Perspectives, 2004, p. 16). Après la Seconde Guerre mondiale, l'armée de l'air américaine permit à la prospective américaine de prendre son essor en commandant une étude sur les progrès techniques qui pouvaient avoir un intérêt militaire (Th. von Karman, « *Towards New Horizons* », 1947) et, plus encore, en menant un projet de recherche-développement (projet Rand) sur les aspects non terrestres des conflits internationaux. S'en est suivie la naissance de la Rand Corporation (bureau d'études généraliste à vocation prospective créé en 1948) afin de travailler sur les problématiques de défense et les usages pouvant être faits à cette fin des nouvelles technologies. C'est dans le cadre de cette Rand Corporation qu'ont ensuite été développées la plupart des méthodes « formalisées » de prospective, notamment la méthode de Delphes et la méthode des scénarios (*ibid.*). Quelques temps plus tard, ont encore été créés l'Institute for the Future, le Future Group, le Hudson Institute, la fondation Resources for the Future ou encore la Commission on the Year 2000, à l'initiative du Congrès américain dans le cadre de l'Academy of Arts and Science.

De profondes différences entre les écoles française et américaine de la prospective

La pratique française de la prospective s'est enrichie de certaines influences américaines[48]. À l'inverse, l'impact de la prospective française aux États-Unis n'a été que marginal, au contraire d'autres parties du monde qui l'ont bien davantage accueillie, notamment l'Amérique du Sud[49]. Aujourd'hui, la prospective des États-Unis demeure largement imprégnée par un esprit de lutte et de conquête, souvent lié à l'armée et dont l'objectif est de conquérir les esprits et d'« américaniser » le monde[50]. Toutefois, la prospective américaine s'est aussi déployée dans un cadre universitaire, par exemple avec des travaux sur la dynamique du changement lorsque celui-ci est voulu et préparé par l'homme[51].

Les deux principaux foyers des méthodes d'anticipation, après la Seconde Guerre mondiale, étaient donc dès l'origine profondément différents. D'une part, les États-Unis retenaient des approches très pointues mais idéologiquement orientées de « *technological forecasting* » développées dans un cadre essentiellement militaire ; d'autre part, en France, on a plaidé autour de Gaston Berger pour une prospective initialement moins perfectionnée méthodologiquement mais fondée sur une grande liberté d'esprit, une approche critique des décisions, et des réflexions sur les finalités des actes et sur les valeurs à défendre.

La prospective d'inspiration française n'a jamais souhaité promouvoir des intérêts particuliers, d'entreprise ou même d'État. Elle a toujours défendu une inspiration humaniste, l'intérêt général, qu'il soit français mais aussi européen ou même mondial, de l'humanité tout entière, suivant en cela la philosophie des Lumières. Il est évident que, selon qu'on fonde une discipline sur des préoccupations militaires ou bien sur des aspirations humanistes, celle-ci prend un tour très différent.

Ainsi deux grandes écoles de prospective, l'une américaine et l'autre française, se sont-elles affirmées en parallèle et ont-elles tracé leurs routes assez indépendamment l'une de l'autre. Ces écoles conservent en commun

---

[48] Par exemple, T. Durand, « Management stratégique de la technologie : dix enseignements », *Futuribles* nov. 1989, n° 137-4.

[49] Ph. Durance, « La prospective en France et aux États-Unis : influences et différences », in Ph. Durance, dir., *La prospective stratégique en action – Bilan et perspectives d'une indiscipline intellectuelle*, Odile Jacob, 2014, p. 95.

[50] La CIA produit périodiquement un rapport de prospective mondial, qui est traduit dans de nombreuses langues mais qui constitue davantage un instrument d'influence en vue de l'américanisation du monde qu'une recherche prospective en bonne et due forme.

[51] R. Lippitt, J. Watson, B. Westley, *The Dynamics of Planned Change – A Comparative Study of Principles and Techniques*, Harcourt, Brace, 1958 ; R. N. Cooper, R. Layard, *What the Future Holds – Insights from Social Science*, Massachusetts Institute of Technology Press, 2002 ; J. Forrester, *World Dynamics*, Massachusetts Institute of Technology Press, 1971.

quelques grands principes et tout d'abord l'idée que l'avenir peut être influencé par les actes d'aujourd'hui afin de favoriser ce qui est désirable. En outre, toutes deux ont comme objectif l'information des dirigeants et, donc, l'anticipation des futurs possibles. Elles laissent une grande place à la prospective exploratoire, indispensable au travail de prospective stratégique qui ne peut venir que dans un second temps.

Mais, surtout, ces deux écoles se distinguent à bien des égards. La prospective américaine met l'accent sur l'innovation, ne voit guère d'autres facteurs clés que la technologie et la recherche- développement[52]. La prospective française donne beaucoup plus de place à la simple action, individuelle et collective. Et, si elle prête attention au facteur technologique ainsi qu'au facteur économique, elle considère également les données sociales, politiques ou même démographiques. Elle choisit parmi les scénarios possibles un futur souhaitable et, volontariste, elle ambitionne d'agir dans le présent afin de rendre ce futur souhaitable le plus probable possible.

Par ailleurs, alors que la méthode des scénarios a été imaginée aux États-Unis, elle a été largement perfectionnée par les prospectivistes français — à tel point que les américains parlent désormais de « méthode française » au sujet des scénarios et de leur élaboration afin d'explorer les futurs possibles à l'aune des états des lieux, des hypothèses d'évolution et des tendances observées. L'École américaine, pour sa part, désigne par « *foresight* » uniquement un résultat, réduisant le rôle du prospectiviste à fournir à des clients donnés des images des futurs, sans que ces derniers accordent une quelconque importance aux moyens mis en œuvre pour les établir[53].

Le *foresight* se rapproche ainsi d'une science du futur, comme il existerait une science du passé avec l'histoire[54]. En conséquence, le processus de création de ces visions d'avenir n'implique pas les destinataires des travaux, qui sont pourtant des acteurs essentiels. En France, au contraire, on a l'habitude de faire participer très directement les experts et les acteurs et, en premier lieu, ceux qui ont commandé l'étude prospective. « Il est fondamental que les bénéficiaires de ce travail en soient eux-mêmes les producteurs », expliquent Michel Godet et Philippe Durance[55]. En outre, limiter le *foresight* à un résultat l'éloigne de la prise de décision et de la préparation de l'action. Il s'agit simplement de modifier la perception de la situation du

[52] Par exemple, J. P. Martino, *Technological Forecasting for Decision Making*, McGraw Hill, 1993 ; R. U. Ayres, *Technological Forecasting and Long-Range Planning*, McGraw Hill, 1969 ; M. J. Cetron, *Technological Forecasting – A Practical Approach*, Gordon and Breach, 1969 ; E. Jantsch, *Technological Forecasting in Perspective*, OCDE, 1967.

[53] Par exemple, O. Helmer, *Looking Forward – A Guide to Futures Research*, Sage Publications, 1983.

[54] Par exemple, A. Wilson, F. Zwicky, *New Methods of Thought and Procedure – Contributions to the Symposium on Methodologies*, Springer, 1967.

[55] Ph. Durance, M. Godet, *La prospective stratégique – Pour les entreprises et les territoires*, Dunod-Unesco, coll. Stratégie de l'entreprise, 2011, p. XV.

commanditaire de l'étude prospective. Avec le « style français », la prospective est directement reliée à l'action et, pour cela, est stratégique. « L'étude des futurs possibles et souhaitables n'a pas d'intérêt si elle n'est pas destinée à influencer concrètement l'action », indiquent encore Michel Godet et Philippe Durance[56].

Les différences entre les écoles américaine et française de la prospective sont synthétisées dans le tableau suivant[57] :

Strategic Foresight et la Prospective : Quelle différence ?

	Strategic Foresight	**La prospective**
Attitudes et Objectifs	Plutôt centrée sur la prédiction et l'anticipation	Plutôt centrée sur la proactivité et la construction de l'avenir
Facteur clé de l'innovation	Essentiellement la technique Et la R&D (Technology Foresight.)	Le changement technique c'est important, mais ce n'est pas l'essentiel 80% de l'innovation est low-tech (sociale, politique, managériale,...)
Méthodes de prévision	Grande influence de la Rand Corporation pour des approches rationnelles (analyse de systèmes, Delphi) et d'Herman Kahn (scénarios).	Les mêmes influences + sources philosophiques et historiques Méthodes de jeux d'acteurs et de projets
Place des scénarios	Central et portant sur un nombre limité de variables (GBN). Souvent décalés "out-of-the-box" Utilisés aussi pour le *storytelling*, le consensus et la communication.	Central avec aussi des pensées à contre-courant et non conventionnelles, mais avec plus de viables prises en compte Des méthodes plus rigoureuses comme l'analyse morphologique, mais dont le succès conduit à des abus Succès questionnable parce que la construction de scenario n'est pas une fin en soi Trop de scénarios et pas assez de projets
Résultat final & rôle du futuriste et du prospectiviste	Rapports remis aux clients qui donnent des connaissances et des visions partagées Ces visions sont principalement produites par le Futurologue en tant qu'expert dans le domaine Futuring est utilisé comme processus d'approbation.	La remise de rapports aux clients est moins importante que le processus d'implication des clients comme producteurs de réflexion Le but du *process de Futuring* est l'appropriation par les utilisateurs finals Le Prospectiviste est un *coach* qui facilite la production collective de connaissance. Son expertise n'est pas nécessairement dans le domaine. Il apporte des méthodes rigoureuses et participatives pour la réflexion collective

L'inorganisation de la prospective à l'échelle internationale

Logiquement, la prospective est encore moins stabilisée et institutionnalisée à l'échelle mondiale qu'à l'échelle nationale. En fonction des pays, ce ne sont pas les mêmes disciplines et encore moins les mêmes méthodes et les mêmes objectifs qui sont mobilisés dans le cadre de la prospective ou de ses équivalents les plus proches. Le *foresight* des États-Unis

---

56 *Ibid.*, p. XVI.
57 *Ibid.*, p. XIX.

est très proche d'une science (molle plutôt que dure) du futur[58] — quand il est le fait d'universitaires et non du gouvernement ou de l'armée. La prospective française ajoute tout un pan téléologique, critique et finaliste au pan scientifique.

Il n'existe guère et ne semble pas pouvoir exister d'Académie internationale de prospective. Il n'y a pas davantage de structuration de la prospective ni de communauté scientifique autour de la prospective en Europe.

Pour autant, à l'échelle internationale, on a depuis longtemps pris conscience de l'intérêt des recherches prospectives, sans pour autant choisir entre approche américaine et approche française. Celles-ci ne sont pas inconciliables et il est possible d'emprunter à la fois à l'une et à l'autre afin de suivre une troisième voie hybride[59].

Quant à la prospective juridique esquissée en ces pages, elle s'appuie principalement sur l'École française de la prospective. En effet, l'association de l'approche scientifique et de l'approche critique et téléologique qu'elle opère semble bienvenue dans le domaine du droit.

II. La prospective et la recherche juridique

L'objet de cet ouvrage est de réfléchir à la possibilité et à l'opportunité d'associer la prospective à la recherche juridique. Plus encore, il s'agit de poser quelques jalons afin de faire, peut-être, de la prospective juridique une nouvelle branche de la recherche juridique (*A*). Pour cela, il importe de définir tout d'abord cette recherche juridique et les branches qui la constituent car,

---

[58] Par exemple, E. Cornish, *The Study of the Future – An Introduction to the Art and Science of Understanding and Shaping Tomorrow's World*, World Future Society, 1977 ; E. Cornish, *Futuring – The Exploration of the Future*, World Future Society, 2004.

[59] L'essor de la prospective au niveau international date des années 1960/1970. En 1972, la World Future Studies Federation a été créée. Depuis longtemps, les Nations unies encouragent la prospective et tous ses grands organismes disposent de services de statistique et de prospective. L'IIASA (International Institute for Applied Systems Analysis) avait lancé une Commission mondiale pour le futur et un exercice prospectif de longue durée (1972-1980). Les conférences mondiales de l'énergie, de Rio, de Kyoto et de Paris, ou encore le GIEC (Groupe d'experts intergouvernemental sur l'évolution du climat) ont élaboré et fait connaître de nombreux scénarios prospectifs qui ont contribué à modifier les décisions des élus et le comportement d'un grand nombre d'acteurs. L'OCDE prête également beaucoup d'attention à la prospective, à l'image du programme Interfuturs (Interfuturs, *Face aux futurs*, OCDE, 1979). Quant à l'Union européenne, la Commission européenne a créé le programme FAST (Forecasting and Assessment in Science and Technology). La prospective anglo-saxonne y domine et la Commission européenne appréhende la prospective à travers le prisme du *technology foresight*, concentré sur la technologie (Commission européenne, Institute for Prospective Technological Studies (IPTS), *Scenario Building, Convergences and Differences, Proceedings of Profutures Workshop*, 1995).

« aussi incroyable que cela puisse paraître, les juristes ne savent pas répondre à une question aussi simple que celle de savoir ce qu'est une recherche juridique »[60].

Ensuite, interroger la possibilité d'une prospective juridique permet de questionner l'actualité et l'avenir des objets et des moyens de la recherche juridique. Ainsi ce travail s'inscrit-il dans le cadre de l'épistémologie juridique, discipline consistant à étudier les connaissances juridiques et, plus particulièrement, les modes de formation des connaissances juridiques[61]. L'épistémologue du droit procède à l'examen critique des intentions, des principes, des hypothèses, des méthodes et des résultats des sciences et des pensées du droit, cela afin d'évaluer leurs légitimités respectives et d'envisager leurs évolutions possibles. En ces pages, il convient d'examiner les intentions, les principes, les hypothèses et les résultats de la prospective juridique, mais aussi et avant tout, puisque celle-ci reste à construire, de proposer ces intentions, principes, hypothèses et résultats (*B*).

La recherche désigne l'ensemble des travaux menés méthodiquement par les spécialistes d'une matière donnée afin de faire progresser la connaissance de cette matière. La recherche juridique est donc l'ensemble des travaux menés méthodiquement par les spécialistes du droit afin de faire progresser la connaissance du droit, l'ensemble des études et des activités scientifiques et intellectuelles portant sur les normes, les institutions, les pratiques, les comportements et les opinions juridiques et visant à approfondir le savoir juridique. Il faut espérer que la prospective juridique permette d'améliorer la connaissance du droit en invitant les juristes et tous ceux qui étudient le droit ou travaillent avec le droit à s'intéresser au futur du droit et au droit en action. Favorisant ainsi le renouvellement de la recherche juridique, la prospective juridique, que quelques chercheurs ont déjà expérimentée plus ou moins volontairement et consciemment (*D*), pourrait prospérer (*C*), d'autant plus que le besoin d'analyses jusprospectives semble grandir fortement à l'ère contemporaine (*E*).

---

[60] F. Rouvière, « Qu'est-ce qu'une recherche juridique ? », in A. Flückiger, Th. Tanquerel, dir., *L'évaluation de la recherche en droit – Enjeux et méthodes*, Bruylant, coll. Penser le droit, 2015, p. 117.

[61] Il devrait aller de soi que, parmi les facultés de droit du moins, on connaisse depuis longtemps le droit et on sache depuis longtemps comment connaître le droit. Pourtant, si la connaissance du droit est imparfaite, la connaissance de la connaissance du droit est, elle, balbutiante et même, sous bien des aspects, embryonnaire, pour ne pas dire inexistante. L'épistémologie juridique est encore loin d'avoir apporté aux scientifiques et aux penseurs du droit tous les enseignements qu'elle est en mesure de leur fournir. Pour que les « sciences » du droit deviennent des sciences véritables, il faudrait que l'épistémologie juridique, qui permet d'identifier les forces et les faiblesses cognitives et scientifiques du droit, gagne en attractivité et en notoriété, passe du rang de discipline-accessoire au rang de discipline-cadre de la recherche juridique. Connaître sa connaissance, étudier ses études, élaborer une science de sa science est indispensable au progrès et à la consolidation de cette connaissance, de ces études et de cette science. Le droit doit en prendre conscience.

Enfin, il est ici question de prospective juridique et non de droit prospectif — expression un peu mieux connue dans la doctrine juridique française, notamment en raison de l'existence déjà ancienne de la *Revue de la recherche juridique – Droit prospectif*. Or, si une étude de prospective juridique peut amener à réfléchir à quelque droit prospectif, les deux ne sauraient être confondus : un droit qualifié de « prospectif » est, par opposition au droit « positif », un droit qui n'existe pas mais qui pourrait et/ou devrait exister dans le futur ; une prospective qualifiée de « juridique » est une discipline académique dont l'objet est d'examiner ce que sera le droit demain, donc examiner le droit prospectif. Mais les expressions « prospective juridique » et « droit prospectif » ne sauraient être utilisées alternativement et indistinctement. Cet ouvrage porte directement sur la prospective juridique et indirectement, parce que l'objet de cette prospective juridique est le droit prospectif, sur ce dernier.

A. La nouveauté de la prospective juridique

La recherche juridique est plurielle, en premier lieu parce que le droit qui constitue son objet peut se comprendre comme phénomène juridique, comme notion de droit, comme droit positif ou même comme recherche juridique. Elle est surtout plurielle car composée de diverses branches. Il faut ainsi distinguer les branches du droit positif (droit public, droit privé, droit international public ou privé, droit civil, droit commercial, droit constitutionnel, droit administratif etc.) et les branches de la recherche juridique. L'identification des branches de la recherche juridique conduit à étudier les activités de ceux qui observent et analysent le droit ; elle repose sur la particularisation de leurs intentions, méthodes et objets d'étude. L'identification des branches du droit positif, pour sa part, amène à étudier les destinataires et les objets des normes en vigueur. Les branches de la recherche juridique sont indifférentes aux branches du droit positif et inversement. Aussi une étude de prospective juridique peut-elle porter sur le droit, le droit public ou le droit privé comme sur une branche plus spécifique du droit positif.

Treize branches de la recherche juridique

Pour l'heure, il semble possible de recenser treize branches de la recherche juridique : la théorie du droit, la philosophie du droit, la science du droit positif (qui, consistant à comprendre, expliquer et interpréter les lois et les jurisprudences, occupe au moins 90 % des juristes[62]), l'histoire du droit, le

---

[62] « Le droit positif, notait Charles Eisenmann, apporte au juriste toute une série de réglementations, de systèmes d'organisation politique ou gouvernementale divers ; il les lui

droit comparé, la sociologie du droit, l'anthropologie du droit, l'analyse économique du droit, la linguistique juridique, la méthodologie juridique, l'épistémologie juridique, la légistique et la politique juridique[63]. Quant à la science politique et à la science administrative, il s'agit peut-être de disciplines intimement liées à la recherche juridique mais sans en faire partie.

La prospective juridique pourrait-elle se rajouter à la liste des branches de la recherche juridique ? Et cela serait-il bénéfique à la connaissance du droit ? Ce livre a pour objectif, si ce n'est de convaincre, du moins d'apporter un début de justification à l'éventuel attrait de certains chercheurs en droit pour la prospective. Pour cela, il importe de définir aussi précisément que possible cette discipline, à travers ses objets et ses méthodes.

La prospective juridique, branche embryonnaire de la recherche juridique

Or, si, pour circonscrire le champ d'une branche de la recherche juridique, il convient d'étudier les activités de ceux qui observent, analysent, critiquent et proposent le droit, il n'existe pour l'heure pratiquement aucun « jusprospectiviste » (prospectiviste du droit) dont on pourrait prendre les activités comme sujet d'étude. Aussi une recherche sur la prospective juridique ne peut-elle, aujourd'hui, que prendre un tour largement stipulatif. Il convient néanmoins de s'appuyer sur l'héritage de la prospective tel que précédemment présenté, en particulier dans son volet français. Ensuite, tout l'enjeu est d'évaluer la pertinence du rapprochement entre cette prospective et le droit.

L'exercice de particularisation de chacune des branches de la recherche juridique, qu'il s'agisse de la prospective juridique ou de toute autre, est dans tous les cas très important tant des prémisses propres à chaque spécialité dépendent les orientations et les conclusions des travaux des chercheurs. Il

offre pour ainsi dire "en vrac", tous ensemble comme à "l'état brut" : et c'est à lui juriste […] qu'il appartient et incombe de mettre l'ordre intelligible, l'ordre de la connaissance dans cette masse de matériaux » (Ch. Eisenmann, « Quelques problèmes de méthodologie des définitions et des classifications en science juridique », *Arch. phil. droit* 1966, p. 25).

[63] Quelques explications doivent être apportées au sujet de l'exclusion de la géographie juridique du nombre des branches de la recherche juridique. Celle-ci est actuellement à l'état embryonnaire ; il semble n'exister, en France, aucun spécialiste de cette discipline qui, distincte du droit comparé, consisterait à évaluer les rapports entre l'espace et les normes afin de pouvoir estimer dans quelle mesure les dimensions du territoire, sa situation sur la carte du monde, la présence plus ou moins importante de montagnes ou de frontières maritimes etc. influencent les régimes juridiques, du droit constitutionnel au droit commercial. La géographie juridique ne paraît pas être, pour l'heure, suffisamment développée pour justifier de considérer qu'elle constituerait, autant que l'histoire du droit ou que l'analyse économique du droit, une branche de la recherche juridique. La géographie présente un grand intérêt du point de vue de beaucoup de sciences sociales, mais le droit fait partie de celles qui lui en accordent le moins.

semble donc décisif, pour tout scientifique ou penseur du droit, d'être conscient de la discipline dans laquelle il s'inscrit, de ses spécificités et des conséquences qui en résultent. La prospective juridique ne saurait échapper à la règle.

Plus encore, s'agissant d'une branche de la recherche juridique pour l'instant seulement à un stade embryonnaire, qui existe à l'état de proposition mais certainement pas à l'état de discipline bien établie et institutionnalisée, cet exercice de particularisation de ses objets et de ses méthodes revient à répondre à la question de sa possibilité. Ensuite, si une telle branche de la recherche juridique était possible, encore faudrait-il convaincre les chercheurs en droit de sa pertinence afin qu'ils soient de plus en plus nombreux à s'inscrire dans son cadre. Ainsi, la prospective juridique pourrait émerger véritablement et s'affirmer progressivement telle une branche de la recherche juridique à part entière.

B. La possibilité de la prospective juridique

La prise en compte du futur devient un champ de réflexion et une nécessité à différents égards dans de nombreuses disciplines. De plus en plus de sociologues spéculent sur l'avenir des institutions et des mentalités, les économistes se consacrent depuis fort longtemps à la prévision, qui constitue l'une de leurs activités essentielles, sans laquelle ils ne pourraient envisager convenablement l'évolution des marchés, des monnaies ou des cours des matières premières, les managers et les comptables recourent à la planification. Dans un nombre croissant de situations, il s'avère indispensable de réfléchir au futur. Mais *quid* du droit ? Et, si le droit s'ouvrait à une telle réflexion sur le futur, celle-ci devrait-elle prendre la forme de la prospective, spécialement dans sa version française ?

Selon une formule souvent citée de l'économiste et prospectiviste Jacques Lesourne, « l'avenir est le fruit du hasard, de la nécessité et de la volonté ». Le droit aussi est le résultat du mariage de la nécessité, de la volonté et d'une part de hasard. Surtout, l'avenir du droit, qui intéresse la prospective juridique, est tout autant le fruit du hasard, de la nécessité et de la volonté. Ainsi, et *a priori*, comme tous les domaines de la société, du développement et des relations entre l'homme et son environnement qui font l'objet de réflexions et travaux prospectifs (prospective économique, sociologique, démographique, énergétique, technologique, géostratégique, sociale, urbaine, territoriale etc.), le droit serait justiciable d'une approche prospective.

Le futur du droit, objet insaisissable ?

On peut se demander s'il ne serait pas excessivement présomptueux de vouloir déchiffrer l'avenir du droit, alors que celui-ci est déjà si difficile à interpréter dans son état présent. Mais cette difficulté touche la prospective en général ; et cette dernière est parvenue à la surmonter, notamment en insistant sur le fait qu'elle n'est aucunement une science du futur dans le sens d'un ensemble de méthodes censées permettre de déterminer à l'avance le futur, mais plutôt un ensemble de moyens dont la finalité est de mieux construire ce futur en agissant dans le présent.

La prospective juridique pourrait permettre de répondre aux besoins de normes et d'institutions à venir avec efficacité et célérité, en adaptant les régimes juridiques et même les pratiques, les procédés et tout le système juridique. Si les lois s'empilent, les institutions et les normes évoluent peu ou, en tout cas, trop doucement dans un environnement et face à des enjeux qui changent toujours plus rapidement. Le risque est donc que les institutions et les règles de droit soient de plus en plus inadaptées. La prospective juridique serait une réponse à ce risque.

La définition du droit, limite à une prospective juridique ?

La principale limite à la possibilité d'une prospective juridique se rattache peut-être à la définition qu'on donne classiquement du droit : ensemble de normes positives, donc de lois, de jurisprudences ou encore de coutumes aujourd'hui existantes. Ainsi étudier l'avenir du droit, par définition inexistant, serait-il non seulement sans intérêt mais aussi impossible. Les précurseurs de la prospective juridique soulignaient combien « l'idée même d'une prospective du droit, c'est-à-dire d'une interrogation sur les devenirs possibles de l'ordre et de la pratique juridiques, ne semble pas devoir s'imposer comme une évidence »[64].

Mais c'est l'objet même de toute prospective que de se pencher sur un futur qui n'existe pas. Et la prospective juridique comme la prospective en général s'intéresse autant à ce qui est qu'à ce qui pourrait être et qu'à ce qui devrait être, donc autant au droit positif existant qu'au droit qui pourrait exister et qu'au droit qui devrait exister.

---

64 A.-C. Decouflé, « Champ et méthodes d'une prospective du droit des affaires », in A. Sayag, dir., *Quel droit des affaires pour demain ? Essai de prospective juridique*, Librairies techniques, 1984, p. 9.

De la prospective plus que du droit

Comme le sociologue de la musique fait de la sociologie et non de la musique, comme le sociologue du droit fait de la sociologie et non du droit, le prospectiviste du droit fait de la prospective et non du droit. Les branches de la recherche juridique ont en commun leur objet : le droit. Ensuite, il n'y a guère que la science du droit positif qui est l'apanage des juristes. Les autres travaux sur le droit sont le fait d'historiens, d'économistes, de philosophes, de politistes, de sociologues, d'anthropologues etc. — qu'ils le soient de formation ou par destination. La prospective, pour sa part, repose sur une forte interdisciplinarité et appelle des recherches systémiques et globales. La prospective juridique peut donc être le fait de juristes, de sociologues ou encore d'économistes souhaitant réfléchir au droit en action à l'aune du futur du droit.

En d'autres termes, une prospective juridique n'est possible qu'à condition de ne pas imaginer pouvoir la réserver à des juristes et à des facultés de droit coupés des autres disciplines. Pour élaborer des scénarios pertinents quant à l'avenir du droit, il importe de maîtriser le contenu du droit positif actuel, l'histoire du droit et les enseignements qu'elle apporte, mais aussi et tout autant l'environnement du droit, qui implique de nombreux facteurs sociologiques, politiques, culturels, économiques, technologiques et autres.

Pour reprendre le célèbre mot d'Hans Kelsen, une prospective juridique est concevable, mais elle ne saurait constituer une « pure » science du droit débarrassée de toute donnée extra-juridique[65], enfermée dans un « *sollen* » placé à l'abri du « *sein* ». Or on souligne combien « la démarche prospective n'est pas naturelle au juriste, en raison notamment de l'absence de réflexion sociologique »[66]. Mais la même difficulté se pose concernant l'absence de réflexion économique ou politique, habituellement exclue sans ménagement de toute recherche en droit au nom de frontières disciplinaires infranchissables que la prospective invite pourtant à reconsidérer. D'un point de vue dogmatique, en droit et dans la recherche juridique « tout se tient » ; et les branches du droit ou de la recherche juridique sont toutes celles d'un même arbre, donc faites du même bois : le droit. La prospective juridique, elle, n'a par nature d'égards que pour la forêt dans son ensemble, constituée d'arbres d'autres espèces qui influencent le développement et l'aspect de l'arbre du droit. En d'autres termes, si une prospective juridique est possible, une prospective purement juridique ne l'est guère.

---

[65] Hugues de Jouvenel, président de l'association Futuribles et rédacteur en chef de la revue du même nom, est diplômé en droit, spécialité criminologie. Mais les prospectivistes viennent d'horizons divers : économie, écoles de l'administration publique, notamment.

[66] A.-C. Decouflé, « Champ et méthodes d'une prospective du droit des affaires », in A. Sayag, dir., *Quel droit des affaires pour demain ? Essai de prospective juridique*, Librairies techniques, 1984, p. 10.

La prospective juridique sans objet ?

Même fondamentalement pluridisciplinaire ou interdisciplinaire, une prospective tournée vers le champ du droit est-elle concevable ? On a pu soutenir l'impossibilité de toute prospective prenant le droit pour objet en raison des théories marxistes selon lesquelles le droit positif ne serait qu'un reflet passif de la réalité économique et sociale, une simple superstructure institutionnelle, de telle sorte que toute tentative de recherche prospective sur le droit ne pourrait que se dissoudre dans la classique prospective économique et sociale[67]. Pareille vision marxiste a cependant perdu beaucoup de son influence.

Dans le même sens, certains prospectivistes soulignent l'existence de multiples interactions entre les différents phénomènes sociaux, dont le droit, ainsi que l'unicité du fait social, si bien qu'il serait impossible de procéder à des investigations prospectives dans une discipline aussi spécifique que le droit. Le découpage fausserait *a priori* toute analyse sectorielle.

Il ne semble toutefois pas interdit, quand bien même le droit serait intimement dépendant de son environnement politique, économique et social — ce qu'il est très certainement —, à moins de se couper dangereusement du monde et des sociétés qu'il est supposé réguler, de procéder à une analyse globale afin d'en tirer des résultats concentrés sur les aspects et problématiques juridiques.

Le droit dans toutes ses dimensions

Dans une recherche de prospective juridique, si le droit doit être le point d'arrivée afin d'assurer sa juridicité, il ne peut en revanche être qu'un point de départ parmi d'autres, sous peine de faire reposer l'étude sur des acteurs clés et des variables clés qui ne seraient pas les bons. La prospective juridique ne saurait en particulier reposer sur toute approche dogmatique ni sur quelque analyse focalisée sur les textes normatifs et délaissant toute la pratique du droit, tout le droit effectif et tout le droit en action. Il est impératif, en revanche, qu'elle appréhende le droit dans toutes ses dimensions, de façon systématique et globale.

Le cadre juridique est généralement un facteur clé et les législateurs ou jurislateurs en général sont des acteurs clés des recherches prospectives. En revanche, une prospective consacrée au droit, une étude du droit à venir au service du droit en action, serait une nouveauté ou quasi-nouveauté. Il faut en tout cas gager que le droit peut devenir l'objet d'une prospective et, par suite,

---

[67] A. Sayag, « Quelle prospective juridique ? », colloque du 5 juin 1985, [en ligne] <creda.cci-paris-idf.fr>.

que cette prospective juridique pourrait devenir une branche de la recherche juridique.

Ensuite, une recherche en prospective juridique peut être macro-juridique, relative à un système ou un ordre juridique donné, aussi bien que micro-juridique, touchant à une branche du droit ou même un régime juridique particulier[68]. Et la prospective juridique, comme la prospective, se scinde en deux branches interdépendantes : l'une exploratoire, objective et scientifique ; l'autre stratégique, normative et critique.

Le conservatisme, obstacle à une prospective juridique ?

Peut-être l'obstacle le plus important à toute affirmation d'une prospective juridique n'est-il pas d'ordre épistémologique, théorique ou logique mais tient-il au certain conservatisme imprégnant les facultés de droit — en France du moins. Les premiers auteurs à avoir envisagé de mener des recherches jusprospectives observaient : « On a été frappé par la manifestation d'un clivage entre enseignants — qui appréhendent beaucoup les évolutions — et praticiens »[69]. La prospective juridique pourrait ainsi intéresser les professionnels-praticiens davantage que les universitaires. En général, ces premiers sont plus que ces derniers demandeurs de changement, de prévision et d'adaptation. À l'université, on ne peut que s'étonner, au moins dans un premier temps, face à la démarche prospective tant on est, par tradition, surtout porté vers l'analyse rétrospective des normes et des institutions. Dans les cabinets d'avocats et parmi les autres lieux où le droit se pratique, on ne peut en revanche qu'être très préoccupé par les besoins et les changements du droit, ainsi que par les décisions juridiques et le droit en actes.

Si un certain nombre d'universitaires-juristes pourraient ne pas voir d'un bon œil la proposition d'une prospective juridique, cela ne saurait de toute manière lui interdire de se développer puisque la prospective juridique n'a pas besoin des facultés de droit ni même des juristes dans leur ensemble — ils n'ont pas le monopole de l'étude du droit.

La prospective juridique pour réconcilier le fait et le droit

Il faut cependant espérer que la prospective juridique convainque au moins autant les juristes que les économistes ou les sociologues, cela alors qu'on

---

[68] Sur la distinction de la recherche macro-juridique et de la recherche micro-juridique, *cf.* B. Barraud, « Recherche macro-juridique et recherche micro-juridique », *RRJ* 2017, p. 501 s.

[69] A.-C. Decouflé, « Champ et méthodes d'une prospective du droit des affaires », in A. Sayag, dir., *Quel droit des affaires pour demain ? Essai de prospective juridique*, Librairies techniques, 1984, p. 26.

déplore chaque jour un peu plus des travaux universitaires sur le droit tendant à se couper du droit réel, du droit effectif et du droit en action. La prospective juridique, associée au pragmatisme juridique dont elle est proche tant du point de vue des fins (l'action) que du point de vue des moyens (l'approche scientifique et critique)[70], sans quoi elle ne saurait produire de résultats congruents, conformes aux faits juridiques, permettrait aux chercheurs en droit de mieux comprendre les phénomènes de « guerre des normes », de concurrence des normativités, de plurinormativité, d'internormativité, les normes qui émergent de la pratique, tous ces nouveaux objets normatifs que sont les codes privés, les chartes, les usages, les conditions générales d'utilisation, les contrats-types, les normes comptables, les normes managériales, les normes techniques, mais aussi les modes alternatifs de résolution des conflits, les labels, les standards, les protocoles, les meilleures pratiques, les statistiques, les sondages, les indicateurs de performance, les rankings, les algorithmes, les lois économiques des marchés, les *nudges* etc.

Le juriste qui se bornerait à n'étudier que les seules lois et jurisprudences positives passerait peut-être à côté des éléments les plus remarquables du droit contemporain. La prospective juridique a ainsi vocation à réconcilier le fait et le droit. Faut-il rappeler, avec Jean Carbonnier, combien, « dans le divorce du fait et du droit, c'est le droit qui a tord »[71] ?

Reste que, si la possibilité d'une prospective juridique se vérifiait, encore importerait-il de démontrer plus avant son utilité, donc qu'elle pourrait permettre à la recherche juridique de progresser, à la connaissance du droit de se renforcer et à la pratique du droit de s'améliorer, toutes regardant désormais dans des directions vers lesquelles elles n'avaient encore jamais osé se tourner.

Dans son article fondateur de 1957, Gaston Berger écrit :

> *Si l'humanité d'aujourd'hui avait de son avenir cette vision relativement claire que la prospective voudrait lui donner, elle serait invitée à la prudence. Elle apprendrait à surveiller sa marche, à bien calculer ses mouvements et à prendre à temps les précautions nécessaires. Elle pourrait découvrir aussi dans cette vision assez de possibilités exaltantes pour que ses futures obligations lui paraissent légères et pour qu'elle renaisse à l'espérance en découvrant un sens à sa destinée.*[72]

Finalement, pour justifier la possibilité et même l'opportunité d'une prospective juridique, peut-être suffit-il d'avancer que le droit peut parfaitement se reconnaître dans cette description, lui qui a besoin de prudence et qui est même la prudence en soi. N'est-il pas vrai qu'en droit plus que

---

[70] *Cf.* B. Barraud, *Le pragmatisme juridique*, L'Harmattan, coll. Bibliothèques de droit, 2017.
[71] J. Carbonnier, *Flexible droit – Pour une sociologie du droit sans rigueur*, LGDJ, coll. Anthologie du droit, 2013, p. 91.
[72] G. Berger, « Sciences humaines et prévision », *La Revue des Deux Mondes* 1957, p. 426.

partout ailleurs « le présent devient écrasant, alors que le passé s'estompe et que l'on n'ose pas parler d'avenir »[73] ?

Cette situation, résultat de l'accélération du temps qui fait qu'on ne parvient plus à traiter toutes les données nouvelles qui apparaissent quotidiennement, n'enlève rien au besoin de prendre du recul et de regarder devant soi. Comme le déclame un poète contemporain, « pour aller de l'avant, il faut prendre du recul, car prendre du recul, c'est prendre de l'élan »[74].

C. L'opportunité de la prospective juridique

L'absence d'auteurs iconiques et d'œuvres largement diffusées, connues et reconnues, ainsi que le caractère encore marginal, méconnu et informel de la prospective parmi les sciences humaines et sociales, peuvent faire douter de son opportunité — et une prospective juridique ne pourrait que connaître le même sort. D'aucuns doutent que puisse exister une science de l'avenir[75]. Une science de l'avenir du droit ne peut qu'être encore plus discutable et susciter la méfiance, en particulier des juristes. Si une telle « science » de l'avenir du droit doit être abordée avec des pincettes et entourée de réserves, il faut cependant soutenir qu'elle pourrait rendre quelques services au droit ou, plus exactement, à ceux qui le font, le pratiquent, l'étudient ou l'enseignent.

L'évolution réglementaire ou celle du système juridique joue un rôle central, en tant que facteur clé, dans tout travail de prospective[76]. Mais qu'en est-il d'une étude prospective dont cette évolution réglementaire ou cette évolution du système juridique ne serait pas un facteur clé mais son objet même ?

---

[73] O. Faron, « La prospective, une science neuve et utile ! », in Ph. Durance, dir., *La prospective stratégique en action – Bilan et perspectives d'une indiscipline intellectuelle*, Odile Jacob, 2014, p. 9.

[74] MC Solaar, « Le bien, le mal », avec Guru, *Jazzmatazz Vol. 1*, EMI Music Studios, 1993.

[75] P. Tolila, « Quand la prospective rêve de science », *Le Banquet la revue du CERAP* janv. 1997, p. 8.

[76] Par exemple, une étude géopolitique, réalisée par le Centre d'analyse et de stratégie du ministère des affaires étrangères (CAPS), qui explore, à l'horizon 2030, huit mondes possibles en fonction de la distribution de la puissance (entre dispersion et concentration) et de la nature des relations (entre compétition et coopération), retient plusieurs cadres juridiques dominants possibles : droit international classique de type interétatique, hégémonie du droit américain ou « dispositif multi acteurs » (cité par M. Delmas-Marty, « Où va le droit ? Entre pot au noir et pilotage automatique, le droit peut-il nous guider vers une mondialité apaisée ? », *JCP G* 2018, p. 677).

Le droit français « malade » de son manque de prospective ?

Les pionniers de la prospective juridique, dans les années 1980, estimaient déjà que « l'enquête prospective fait espérer un apport neuf, en fait indispensable, aux connaissances sur le droit »[77]. Cela ne peut qu'être plus vrai aujourd'hui, alors que les demandes de droits se multiplient, que le rapport entre droit positif conforme aux besoins actuels de normes et droit positif archaïque est de plus en plus déséquilibré — à l'avantage du droit inadapté — et que la confiance dans la loi et, plus généralement, dans le droit n'avait jamais été aussi faible depuis l'affirmation de la démocratie, c'est-à-dire depuis près de deux siècles.

Si la France est « malade de son manque de prospective »[78], il semble que le droit français et peut-être le droit en général soient tout spécialement touchés par ce trouble : « Le droit est en crise parce que le législateur, trop loin des réalités, n'a pas de vision globale ni de projet cohérent tout en produisant une législation trop ambitieuse et parce que, en conséquence, la difficulté éprouvée à maîtriser le droit à appliquer, à en découvrir les véritables fondements, entraîne incertitude et insécurité »[79]. Et de dénoncer « la médiocrité de la législation provoquant l'écart entre les règles et les pratiques »[80]. Le droit positif se retrouve chaque jour un peu plus en décalage par rapport aux besoins et aux défis juridiques, ce qui semble justifier une prospective juridique dont la vocation serait de réduire ce décalage, donc de permettre au droit positif, de la loi aux pratiques quotidiennes des juristes, d'être autant que possible adaptable et adapté à son contexte et à l'état de la société qu'il a pour mission de réguler. En ce sens, il a déjà été souligné combien « la prospective juridique est un instrument essentiel de réflexion sur la politique législative, c'est-à-dire sur les meilleurs voies et moyens de l'intervention de l'État. Il faut sauvegarder la primauté de la loi en en restaurant la qualité. L'enjeu en vaut la peine car il en va de la sécurité [...] et de la sauvegarde de l'État de droit »[81].

C'est pourquoi, en droit plus que nulle part ailleurs, il faudrait « réhabiliter l'avenir »[82], c'est-à-dire accepter d'envisager cet objet original, fonctionnant à base de normes et d'institutions, qu'est le droit non seulement en fonction

---

[77] J. Hilaire, A. Sayag, « Conclusion », in A. Sayag, dir., *Quel droit des affaires pour demain ? Essai de prospective juridique*, Librairies techniques, 1984, p. 235.
[78] J.-L. Guigou, *Réhabiliter l'avenir – La France malade de son manque de prospective*, L'Harmattan, coll. Prospective, 2009.
[79] A.-C. Decouflé, « Introduction », in A. Sayag, dir., *Quel droit des affaires pour demain ? Essai de prospective juridique*, Librairies techniques, 1984, p. 3.
[80] *Ibid.*
[81] A. Sayag, « Quelle prospective juridique ? », colloque du 5 juin 1985, [en ligne] <creda.cci-paris-idf.fr>.
[82] J.-L. Guigou, *Réhabiliter l'avenir – La France malade de son manque de prospective*, L'Harmattan, coll. Prospective, 2009.

de ce qu'il est et de ce qu'il a été, mais aussi en fonction de ce qu'il pourrait être et de ce qu'il devrait être. Ainsi conçus, les travaux relatifs au droit pourraient se tourner vers de nouveaux horizons porteurs dans un contexte d'accélération du temps et de dissolution de l'espace qui est un défi de taille pour un droit habituellement territorialisé et lent[83].

La prospective en réponse aux crises du droit

Si la prospective vise à préparer les esprits aux changements attendus, possibles, nécessaires ou (quasi-)inéluctables, elle pourrait en théorie apporter beaucoup aux juristes tant ceux-ci sont de plus en plus souvent critiqués en raison de la tendance qui serait la leur, en France du moins et surtout dans les universités, à ne pas toujours accepter le changement et à s'arc-bouter à certains passés plutôt que de se tourner vers les futurs pour les accueillir pleinement. Si, en droit, on peut avoir du mal à le reconnaître, vu de l'extérieur le constat est sans appel : « Le conservatisme traditionnel du juriste ne le prédispose guère à imaginer les transformations du droit »[84]. Or plus le droit, dans toutes ses dimensions, sera conscient des possibilités et des limites de ces futurs, plus il sera adapté, pertinent et effectif, ce qui en fait une condition *sine qua non* du renforcement de sa légitimité, donc de sa force, de sa puissance, peut-être même de sa raison d'être. En somme, plaider pour la prospective juridique et la mettre en œuvre, c'est plaider pour et mettre en œuvre ce qui serait une solution essentielle aux crises du droit.

Comme Gaston Berger l'a écrit, « nous avons à vivre non point dans un monde nouveau dont il serait possible au moins de faire la description, mais dans un monde mobile, c'est-à-dire que le concept d'adaptation doit être généralisé pour rester applicable à nos sociétés en accélération »[85]. Le droit ne saurait être exclu du périmètre de cette adaptation, au contraire dès lors que c'est dans une large mesure lui qui est à la manœuvre ; et la prospective juridique serait le principal outil au service de cette adaptation.

La prospective juridique, un nouveau point de vue pour les acteurs de terrain et pour les chercheurs

Ensuite, peut-être cette prospective juridique pourrait-elle concerner davantage les praticiens, acteurs de terrain, que les universitaires — la

[83] Par exemple, L. Sfez, *L'administration prospective*, Armand Colin, 1970.
[84] A.-C. Decouflé, « Champ et méthodes d'une prospective du droit des affaires », in A. Sayag, dir., *Quel droit des affaires pour demain ? Essai de prospective juridique*, Librairies techniques, 1984, p. 10.
[85] G. Berger, « Éducation et société », *Prospective* 1967, n° 14.

prospective est aujourd'hui, en France en tout cas, surtout utilisée dans son versant stratégique par les entreprises et les administrations, qui ont d'ailleurs tendance à l'internaliser, ce qui atteste de son succès, mais un succès dans le monde professionnel bien plus que dans le monde académique. La prospective juridique pourrait ainsi prospérer au sein de certaines sociétés privées et de certaines administrations et institutions, ou encore au sein des cabinets d'avocats et parmi d'autres professions juridiques[86].

Cependant, les facultés de droit pourraient elles aussi tirer parti de l'éventuelle émancipation de ce qui constituerait alors une nouvelle branche de la recherche juridique. Celle-ci permettrait au savoir juridique de progresser en ouvrant de nouvelles portes et en s'aventurant sur des chemins encore inexplorés. Alors qu'on peut être tenté de mener des recherches sur des sujets épuisés depuis longtemps, à propos desquels il ne resterait plus grand-chose à dire ou, du moins, à découvrir, l'apport de la prospective juridique, défrichant tout un nouveau pan du droit, pourrait être important.

Vers de nouvelles formes de pédagogie et d'apprentissage : savoir-faire et ouverture disciplinaire plutôt que savoir-savoir et enfermement disciplinaire

Le droit ne serait pas moins que les autres disciplines académiques touché par les difficultés que Gaston Berger soulignait déjà à l'aube de la prospective :

> *Se posent aux éducateurs des problèmes auxquels on n'a pas encore donné toute l'importance qu'ils méritent. Les ingénieurs que nous formons dans nos Facultés et dans nos Écoles seront au travail dans cinq ou six ans. Les maîtres que nous instruisons communiqueront leur savoir à des élèves qui aborderont leur propre vie professionnelle dans quinze ans. C'est donc à ce monde futur qu'ils doivent être adaptés et non à celui où nous vivons, encore moins au monde de notre enfance dans lequel chacun de nous a toujours tendance à se replacer inconsciemment. Quand on songe à la manière dont se transmettent aujourd'hui les connaissances et les méthodes et qu'on évoque la vitesse avec laquelle le monde se transforme, on ne peut manquer d'être confondu. Un professeur de cinquante ans transmet à ses élèves, qui s'en serviront dix ou quinze ans plus tard, des connaissances qu'il a lui-même reçues vingt-cinq ou trente ans auparavant. La « période » de communication du savoir est ainsi d'une quarantaine d'années, c'est-à-dire qu'elle est deux fois plus longue que celle qui mesure les grandes transformations dues à l'homme. Nous savons bien que nos professeurs, nos ingénieurs, nos médecins ont généralement assez de conscience professionnelle et qu'ils*

[86] Par exemple, L. Sfez, *L'administration prospective*, Armand Colin, 1970.

ont conservé assez de curiosité pour se « tenir au courant ». Peut-on prétendre cependant que nos institutions les y aient aidés ? Oserait-on même affirmer qu'ils ont tous résisté à la fatigue, au découragement, à l'usure et qu'ils sont tous restés des inventeurs ?[87]

Or ce risque que se creuse un fossé entre les enseignements du passé et les besoins du présent et du futur est encore plus fort aujourd'hui — alors que les révolutions, notamment technologiques, s'enchaînent à un rythme effréné — que lorsque Gaston Berger a rédigé son article fondateur de la prospective. Et le philosophe d'ajouter — enseignement que les facultés de droit pourraient entendre — :

Il ne s'agit plus de multiplier le nombre des classes et le nombre des maîtres, mais de retrouver la signification profonde de l'éducation et d'inventer les méthodes qui conviennent à un univers en accélération. On s'apercevra qu'il est urgent de se défendre contre l'accumulation des connaissances, si parfaitement symétrique de l'embouteillage de nos rues et de nos routes.[88]

Ainsi les enseignements et les études juridiques pourraient-elles délaisser la récitation d'un droit positif temporaire et souvent dépassé au profit d'une recherche-action dans laquelle la prospective juridique trouverait toute sa place, accompagnant l'instauration de nouvelles formes de pédagogie et d'apprentissage tournées vers le savoir-faire et l'ouverture disciplinaire plutôt que vers le savoir-savoir et l'enfermement disciplinaire.

Ne pas chercher la solution de problèmes dépassés ni poursuivre des luttes devenues sans objet

Gaston Berger invite par ailleurs à

Nous contraindre à une révision permanente de nos objectifs et de nos problèmes. Il est triste sans doute de voir des hommes de bonne volonté arrêtés par des difficultés réelles. Il est encore plus attristant de les voir épuiser leurs forces à chercher la solution de problèmes dépassés ou à poursuivre des luttes qui sont devenues sans objet.[89]

Pareille invitation ne saurait concerner les juristes moins que les autres. Pourtant, ceux-ci risquent tout particulièrement de se confronter à des problèmes dépassés au détriment des problèmes réels et actuels, si bien que leur besoin de prospective serait véritable. Le conservatisme est une menace

---

[87] G. Berger, « Sciences humaines et prévision », *La Revue des Deux Mondes* 1957, p. 421.
[88] *Ibid.*, p. 424.
[89] G. Berger, « Méthode et résultats », *Prospective* nov. 1960, n° 6, p. 10.

pour le droit d'autant plus grande qu'elle est insidieuse, la propension des uns à se tourner vers hier plutôt que vers demain renforçant celle des autres à travers une légitimation par l'habitude. Or pareille attitude, qui est loin d'être partagée par tous mais qui est néanmoins relativement répandue, n'est plus viable au XXIe siècle. Elle risque d'entraîner des ruptures et, finalement, un décrochage difficile à rattraper.

Le monde du droit est peut-être un milieu dans lequel il est plus qu'ailleurs bienvenu d'entreprendre des travaux prospectifs paradoxalement en raison de l'inertie et des réticences au changement qui l'accompagnent. La prospective, ayant pour fin d'anticiper l'avenir pour agir aujourd'hui, trouverait ainsi toute sa place alors que l'environnement du droit évolue en permanence, appelant l'évolution permanente du droit lui même. Elle pourrait permettre aux juristes de mieux accepter les mouvements alentour et donc de mieux les prendre en compte dans leurs activités. Par exemple, des « *think tanks* » (réservoirs de pensée) juridiques pourraient se développer autour de recherches jusprospectives. Une fois arrivé au pouvoir — quelle qu'en soit la forme, « *soft* » ou « *hard power »* —, on pourrait ainsi mettre en œuvre les idées exprimées.

Le particularisme ontologique du monde des juristes comme justification d'une prospective ad hoc

En même temps, une prospective juridique serait absolument respectueuse de la culture juridique, des traditions et habitus des juristes, lesquels seraient nécessairement des facteurs clés pris en compte dans l'anticipation des futurs du droit. Une lacune qui atteint parfois les travaux prospectifs est le manque d'informations historiques et/ou culturelles. Être résolument tourné vers l'action ne doit pas conduire à l'amnésie ni à renier ses origines ou les signes d'appartenance à une communauté. « Si l'on ne sait pas d'où l'on vient, on oublie qui on est et la projection dans l'avenir risque d'être une fuite en avant désordonnée »[90]. La prospective fait le lien entre le passé et l'avenir. Et faire le lien entre le passé du droit et l'avenir du droit n'est pas une aventure vide de sens. Mais en aucun instant il ne saurait s'agir de se risquer en direction du droit du futur en omettant tout ce qui fait l'histoire du droit et la culture juridique. Au contraire, ce sont cette histoire et cette culture qui justifient l'existence d'une prospective juridique *ad hoc*[91]. Le particularisme

---

[90] Th. Gaudin, *La prospective*, 2e éd., Puf, coll. Que sais-je ?, 2013, p. 118.

[91] On enseigne que « la prospective devra s'exprimer dans des univers variés où la relation au temps, à la nature, aux familles, aux richesses, à la connaissance etc. prend des formes différentes. Une prospective qui ne respecterait pas ces hypothèses de vie glisserait sur les populations concernées comme l'eau sur les plumes d'un canard » (*ibid.*). Le droit peut sans doute constituer l'un de ces univers.

ontologique du monde des juristes est tel qu'il paraît autoriser des recherches prospectives prenant ce monde pour objet. Et en aucun instant ces recherches n'auraient vocation à trahir, à aller contre ni même à ignorer ou à minimiser la culture particulière des juristes.

L'anticipation, qualité du « bon » juriste

Le jeu du droit ressemble sous bien des aspects, et surtout du point de vue des praticiens, au jeu d'échecs qu'évoquait Gaston Berger :

> *Si l'on veut rapprocher la réflexion qui doit précéder toute action de celle d'un joueur d'échecs, mesurant ses possibilités, supputant les conséquences de chacun des coups qu'il peut risquer, anticipant les réactions de l'adversaire, il faut dire que dans le jeu qu'il nous faut jouer aujourd'hui, les règles se modifient sans cesse, tandis que les pièces changent de nombre et de propriétés au cours même de la partie.*[92]

N'est-il pas vrai que, aujourd'hui et en matière juridique, « les règles se modifient sans cesse, tandis que les pièces changent de nombre et de propriétés au cours même de la partie » ? Il semble que, de plus en plus, l'anticipation devient une qualité première du « bon » juriste. Elle doit lui permettre de prévenir l'obsolescence rapide de ses recherches et, plus généralement, de toutes ses activités à l'heure où les normes et, plus encore, les objets que les normes doivent régir changent chaque jour un peu plus rapidement et radicalement — à tel point qu'on s'interroge sur la capacité de la doctrine à suivre les mutations du droit et à en rendre compte, alors pourtant que ce droit lui même peine à s'adapter aux évolutions environnantes.

La prospective juridique en gestation

Pour l'heure, si quelques rares travaux se sont déjà inscrits, plus ou moins entièrement et plus ou moins consciemment, dans le champ de la prospective juridique, celle-ci demeure encore loin de constituer une nouvelle branche de la recherche juridique. L'affirmation et la confirmation d'une branche de la recherche juridique, comme l'affirmation et la confirmation d'une branche du droit positif, sont tributaires de divers facteurs et, pour l'instant, aucun ne répond à l'appel s'agissant de la prospective juridique.

Une branche du droit apparaît dès lors qu'un ensemble normatif apporte la preuve de son « authentique particularisme »[93]. S'agissant d'une branche de

---

[92] G. Berger, « Sciences humaines et prévision », *La Revue des Deux Mondes* 1957, p. 421.

[93] A. Jeammaud, « Droit du travail », in D. Alland, S. Rials, dir., *Dictionnaire de la culture juridique*, Lamy-Puf, coll. Quadrige-dicos poche, 2003, p. 472. L'auteur précise qu'il faut

la recherche juridique, cet authentique particularisme reposerait davantage sur un corpus doctrinal original suffisamment fourni, avec ses principes propres, ses ouvrages de référence et même des enseignements *ad hoc* dans les universités. À l'évidence, tout cela fait jusqu'à présent défaut s'agissant de la prospective juridique.

Cette dernière, loin d'avoir déjà pris son envol, est seulement en gestation, cela depuis de nombreuses années. Or, pour se développer, en raison de ses origines, de ses influences mais aussi de son objet même, elle serait nécessairement amenée à prendre ses distances avec nombre des usages et des cadres habituels des chercheurs en droit[94]. Cela constitue un frein, si ce n'est insurmontable, en tout cas important.

À l'aube du IIIe millénaire, l'environnement du droit évolue de plus en plus vite et de plus en plus profondément. Il est dès lors attendu de ce droit qu'il suive ce mouvement et que lui-même évolue de plus en plus vite et de plus en plus profondément, ce qu'il fait partiellement, fébrilement, maladroitement. Cela tend à accroître le nombre des vides, des incertitudes, des fragilités et des lacunes juridiques.

La recherche juridique, pour remplir son office, ne peut demeurer accrochée à quelques mythes et préceptes *a priori* hérités d'un passé qui n'est plus et que le présent va rejoindre bien vite. Il faut rappeler combien les conditions qui favorisent l'intuition scientifique sont « le profond désir de savoir, le stock de connaissances en mémoire, le sentiment de liberté, l'aptitude à briser la routine, la discussion avec d'autres chercheurs, la lecture d'articles pertinents et la sérendipité »[95]. Si certaines de ces conditions ne sont pas réunies, le progrès de la recherche juridique se trouve entravé. Et ce sont autant d'éléments tout particulièrement indispensables à la prospective juridique.

Les travaux de ceux qui étudient et pensent le droit ne sauraient présenter le même visage au XXe siècle et au XXIe siècle — et un même constat peut être dressé s'agissant des travaux de ceux qui fabriquent ou appliquent le droit.

---

qu'existent des lois spécifiques (voire un code spécifique), une identification et une synthèse doctrinales, un enseignement propre, des principes généraux particuliers ou encore des interprétations jurisprudentielles spéciales (*ibid.*).

94 « Le temps de la revendication de l'autonomie d'une jeune branche du droit par rapport à son tronc commun, explique-t-on, est toujours suivi par celui de la réconciliation, car la jeune branche du droit joue [...] un rôle de laboratoire où de nouvelles solutions sont éprouvées, qui, lorsqu'elles sont jugées satisfaisantes, irradient en dehors de ses frontières » (J. Robichez, *Droit du travail, droit de la concurrence, droit de la consommation – Le rôle de la branche du droit dans la dialectique juridique*, th., Université Paris I-Panthéon-Sorbonne, 1999 (cité par J. Hervois, *La production de la norme juridique en matière scientifique et technologique*, th., Université de La Rochelle, 2011, p. 444)). Sans doute en va-t-il de même s'agissant d'une branche de la recherche juridique par rapport au tronc commun de cette recherche juridique.

95 W. B. Cannon, *The Way of an Investigator – A Scientist's Experiences in Medical Research* (1945), Hafner, 1965 (cité par S. Catellin, « Sérendipité et réflexivité », *Alliage* 2012, n° 70).

La prospective juridique invite notamment à réfléchir à l'opportunité de développer l'interdisciplinarité en droit ou avec le droit, ou encore à l'opportunité d'adopter un point de vue critique. À l'ère de l'internet, à l'heure de la globalisation et des grandes mutations spatiales et temporelles du droit, alors que tout s'accélère et que tout se rapproche et se dissout, tandis que le nombre des publications juridiques explose, la recherche juridique est appelée à se réinventer dans des proportions non négligeables.

Peut-être la prospective juridique pourrait-elle apporter sa pierre à cet édifice de la recherche juridique. Plus globalement, peut-être pourrait-elle contribuer au renouveau de certaines pratiques des juristes. C'est pourquoi il est tentant de reprendre, prolonger et approfondir les premiers travaux jusprospectifs entrepris il y a déjà longtemps par des chercheurs en droit français.

D. Les prémices de la prospective juridique

Beaucoup d'écrits sur le droit sont prospectifs car, en droit, comme en sociologie ou en histoire, c'est le propre des théoriciens, des philosophes et de tous ceux qui prennent le temps de la réflexion que de formuler des questions et des spéculations sur l'avenir. En ce sens, Mireille Delmas-Marty a depuis longtemps souligné l'intérêt des « forces imaginantes du droit »[96]. Il ne s'agit toutefois, dans ce cas, que de prospective au sens large, de prospective implicite et souvent inconsciente.

En revanche, aucun ouvrage ni aucun article substantiel n'a, semble-t-il, été consacré jusqu'à présent à la prospective juridique (ou « *legal foresight* » en anglais) conçue telle une branche de la recherche juridique répondant à des fins particulières et usant de moyens propres. Et rares sont les travaux à revendiquer une approche prospective.

Des travaux « prospectifs » au sens le plus large

Par exemple, dans la base de références bibliographiques Doctrinal, 190 titres d'articles sur 465 000 notices comportent le terme « prospectif » ou « prospective », ce qui correspond à 0,04 % des articles, soit un tous les 2 500. Et il ne s'agit jamais du substantif « prospective »[97]. L'intention prospective

[96] M. Delmas-Marty, *Les forces imaginantes du droit*, Le Seuil, 3 vol. : 2004, 2006, 2007. Également, M. Delmas-Marty, *Trois défis pour un droit mondial*, Le Seuil, 1998.

[97] Cependant, à titre de comparaison, si « histoire » et « historique » engendrent 1 115 résultats, « sociologie » et « sociologique » n'apparaissent guère plus souvent : 105 résultats. « Philosophie » et « philosophique » donnent 135 résultats, « anthropologie » et « anthropologique » 28 résultats et « épistémologie » et « épistémologique » 23 résultats. Il ne

est donc bel et bien présente dans les recherches juridiques, quoique seulement à la marge — mais les travaux de science du droit positif, consistant à décrire, expliquer et interpréter les lois et jurisprudences en vigueur, tendent à cannibaliser la recherche juridique. L'adjectif « prospectif » est cependant utilisé très majoritairement dans son sens le plus courant et les auteurs qui y recourent n'envisagent guère de s'inscrire dans le cadre de cette discipline originale qu'est la prospective. Celle-ci demeurant assez confidentielle, ils en ignorent souvent jusqu'à l'existence ou, du moins, ils n'en maîtrisent guère les objets et méthodes particuliers.

Les juristes et, plus généralement, ceux qui étudient le droit ou travaillent avec le droit sont toutefois de plus en plus nombreux à être frappés par le « choc du futur »[98], à avoir « l'appétit du futur »[99]. Tout d'abord, il arrive que des prospectivistes « de métier » se consacrent au droit (largement compris)[100]. Ensuite, ce sont aussi des professeurs de droit qui imaginent ce que pourrait être le futur de leur monde, le droit, parfois en choisissant un horizon lointain. Mais il ne s'agit jamais de prospective en bonne et due forme, suivant les principes et méthodes préconisés par les théoriciens de la prospective — et cet exercice d'anticipation est parfois vu comme quelque-chose de ludique, presque de distrayant, mais pas comme quelque-chose de véritablement sérieux, susceptible d'emporter des conséquences concrètes[101].

---

faut donc pas exagérer l'absence de volonté prospective parmi les travaux en droit ou sur le droit.

[98] Réf. à A. Toffler, *Le choc du futur*, Denoël, 1971.

[99] J. De Courson, *L'appétit du futur – Voyage au cœur de la prospective*, Charles Léopold Mayer, coll. Essai, 2005.

[100] Par exemple, J. Lesourne, *Démocratie, marché, gouvernance : quels avenirs ?*, Odile Jacob, 2004.

[101] Par exemple, en matière de « justice prédictive », on imagine ce que pourrait être le discours du « Haut ministre suprême de la justice universelle prononcé à l'occasion du 200e anniversaire du logiciel "Pythie" (Paris, 15 févr. 2940) » : « Nous fêtons aujourd'hui les 200 ans du méga logiciel "Pythie", qui naquit le 15 février 2740 et qui est l'infaillible oracle de la justice, perpétuellement connecté à chacun de nous. Nous savons tous que Pythie ne se trompe jamais, que Pythie sait tout, voit tout et entend tout, que Pythie rend toujours une décision juste baignée par la lumière immortelle de l'équité et que les justiciables se soumettent d'eux-mêmes à la vérité absolue de Pythie. Grâce à son analyse sensorielle et connectée de tous les individus vingt-quatre heures sur vingt-quatre, Pythie pénètre dans le tréfonds des consciences de chacun et connaît la vérité vraie. On le sait : Pythie détecte toute tentative de mensonge de la part de ceux, très rares, qui auraient la folie de tenter de le tromper. Pythie, fort de la compilation de milliards de milliards de données, prévient la plupart des conflits entre les êtres humains et résout toujours les quelques-uns qui ont pu échapper à sa vigilance constante en rendant une décision dont il assure l'exécution dans ses moindres détails. Louons donc Pythie, notre oracle, qui porte le nom d'une prêtresse qui, dans les temps les plus antiques, transmettait aux hommes les messages des Dieux ! Vous aurez du mal à croire qu'il fut une époque lointaine et archaïque où la justice était l'affaire des humains, alors même que nous savons tous, vous et moi, que le Droit est bien trop important pour être confié à des hommes et femmes. Et, pourtant, aussi incroyable que celui puisse paraître, nos historiens l'affirment et il faut les croire. Jadis, de simples humains, nommés "avocats", choisissaient des stratégies judiciaires pour le compte des

Même parmi les pouvoirs publics, et contrairement aux entreprises beaucoup plus à l'écoute des méthodes formalisées de prospective, on lance souvent des exercices de prospective sans former les membres des comités de réflexion à ces méthodes. Or, si proposer une vision de demain est à la portée de chacun, élaborer des scénarios plausibles de ce que pourrait être l'avenir afin d'agir aujourd'hui plus efficacement requiert une certaine rigueur intellectuelle — paradoxalement à base d'indiscipline intellectuelle[102] — et surtout le respect de quelques principes et de quelques procédés permettant de renforcer la scientificité, donc de diminuer la subjectivité, des résultats. La prospective, pour présenter un quelconque intérêt, ne peut s'improviser ou se faire en dilettante. Elle suppose un investissement total de chacun des participants et un véritable professionnalisme. Or — et c'est là l'un des grands défis que la prospective, notamment juridique, doit relever —, elle ne se voit allouer que peu de moyens, quand ce n'est pas aucun moyen, alors pourtant qu'il lui faut d'importants moyens humains et matériels pour fonctionner.

Les autorités publiques à l'initiative de la prospective juridique

Divers travaux prenant le droit pour objet et revendiquant explicitement une approche prospective — mais donc sans nécessairement s'appuyer sur les

---

justiciables, écrivaient beaucoup et même parlaient encore davantage lors d'étranges cérémonies nommées des "plaidoiries" où ils étaient tout de noir vêtus. Et puis, des hommes et des femmes — oui, vous avez bien entendu : des hommes et des femmes ! — rendaient la justice. On les appelait des juges. Eux aussi étaient en noir, parfois en rouge. Il y avait même quelques personnes appartenant à une organisation étrange dénommée "doctrine" qui se permettaient ensuite de critiquer les décisions rendues ou de suggérer des évolutions du droit. Comment pouvait-on oser critiquer une décision dont nous savons aujourd'hui qu'elle est forcément infaillible ? Il est vrai que, en ces temps lointains, les lois étaient faites par des êtres humains qui se réunissaient dans de curieux cénacles. De même, certains avaient même la prétention, dans ce qui était appelé alors une "Université", d'éduquer leurs concitoyens en leur expliquant l'inexplicable pour un humain : le Droit et la justice. Aujourd'hui, on n'arrive pas à croire qu'un simple cerveau humain puisse connaître l'immensité des données détenues par Pythie pour légiférer, enseigner, critiquer et décider. Pour fêter les 200 ans de Pythie, j'ai donc demandé à nos historiens de tenter de dater précisément le tout début de cette merveilleuse évolution qui, durant des siècles et des siècles, a permis de créer Pythie. Comme toujours, il y a eu beaucoup de controverses entre nos historiens. Mais, finalement, un consensus relatif s'est fait autour d'une date : mai 2017, soit il y a plus de neuf cents ans. À cette époque très lointaine et peu documentée, il semble que certains de ceux que l'on appelait des « juges » aient essayé un logiciel de justice prédictive dans deux villes, que l'on dénommait Douai et Rennes, devenues de simples quartiers de notre mégapole. Nos historiens affirment que ce logiciel extrêmement sommaire est peut-être le plus ancien ancêtre connu de Pythie que nous louons tous » (Ch. Caron, « Louons le méga logiciel "Pythie", notre oracle infaillible de la justice ! », *Comm. com. électr.* 2017, n° 7, p. 1).

[102] M. Godet, « Le plaisir de l'indiscipline intellectuelle pour construire l'avenir autrement », in Ph. Durance, dir., *La prospective stratégique en action – Bilan et perspectives d'une indiscipline intellectuelle*, Odile Jacob, 2014, p. 31 s.

méthodes élaborées par les prospectivistes — ont déjà été menés. Il s'est agi notamment de réflexions conduites par les collectivités territoriales[103], depuis toujours en avance en la matière par rapport aux services centraux et surtout aux ministères, bien que certains possèdent des équipes, directions ou départements dédiés à la prospective. Il existe par ailleurs des postes de chargé d'études prospectives, comme à la CNIL. Les études prospectives initiées par la Délégation à l'aménagement du territoire et à l'action régionale (DATAR) doivent être signalées[104], tout comme la forte culture prospective de la Direction générale de la recherche scientifique et technique.

La prospective en général et la prospective juridique en particulier sont longtemps demeurées propres aux personnes publiques, notamment afin d'élaborer et évaluer les politiques publiques. Et ces autorités ont produit de nombreux documents (rapports, livres blancs etc.) relevant de la prospective au sens plus ou moins large[105].

Les fameuses études du Conseil d'État sont un bon exemple en ce qu'elles comprennent souvent un volet prospectif. Ainsi, en 2017 par exemple, le Conseil d'État s'est intéressé à « la puissance des évolutions en cours [qui] rend nécessaire d'analyser les atouts et les faiblesses de notre système juridique pour être à la fois en capacité d'anticiper les évolutions du droit et des politiques publiques et d'y apporter les réponses d'ensemble, conçues au niveau européen et national »[106]. Et de souligner combien son ambition était d'« anticiper pour ne pas être dépassé et sécuriser notre système juridique »[107]. En l'occurrence, il s'est penché sur « les enjeux du numérique » et a exploré « les possibilités d'adaptation du droit à une société dominée par les plateformes Internet et le phénomène d'ubérisation »[108]. Ainsi l'institution du Palais-Royal invite-t-elle à une véritable révolution juridique dans le but d'aboutir à un droit mieux adapté au monde technologique actuel. Elle va

---

[103] P. Dommergues, *La Prospective au cœur des régions*, Syros, 1993.

[104] Notamment, DATAR (Délégation à l'aménagement du territoire et à l'action régionale), *La méthode des scénarios – Une réflexion sur la démarche et la théorie de la prospective*, La documentation française, coll. Travaux et recherches de prospective, 1975.

[105] Par exemple, le rapport sur l'application du décret n° 2010-1379 du 12 novembre 2010 *Relatif aux services de médias audiovisuels à la demande (SMAD)* remis par le Conseil supérieur de l'audiovisuel (CSA) au Gouvernement ou bien le rapport sur les modalités de régulation des algorithmes de traitement des contenus remis en 2017 par le Conseil général de l'économie (CGE) à la secrétaire d'État au Numérique présentent des contenus largement prospectifs, amenant à prendre des décisions aujourd'hui afin de préparer l'avenir.

[106] Conseil d'État, *Puissance publique et plateformes numériques : accompagner l' « ubérisation »*, La documentation française, 2017.

[107] *Ibid.*

[108] *Ibid.* Après deux précédentes études, la première en 1998 intitulée *Internet et les réseaux numériques* et la deuxième en 2014 sur *Le numérique et les droits fondamentaux*, le Conseil d'État poursuit ainsi sa réflexion sur l'évolution des politiques publiques du numérique, en s'attachant en particulier à l'ébranlement des économies et des modèles sociaux traditionnels qui est en cours ou à venir.

même jusqu'à proposer de nouveaux processus d'élaboration des normes tournés vers la prospective[109].

« Quel droit des affaires pour demain ? Essai de prospective juridique »

Du côté de la recherche académique, une étude de prospective juridique pionnière a été menée en France au milieu des années 1980, en association entre des professeurs de droit de l'Université Paris 1 et des membres du Laboratoire de prospective appliquée[110]. Ceux-ci pouvaient alors observer que,

> *Si la prospective du droit, c'est-à-dire des concepts et des systèmes juridiques, peut être tentée, peu de juristes s'y risquent. Les écrits des utopistes et leurs constitutions idéales ou la politique-fiction ne sauraient en effet être considérés comme le substitut d'une prospective juridique véritable. La prospective juridique demeure donc,* a priori, *un sujet à peu près intact.*[111]

La recherche ainsi entreprise a pris pour objet une branche du droit particulière, intimement liée à des facteurs politiques et économiques : le droit commercial. Comme l'expliquaient ses auteurs, tout l'enjeu était, dans un contexte où les juristes baignent dans un normativisme kelsénien qui les oblige à consacrer toute leur attention aux normes et à ignorer les faits, de se concentrer sur « la vie pratique et les comportements du monde des affaires face à la législation »[112] et d'« aborder l'ordre juridique à la fois dans ses aspects normatifs et pratiques, étroitement solidaires mais souvent opposés »[113], parlant même d'« ensemble indissociable que forment l'ordre et la pratique juridiques »[114].

---

[109] « Une révision des législations est nécessaire, en y associant tant les acteurs de la nouvelle économie que ceux de l'économie traditionnelle. Le Conseil d'État recommande en ce sens que préalablement à chaque réforme législative ou réglementaire, une révision complète du droit applicable soit menée par des instances composées de l'ensemble des acteurs du secteur ; l'étude d'impact accompagnant le projet de réforme devrait rendre compte des résultats de cette évaluation (proposition n° 20). Le Conseil d'État propose enfin d'expérimenter une nouvelle méthodologie d'élaboration de la décision publique, selon des modalités inspirées des méthodes dites "agiles" mettant en réseau l'État, les collectivités publiques et toutes les parties concernées (proposition n° 21) » (*ibid.*).

[110] A. Sayag, dir., *Quel droit des affaires pour demain ? Essai de prospective juridique*, Librairies techniques, 1984.

[111] A.-C. Decouflé, « Introduction », in A. Sayag, dir., *Quel droit des affaires pour demain ? Essai de prospective juridique*, Librairies techniques, 1984, p. 10.

[112] *Ibid.*, p. 5.

[113] *Ibid.*

[114] *Ibid.*, p. 9.

Cependant, loin d'aller jusqu'à élaborer des scénarios des avenirs possibles et de rechercher parmi eux la voie à suivre afin d'atteindre un avenir désirable, ces chercheurs, comme ils l'ont expliqué, se sont bornés à « recenser les phénomènes du présent jugés porteurs d'avenir et les grands axes de convergence des experts interrogés »[115]. Ils se sont « limités à une prospective d'extrapolation »[116]. Il s'est donc agi essentiellement de réunir et synthétiser les opinions diverses des experts du droit commercial quant à l'avenir de celui-ci.

Cette étude prospective de 1984 n'en a pas moins posé quelques jalons d'une prospective juridique :

> *La prospective juridique ne prétend pas décrire le contenu du droit de demain. Elle a une finalité plus humble, mais peut-être plus utile. Elle doit s'astreindre au travail plus ingrat qui consiste à peser les tendances, discerner quelques faits significatifs et détecter les germes de crise. Son but est donc de tenter de déceler par avance les futurs points de tension possibles d'un système ou d'un sous-système juridique donné.*[117]

> *Les trois objectifs de l'étude [étaient] : réflexion sur l'état actuel du droit des affaires ; mise à jour des points de tension ou de rupture perceptibles dans son application ; identification d'axes d'évolution susceptibles d'affecter les transformations de ce droit, en distinguant le possible du souhaitable.*[118]

> *La conclusion essentielle de la recherche est qu'il est inutile de vouloir éluder les difficultés : le droit des affaires, ne pouvant échapper aux changements, doit se préparer à les affronter, plutôt que de les ignorer pour s'y soumettre ensuite au dernier moment, dans les plus mauvaises conditions de l'improvisation. Il faut donc se donner le temps de la réflexion préalable et préventive sur les points de tension qui ont les plus grandes probabilités de se présenter ; il faut encore, et surtout, proposer une méthode de recherche qui puisse aider le législateur à trancher la difficulté dans les meilleures conditions : identifier les symptômes d'une crise particulière, certes, mais aussi se doter d'une méthode thérapeutique générale — tels pourraient être les enseignements fondamentaux d'une réflexion prospective systématique.*[119]

---

[115] A. Sayag, « Avant-propos », in A. Sayag, dir., *Quel droit des affaires pour demain ? Essai de prospective juridique*, Librairies techniques, 1984, p. X.
[116] *Ibid.*
[117] A.-C. Decouflé, « Champ et méthodes d'une prospective du droit des affaires », in A. Sayag, dir., *Quel droit des affaires pour demain ? Essai de prospective juridique*, Librairies techniques, 1984, p. 15.
[118] *Ibid.*, p. 25.
[119] J. Hilaire, A. Sayag, « Conclusion », in A. Sayag, dir., *Quel droit des affaires pour demain ? Essai de prospective juridique*, Librairies techniques, 1984, p. 236-237.

C'est la voie ainsi ouverte que la prospective juridique peut suivre et que le présent ouvrage tentera de préciser et d'approfondir. Bien que cette recherche sur l'avenir du droit des affaires soit tombée dans l'oubli et n'ait guère suscité de vocations au sein des facultés de droit et dans les universités plus généralement, elle semble avoir néanmoins montré que la prospective juridique peut remplir la double condition de possibilité et d'opportunité indispensable au développement d'une nouvelle branche de la recherche juridique.

La Revue de droit prospectif, *créée en 1976*

La dimension et l'ambition prospectives dans la recherche juridique sont néanmoins plus anciennes que ces travaux touchant au droit commercial. Dès 1976, en France, l'Association des étudiants en doctorat de l'université d'Aix-Marseille III a créé une novatrice *Revue de droit prospectif*. Celle-ci affichait sur sa couverture son intention à travers un mot de Pierre Teilhard de Chardin : « Rien ne vaut la peine d'être trouvé que ce qui n'a jamais existé encore. La seule découverte digne de notre effort est de découvrir l'Avenir »[120]. À l'occasion de l'avant-propos du premier numéro de la revue, son directeur de la publication expliquait : « Notre créneau essentiel se situera dans la détermination, l'étude et le développement d'une notion nouvelle : le "droit prospectif" »[121]. Puis, au sein du premier article du premier numéro, intitulé « Pour une approche prospective de la recherche juridique » et long de seulement deux pages, les responsables de la revue détaillaient leur objectif :

> *Enfermés dans les conceptions étroites du positivisme volontariste hérité du XIXe siècle, les juristes n'ont pas encore pris conscience de la nécessité d'une réflexion permanente sur l'avenir. Leur attitude a certes évolué, depuis le temps où triomphait « l'École de l'Exégèse », qui voyait dans le Droit l'expression d'une sagesse excluant toute critique de la loi positive. Mais ils sont toujours fascinés par l'observation du présent dans ses réalités concrètes. Le Droit positif constitue l'essentiel de leurs préoccupations. Ils cherchent à le décrire, l'expliquer, l'analyser, l'interpréter. Loin de nous l'idée de nier l'utilité d'un tel travail ; il est nécessaire, et même indispensable, car le Droit positif est utilisé en permanence dans la vie quotidienne. Mais il ne doit pas être exclusif. Le Droit, ensemble de règles procédant d'une souveraineté destinées à organiser la vie en société, est une matière en perpétuelle évolution, qui, comme l'écrivait Carré de Malberg, « ne saurait, par ses propres moyens, empêcher d'une façon absolue qu'il ne se produise des divergences et même des oppositions plus ou moins violentes entre la règle idéale et la loi positive » (R. Carré de Malberg,* Contribution à la théorie générale de l'État, *t. I, Sirey, 1920, p. 209). Les juristes doivent s'efforcer, non*

[120] P. Teilhard de Chardin, « La découverte du Passé », in *Œuvres*, Le Seuil, 1957, p. 269.
[121] D.-Y. Meducin, « Avant-propos », *Revue de droit prospectif* 1976, n° 1, p. 1.

seulement de déceler ces oppositions, mais également, dans une optique prospective, de définir les moyens de les atténuer dans l'avenir. C'est, en effet, dans cette direction qu'il leur faut regarder ; ils doivent laisser libre cours à leur imagination pour élaborer des « conjectures » qui seront autant d'images possibles du futur. La réflexion sur le Droit positif et sur sa pratique les amènera à proposer des réformes, à établir des projets. Un débat s'instaurera qui pourra faire évoluer le Droit vers un modèle toujours plus proche d'un idéal, celui-ci ne pouvant jamais être atteint puisqu'il est par essence subjectif. Ils ne sont pas de simples commentateurs de la loi. Leur rôle est non seulement de décrire et d'analyser les textes et la pratique, mais de construire des modèles théoriques anticipant l'évolution du Droit et décrivant ce qui devrait être.[122]

Ainsi le droit prospectif pourrait-il se définir par opposition au droit positif et la prospective juridique se caractériser par opposition à la science du droit positif — largement dominante dans la recherche juridique à l'époque comme aujourd'hui. Cependant, les créateurs de la *Revue de droit prospectif* ne voyaient pas de différence véritable entre science du droit positif et prospective juridique, expliquant que « le Droit prospectif est le prolongement du Droit positif. Droit positif et Droit prospectif ne sont pas deux disciplines différentes, mais deux aspects différents et complémentaires du Droit : la frontière entre les deux n'est pas matérielle, mais temporelle »[123]. Aussi semble-t-il possible et même nécessaire de prolonger, approfondir et détailler l'heureuse initiative des étudiants en doctorat de l'université d'Aix-Marseille III, car la prospective juridique paraît bel et bien pouvoir répondre à un objet et à une méthode propres.

---

[122] J.-M. Zaorski, D.-Y. Meducin, « Pour une approche prospective de la recherche juridique », *Revue de droit prospectif* 1976, n° 1, p. 7. Plus tard, dans le cinquième numéro de la *Revue de droit prospectif*, son directeur rappelait son intention d'origine en ces termes : « Notre ambition était d'ouvrir la voie à une nouvelle approche de la recherche juridique, qui aurait trouvé sa place au sein de celle-ci, en faisant éclater quelque peu le carcan positiviste dans lequel elle est enfermée. L'idée qui sous-tend cette notion de "Droit prospectif" est une nouvelle manière d'envisager la recherche juridique, qui opère un renversement complet de la démarche adoptée jusqu'ici ; elle tient en deux mots : "construire l'Avenir" ». J.-M. Zaorski, « Trois ans déjà : Autocritique et essai d'un bilan "prospectif" d'activité », *Revue de droit prospectif* 1978, n° 5, p. 1.

[123] J.-M. Zaorski, D.-Y. Meducin, « Pour une approche prospective de la recherche juridique », *Revue de droit prospectif* 1976, n° 1, p. 8.

La Revue de la recherche juridique – Droit prospectif, *une revue généraliste sous l'angle des branches du droit et sous l'angle des branches de la recherche juridique*

Avec le numéro 8 de 1979-1980 (paru en 1981), la *Revue de droit prospectif* a été rebaptisée *Revue de la recherche juridique – Droit prospectif*[124]. L'aspect prospectif a ainsi été rétrogradé au second plan afin d'ouvrir la revue à l'ensemble de la recherche juridique, y compris l'histoire du droit ; cela même si, dans l'esprit des responsables de la nouvelle revue, la recherche juridique était intimement liée à la prospective juridique puisque cette première se trouvait définie comme « la quête du meilleur Droit »[125], tandis que « l'attitude prospective » était conçue comme « fondamentalement une attitude de recherche »[126].

Les éditoriaux publiés dans les numéros suivants témoignent du fait qu'il s'est dès lors agi d'une revue principalement consacrée à la recherche juridique : publier les résultats de cette recherche, mais aussi des articles critiques et réflexifs à son sujet[127]. De fait, la *Revue de la recherche juridique – Droit*

[124] La revue, publiée par les Presses universitaires d'Aix-Marseille (PUAM), continue aujourd'hui de paraître trimestriellement. Elle est devenue trimestrielle plutôt que semestrielle à compter du numéro 7.

[125] D. Linotte, « Éditorial », *RRJ* 1979-1980, n° 8, p. 3. L'auteur souligne que cette quête « a toujours été nécessaire et les innovations juridiques, spécialement les fictions juridiques, comme toutes les autres innovations technologiques ont joué leur partie dans le progrès des sociétés. [...] Elle est d'autant plus nécessaire aujourd'hui pour trois raisons. Premièrement, le droit va devoir régler et encadrer de fantastiques mutations technologiques (informatique, nucléaires, biologiques etc.) avec toutes les conséquences politiques et sociales. Deuxièmement, le Droit et la science du Droit, sous l'effet de l'inflation législative et réglementaire, sous l'effet de la multiplication du contentieux et de l'attrait excessif qu'il a suscité, ont dévié vers l'éclatement et la parcellisation. Il faut donc redéfinir, à un niveau interdisciplinaire, des principes fondamentaux. Troisièmement, alors que les milieux économiques et sociaux, les collectivités locales font une place grandissante aux juristes et prennent conscience de l'importance du Droit, curieusement certaines administrations de l'État, spécialement celles qui jouent un rôle normatif important, véhiculent un esprit délibérément ajuridique, voire antijuridique, qui débouche sur des contresens dommageables » (*ibid.*, p. 4).

[126] *Ibid.*, p. 3.

[127] Ainsi ces éditoriaux ont-il abordé de façon récurrente la problématique des méthodes des études et enseignements juridiques, la question de la réforme des universités, celle de la place des chercheurs en droit parmi les sciences sociales, celle de la scientificité des « sciences » du droit, celle des bouleversements au sein des facultés de droit induits par l'informatisation, notamment concernant les pratiques de recherche, ou le problème du manque de moyens humains, financiers et matériels de la recherche académique en droit. Toutefois, en 1983, l'aspect prospectif était encore mis en avant, aux côtés de la recherche juridique : « Que ce numéro de la Revue ouvre pour 1983 une année vraiment nouvelle pour la prospective et la Recherche Juridique » (D. Linotte, « Éditorial », *RRJ* 1983, n° 15, p. 8).

prospectif, dans les années 1980, s'est surtout orientée vers la théorie et la philosophie du droit[128].

L'aventure de la *Revue de droit prospectif*, devenue *Revue de la recherche juridique – Droit prospectif*, n'a guère permis de préciser l'objet et la méthode de cette prospective juridique. Si le sens et la portée de l'expression « droit prospectif » n'ont guère été définis[129], son caractère novateur n'en est pas moins remarquable. Toutefois, l'objectif originel semble avoir été, plus que d'étudier le droit sous un angle prospectif et donc véritablement original, d'offrir un nouveau support de publication aux doctorants et jeunes chercheurs en droit[130]. Aussi est-il difficile d'affirmer qu'une véritable revue de prospective juridique existerait déjà tant la *Revue de la recherche juridique – Droit prospectif* et, avant elle, la *Revue de droit prospectif* ont toujours été des revues généralistes, loin de se concentrer ni même d'insister vraiment sur l'approche prospective du monde juridique[131]. D'ailleurs, dès le cinquième numéro de la *Revue de droit prospectif*, ses promoteurs avaient dû se résoudre à concéder :

---

[128] Qualitativement et quantitativement, l'essentiel de ses articles appartenaient à la rubrique « Les pages de philosophie du droit » et, écrits par les plus éminents juristes, abordaient des thématiques telles que la définition du droit, la frontière entre droit et morale, les sources du droit etc.

[129] Dans le premier numéro de la *Revue de droit prospectif*, il était expliqué que, « dans le prochain numéro, Jean-Marc Zaorski publiera un article dans lequel il tentera de définir la notion de "droit prospectif" » (J.-M. Zaorski, D.-Y. Meducin, « Pour une approche prospective de la recherche juridique », *Revue de droit prospectif* 1976, n° 1, p. 8). Mais un tel article sur un tel sujet ne sera jamais publié et, plus tard, les limites de la revue étaient expliquées par le fait que « nous n'avons pas encore défini (si ce n'est en une phrase lors du lancement de la Revue, ce qui, nous l'avouons, est notablement insuffisant) la notion de "Droit prospectif" » (J.-M. Zaorski, « Trois ans déjà : Autocritique et essai d'un bilan "prospectif" d'activité », *Revue de droit prospectif* 1978, n° 5, p. 2).

[130] Ainsi écrivaient-ils, en présentation du premier numéro : « Soyons réalistes : il est extrêmement difficile à un étudiant de troisième cycle, dans les conditions actuelles de l'édition des revues juridiques, de publier le résultat de ses travaux de recherches, quel qu'en soit le mérite. Notre principal souci peut se résumer à une effective démocratisation de la publication des articles de fond dans le domaine de la science juridique » (D.-Y. Meducin, « Avant-propos », *Revue de droit prospectif* 1976, n° 1, p. 1) — et non dans celui, autrement précis, de la prospective juridique. Quant à l'avant-propos du deuxième numéro de la revue, il ne parlait pas d'étude des futurs du droit ni d'anticipation des défis à venir mais seulement de « contributions à l'étude de l'évolution du Droit » (J.-M. Zaorski, R. Ghevontian, « Le temps qui passe… », *Revue de droit prospectif* 1976, n° 2, p. 1), évolution pouvant être passée, actuelle ou à venir.

[131] Par exemple, les premiers numéros de la *Revue de droit prospectif* comportaient les articles suivants, plus ou moins d'ordre prospectif — mais il est vrai que tout sujet peut-être abordé sous un angle prospectif et que la seule lecture de l'intitulé d'un article permet difficilement de savoir quelle intention épistémologique a animé son auteur — :
- « Décentralisation et efficacité du pouvoir » ;
- « Existe-t-il en France un Droit Administratif économique ? » ;
- « La contribution du Conseil Constitutionnel à la protection des libertés publique » ;
- « Le liberté de la critique en matière de produits et services » ;
- « L'hypothèse d'un modèle algérien de coopération pour le développement, analysée à travers l'évolution de la coopération franco-algérienne » ;

> *Nous sommes un peu déçus car [notre] appel semble ne pas avoir été entendu. Certes, nous ne nous attendions pas à bouleverser du jour au lendemain des habitudes trop anciennes pour changer en si peu de temps. C'est pourquoi, tout en créant cette tribune pour qu'une voix nouvelle puisse se faire entendre, nous avions annoncé, par prudence, que nous publierions aussi des études "classiques". Or il se trouve qu'au fil des numéros celles-ci l'ont très nettement emporté, en nombre, sur les études spécifiquement prospectives. Ainsi disparaissait le critère de l'originalité de la Revue, et la justification de son titre. [...] Pourquoi le cacher ? Nous ne sommes pas satisfaits du résultat obtenu. Nous éprouvons quelques difficultés à trouver des articles "prospectifs", non pas tellement en raison d'un manque d'intérêt pour celle nouvelle démarche, que, semble-t-il, du fait de la crainte qu'inspire toujours l'inconnu.*[132]

Plus tard, les nouveaux responsables de la revue ont souhaité « un approfondissement et un élargissement de sa vocation initiale »[133], précisant que « la *Revue [de] Droit Prospectif* a l'ambition de devenir la Revue, spécifique et nationale, de la Recherche en Droit »[134]. Plus tard encore, l'objectif est devenu « l'information et la formation de la communauté des juristes chercheurs »[135], « servir de trait d'union entre les chercheurs en droit »[136], cela dans un contexte d'urgence lié au constat selon lequel « le secteur juridique est devenu un véritable "département sinistré" de la recherche en sciences humaines »[137].

- « L'élection du Parlement européen au suffrage universel direct : une étape vers une Communauté Politique européenne ? » ;
- « L'article 19 de la Constitution du 4 octobre 1958 ».

Quant au numéro 2 de la revue, paru en 1976 également, il comportait les articles suivants :
- « Hypothèses sur l'évolution du droit en fonction de la rareté de certains biens nécessaires à l'homme » ;
- « Les formes nouvelles d'Administration » ;
- « Les clauses compromissoires dans les traités internationaux conclus depuis la seconde guerre mondiale dans le domaine maritime et aérien » ;
- « Réflexions sur le Droit administratif du développement » ;
- « Une nouvelle Constitution soviétique ? L'impossible choix » ;
- « Contrôle de constitutionnalité et protection des libertés : le rôle de la Cour Suprême canadienne et du Conseil Constitutionnel » ;
- « Un exemple d'informatique juridique : la constitution d'un fichier des textes applicable aux départements et territoires d'outre-mer ».

Aujourd'hui, l'angle prospectif n'est que peu utilisé par les contributeurs de la *Revue de la recherche juridique – Droit prospectif* et par les membres de son comité de lecture au moment d'évaluer les articles qui leur sont proposés.

[132] J.-M. Zaorski, « Trois ans déjà : Autocritique et essai d'un bilan "prospectif" d'activité », *Revue de droit prospectif* 1978, n° 5, p. 2.

[133] D. Linotte, « Éditorial », *RRJ* 1980, n° 8, p. 3.

[134] *Ibid.*

[135] D. Linotte, « Éditorial », *RRJ* 1982, n° 12, p. 5.

[136] D. Linotte, « Éditorial », *RRJ* 1981, n° 11, p. 246.

[137] *Ibid.*, p. 245.

Mais l'intention initiale des créateurs de la revue était bien prospective, et en cela ils ont été des précurseurs, ainsi que l'expliquait son premier directeur de la publication au sein des deuxième et troisième numéros :

> *La prospective n'a pas pour but de deviner l'Avenir, mais d'aider, par la réflexion, à le construire. Il ne faut donc pas chercher, dans les études que nous publions, une prévision des prochaines années. Personne ne peut dire aujourd'hui ce qui se produira, et celui qui voudrait le faire s'exposerait à être contredit par les faits. Un tel travail, dont l'utilité serait relative, relèverait de la politique fiction, mais pas de la prospective. L'attitude prospective consiste à regarder au loin devant nous, pour éclairer le chemin sur lequel nous nous engageons.*[138]

> *Le Droit et la Prospective ne sont pas incompatibles, bien au contraire. Si les juristes se sont jusqu'à présent beaucoup plus intéressés au passé et au présent, il leur faut maintenant prendre conscience de la nécessité de regarder l'avenir, cet espace de temps libre qui s'offre à nous pour la construire. En s'intéressant à l'avenir, le juriste a une attitude "prospective" ; il essaye de saisir une évolution pour la guider, l'infléchir. Le Droit prospectif, c'est la recherche "prévisionnelle" ou "projectuelle" des tendances possibles ou souhaitables de l'avenir du Droit, l'anticipation construite par la pensée de ce que pourrait être ou devrait être le Droit dans l'avenir.*[139]

Et les fondateurs de la *Revue de droit prospectif*, convaincus de l'intérêt du champ de recherche qu'ils tentaient de défricher et de stimuler, de conclure qu'« à une époque où il devient fondamental d'anticiper l'évolution de nos sociétés pour mieux la guider, la canaliser, l'infléchir même, l'utilité d'une recherche axée sur l'avenir du Droit ne saurait être sérieusement contestée par l'homme de progrès »[140].

---

138 J.-M. Zaorski, R. Ghevontian, « La Prospective et l'Europe », *Revue de droit prospectif* 1977, n° 3-4, p. 1.

139 J.-M. Zaorski, « Le 25 février 1976 à la Faculté de Droit d'Aix-en-Provence », *Revue de droit prospectif* 1976, n° 2, p. 5. Il faut donc comprendre « Droit prospectif » comme « recherche juridique prospective » et non comme « normes, institutions et système juridiques prospectifs » — mais peut-être mieux vaut-il, afin d'éviter toute confusion, parler de « prospective juridique » afin de désigner cette recherche juridique prospective.

140 D.-Y. Meducin, « Avant-propos », *Revue de droit prospectif* 1976, n° 1, p. 8.

La Revue pratique de la prospective et de l'innovation*, créée en 2016*

Une telle approche se retrouve aujourd'hui chez d'autres responsables de publications. Ainsi les éditions LexisNexis ont-elles lancé en 2016, en partenariat avec le Conseil National des Barreaux, une *Revue pratique de la prospective et de l'innovation* — une revue juridique (comme son nom ne l'indique pas) principalement destinée aux avocats. L'éditeur la présente en ces termes : « Première revue en France sur les questions de prospective et d'innovation tournée vers le droit, la justice et la société, la revue propose d'explorer le monde de demain, d'apporter vision et réflexion sur les pratiques nouvelles qui bousculent l'ordre professionnel établi »[141]. L'objectif est de « penser demain pour agir aujourd'hui, innover, emmener les professionnels du droit vers une démarche prospective, en un mot leur permettre d'avoir un coup d'avance », ajoute Caroline Sordet, directrice éditoriale de LexisNexis[142]. Et, pour Louis Degos, rédacteur en chef et président de la commission prospective du Conseil National des Barreaux, « cette nouvelle revue ne permettra pas de deviner l'avenir, mais elle a l'ambition de rechercher quels sont les défis et les questions auxquels font face les professionnels du droit, ou qu'ils devraient se poser »[143]. Les textes publiés par cette revue sont en effet, plutôt que des recherches de prospective juridique au sens strict, des travaux touchant aux branches du droit émergentes, encore incertaines, appelant de nouvelles solutions juridiques à la fois formelles et matérielles, ainsi que des travaux sur l'évolution des professions juridiques et tout d'abord du métier d'avocat. La commission prospective du Conseil National des Barreaux et la commission prospective de l'ordre des avocats de Paris[144] font penser aux États-Unis, où une *Commission on the Future of Legal Services* a été créée en 2014 au sein de l'*American Bar Association*, favorisant ainsi la réflexion prospective par et pour les avocats.

Les premiers numéros de ce semestriel ont été consacrés à l'impact de la révolution numérique sur les professions juridiques : justice prédictive, *legaltechs*, *blockchains*, *smart contracts*, juristes-codeurs, *open data*, protection des données etc. Il semble effectivement que les facteurs clés de l'évolution du droit soient à rechercher en priorité parmi les technologies numériques et l'intelligence artificielle. Ainsi la revue est-elle encore décrite en ces termes : « Les technologies vont vite. Parce que des intelligences artificielles sont capables de réaliser certaines tâches dévolues aux juristes, les avocats, et avec eux toute la communauté juridique, doivent se préparer au

---

141 [En ligne] <lexisnexis.fr>.
142 *Ibid.*
143 *Ibid.*
144 Notamment, Commission prospective de l'ordre des avocats de Paris, *Livre blanc – Avocat : l'avenir d'une profession*, Descartes et Cie, 2006.

changement et surfer sur la vague technologique, afin de capter de nouveaux marchés »[145].

Depuis longtemps des recherches sur l'avenir du droit et de plus en plus de recherches sur l'avenir du droit

Par ailleurs, un certain nombre de textes relatifs à l'avenir du droit — ou plus exactement d'une branche du droit ou d'un régime juridique donné — peuvent être rapprochés de la prospective juridique au sens le plus large, certains remontant jusqu'à Hans Kelsen[146]. Cependant, ces travaux n'empruntent généralement que très peu à la prospective telle que conçue par ses pères fondateurs. D'ailleurs, l'adjectif « prospectif » ne s'y retrouve que rarement, tandis que le substantif « prospective » est encore plus absent. À de rares exceptions près[147], il n'existe donc guère de travaux juridiques qui se présentent sous un libellé et avec une intention explicitement prospectifs. Et ceux qui affichent l'étiquette de la prospective le font le plus souvent sans

---

[145] [En ligne] <lexisnexis.fr>.

[146] Notamment, H. Kelsen, « The International Law of the Future », *Proceedings of the Institute of World Affairs* 1946, p. 190 s. ; J.-C. Goldsmith, « Esquisse d'un portrait du droit pour le prochain siècle », in *Dossier 2001*, 1980 ; J.-P. Henry, « Vers la fin de l'État de droit », *RDP* 1977, p. 1207 s. ; M. Waline, « Hypothèses sur l'évolution du droit en fonction de la raréfaction de certains biens nécessaires à l'homme », *Revue de droit prospectif* 1976, n° 2.

[147] Notamment, M. Jeantin et *alii*, *Prospective du droit économique – Dialogues avec Michel Jeantin*, Dalloz, 1999 ; E. Heurgon, J. Landrieux, *Prospective pour une gouvernance démocratique*, Éditions de l'Aube, 2000 ; J.-F. Flauss, dir., *Droits sociaux et droit européen – Bilan et prospective de la protection normative*, Anthemis, coll. Droit & Justice, 2003 ; M. Delmas-Marty, R. Guillaumond, *La constitutionnalisation du droit en Chine et en France – Rétrospective, perspectives, prospective*, Pedone, 2017 ; F. Ferrand, B. Pireyre, dir., *Prospective de l'appel civil*, Société de législation comparée, coll. Colloques, 2016 ; A.-V. Le Fur, *Le cadre juridique du crowdfunding – Analyses prospectives*, Société de législation comparée, coll. Trans Europe Experts, 2015 ; M. Saulier, *Le droit commun des couples – Essai critique et prospectif*, IRJS, coll. Bibliothèque de l'Institut de Recherche Juridique de la Sorbonne-André Tunc, 2017 ; J.-B. Geffroy, *Finances publiques et politique familiale – État des lieux et éléments de prospective*, L'Harmattan, coll. Finances publiques, 2009 ; S. Lacour, *La sécurité de l'individu numérisé – Réflexions prospectives et internationales*, L'Harmattan, coll. Master études juridiques, 2008 ; Centre de recherche sur le droit des affaires, *Les PME et le droit de la concurrence – Analyse critique, comparative et prospective*, LexisNexis, coll. Le droit des affaires, 2009 ; M. Trannois, B. Vincendeau, *La réglementation des jeux d'argent en ligne en Europe – État des lieux et perspectives*, Publications de l'Université de Cergy-Pontoise-LEJEP, 2016 ; L. Aynès, *Le contrat de financement – Étude comparative et prospective du crédit bancaire*, LexisNexis, coll. Le droit des affaires, 2006 ; M. Bourgeois, *La notion juridique d'impôt – Étude positive et prospective du droit belge à la lumière du droit européen*, Larcier, 2017 ; *The Future Prospects for Intellectual Property in the EU : 2012-2022*, Bruylant, 2012 ; Ph. Kahn, dir., *L'exploitation commerciale de l'espace : droit positif, droit prospectif*, LexisNexis, 1992 ; L. Grard, *Du marché unique des transports aériens à l'espace aérien communautaire : contribution à l'étude du droit positif et prospective juridique*, th., Université de Bordeaux 1, 1992.

développer plus avant les fins et les moyens de la prospective juridique[148] — comme si « prospectif » et « prospective » étaient « à la mode », « vendeurs », ce qui est tout le contraire de l'intention de s'inscrire dans un cadre épistémologique particulier, avec ses objectifs et ses méthodes propres ; on utilise le terme afin d'évoquer l'idée d'une réflexion tournée vers l'avenir mais pas afin d'indiquer l'appartenance à une branche de la recherche juridique donnée. Il faut dire qu'une recherche jusprospective en bonne et due forme suppose des investigations, des explications, des constructions et des résultats quantitativement importants, si bien qu'elle ne semble pas compatible avec le format de l'article, même si le ou les auteur(s) est(sont) doté(s) d'un grand esprit de synthèse[149].

Certains textes sont cependant davantage que d'autres élaborés en termes prospectifs. En témoigne celui-ci, dont l'auteur s'interroge sur l'avenir des professions réglementées dans le contexte de la révolution numérique. Il identifie deux facteurs clés : le degré d'automatisation des services juridiques que permettra l'intelligence artificielle et le degré de réglementation du

---

[148] Néanmoins, par exemple, B. Bernard, A. Drumaux, J. Mattijs, *La justice pénale en prospective – Six scénarios à l'horizon 2020*, Bruylant, 2012.

[149] Ainsi, pourtant, G. Timsit, « Modèles, structures et stratégies de l'administration – Éléments pour une prospective administrative », *RDP* 1980, p. 937 s. ; V. Delval, « Le juge, le droit souple et le régulateur : bilan et prospective », *Procédures* 2017, n° 5, p. 7 s. ; M. Delmas-Marty, « Où va le droit ? Entre pot au noir et pilotage automatique, le droit peut-il nous guider vers une mondialité apaisée ? », *JCP G* 2018, p. 677 s. ; L. Degos, « Les avocats, à la fois pour eux-mêmes, pour leur cabinet, pour la profession, [...] ne peuvent pas se passer de prospective », *JCP G* 2017, p. 638 s. ; J.-B. Seube, « Les clauses "religion compatible" en droit des contrats : aspects de droit positif et de droit prospectif », *LPA* 31 mars 2017, p. 53 s. ; L. Castex, « Les éternités numériques : un essai d'analyse prospective », *RLDI* 2017, n° 126, p. 49 s. ; P. Murat, « Pour une vraie réflexion prospective en droit de la famille », in *Mélanges Raymond Le Guidec*, LexisNexis, 2014, p. 777 s. ; G. Vidigal, « Targeting Compliance : Prospective Remedies in International Law », *Journal of International Dispute Settlement* 2015, p. 462 s. ; B. Du Marais, « L'État à l'épreuve du principe de concurrence : analyse et prospective juridique », *Politiques et management public* 2002, vol. 20, p. 121 s. ; M. Bonnin, « Prospective juridique sur la connectivité écologique », *Revue juridique de l'environnement* 2008, vol. 33, p. 167 s. ; I. Daugareilh, « Responsabilité sociale des entreprises transnationales : analyse critique et prospective juridique », *Journal de droit européen* 2011, p. 1 s. ; F. Thebault, « Privatisation des monopoles et gestion du domaine public : essai de prospective juridique », in F. Thebault et *alii*, *La propriété en mutation*, Presses universitaires de Rouen, 1997, p. 127 s. ; C. Hannoun, « La société par actions simplifiée : essai de prospective juridique », in *Mélanges Alain Sayag*, Litec 1997, p. 283 s. ; E. Vergès, « La responsabilité du fait des nanotechnologies : entre droit positif, droit prospectif et science-fiction », *Cahiers Droit, Sciences et Technologies* 2008, p. 85 s. ; J.-B. Seube, « Les clauses "religion compatible" en droit des contrats : aspects de droit positif et de droit prospectif », *LPA* 31 mars 2017, p. 53 s. ; N. Cuzacq, « La responsabilité des sociétés mères du fait de leurs filiales : éléments de droit positif et de droit prospectif », *RRJ* 2009, p. 657 s. ; S. Legac-Pech, « Principe généraux du droit et droit prospectif », *LPA* 24 juin 2011, p. 4 s. ; I. Daugareilh, « Responsabilité sociale des entreprises transnationales : analyse critique et prospective juridique », *Journal de droit européen* 2011, p. 1 s.

marché des services juridiques. À partir de ces facteurs clés, il propose quatre scénarios[150] :

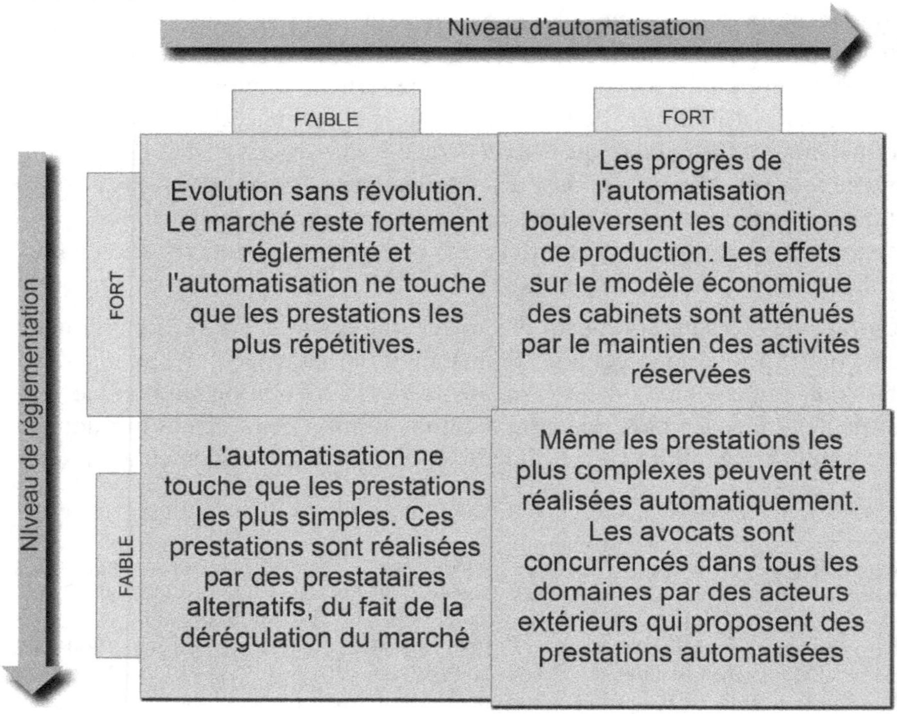

Une même ambition prospective se retrouve, par exemple, chez qui se propose, au sujet des algorithmes de « justice prédictive », d'« anticiper une mutation du procès compte tenu de l'évolution de son environnement, qui rétroagit sur lui, plutôt que de prendre pour point de départ de la réflexion les caractéristiques intrinsèques actuelles du procès, pour tenter de dégager leurs évolutions probables »[151].

---

[150] Th. Wickers, « Les perspectives des professions réglementées – L'appropriation des technologies numériques par les professions réglementées – L'exemple des avocats », *Cahiers de droit de l'entreprise* 2018, n° 3, p. 42.

[151] J.-B. Duclercq, « Les algorithmes en procès », *RFDA* 2018, p. 131. L'auteur souligne qu'il ne s'agit ainsi « ni de verser dans le fantasme journalistique, qui se veut alarmant, d'une captation forcée du pouvoir juridictionnel par les algorithmes, ni d'exprimer un jugement de valeur sur la meilleure manière de concevoir le procès » (*ibid.*).

Autres présences de la prospective dans le monde du droit

Encore faut-il signaler, renforçant la thèse de la possibilité et de l'opportunité de la prospective juridique, l'existence d'un centre de recherche Droits et perspectives du droit (EA 4487) à l'Université Lille 2 et d'un Centre de documentation et de prospective juridique euro-africaine, ainsi que l'organisation récente de plusieurs manifestations professionnelles et/ou scientifiques retenant une approche prospective[152]. Quant à l'Observatoire prospectif des métiers et des qualifications dans les professions libérales, il a rédigé en 2016 une étude intitulée « Cabinets d'avocats – De l'état des lieux à la prospective »[153]. La démarche de l'Observatoire consiste cependant moins à envisager des futurs possibles qu'à faire œuvre pédagogique au départ d'une radiographie statistique de la profession d'avocat concentrée sur la démographie et sur l'emploi des avocats. Les enjeux n'en sont pas moins grands et le besoin de prospective réel. Comme le note Louis Degos, « les avocats, à la fois pour eux-mêmes, pour leur cabinet, pour la profession, mais aussi pour le rôle sociétal plus vaste qu'ils jouent dans un État de droit, ne peuvent pas se passer de prospective. Sans prospective, les avocats subissent les changements de la société, par impréparation ils s'accrochent au *statu quo*,

[152] Notamment, l'association des avocats et des huissiers de justice Eurojuris a consacré son congrès des 19 et 20 janvier 2017 à la thématique « Le Droit est mort, vive le Droit ! ». Selon les termes de l'association, il s'agissait, lors de ce « congrès de prospective du droit », de « réinventer nos professions et construire le droit de demain » ([en ligne] <eurojuris.fr>).

[153] Dans ce texte, trois scénarios concernant l'évolution de la profession d'avocat sont esquissés, en insistant sur la problématique cardinale du niveau d'activité et de la répartition des tâches entre avocats et non avocats. Parmi ces trois scénarios, les deux premiers sont plutôt pessimistes : marché « atone » (A) ou baissier (B). Le scénario C (croissance) est lui plus optimiste. Dans l'hypothèse A (atone), la demande de prestations juridiques faite aux avocats stagne mais les prestataires non avocats parviennent à gagner des parts de marché. Seuls les avocats exerçant de manière très autonome et maîtrisant les nouvelles technologies sont en position favorable. Dans l'hypothèse B (baisse), la stagnation de la demande s'accompagne, cette fois, d'une croissance nette de l'offre en ligne par les non avocats proposant des prestations standardisées à faible coût. Cette concurrence a pour conséquence une baisse à la fois des parts de marché des avocats et du prix des prestations. Alors que les grands cabinets délivrant des prestations à haute valeur ajoutée et en mesure d'investir dans la communication préservent leur position, les cabinets plus petits voient leur rentabilité affectée. Le chiffre d'affaires global de la profession tend à décroître. Dans l'hypothèse C (croissance), l'étude suppose que la demande de prestations juridiques augmente grâce à l'apparition d'une clientèle « dormante » attirée par les nouveaux types de prestations et les nouveaux modes de publicité. Le marché des prestations standardisées à prix réduit se développe sans toutefois empiéter sur le marché des prestations juridiques classiques. Les cabinets proposant ces prestations s'appuient pour ce faire sur du personnel moins onéreux que les avocats (juristes, secrétaires et assistants). Les grands cabinets d'affaires sont les principaux bénéficiaires de ces tendances. Les petits cabinets autonomes ont tendance à se rassembler et l'on assiste à un mouvement de concentration du secteur. OMPL, *Cabinets d'avocats – De l'état des lieux à la prospective*, Publications de l'OMPL, 2016.

ils risquent de ne plus comprendre ce qui se passe, et pire, ils risquent de ne plus être compris »[154].

E. L'avenir de la prospective juridique

D'autres acteurs du droit appelés à faire davantage œuvre prospective sont les éditeurs spécialisés. En effet, les éditeurs historiques, parce qu'ils n'ont pas vu venir les risques liés aux nouvelles technologies de communication, n'ont pas travaillé leur référencement en ligne et ont par conséquent disparu de nombre de résultats de recherches juridiques au profit de sites web souvent moins sérieux, plus « amateurs », mais gratuits et bien référencés par les moteurs de recherche car non situés derrière des barrières payantes et habitués par nature au besoin vital de visibilité en ligne. Si les éditeurs traditionnels, aujourd'hui, réagissent[155] en s'ouvrant à l'*open data* et à l'*open access*, ils se trouvent aux prises avec certaines *legaltechs* et leur manque de prospective pourrait leur être préjudiciable, si ce n'est, à plus ou moins long terme, fatal[156]. Anticiper l'évolution des attentes et des usages aurait permis aux éditeurs d'avoir un coup d'avance, alors qu'aujourd'hui ils ont plutôt un coup de retard.

La prospective et la prospective juridique, solutions à l'impréparation des pouvoirs publics face aux révolutions actuelles et à venir

Bien des travaux prospectifs à la fois originaux, intéressants et utiles, prenant le droit comme sujet principal, pourraient être menés. Par exemple, on pourrait interroger la tendance des nouvelles technologies à être régulées

[154] L. Degos, « Les avocats, à la fois pour eux-mêmes, pour leur cabinet, pour la profession, [...] ne peuvent pas se passer de prospective », *JCP G* 2017, p. 638.

[155] *Cf.* C. Sztejnhorn, « L'*Open Access* et l'édition juridique : l'exemple de la disruption Open Dalloz », *Dalloz IP/IT* 2017, p. 97 s.

[156] On observe que « deux éléments essentiels ont été bouleversés : l'accès des juristes à l'information juridique et ce pourquoi ils sont prêts à payer. [...] Les *legaltechs* déplacent la valeur de la qualité du contenu fourni vers les fonctionnalités techniques d'exploration et de consultation de ces données brutes : accéder simplement à l'information compterait ainsi plus que l'information à laquelle on accède » (*ibid.*, p. 97). L'auteur note ainsi que « la valeur payante se retrouve désormais à deux niveaux : l'analyse éditoriale des données dites "sources" et les services associés à l'exploration de ces données. [...] Prenant acte du déplacement dans la chaîne de valeur de l'offre payante, l'éditeur choisit de concentrer l'espace payant sur sa doctrine à forte valeur ajoutée. [...] De fait, dès ses premiers pas d'avocat, Désiré Dalloz avait le projet de rendre le droit plus accessible avec son *Recueil de jurisprudence générale* réunissant pour la première fois dans un même ouvrage la législation, la jurisprudence et la doctrine. À l'époque, la diffusion du droit passait par l'impression d'ouvrages et de journaux. Aujourd'hui, cela passe par internet. Dont acte. Finalement, ce qui semble être une révolution dans le secteur du droit n'est rien d'autre qu'une "mise à jour" du projet Dalloz, avec les nouveaux moyens de diffusion mis à sa disposition » (*ibid.*).

par des puissances privées plutôt que par la puissance publique, avec *in fine* la perspective, si ce n'est de sa disparition, de l'effacement de l'État. Cette privatisation des modes de régulation, de gouvernement ou de « gouvernance » ne posera-t-elle pas des problèmes, qu'il faudrait savoir anticiper et avoir anticipés, du point de vue de l'intérêt général, du service public, de l'ordre public et des droits et libertés fondamentaux ? Il s'agirait alors de réfléchir aux solutions à déployer afin que l'État et les organisations internationales restent au centre du jeu du droit et ne deviennent pas de simples faire-valoir ou lointaines cautions[157]. Contre l'idée, avancée par le Conseil constitutionnel, que les droits et libertés ne pourraient être appréhendés qu'« en l'état actuel des connaissances et des techniques »[158], il importerait de plus en plus, à mesure que l'évolution accélérée de la puissance informatique, des algorithmes et autres technologies révolutionnent le monde, de pouvoir lire ces droits et libertés à l'aune du futur.

De même, s'agissant d'une technologie « disruptive » telle que celle des *blockchains*, il paraît indispensable que les professionnels du droit (avocats, directeurs juridiques, notaires etc.), mais aussi les législateurs et les jurislateurs tels que les juges, anticipent leur probable développement et les conséquences qui en résulteraient, car elles pourraient aller jusqu'à subroger l'État[159]. Le juriste qui, dans les années à venir, sera confronté à ce phénomène devra l'avoir anticipé très tôt plutôt qu'ignoré jusqu'au dernier moment.

Les résistances existent, mais l'exemple de la généralisation du digital montre combien il vaut mieux accompagner le mouvement que se laisser dépasser aveuglément. Il convient de comprendre les phénomènes émergents et porteurs d'avenir et d'en anticiper les évolutions futures afin d'élaborer à l'avance ou, du moins, à temps les rénovations dont le corpus juridique et les politiques publiques auront besoin. Comme le souligne le Conseil d'État au sujet du défi de l'« uberisation »[160], « la concurrence des plateformes invite les services publics à réfléchir à leur valeur ajoutée, à repenser leur organisation et leur fonctionnement, voire à se poser la question de la pertinence même de leur existence »[161]. Entre ceux qui, à la fin des années 1990, ont soutenu, parce que c'était la solution la plus facile, que

---

[157] *Cf.* B. Barraud, *Le renouvellement des sources du droit – Illustrations en droit de la communication par internet*, Presses universitaires d'Aix-Marseille, coll. Inter-normes, 2018.

[158] Cons. const., 27 juin 2001, n° 2001-446 DC, *Loi relative à l'interruption volontaire de grossesse et à la contraception.*

[159] *Cf.* B. Barraud, « Les blockchains et le droit », *RLDI* 2018, n° 147, p. 48 s.

[160] L'« uberisation » de l'économie au moyen de certaines plateformes numériques se traduit par la substitution progressive de ces plateformes aux intermédiaires habituels mais aussi, au-delà, aux institutions. Ainsi, de nouvelles formes d'organisation des échanges et des relations apparaissent. Comme y invite le Conseil d'État, mieux vaut accompagner cette « uberisation » que la subir de manière passive (Conseil d'État, *Puissance publique et plateformes numériques : accompagner l' « ubérisation »*, La documentation française, 2017).

[161] *Ibid.*

l'internet ne remplacerait jamais le minitel et ceux qui ont prêté attention à cette mutation technologique, ce sont évidemment ces derniers qui en ont le plus tiré profit.

On souligne souvent l'impréparation des pouvoirs publics face à la révolution numérique. Celle-ci n'a été que peu et mal anticipée par ceux qui prennent les grandes décisions pour l'avenir d'un pays ou du monde[162]. Un même constat peut sans doute être opéré s'agissant des défis liés au réchauffement climatique ou à la finance mondiale. Quant aux prises de conscience politiques, elles sont trop souvent tardives et peu avisées. La prospective en général et la prospective juridique en particulier ont vocation à éclairer ceux qui font et appliquent la régulation d'objets extraordinaires tels que les *blockchains* ou l'intelligence artificielle, cela au service de l'intérêt général et de la protection des droits et libertés fondamentaux.

Alimenter régulièrement la réflexion prospective doit permettre de préparer le terrain de l'avenir, le rendre plus accueillant, moins austère et sauvage. En révélant au plus vite certains enjeux, certains manques et certaines dérives, on doit pouvoir éviter de fabriquer un droit à l'obsolescence programmée, si ce n'est un droit mort né, et éviter de pratiquer un droit en décalage avec son environnement. L'effort prospectif permet, malgré les bouleversements extraordinaires du monde contemporain, d'associer le droit à plus d'assurance et de solidité et à moins d'urgence et de fébrilité.

Dernier exemple

Pour prendre un tout autre et dernier exemple, une analyse prospective incite à plaider pour des mandats (de député, de Président de la République etc.) de 5, 6 ou 7 ans non renouvelables. Ainsi les principaux jurislateurs seraient-ils peut-être davantage disposés à répondre aux enjeux de long terme qu'aux enjeux de court terme, à favoriser un intérêt général global tant spatialement que temporellement. Ils seraient possiblement plus portés à anticiper les changements sur le temps long, au lieu de privilégier les réponses produisant des effets immédiats mais néfastes à plus lointaine échéance. Le temps politique apparaît ainsi trop court par rapport aux rythmes de l'économie, de la société ou encore de l'écologie — tandis qu'il devient trop long par rapport au rythme des technologies.

La prospective invite à privilégier l'avenir plutôt que l'immédiat. Il est paradoxal et sans doute regrettable que beaucoup de décideurs, notamment publics, fassent primer l'immédiat sur l'avenir. Ainsi faudrait-il trouver les

---

[162] Même le « rapport Gallois » (L. Gallois, *Le pacte pour la compétitivité de l'industrie française*, La documentation française, 2012), dont l'objectif était pourtant de faire œuvre prospective, n'a proposé que des observations évasives sur le sujet.

moyens institutionnels pour qu'on s'attache non plus à ce qui pourra être annoncé au journal de 20 heures mais à ce dont on tirera les bénéfices de longues années durant, même si ce n'est pas dès demain.

La prospective juridique, entreprise risquée mais précieuse

Dans son article fondateur de 1957, Gaston Berger remarquait combien « partout apparaissent des "décalages" auxquels nous ne saurions rester indifférents. Les conséquences de nos actes se produiront dans un cadre tout différent de celui où nous les aurons préparés »[163]. Dans un monde de plus en plus complexe, incertain et anxiogène, malgré les progrès des sciences — si ce n'est en raison des progrès des sciences tant on souligne le « potentiel quasi-infini de la technique, accompagné de promesses toujours plus impressionnantes, mais le plus souvent déconnectées de réflexions éthiques »[164] —, et tandis que d'aucuns observent de tels décalages en particulier parmi les juristes, légistes et tous ceux qui travaillent dans ou avec le droit, une prospective juridique a vocation à apporter un peu de quiétude et d'optimisme.

Il ne faut pas avoir peur d'envisager ce que sera le droit de demain et il faut se préparer dès aujourd'hui afin de lui permettre de revêtir toujours des valeurs humanistes, au service de l'intérêt général, du service public et de l'ordre public. Et, face à de tels enjeux, il importe sans doute de suivre le conseil des premiers jusprospectivistes : « Si la prudence est de mise devant un terrain non défriché, elle ne doit pas dégénérer en timidité paralysante »[165]. La prospective juridique mérite peut-être que quelques entreprises risquées soient menées en son nom — sans doute d'une manière quelque peu hésitante et avec les incertitudes du vocabulaire inévitables en toute recherche inédite à la fois sur la forme et sur le fond.

De tout cela, il ressort qu'une prospective juridique semble à la fois possible et de plus en plus opportune. Pourtant, seules des ébauches de prospective juridique ont été jusqu'à présent proposées — car cette potentielle branche de la recherche juridique reste peu et mal connue. Aussi s'agira-t-il, en ces pages, de tenter de synthétiser l'objet et la méthode de la prospective juridique, sans quoi elle ne saurait prendre corps, grandir, s'épanouir et conquérir son autonomie dans le champ de la recherche juridique.

---

[163] G. Berger, « Sciences humaines et prévision », *La Revue des Deux Mondes* 1957, p. 421.

[164] Ph. Durance, « De l'industrie au développement durable : la prospective en transition », in Ph. Durance, dir., *La prospective stratégique en action – Bilan et perspectives d'une indiscipline intellectuelle*, Odile Jacob, 2014, p. 12.

[165] A. Sayag, « Avant-propos », in A. Sayag, dir., *Quel droit des affaires pour demain ? Essai de prospective juridique*, Librairies techniques, 1984, p. IX.

III. Objet(s) et méthode(s) de la prospective juridique

Tandis que Rabelais souhaitait, comme en témoigne la lettre de Gargantua à son fils Pantagruel, que ce dernier devint un « abîme de science »[166], Montaigne préférait, à l'inverse, « un homme à la tête bien faite plutôt qu'un homme à la tête bien pleine »[167]. S'opposent ainsi compétences et connaissances. Le savoir semble importer moins que le savoir-faire et il conviendrait de chercher à être « mieux-savant plutôt que plus-savant »[168].

Dans cette perspective, l'intention première de la prospective juridique est d'interroger les savoir-faire et, plus encore, les savoir-savoir de ceux qui, à l'intérieur ou à l'extérieur des facultés de droit, étudient les normes, les institutions et les pensées juridiques ou créent, pratiquent ou interprètent les règles de droit. Il s'agit surtout d'envisager de nouvelles manières de forger les connaissances juridiques, de nouvelles manières d'envisager la recherche juridique : en se tournant vers l'avenir du droit.

Cet ouvrage a ainsi pour objet non le contenu mais les moyens de la connaissance juridique. Plus exactement, en posant la question de la prospective juridique, il ne se demande pas « que sera le droit ? » mais « comment répondre à la question "que sera le droit ?" ? ». Il s'agit ainsi d'une esquisse de théorie de la prospective juridique, envisageant sa ou ses fin(s) et son ou ses objet(s) puis son ou ses moyen(s) et sa ou ses méthode(s).

L'ambition de la prospective juridique : devenir une discipline ad hoc *dans le monde du droit et dans le monde de la prospective*

Alors qu'à l'ère contemporaine il est de plus en plus vrai que, chaque jour, « demain est déjà là »[169] et que, y compris en droit, le paradigme conformiste de la continuité tend à perdre de son influence, l'absence d'une prospective juridique véritable parmi les branches de la recherche juridique apparaît préjudiciable aux savoir-faire et aux savoir-savoir des juristes et autres intellectuels ou praticiens concernés de près par le monde juridique. Acquérir le statut de véritable discipline, ce à quoi la prospective juridique doit au moins aspirer, présenterait trois avantages principaux :

> ** La profondeur : en définissant ce qui relève légitimement de son domaine de connaissances, une discipline peut pousser au*

---

[166] F. Rabelais, *Gargantua*, 1534.
[167] M. De Montaigne, *Les essais*, Abel Langelier, 1588, L. I, chap. 25.
[168] *Ibid.*
[169] Réf. à J.-P. Bailly, *Demain est déjà là – Prospective, débat, décision publique*, Éditions de l'Aube, 1999.

développement d'une expertise (une spécialisation) en approfondissant parallèlement la théorie et la pratique.

** L'identité : la spécialisation et le vocabulaire technique qui l'accompagne permettent au praticien (de l'apprenti au maître), comme au profane, d'identifier une discipline et d'être assuré de sa pertinence dans un domaine intellectuel spécifique.*

** La légitimité : la profondeur et l'identité aident à élever la responsabilité et à donner de la légitimité, qui sont les deux bases de la confiance (sans pour autant la garantir). Elles incitent à constituer et à développer un fonds pour la discipline, à construire son capital de réputation et la notoriété de son exigence de qualité.*[170]

La prospective juridique, dès lors que les conditions de sa possibilité et de son opportunité seraient définitivement vérifiées, aurait donc tout à gagner à se constituer en discipline *ad hoc*, suffisamment autonome et indépendante mais sans se couper des autres branches de la recherche juridique ni des autres sciences humaines et sociales. C'est pourquoi il peut sembler opportun de tenter de contribuer à son affirmation en exposant ce qui pourrait constituer son contenu à la fois en termes d'objet(s) et en termes de méthode(s).

Les jusprospectivistes, au moins durant les premiers temps, ceux des hésitations d'une nouvelle discipline encore fragile, devront fournir quelques efforts afin de préciser le domaine et le cadre de la prospective juridique avant d'entreprendre des travaux concrets relevant de ce domaine et de ce cadre. Sans cela, l'exploitation des futurs possibles et souhaitables demeurerait trop aléatoire pour pouvoir être regardée avec sérieux. En toute science, la qualité des processus et des résultats dépend étroitement du niveau de perfectionnement et en même temps d'acceptation unanime de la théorie qui lui attribue son objet et sa méthode, donc ses principes directeurs, sa carte, sa boussole et ses jumelles. Se ranger derrière une discipline constituée et reconnue apporte les garanties indispensables quant aux savoirs mobilisés, au sérieux et à la légitimité de la démarche, ainsi qu'à la visibilité des résultats. Par conséquent, soit l'anticipation du droit à venir afin de définir et utiliser plus efficacement les normes et les institutions possibles et souhaitables deviendra une branche de la recherche juridique en bonne et due forme, soit elle périclitera.

---

170 R. Miller, « Anticipation : la discipline de l'incertitude », in Ph. Durance, dir., *La prospective stratégique en action – Bilan et perspectives d'une indiscipline intellectuelle*, Odile Jacob, 2014, p. 364.

La nécessaire modestie de la prospective juridique

S'intéresser à une branche de la recherche juridique qui n'existe pas est une aventure périlleuse. Mais, si celle-ci pouvait permettre d'ouvrir de nouvelles voies dans l'accès au droit (sous toutes ses formes), alors il faut en passer par là. Bien sûr, telle qu'esquissée dans ce livre, la prospective juridique ne peut que présenter un état encore très imparfait et très incomplet. Mais peut-être ces tâtonnements seront-ils instructifs et lui permettront-ils de progresser, de s'affirmer.

L'avenir du droit est un sujet d'étude ô combien spécifique, incomparable à tout autre. L'accident y est toujours possible et la liberté largement présente. Dans ces conditions, il ne saurait être question d'établir et de systématiser un ensemble de recettes ou de procédés qu'on pourrait ensuite appliquer systématiquement, en toute assurance et d'une manière presque automatique. Puisque ce sujet d'étude n'existe pas réellement, qu'il peut être imaginé sous des formes multiples mais certainement pas calculé, l'observation de l'avenir est inévitablement marquée par la subjectivité de celui qui regarde, quels que soient les moyens mis en œuvre.

La méthode ne peut dès lors que revêtir des ambitions modestes : apporter un peu d'assurance et de réconfort au chercheur et un peu de structure et de cohérence à la discipline. Aussi l'attitude prospective, c'est-à-dire l'état d'esprit à adopter pour se consacrer à un futur à la fois incertain, multiple et intimement dépendant des actions présentes, est-elle au moins aussi importante que les préconisations techniques visant à identifier les acteurs et variables clés, à consulter les experts et à élaborer des scénarios[171].

Conjuguer l'objet et la méthode de la prospective juridique au singulier

Réflexion sur l'avenir du droit permettant de l'anticiper mais aussi de le forger et de le forcer en agissant dans le présent sur le droit positif, la prospective juridique se rapproche d'une science de l'action et de la pratique mais ne saurait constituer en soi une théorie de l'action et de la pratique[172].

---

[171] Gaston Berger a parfaitement décrit cette situation : « Il ne s'agit point de découvrir une articulation autrefois inaperçue et qui nous permettrait d'avoir sur elle des prises plus sûres parce qu'elle nous livrerait la clef de son fonctionnement. [...] La méthode que nous cherchons ici n'est pas dans les choses, mais dans l'homme. Elle n'est pas une loi de l'objet, mais une règle pour le sujet. Ce que l'on semble perdre en rigueur objective se regagne en exigence subjective : il s'agit, pour mieux agir, de nous transformer nous-mêmes. Nous sommes aux antipodes du mécanisme, qui facilite toutes les opérations. Au point où nous nous plaçons, il ne s'agit pas de supprimer les difficultés et les risques, mais de se préparer à les affronter » (G. Berger, « Méthode et résultats », *Prospective* 1960, n° 6, p. 2).

[172] *Ibid.*

C'est pourquoi il faut prêter attention à la méthode qu'elle préconise peut-être plus qu'à l'objet qu'elle définit. Dans une certaine mesure même, en prospective, l'objet tend à rejoindre la méthode puisque cette discipline se caractérise avant tout par une démarche originale, qui repose sur des principes directeurs indispensables et sur des moyens techniques parmi lesquels les chercheurs sont libres de piocher.

La prospective juridique aspirant à devenir une branche de la recherche juridique à part entière, son objet (*première partie*) et sa méthode (*seconde partie*) doivent se préciser et s'affirmer. Mais il faut donc insister plus longuement et plus minutieusement sur ses principes et étapes méthodologiques que sur ses branches et objectifs. Il n'est pas rare que des théories scientifiques se concentrent sur l'objet de la science qu'elles définissent et éludent en tout ou partie les pourtant indispensables questions de méthode. S'agissant de la prospective juridique, consciente que vouloir étudier l'avenir sans outils précis et rigoureux serait à raison regardé comme une intention fort inconséquente, il importe d'insister sur ces outils et, plus encore, sur les principes devant guider leur maniement — *a fortiori* dès lors qu'il s'agit d'une discipline nouvelle, en gestation, donc initialement plurielle parce que ceux qui peuvent s'en revendiquer abordent des objets et appliquent des méthodes divers et variés, loin de produire des travaux homogènes relevant d'une « école » précisément identifiable.

Marier la réflexion et l'action juridiques

Mariant la réflexion et l'action juridiques, la prospective juridique, devenant un domaine de connaissances et de compétences spécial, pourrait permettre aux juristes et à tous les observateurs et praticiens du droit de « penser et agir autrement »[173] (ce qui est aisé) mais pas inconséquemment — là est toute la difficulté. Donnant à penser et à faire, amenant les acteurs à réfléchir et les penseurs à agir, invitant à questionner le présent à l'aune de ses enjeux critiques et en délaissant toute forme de conformisme, autorisant à s'évader des schémas réducteurs et inhibiteurs et à ne pas obéir aux injonctions paradoxales paralysantes, la prospective juridique ne serait sans doute pas la moins originale des branches de la recherche juridique.

Mais le seul critère pour la juger devrait être sa capacité à engendrer de nouveaux savoirs sur le droit et de nouveaux savoir-faire en droit. Or il n'est pas impossible que l'étude méthodique du droit à venir, du droit du futur, du droit prospectif, afin *in fine* d'agir pour renforcer les qualités formelles et substantielles du droit, soit en mesure de produire ce résultat.

---

[173] Slogan de l'École française de la prospective ([en ligne] <laprospective.fr>).

Comme aimait à le répéter l'académicien Jean d'Ormesson, « je m'intéresse à l'avenir parce que c'est là que j'ai l'intention de passer le temps qu'il me reste à vivre »[174]. Alors autant faire en sorte que cet avenir, entreprise ouverte accompagnant autant de chances que de risques, soit paisible et serein plutôt qu'obscure et craint, ce qui suppose de le préparer dès maintenant. Tel est le sens, en matière de régulations, de normes et d'institutions, mais aussi de professions juridiques, de doctrine, de pensée juridique et de culture juridique en général, de la prospective juridique.

[174] Cité par Th. Gaudin, *La prospective*, 2e éd., Puf, coll. Que sais-je ?, 2013, p. 109.

Première partie
Objet de la prospective juridique

Circonscrire l'objet d'une prospective spécifique au droit suppose d'avoir au préalable défini ce qu'est le droit[175]. Cela constitue un premier obstacle de taille à une prospective juridique stable et homogène car portant sur un objet stable et homogène. La prospective juridique des normativistes, réduisant le droit à la « pyramide » de l'ordre juridique étatique, ne peut qu'être très différente de celle des réalistes, focalisés sur l'application-création juridictionnelle des normes, ou de celle des jusnaturalistes.

On pourrait retenir, d'un point de vue pragmatiste et panjuridiste, que le droit serait l'ensemble des normes produites par les institutions sociales puissantes — la puissance étant la capacité d'imposer psychologiquement et matériellement ses normes à leurs destinataires et l'État étant, pour l'heure, la plus puissante de toutes les institutions sociales, donc la source principale, mais non exclusive, des règles de droit[176]. On pourrait aussi adhérer à une approche syncrétique et graduelle de la théorie du droit pour estimer qu'une norme serait juridique à mesure qu'elle remplirait les critères de juridicité dominants dans la pensée juridique collective actuelle, à savoir la valeur, la validité, l'obligatoriété, la généralité, l'abstraction et l'impersonnalité, la sanction, l'application et l'effectivité[177]. Cependant, avec le pragmatisme

---

[175] Par exemple, selon les précurseurs de la prospective juridique, celle-ci « a pour objet l'ensemble constitué par l'ordre juridique et par la pratique du droit, que l'on peut définir à son tour comme le système des processus d'investissement de la loi par la société » (A.-C. Decouflé, « Champ et méthodes d'une prospective du droit des affaires », in A. Sayag, dir., *Quel droit des affaires pour demain ? Essai de prospective juridique*, Librairies techniques, 1984, p. 14).

[176] *Cf.* B. Barraud, *Théories du droit et pluralisme juridique – t. II : La théorie syncrétique du droit et la possibilité du pluralisme juridique*, Presses universitaires d'Aix-Marseille, coll. Inter-normes, 2017, n° 3 et 79.

[177] *Cf.* B. Barraud, *Qu'est-ce que le droit ? Théorie syncrétique et échelle de juridicité*, L'Harmattan, coll. Le droit aujourd'hui, 2018. La définition du droit exposée dans ce texte est une définition lexicographique, une définition scientifique. Il s'agit de constater ce qu'est le droit, quelles sont ses propriétés, au terme d'une enquête objective et empirique, excluant tout jugement subjectif et toute proposition personnelle. Comme la religion romaine qui accueillait dans son Panthéon tous les dieux grecs et étrusques, la théorie syncrétique réunit toutes les définitions du droit actuellement en vigueur dans la pensée juridique. Dans ce cadre, les diverses théories du droit ne sont plus des concurrentes, mais des associées. Elles ne s'opposent plus, mais se complètent. Ensuite, en appliquant les critères de juridicité ainsi recensés à une norme donnée, on peut mesurer son niveau de force juridique sur l'échelle de juridicité. Cette échelle

juridique et toutes les formes de pensée du droit en action, la prospective juridique voit nécessairement dans l'effectivité un critère de juridicité dominant ou même discriminant et déterminant[178].

« Qu'est-ce que le droit ? » est peut-être la plus essentielle des problématiques auxquelles les juristes doivent répondre. Or peu de questions touchant à l'homme et aux sociétés ont suscité des réponses aussi diverses et parfois antagonistes que « Qu'est-ce que le droit ? ». Dans le vaste paysage des théories juridiques, il est difficile de savoir avec précision ce qu'est le droit. Pour entamer une étude de prospective juridique, comme toute étude dont le droit est objet, il est pourtant indispensable de disposer d'un objet-droit homogène et stable, dont l'identité est finement établie et les frontières nettement tracées, donc de s'appuyer sur une définition du droit largement acceptable et largement acceptée. Pour observer le droit et laisser de côté le non-droit, sans confondre l'un avec l'autre, il importe de s'accorder sur ses spécificités parmi les différents modes de régulation sociale, cela afin de délimiter le champ des normes juridiques et donc circonscrire et borner l'objet d'étude. Or peut-on reconnaître le droit sans le connaître ?

Cependant, ces pages ne sauraient être le lieu où répondre plus avant à la question « Qu'est-ce que le droit ? ». Il convient ici de se concentrer sur l'aspect prospectif de la prospective juridique et de renvoyer à d'autres travaux quant à son aspect juridique[179]. La problématique de la définition du droit intéresse en effet toute personne qui le produit, l'applique, l'enseigne ou l'étudie. Elle n'est pas spécifique à la prospective juridique puisqu'elle concerne la recherche juridique et les activités juridiques dans leur ensemble — ce qui pose d'importantes difficultés pour la compréhension mutuelle, la communication et l'échange tant le droit des anthropologues du droit, par exemple, ne ressemble guère à celui des historiens du droit, lui-même très différent du droit des économistes du droit etc. ; et il existe bien des

permet d'interroger les dimensions du droit. Or son application à de multiples formes de normativité indique que, dans le monde des normes sociales, les normes fortement juridiques côtoieraient les normes moyennement juridiques et les normes faiblement juridiques. En revanche, il ne semble guère exister de normes sociales non juridiques — les différences entre normes seraient de degré et non de nature. Ainsi l'échelle de juridicité invite-t-elle à retenir une conception graduelle du droit et un panjuridisme modéré. L'intérêt de cette nouvelle forme de rationalité de la pensée juridique est d'autoriser le juriste à s'ouvrir à tout type de normes sociales tout en sauvegardant l'autonomie conceptuelle du droit.

[178] Les premiers juristes à avoir songé à une prospective juridique pouvaient ainsi relever combien « le concept juridique n'est ni plus ni moins contingent que la loi. Il suffit de constater les contradictions de plus en plus nombreuses entre la référence de principe à tel concept et son défaut manifeste d'application à tel ensemble de situations concrètes » (A.-C. Decouflé, « Champ et méthodes d'une prospective du droit des affaires », in A. Sayag, dir., *Quel droit des affaires pour demain ? Essai de prospective juridique*, Librairies techniques, 1984, p. 14).

[179] *Cf.* B. Barraud, *Qu'est-ce que le droit ? Théorie syncrétique et échelle de juridicité*, L'Harmattan, coll. Le droit aujourd'hui, 2018.

antagonismes entre les visions du droit retenues parmi les philosophes du droit ou parmi les théoriciens du droit, tandis que les scientifiques du droit positif eux-mêmes possèdent des conceptions parfois discordantes des limites du domaine juridique.

La description de l'objet de la prospective juridique conduit à présenter ses deux branches — la prospective juridique exploratoire et la prospective juridique stratégique — (*titre 1*) puis ses principaux objectifs (*titre 2*). Ces branches et ces objectifs sont ce qui particularise la recherche juridique prospective. En témoignent les fondateurs de la *Revue de droit prospectif* lorsqu'ils insistent sur le besoin que les juristes cessent d'étudier exclusivement le droit positif et acceptent de s'intéresser au droit prospectif, c'est-à-dire aux futurs du droit, se tournant ainsi vers un objet inhabituel et original, encore très peu étudié. Ainsi écrivaient-ils que

> *Les juristes ont établi, une fois pour toutes semble-t-il, une frontière entre ce qui est et ce qui devrait être, qu'ils s'interdisent de franchir. Seul le premier domaine, dans lequel peut s'exercer l'observation concrète des phénomènes dans le temps et dans l'espace, dans la plus pure tradition du positivisme, relève de la « science juridique » ; le reste est qualifié par eux d'utopie, et ils refusent de s'y risquer. Ils se querellent pour des détails, mais ils oublient l'essentiel. Le passé les intéresse, dans la mesure où il leur permet souvent d'expliquer le présent ; le futur leur fait peur. Ils craignent de s'égarer dans les chemins incertains de l'avenir et de l'idéal. Or un esprit créateur n'a pas le droit de reculer devant la tâche merveilleuse qui s'offre à lui de participer à la construction de l'Avenir.*[180]

[180] J.-M. Zaorski, D.-Y. Meducin, « Pour une approche prospective de la recherche juridique », *Revue de droit prospectif* 1976, n° 1, p. 7-8.

Titre 1. Les branches de la prospective juridique

La recherche juridique se distingue de la science juridique au sens large en ce qu'elle comprend des travaux non scientifiques mais subjectifs, orientés axiologiquement et parfois fort personnels, à l'instar des écrits des philosophes du droit. La recherche juridique intègre en son sein la science du droit tout en la dépassant en différents points, lorsqu'elle poursuit l'ambition de faire progresser la connaissance du droit sans faire progresser la connaissance scientifique du droit. Aussi peut-on opposer les sciences du droit, objectives et empiriques, et les pensées du droit, personnelles et critiques.

Pareille distinction se retrouve à l'intérieur même de la prospective juridique, dont les deux branches sont la prospective juridique exploratoire, soit une prospective objective et empirique, visant à déterminer les scénarios des futurs du droit possibles au départ de procédés et protocoles formels précisément arrêtés (*chapitre 1*), et la prospective juridique stratégique, soit une prospective personnelle et critique dont le but est d'identifier un avenir souhaitable ainsi que les moyens de le faire advenir (*chapitre 2*). La *summa divisio* de la prospective juridique consiste donc à séparer la prospective juridique exploratoire, scientifique ou technique et la prospective juridique stratégique, normative ou critique.

Il faut toutefois relativiser et même ne donner qu'une importance secondaire à cette *summa divisio*. Ces deux formes de prospective juridique n'ont en effet que peu de sens et d'intérêt l'une sans l'autre : la prospective juridique stratégique serait nécessairement mal avisée et peu utile sans un travail de prospective juridique exploratoire préalable l'éclairant et rendant pertinentes ses propositions ; tandis que, si une recherche de prospective exploratoire seule est moins inconcevable, elle apparaîtra incomplète si elle n'est pas mise au service d'une réflexion sur les avenirs qui, parmi ceux qui sont possibles, devraient être privilégiés (*chapitre 3*).

C'est pourquoi, après avoir dans ce chapitre séparé les objets de la prospective juridique exploratoire et de la prospective juridique stratégique, cette potentielle nouvelle branche de la recherche juridique sera envisagée telle une discipline unitaire, à la fois scientifique et critique, que ce soit à travers ses objectifs, ses principes directeurs ou ses étapes méthodologiques. Il n'en demeure pas moins que certains de ces objectifs, principes ou étapes concernent davantage la prospective juridique exploratoire quand d'autres impactent prioritairement la prospective juridique stratégique.

Épistémologiquement, il demeure donc important de distinguer l'un et l'autre niveaux de la prospective juridique et d'avoir conscience de cette *summa divisio*, sans quoi cette discipline excessivement indisciplinée présenterait un visage trop contrasté et baroque pour être sérieuse.

Par ailleurs, et enfin, la prospective juridique devra être comparée aux branches de la recherche juridique qui en sont les plus proches. Si l'analyse économique du droit ou, à un degré moindre, la philosophie du droit pourraient être évoquées, il faudra surtout insister sur la légistique et sur la politique juridique (*chapitre 4*).

Chapitre 1. La prospective juridique exploratoire

Du point de vue de la prospective juridique exploratoire, l'avenir du monde juridique est un territoire à explorer au moyen des instruments les plus scientifiques possible. Il s'agit ici de fournir un travail objectif et empirique d'anticipation afin de ne pas se laisser surprendre par l'avenir et se retrouver à devoir en permanence gérer les urgences. La prospective juridique exploratoire consiste donc, au moyen d'outils formalisés non impératifs mais recommandés, à identifier les tendances profondes ou émergentes du présent, les acteurs forts et les variables clés afin de déterminer le spectre des futurs possibles, y compris ceux pouvant résulter de discontinuités ou de ruptures. Le futur du droit est déjà là dans le présent, mais il faut beaucoup d'acuité, de perspicacité et aussi d'intuition pour le percevoir.

La recherche juridique, depuis longtemps, consiste à étudier le passé du droit (histoire du droit) ou son présent — en séparant les travaux de droit privé et les travaux de droit public. La prospective juridique exploratoire serait, pour les scientifiques du droit, une branche de la recherche juridique moins originale en raison de son angle d'approche, scientifique, qu'en raison de son objet : les futurs du droit possibles.

Or un tel sujet d'étude ne semble pas dénué d'intérêt, surtout à une époque où le droit évolue (et doit évoluer) de plus en plus vite parce que son environnement évolue de plus en plus vite. Il devient impératif de prévoir au plus tôt les changements du droit. Et cela concerne tant les professionnels, qu'ils soient jurislateurs, conseillers ou autres juristes ou acteurs du monde juridique, que les universitaires chargés d'approfondir et perfectionner la connaissance du droit. Jusqu'à présent, on a abondamment étudié le passé et le présent du droit ; mais on a seulement occasionnellement et loin de tout cadre scientifique cherché à déterminer son futur. La prospective juridique exploratoire a vocation à combler ce creux dans la recherche juridique et, par conséquent, dans le savoir juridique.

Les problèmes actuels que le droit pose aux juristes, mais aussi que les faits, les sociétés, les économies, les technologies et les cultures posent au droit, sont source d'inquiétude et il devient chaque jour un peu plus légitime de vouloir décrypter les avenirs possibles afin de se rassurer ou, du moins, de s'éclairer. Mais encore faut-il ne pas œuvrer au hasard et à tâtons. L'étude de ces futurs qui ne sont pas écrits à l'avance mais dont certains adviendront nécessairement suppose méthode et rigueur. Elle implique d'identifier, comme pour déchiffrer une partition musicale, les temps dans lesquels s'inscrivent les différentes composantes, d'isoler les événements révélateurs de l'avenir, de détecter les ruptures potentielles et les continuités, permanences et inerties plausibles, de comprendre et expliquer les processus en cours etc. En suivant des protocoles précis et éprouvés, il devient possible de construire des scénarios du futur plus fins et plus exacts, donc davantage susceptibles de se réaliser que si l'on interroge le futur sans méthode, en essayant de le deviner à partir d'intuitions peu et mal fondées plutôt qu'à l'aune de travaux scientifiques, objectifs et empiriques.

L'activité de veille et d'anticipation est indispensable si l'on veut favoriser un futur un tant soit peu choisi — c'est-à-dire que le prospective juridique exploratoire est nécessaire à la prospective juridique stratégique, autre façon d'envisager le futur du droit cette fois non plus en recherchant ce qu'il pourrait être mais en se demandant ce qu'il devrait être et par quel chemin y parvenir. Il s'agit alors de faire le choix d'un avenir préférentiel et d'élaborer un projet et une stratégie pour lui donner toutes les chances d'advenir.

Avec la prospective juridique exploratoire, il s'agit donc de se demander quels sont les futurs du droit possibles — le droit pouvant être conçu dans toutes ses dimensions (système juridique dans son ensemble, ordre juridique, branche du droit, régime juridique, profession, doctrine, concept, modalités de recherche ou d'enseignement etc.). Avec la prospective juridique stratégique, il s'agit cette fois de réfléchir au futur du droit souhaitable.

Chapitre 2. La prospective juridique stratégique

La prospective juridique stratégique repose sur l'idée, affirmée par Gaston Berger et par ses continuateurs, qu'il importe de « considérer l'avenir non comme une chose déjà décidée et qui, petit à petit, se découvrirait à nous, mais comme une chose à faire, dont la nature dépendra à la fois de nos forces, de notre habileté, de notre courage et d'un certain nombre de circonstances que nous ne pourrons jamais prévoir dans tous leurs détails »[181]. Dès lors, si le futur est pour partie incontrôlable, il est aussi et surtout le fruit des décisions prises et des orientations choisies aujourd'hui.

Cela vaut à plus forte raison s'agissant du droit qui, à moins d'adopter un point de vue jusnaturaliste, est très essentiellement une construction humaine et sociale, un pur produit de volontés. Certes, sa formalisation, sa structure et son contenu dépendront partiellement de données extérieures et de circonstances non maîtrisables, mais ils seront surtout ce qu'on aura décidé, directement en tant que jurislateur ou interprète officiel, ou indirectement en tant que citoyens ayant la capacité d'attribuer le pouvoir politique à certains hommes plutôt qu'à d'autres.

Les jusprospectivistes peuvent éventuellement se borner à explorer scientifiquement les futurs possibles. Mais, pour faire œuvre concrète et utile, pour être des acteurs du droit en action, il leur incombe d'aller plus loin, d'identifier des objectifs stratégiques face aux enjeux à venir et de déterminer les actions et moyens pouvant permettre d'atteindre ces objectifs.

La prospective juridique stratégique a notamment pour finalité d'alimenter, éclairer et donc faciliter les décisions dans les organisations. C'est pourquoi il est logique qu'elle procède de l'initiative de personnes publiques ou privées désirant agir dans un monde moins incertain, voulant devenir la source des événements juridiques plutôt que de subir les événements juridiques[182].

Mais cette prospective peut aussi être le fait d'universitaires, de centres de recherche souhaitant « faire » le droit d'une façon originale. On qualifie souvent la doctrine de « source du droit » — source matérielle et non formelle, ce qui empêche de la placer au même niveau que la loi, la jurisprudence ou la coutume. La prospective juridique stratégique pourrait présenter quelque intérêt aux yeux d'enseignants-chercheurs aspirant à être des acteurs véritables du droit

---

[181] G. Berger, « L'attitude prospective », *Cahiers de prospective* 1958, n° 1, p. 6.

[182] Par exemple, J. Lesourne, Ch. Stoffaës, dir., *La prospective stratégique d'entreprise – Concepts et études de cas*, Inter-Éditions, 1996.

participant pleinement à sa fabrication, loin de se borner à connaître et retranscrire son état actuel sans se préoccuper de ses évolutions futures.

La prospective juridique stratégique (ou normative) est donc une prospective plus philosophique et critique, moins technique et formelle que la prospective juridique exploratoire (ou scientifique). L'avenir est « domaine de liberté, de pouvoir et de volonté »[183]. Il est ainsi une construction, le fruit de choix stratégiques opérés dès aujourd'hui, loin de toute fatalité et de toute prédétermination. La prospective juridique stratégique consiste en conséquence non à investiguer les futurs possibles mais à déterminer le futur souhaitable et à agir en sa faveur, c'est-à-dire à réfléchir aux politiques et aux stratégies qui pourraient être déployées afin de le réaliser.

Pareille réflexion quant au futur souhaitable n'aurait cependant aucun ou très peu de sens sans recherche préalable des futurs possibles, tandis qu'un travail de prospective juridique exploratoire non poursuivi sous l'angle de la prospective juridique stratégique semblerait fort incomplet et limité. C'est pourquoi il importe de mêler prospective juridique exploratoire et prospective juridique stratégique, mais tout en ayant conscience des objets différents de l'une et de l'autre et du fait que, à tout moment de la recherche, on se situe toujours soit dans le cadre scientifique et technique de l'une, soit dans le cadre normatif et critique de l'autre.

---

[183] H. De Jouvenel, « Genèse et éthique de la prospective », in Ph. Durance, dir., *La prospective stratégique en action – Bilan et perspectives d'une indiscipline intellectuelle*, Odile Jacob, 2014, p. 48.

Chapitre 3. L'association de la prospective juridique exploratoire et de la prospective juridique stratégique

Il y a deux manières de construire des scénarios mêlant présent et futur du droit. Soit on part des faits et tendances du présent pour dessiner des images réalistes du futur. Il s'agit d'une approche exploratoire : exploration du présent vers le futur. Soit on choisit *ab initio* un futur du droit donné et on redescend vers le présent en essayant de trouver les évolutions et ruptures qui pourraient permettre à ce futur du droit d'advenir. Il s'agit cette fois d'une approche normative. Le danger, en procédant ainsi, est de s'arrêter sur un futur souhaitable qui n'est pas possible et donc d'aboutir à des réflexions et propositions très peu pertinentes et utiles. Certes, une fois les chemins entre présent et futur du droit établis, on peut les décrire dans les deux sens. Il semble cependant indispensable de toujours commencer une étude jusprospective par le présent (système juridique, ordre juridique, branche du droit, régime juridique etc. positif) pour ensuite avancer pas à pas vers le futur (système juridique, ordre juridique, branche du droit, régime juridique etc. souhaitable). Toute recherche de prospective juridique débuterait donc par une phase de prospective juridique exploratoire (indispensable) et se poursuivrait par une phase de prospective juridique stratégique (non indispensable mais fortement recommandée).

La préférence souvent donnée à la prospective stratégique par rapport à la prospective exploratoire

Dans l'ensemble, la prospective stratégique semble de plus en plus l'emporter sur la prospective exploratoire — ce qui pose des difficultés eu égard au besoin de travaux de prospective exploratoire préalables pour pouvoir pertinemment réfléchir au futur souhaitable (parmi les futurs possibles). Cela s'explique déjà par les moyens moins lourds à mettre en œuvre dans le cadre de la prospective stratégique, des moyens ainsi plus aisément appropriables, dépendant de réflexions personnelles quand la prospective exploratoire suppose un examen minutieux de multiples faits et de multiples variables, ainsi que des démonstrations complexes. Beaucoup d'exercices de prospective se veulent désormais plus modestes et, surtout, plus directement opérationnels. Les investigations quant aux futurs possibles, bien que toujours plus indispensables à mesure que s'accroissent les incertitudes, occupent sans doute un peu moins l'attention que les réflexions relatives au futur souhaitable.

Pareil succès de la prospective stratégique par rapport à la prospective exploratoire pourrait se retrouver en matière de prospective juridique. Mais, puisque la prospective juridique stratégique ne peut se passer de la prospective juridique exploratoire, il importe de toujours associer l'une à l'autre et, pour éviter que l'aspect normatif et critique triomphe de l'angle objectif et empirique — quand ils sont supposés marcher main dans la main —, mieux vaut opter pour la prospective juridique dans son ensemble, donc s'interdire de choisir entre prospective juridique exploratoire et prospective juridique stratégique. Il n'en demeure pas moins qu'en pratique les juristes risquent fort de comprendre la prospective juridique dans son sens le plus large, la résumant à une attitude prospective et assimilant cette attitude prospective au volet stratégique de la prospective. Au sens strict, en revanche, la prospective juridique doit bien emprunter autant à la prospective exploratoire qu'à la prospective stratégique.

Dialectique et complémentarité de l'anticipation et de l'action

Comme le résume Hugues De Jouvenel,

> *Nous sommes tous dans la position du navigateur qui doit simultanément : – S'efforcer d'anticiper le vent, les récifs et le mouvement des autres navigateurs qui croisent aux alentours : là est la fonction d'anticipation sur son environnement stratégique ; éventuellement parlera-t-on en l'espèce d'instruments de veille, d'anticipation et de scénarios exploratoires ; – Agir (en tenant compte de toutes ses forces et faiblesses) pour au minimum éviter de chavirer, au mieux se rendre au plus vite à bon port. Ce « bon port » constitue le projet. Sa réalisation passera éventuellement par un exercice de planification, voire de programmation, l'établissement d'une stratégie et, donc, l'adoption d'instruments de pilotage. L'anticipation et l'action entretiennent une relation dialectique permanente. Cette dialectique repose sur deux logiques différentes mais complémentaires.*[184]

La prospective juridique doit donc procéder à la fois d'une approche *de lege lata*, interrogeant ce que le droit pourrait être, et d'une approche *de lege feranda*, recherchant ce que le droit devrait être. Uniquement descriptive ou uniquement prescriptive, elle manquerait une partie de son objet. En ce sens,

---

[184] H. De Jouvenel, *Invitation à la prospective*, Futuribles, coll. Perspectives, 2004, p. 37.

les fondateurs de la *Revue de droit prospectif* insistaient, en 1976 déjà, sur le fait que,

> *Le Droit est l'un des derniers domaines de la recherche scientifique moderne axé essentiellement sur l'étude du passé et du présent. Il est indispensable et urgent que cette optique se modifie et que la doctrine juridique joue enfin le rôle incitatif et directif des réformes que le personnel politique, qui en est, en définitive, responsable, attend d'elle. Son influence n'en sera que grandissante et sera la source d'une « stratégie juridique prospective ».*[185]

Le point de vue jusprospectif : considérer l'avenir du droit comme territoire à explorer et comme terrain à construire

La prospective juridique peut porter sur tout type d'élément de nature juridique. Elle peut aborder, sous un angle macro-juridique, le système juridique global ou un ordre juridique déterminé ou bien, sous un angle micro-juridique, une branche du droit ou un régime juridique particulier. Les spécificités de l'objet de la prospective juridique tiennent à l'aspect prospectif et non à l'aspect juridique. Mais tel est le cas de toutes les branches de la recherche juridique : l'analyse économique du droit, la sociologie juridique, l'histoire du droit, l'anthropologie juridique, la philosophie du droit etc. se distinguent en raison de leurs points de vue respectifs sur le droit (économique, sociologique, historique, anthropologique, philosophique etc.).

Aussi faut-il insister sur l'originalité du point de vue prospectif. La prospective juridique se présente tel un instrument d'aide à la compréhension, à la vision, à la décision et à l'action au service de tous les acteurs du droit quels qu'ils soient. Elle invite les juristes — mais aussi et tout autant les non-juristes intéressés de près, pour une raison ou une autre, par le droit — à considérer l'avenir du droit comme terrain à explorer et comme terrain à construire.

Dès lors, mieux vaut envisager cette prospective juridique comme un tout, donc ne s'intéresser qu'à la prospective juridique dans son ensemble. Chaque branche de la recherche juridique suit un chemin spécifique, distinct et indépendant de ses consœurs. À l'inverse, au sein de la prospective juridique, les prospectives juridiques exploratoire et stratégique sont les deux membres d'un même corps. Elles sont intimement liées, interdépendantes, unies dans leur diversité de fins et de moyens, et il serait malvenu de présenter l'une puis l'autre. Il n'en importe pas moins de ne pas

---

[185] J.-M. Zaorski, D.-Y. Meducin, « Pour une approche prospective de la recherche juridique », *Revue de droit prospectif* 1976, n° 1, p. 8.

méconnaître les différences d'objets (et de méthodes) entre la prospective juridique exploratoire et la prospective juridique stratégique. Mais un exercice de prospective juridique complet doit normalement emprunter à l'une et à l'autre.

Caractère scientifique et caractère critique des deux branches de la prospective juridique

Si le besoin de scientificité des travaux ne touche pas identiquement toutes les branches de la recherche juridique, car certaines peuvent ou doivent par définition se passer de la science, il en va peut-être différemment du besoin d'adopter une posture critique par rapport à l'objet traité, par rapport aux résultats obtenus et par rapport au contexte et à l'environnement au sein desquels se situe la réflexion. En effet, le point de vue critique est celui qui permet le mieux de penser le droit, au-delà de ou après son étude. Or, de la philosophie du droit à la science du droit positif, de l'épistémologie juridique à la sociologie du droit, toutes les branches de la recherche juridique obligent, à un moment ou à un autre et plus ou moins complètement, à penser le droit ou, du moins, à penser un droit. La « pure » science du droit est possible, mais elle n'est pas souhaitable. La recherche juridique désigne un ensemble d'activités universitaires notamment parce que celui qui s'adonne à cette recherche doit toujours analyser, commenter, abstraire, réfléchir, proposer, déplorer, soutenir, loin de se contenter d'une simple description de l'état actuel du droit positif ou du phénomène juridique qu'il observe. Le savoir juridique est au moins autant le résultat de la pensée critique du droit que le résultat de l'étude scientifique du droit. Et la prospective juridique ne saurait faire exception.

Les évolutions paradigmatiques et « révolutions scientifiques » que la recherche juridique requiert peut-être et qui, en tout cas, ne sauraient être approchées *a priori* de façon négative ont besoin de la pensée critique pour advenir. Une recherche critique est une recherche qui accueille la discussion et exclut le subjectivisme, ainsi qu'une recherche qui accepte le changement et refuse le conservatisme. Le sens critique est donc indispensable à la pensée en droit comme à la pensée du droit en ce qu'il autorise la libération de cet imaginaire et de cette intelligence juridiques souvent menacés par l'emprisonnement dans des carcans dogmatiques fort peu profitables au développement de la recherche juridique et, par conséquent, au perfectionnement du savoir juridique.

Ainsi, s'intéresser aux futurs du droit uniquement sous un angle scientifique et descriptif, sans être impossible ni inconséquent, ne saurait-il donner lieu à des travaux de même portée que ceux qui, après avoir ainsi sondé l'avenir du droit objectivement et empiriquement, saisissent les résultats obtenus d'un point de vue critique afin de s'arrêter sur un futur désirable.

En prospective, il y a une prospective plus scientifique et technique, celle du CNAM et de Michel Godet, et une prospective plus philosophique et critique, celle de Thierry Gaudin, par exemple. Mais l'une emprunte beaucoup à l'autre et Michel Godet est aussi une figure de la prospective stratégique, tandis que les recherches prospectives philosophiques et critiques s'appuient forcément sur des éléments concrets précis. Il semble donc nécessaire d'affirmer mais aussi tempérer la séparation de la prospective exploratoire et de la prospective stratégique.

Dans la suite de cet ouvrage, il ne s'agira par conséquent pas de présenter la prospective juridique exploratoire puis la prospective juridique stratégique mais uniquement d'interroger la prospective juridique comprise comme un tout ne méritant pas d'être découpé davantage. Tout d'abord, les objectifs qu'elle poursuit seront détaillés — plus tard, seront abordés, cette fois en interrogeant non plus ses objets mais ses méthodes, ses étapes et principes, en n'oubliant pas que certains se rattachent principalement à la prospective juridique exploratoire, d'autres à la prospective juridique stratégique et d'autres, enfin, au tronc commun de la prospective juridique.

Auparavant, il semble intéressant, afin de mieux cerner l'objet de la prospective juridique, de la comparer avec les branches de la recherche juridique qui s'en rapprochent le plus.

Chapitre 4. Les branches de la recherche juridique proches de la prospective juridique

À certains égards, la prospective juridique se rapproche de la philosophie du droit et de l'analyse économique du droit. Mais elle possède surtout des points communs avec la légistique et avec la politique juridique. Celles-ci sont, comme la prospective juridique, par nature fort politiques. Elles consistent à interroger l'évolution du contenu du droit (le droit tel qu'il devrait ou devra être), ainsi que des manières de le produire et de le mettre en forme, cela afin de faire face à certains défis actuels ou à venir. En cela, la légistique et la politique juridique se rapprochent de la prospective juridique, bien qu'elles se consacrent beaucoup plus au court terme.

Selon un aphorisme attribué au médecin et psychologue Gustave Le Bon, « on ne fait pas le droit ; il se fait »[186]. Pour un juriste, un légiste, un jurisconsulte ou un jurislateur, cependant, il est difficile de ne pas estimer que les règles de droit ne seraient pas données mais construites. C'est pourquoi la légistique, la politique juridique et la prospective juridique sont possibles. « Si je pouvais, expliquait Montesquieu, faire en sorte que ceux qui commandent augmentassent leurs connaissances sur ce qu'ils doivent prescrire, et que ceux qui obéissent trouvassent un nouveau plaisir à obéir, je me croirais le plus heureux des mortels »[187]. Telle est à la fois la volonté de la légistique, celle de la politique juridique et celle de la prospective juridique, toutes trois tournées vers l'avenir du droit et vers le droit en action. Leur ambition commune est de contribuer au « progrès juridique »[188], sous différentes formes et à plus ou moins long terme. La prospective juridique, la politique juridique et la légistique sont donc les branches de la recherche juridique qui possèdent la vocation politique la plus forte. Elles témoignent, au-delà des relations intimes entre politique et droit, de la présence de la politique dans le droit, que celui-ci soit entendu en tant que droit positif ou en tant que domaine de recherche[189].

L'illustre professeur de droit public Léon Duguit écrivait que « la puissance publique sera d'autant mieux obéie qu'elle sera plus volontairement acceptée par les gouvernés. C'est la mission de l'art politique de trouver les procédés de gouvernement les plus propres à faire accepter volontairement par

---

[186] Cité par A. Sériaux, *Le Droit – Une introduction*, Ellipses, 1997, p. 87.

[187] Montesquieu, *De l'esprit des lois*, 1748 (cité par Ch. Behrendt, F. Bouhon, *Introduction à la théorie générale de l'État – Recueil de textes*, Larcier, coll. Faculté de droit de l'Université de Liège, 2009, p. 126).

[188] J. Cruet, *La vie du droit et l'impuissance des lois*, Flammarion, 1914, p. 333.

[189] *Cf. Arch. phil. droit* 1971, « Le droit investi par la politique ».

les sujets les commandements de l'autorité publique »[190]. La légistique, la politique juridique et la prospective juridique correspondent à cet « art politique »[191].

Cependant, légistique, politique juridique et prospective juridique se distinguent en différents points. Tout d'abord, tandis que la politique juridique est foncièrement idéologique et subjective, la prospective juridique est à la fois scientifique et critique, donc beaucoup plus objective. Quant à la légistique, on y voit un art plus qu'une science[192]. Pour autant, l'objectif de la légistique est bien d'« aboutir à des lois quasi-scientifiques »[193]. Mais elle n'est pas en soi scientifique ; ce sont les moyens qu'elle propose qui peuvent l'être[194]. En outre, la légistique se juridicise de plus en plus, se traduisant par des normes positives — et souvent des normes positives haut placées dans la hiérarchie des normes[195]. La politique juridique et la prospective juridique, à l'inverse, ne peuvent pas se retrouver incarnées dans le droit applicable. Par nature, elles ne peuvent porter que sur un droit futur, qui reste à faire.

La légistique tournée vers le futur du droit

La légistique n'en demeure pas moins fort politique, *a fortiori* si, comme l'aurait dit Victor Hugo, « la forme est le fond qui remonte à la surface ». Elle comporte un sens étroit et un sens large. Au sens étroit, qui tend à l'assimiler partiellement à la méthodologie juridique, elle désigne « l'étude des modes de rédaction et de formulation des lois »[196]. C'est là le sens que retiennent

---

[190] L. Duguit, *Traité de droit constitutionnel – Tome deuxième : La théorie générale de l'État – Première partie : Éléments, fonctions et organes de l'État*, 3e éd., De Boccard, 1928, p. 48.

[191] Et Duguit d'ajouter : « Le tout de l'art politique est d'adapter les formes et les procédés du gouvernement aux croyances religieuses et morales, aux besoins économiques du pays et de faire en sorte que les sujets soient profondément convaincus que les gouvernants gouvernent dans l'intérêt de tous et non pas dans leur intérêt personnel » (*ibid.*).

[192] Cité par J.-P. Duprat, « Genèse et développement de la légistique », in R. Drago, dir., *La confection de la loi*, Puf, coll. Cahiers des sciences morales et politiques, 2005, p. 11. Également, D. Rémy, *Légistique – L'art de faire les lois*, Romillat, 1994.

[193] J.-C. Bécane, M. Couderc, J.-L. Hérin, *La loi*, 2e éd., Dalloz, coll. Méthodes du droit, 2010, p. 174.

[194] *Cf.*, en particulier, J.-F. Perrin, « Possibilités et limites d'une “science de la législation” », in P. Amselek, dir., *La science de la législation*, Puf, 1988, p. 21 s.

[195] P. De Montalivet, « La juridicisation de la légistique – À propos de l'objectif de valeur constitutionnelle d'accessibilité et d'intelligibilité de la loi », *Cahiers des sciences morales et politiques* 2005, n° 23, p. 99 s. Par exemple, Cons. const., déc. 16 déc. 1999, n° 99-421, *Loi habilitant le Gouvernement à procéder à l'adoption de la partie législative de certains codes par ordonnance* (objectif d'intelligibilité et d'accessibilité du droit) ; Cons. const., déc. 14 janv. 1999, n° 98-407, *Loi relative au mode d'élection des conseillers régionaux et des conseillers à l'Assemblée de Corse* (principe de clarté du droit). *Cf.*, également, L. Milano, « Contrôle de constitutionnalité et qualité de la loi », *RDP* 2006, p. 637 s.

[196] A.-M. Leroyer, « Légistique », in D. Alland, S. Rials, dir., *Dictionnaire de la culture juridique*, Lamy-Puf, coll. Quadrige-dicos poche, 2003, p. 922.

différents professeurs[197]. Ainsi conçue, elle s'intéresse à une certaine forme de droit positif et non au droit prospectif.

Au sens large, celui correspondant à la branche de la recherche juridique ici en cause, il s'agit d'analyser et proposer des modes de création et d'application du droit. La légistique est alors par essence tournée vers le futur. Et elle s'avère, ainsi comprise, triplement plus large : en ce qu'elle ne se borne pas à l'étude mais amène à faire aussi œuvre prospective, si ce n'est prescriptive ; en ce qu'elle inclut dans son objet non seulement la rédaction des textes mais aussi tous les autres éléments qui contribuent à la création du droit ; en ce qu'elle s'intéresse, au-delà de la création de la loi, à toute la création et à toute l'application du droit[198].

Certains retiennent des conceptions de la légistique plus précises mais qui concordent avec l'acception large ici retenue : « [La légistique] tend à déterminer des règles de rédaction des textes qui favorisent leur interprétation, leur combinaison et leur codification ; elle cherche aussi à standardiser les formules pour faciliter l'informatisation ; elle se penche, enfin, sur les modalités d'application pour lever les incertitudes et sur l'ensemble de

197 Par exemple, J.-L. Bergel, « Méthodologie juridique », in D. Alland, S. Rials, dir., *Dictionnaire de la culture juridique*, Lamy-Puf, coll. Quadrige-dicos poche, 2003, p. 1024. Pour le professeur Jean-Louis Bergel, la légistique serait ainsi la partie de la « science de la législation » consacrée à la rédaction des lois.

198 À l'aune de ce dernier point, peut-être faudrait-il préférablement parler de « juristique » plutôt que de « légistique » ; seulement ce premier terme est-il quasiment inconnu de la littérature juridique et, lorsqu'il a été employé, cela a été dans un tout autre sens : M. Alliot, « Anthropologie et juristique – Sur les conditions de l'élaboration d'une science du droit », *Bulletin de liaison du LAJP* 1983, n° 6, p. 83 s. L'auteur explique que, dans le vocabulaire d'Henri Lévy-Bruhl, la juristique est la « science des lois qui gouvernent les lois ». Mieux vaut suivre l'usage que font du terme « légistique », notamment, le Conseil d'État et le Secrétariat général du Gouvernement qui, dans leur « guide de légistique », expliquent que cette dernière recouvre « l'ensemble des règles, principes et méthodes qui doivent être observés dans la préparation des textes normatifs : lois, ordonnances, décrets, arrêtés » (Conseil d'État, Secrétariat général du Gouvernement, « Guide pour l'élaboration des textes législatifs et règlementaires », 2e éd., [en ligne], 2007, p. 2). La légistique déborde donc du cadre de la loi pour concerner tout le droit et, par exemple, un enjeu important qui la concerne réside dans l'amélioration de la qualité formelle des décisions de justice. D'aucuns débattent de l'art et de la manière de rédiger les jugements, du « style judiciaire » (par exemple, *Cahiers de méthodologie juridique* 2000, « La modélisation des actes de procédure et des décisions de justice » ; F.-M. Shroeder, *Le nouveau style judiciaire*, Dalloz, 1978 ; P. Mimin, *Le style des jugements*, Librairie technique, 1978 ; L. Cadiet, « La qualité de la norme juridictionnelle », in M. Fatin-Rouge Stéfanini, L. Gay, J. Pini, dir., *Autour de la qualité des normes*, Bruylant, coll. À la croisée des droits, 2010, p. 235 s. ; F. Martineau, « Critères et standards rhétoriques de la bonne décision de justice », in Commission européenne pour l'efficacité de la justice, *La qualité des décisions de justice*, Éditions du Conseil de l'Europe, 2008, p. 97 s.). Et, en droit positif, diverses réformes ont été entreprises afin d'améliorer la relation entre juges et justiciables. Notamment, une circulaire du 15 septembre 1977 relative au vocabulaire judiciaire a entendu éliminer les « locutions archaïques et surannées » et traduire en français les expressions latines ou étrangères en usage dans la langue du palais.

l'ordonnancement pour le rationaliser »[199]. Pareille définition n'invite pas à observer les règles de rédaction des textes mais à les « déterminer », donc à les formuler, à les proposer aux pouvoirs publics, seuls capables de les faire ensuite entrer dans le corpus du droit positif de la création du droit — *i.e.* le droit constitutionnel.

La légistique au service du droit en action

L'attitude du spécialiste de la légistique est alors assez similaire à celle du spécialiste de la prospective juridique. Et, sous cet angle, la prospective juridique pourrait être très utile à la légistique. Cette dernière s'avère très normative[200]. La prospective juridique l'est aussi lorsqu'elle prend la forme de la prospective juridique stratégique. La légistique consiste, aux différents niveaux de la vie du droit positif, à proposer des méthodes censées permettre d'améliorer la qualité du droit, d'en accroître l'efficacité[201]. Pragmatique, elle entend donc servir, comme la prospective juridique, le droit en action.

Parce que le droit a besoin de rationalité, loin de toute improvisation, les jurislateurs qui le conçoivent doivent appliquer différentes techniques afin de confectionner le « meilleur droit » sous différents angles : sécurité juridique, pertinence des normes retenues, possibilité d'évolutions futures etc. La légistique comme la prospective juridique peuvent alors être d'un grand secours, indiquant les pièges auxquels prendre garde et les opportunités à saisir.

Ensuite, là où la méthodologie juridique étudie scientifiquement l'état actuel de ces diverses techniques, la légistique s'attache aux évolutions qu'elles pourraient ou devraient connaître afin de pouvoir élaborer de « meilleurs textes de droit ». Le légiste qui se consacre à la légistique, suivant la définition qu'en donne le professeur Jacques Chevallier, « cherche à déterminer les meilleures modalités d'élaboration, de rédaction, d'édiction et

---

199 C. Wiener, « Crise et science de la législation en France », in Z. Bankowski et *alii*, *La science de la législation*, Puf, 1988, p. 87. La légistique appréhendée en tant que réflexion sur les modes de création du droit correspond donc à la définition qu'un auteur a pu en donner en 1983 : « Discipline qui étudie l'activité de production normative et qui définit les techniques adaptées à la gestion de cette production » (J.-M. Woehrling, « L'évolution du rôle du droit dans l'action administrative », *RF adm. publ.* 1983, p. 146 (cité par A.-M. Leroyer, « Légistique », in D. Alland, S. Rials, dir., *Dictionnaire de la culture juridique*, Lamy-Puf, coll. Quadrige-dicos poche, 2003, p. 923)).

200 Notamment, C. Bergeal, *Savoir rédiger un texte normatif – Loi, décret, arrêté, circulaire*, 2e éd., Berger-Levrault, 1997 ; A. Flückiger, *(Re)faire la loi – Traité de légistique à l'ère du droit souple*, Stämpfli, 2019.

201 On observe l'« essor de l'idéologie de l'efficacité » (J. Commaille, « Code civil et nouveaux codes sociaux », in J. Commaille et *alii*, *Le Code civil 1804-2004 – Livre du bicentenaire*, Dalloz-Litec, 2004, p. 71).

d'application des normes »[202] — il se penche donc sur le droit qui pourrait ou devrait être dans l'avenir. Et le professeur d'ajouter : « La qualité du droit suppose l'amélioration de ses conditions de production. Cet objectif est au centre d'une nouvelle discipline : la "légistique", qui vise à étudier l'activité de production normative et à définir les techniques adaptées à la gestion de cette production »[203]. Dès lors, il s'agit plus de propositions personnelles que d'observations objectives et empiriques, même si les premières, pour être pertinentes, ne peuvent se passer des dernières.

La légistique intéressée par la forme du droit

Par ailleurs, tandis que la prospective juridique s'intéresse au fond comme à la forme du droit, que ce soit à propos d'un objet micro-juridique ou d'un objet macro-juridique, la légistique est purement formelle. Elle se désintéresse en effet de la détermination du fond du droit pour se concentrer sur la recherche des modes de détermination du fond du droit les plus pertinents[204]. Ainsi, si elle présente des aspects plus politiques que scientifiques, la légistique ignore cependant les problématiques les plus politiques : celles qui touchent aux orientations à donner aux régimes juridiques, au contenu substantiel du droit, ce qui est l'affaire de la politique juridique et de la prospective juridique. La légistique ne se consacre qu'aux modalités techniques de la confection et de l'application du droit. La politique juridique et la prospective juridique, elles, peuvent amener à inviter les pouvoirs publics et autres acteurs du droit à opérer des changements dans le contenu substantiel des devoir-être[205].

---

[202] J. Chevallier, « L'évaluation législative : un enjeu politique », in J.-L. Bergel, A. Delcamp, A. Dupas, dir., *Contrôle parlementaire et évaluation*, La documentation française, coll. Notes et études documentaires, 1995, p. 15.

[203] J. Chevallier, *L'État post-moderne*, 3e éd., LGDJ, coll. Droit et société, 2008, p. 152.

[204] J.-L. Bergel, *Méthodologie juridique*, Puf, coll. Thémis droit privé, 2001, p. 276 ; C. Zolinski, « Questions de légistique soulevées par la construction de la norme à l'aune du renouvellement des sources de droit », in M. Behar-Touchais, N. Martial-Braz, J.-F. Riffard, dir., *Les mutations de la norme*, Economica, coll. Études juridiques, 2011, p. 52.

[205] On retient néanmoins que la légistique se scinde en une partie formelle et une partie matérielle (Ch.-A. Morand, « Éléments de légistique formelle et matérielle », in Ch.-A. Morand, dir., *Légistique formelle et matérielle*, PUAM, 1999, p. 37 s.). Raymond Carré de Malberg séparait la « force formelle de la loi » et la « force matérielle de la loi » (R. Carré de Malberg, *Contribution à la théorie générale de l'État spécialement d'après les données fournies par le droit constitutionnel français*, t. I, Librairie du Recueil Sirey, 1920, p. 281). La légistique cherche à conforter l'une comme l'autre, mais seulement en quêtant les moyens pertinents à ces fins, non en investissant directement le domaine du fond du droit. La « légistique formelle » (ou « nomographie » (G. Cornu, *Linguistique juridique*, 3e éd., Montchrestien, coll. Domat droit privé, 2005)) porte sur le système de communication, sur « les procédés de mise en forme des projets normatifs » (Ch.-A. Morand, « Éléments de légistique formelle et matérielle », in Ch.-A. Morand, dir., *Légistique formelle et matérielle*, PUAM, 1999, p. 37) ou, dit autrement, sur le codage juridique de la volonté politique. On a pu la définir

La légistique, branche de la recherche juridique encore méconnue

En France, la légistique n'a jamais connu d'essor véritable et elle demeure, aujourd'hui, une branche de la recherche juridique relativement secondaire[206]. Longtemps, après que Montaigne a affirmé que « les lois se maintiennent en crédit non parce qu'elles sont justes mais parce qu'elles sont lois »[207], les juristes français ont retenu soit que la législation serait *a priori* rationnelle, soit que l'effort de rationalisation devrait être laissé à la seule appréciation du législateur[208]. Cette façon d'appréhender la matière continue d'empreindre dans une certaine mesure la psyché juridique collective ; et un auteur pouvait récemment s'inquiéter du « risque de voir s'enfler un thème nouveau et

---

comme « la recherche de procédés, de règles et de formules destinés à une rédaction correcte et à une meilleure appréhension des textes normatifs, et s'efforçant de parvenir à cette fin par l'harmonie, la clarté et le rejet des différences non fondées » (C. Lambotte, *Technique législative et codification*, Story Scientia, 1988, p. 10 (cité par K. Gilbert, *La légistique au concret – Les processus de rationalisation de la loi*, th., Université Paris II - Panthéon-Sorbonne, 2007)). Elle cherche à fournir des principes permettant d'améliorer la compréhension et l'accessibilité des textes juridiques. L'accent est mis sur le perfectionnement du message normatif et des modalités de sa réception. La « légistique matérielle » (ou « nomologie » (G. Cornu, *Linguistique juridique*, 3e éd., Montchrestien, coll. Domat droit privé, 2005)), de son côté, concerne le système d'action que représente la création du droit. Elle découpe le processus de formation et de mise en œuvre des textes juridiques en plusieurs étapes (1. Définition du problème ; 2. Fixation des objectifs ; 3. Choix des instruments et des alternatives ; 4. Évaluation prospective ; 5. Adoption du texte à portée normative ; 6. Mise en œuvre ; 7. Évaluation rétrospective) et cherche à donner à chacune d'elles des conseils méthodiques pour améliorer l'efficacité ou l'efficience du droit. Mais elle n'entend en aucun instant dire au jurislateur ce que devrait être le droit ; même « matérielle », la légistique cherche seulement à dire au jurislateur comment devrait être établi le droit. Dit autrement, la légistique matérielle concerne la manière de rechercher la matière quand la légistique formelle se rapporte à la manière d'exprimer la matière. En France, la légistique formelle paraît s'être autrement développée que la légistique matérielle (K. Gilbert, « Une production du droit mieux raisonnée ? La diffusion de la légistique en droit français », *Le courrier juridique des finances et de l'industrie* juin 2008, p. 47 s.), si bien que, aujourd'hui, il appartiendrait aux chercheurs de principalement songer à la légistique matérielle, donc aux procédés tels que, par exemple, celui des études d'impact ou celui des lois expérimentales et des « périodes d'essai législatives ». Reste que la légistique amène à aborder des problématiques multiples et diversifiées, allant de la question de la codification à celle de l'évaluation des effets du droit, de la question de la législation par références à celle des formulations d'objectifs, de la question des consultations préalables à celle des études d'impact, de la question du respect d'un principe de subsidiarité à celle, globale, des modes de gouvernance. C'est, notamment, le fameux problème de la « simplification du droit », régulièrement remis sur la table, qui est au cœur des préoccupations.

[206] *Cf.* J.-P. Duprat, « Genèse et développement de la légistique », in R. Drago, dir., *La confection de la loi*, Puf, coll. Cahiers des sciences morales et politiques, 2005, p. 9 s.

[207] M. De Montaigne, *Les essais*, Abel Langelier, 1588.

[208] Aussi observe-t-on que « la loi est souvent parée de toutes les vertus, du fait de son écriture sous une forme officielle et publiée : elle est claire, fixe, accessible, connue de tous, rationalisée, délibérée, bref, elle incarne la raison faite droit » (P. Deumier, *Introduction générale au droit*, 2e éd., LGDJ, coll. Manuel, 2013, p. 54).

jusqu'à présent discret, celui des interrogations sur la qualité de la loi »[209], avant de demander : « Mesure-t-on ce que cette seule question a d'iconoclaste ? La loi, produit de la souveraineté nationale, expression de la volonté générale, est nécessairement bonne du seul fait qu'elle est la loi »[210]. La légistique est donc, bien qu'à un degré moindre par rapport à la prospective juridique, une branche de la recherche juridique émergente, en devenir, mais encore fragile et incertaine.

Enfin, à l'identique de la prospective juridique, la légistique déborde de beaucoup le cadre de la recherche universitaire et nombreux sont les travaux dans ce domaine réalisés par ou pour les pouvoirs publics. Les études annuelles du Conseil d'État constituent de très bons exemples[211].

L'intérêt grandissant de la légistique

Que ce soit dans l'espace universitaire ou dans l'espace politique, la légistique pourrait prospérer tant sont croissantes les critiques adressées à des textes juridiques mal faits, aussi bien qualitativement que quantitativement[212]. Les lois seraient devenues trop nombreuses et largement inintelligibles, à tel point qu'une distance dangereuse apparaîtrait entre elles et leurs destinataires[213]. « La loi, relève-ton, est de plus en plus insuffisante tant dans

---

209 G. Hispalis, « Pourquoi tant de loi(s) ? », *Pouvoirs* 2005, n° 114, p. 115.

210 *Ibid.*

211 Notamment, EDCE 1991, *La sécurité juridique* ; EDCE 2006, *Sécurité juridique et complexité du droit.* Les textes relatifs à la légistique sont moins souvent des ouvrages doctrinaux que des circulaires et autres actes administratifs visant à préciser les modalités du choix du vocabulaire, de la longueur des phrases, de la ponctuation, de la structure des textes etc. Par exemple, Circ. 26 août 2003, *Relative à la maîtrise de l'inflation normative et à l'amélioration de la qualité de la règlementation* ; Circ. 30 sept. 2003, *Relative à la qualité de la règlementation* ; Conseil d'État, Secrétariat général du Gouvernement, « Guide pour l'élaboration des textes législatifs et règlementaires », 2e éd., [en ligne], 2007 ; *Rapport du groupe de travail interministériel sur la qualité de la règlementation,* La documentation française, 2002 ; *Pour une meilleure qualité de la règlementation,* La documentation française, 2004. Il existe une mission « Qualité de la norme » au sein du « Service de la législation et de la qualité du droit » rattaché au Secrétariat général du Gouvernement. Néanmoins, *cf. Dr. et société* 1998, n° 40, « Produire la loi » ; *Dr. et société* 1994, n° 27, « Production de la norme juridique ».

212 Ainsi un auteur peut-il observer combien les nouvelles formes d'intervention de l'État et la complexité des sociétés industrialisées modernes exigent des modalités d'intervention normative plus souples et sans doute plus complexes. « Il en résulte une sophistication croissante des techniques de rédaction normative, écrit-il. La loi peut inciter, offrir des alternatives, distinguer entre conformité et compatibilité, programmer, s'appuyer pour partie sur des dispositifs conventionnels » (C. Bergeal, *Savoir rédiger un texte normatif – Loi, décret, arrêté, circulaire,* Berger-Levrault, 1997).

213 F. Ost, M. Van de Kerchove, *De la pyramide au réseau ? – Pour une théorie dialectique du droit,* Publications des Facultés universitaires Saint-Louis, 2002, p. 431. Les auteurs soulignent que, en conséquence, « s'amorce progressivement, dans le raisonnement juridique, un

son contenu que dans son mode d'élaboration »[214]. Or « des lois mal conçues ou mal rédigées peuvent faire plus de mal que de bien »[215]. La « rationalisation de la production juridique » devient donc l'un des enjeux les plus actuels[216], tandis que la qualité du droit s'affirme telle une condition nécessaire à la bonne application du droit et au respect des règles juridiques.

Le célèbre juriste italien Norberto Bobbio observait qu'on peut « soit agir sur les comportements de façon à obtenir que les actions des individus correspondent le plus possible à ce que disent les règles ; ou bien agir sur le droit de façon à obtenir que ce que disent les règles corresponde le mieux possible à ce que font les individus »[217]. À l'ère de la mondialisation, il semble que la seconde alternative doive de plus en plus l'emporter sur la première, ce qui place les questions d'ordre légistique et jusprospectif au premier rang des préoccupations.

Faire le droit est définitivement une mission aussi complexe que décisive au cœur du jeu social, *a fortiori* dès lors que, « de manière symétrique et inverse de l'historien chargé de reconstituer une réalité qui a cessé d'exister, le législateur est chargé, lui, de figurer dans la loi une réalité qui n'existe pas encore »[218]. La mission du législateur est ainsi foncièrement prospective, mais aussi et surtout politique puisqu'il ne s'agit pas de prévoir ce qui sera mais de dicter par des normes ce qui sera ; et la légistique est là pour donner toutes leurs chances à ces normes de produire leurs effets.

---

affranchissement à l'égard des textes, corrélatif à la montée en puissance des juges » (*ibid.*). Déjà en 1949 Georges Ripert remarquait que « l'effectivité des lois est allée en déclinant à l'époque moderne car la surabondance des textes, l'inflation législative, a entraîné un moindre attachement et respect pour chaque loi. C'est un fait psychologique que l'attention faiblit lorsqu'elle porte sur un objet trop étendu » (G. Ripert, *Le déclin du droit – Études sur la législation contemporaine* (1949), LGDJ, 1998). *Cf.*, également et par exemple, F. Terré, « La "crise" de la loi », *Arch. phil. droit* 1980, p. 17 s. ; A. Viandier, « La crise de la technique législative », *Droits* 1986, n° 4, p. 75 s. ; P. Mazeaud, « La loi ne doit pas être un rite incantatoire », *JCP A* 2005, p. 1035 s. ; P. Mazeaud, « La qualité de la loi n'est plus ce qu'elle était », *Gaz. Pal.* 16 mars 2007.

[214] J.-C. Bécane, M. Couderc, J.-L. Hérin, *La loi*, 2e éd., Dalloz, coll. Méthodes du droit, 2010, p. 54. Ces auteurs notent aussi que, « depuis 1880, la loi subit une dépréciation continue » (*ibid.*).

[215] J.-L. Bergel, *Théorie générale du droit*, 5e éd., Dalloz, coll. Méthodes du droit, 2012, p. 275. Et d'ajouter que « la loi est un instrument dangereux qu'il ne faut manier qu'avec prudence et circonspection » (*ibid.*).

[216] *Cf.* J. Chevallier, « La rationalisation de la production juridique », in Ch.-A. Morand, dir., *L'État propulsif – Contribution à l'étude des instruments d'action de l'État*, Publisud, 1991, p. 11 s. Le professeur Jacques Chevallier souligne en particulier qu'« à une légitimité fondée sur la régularité des procédures mises en œuvre, sur la conformité des conduites et des comportements, se substitue une légitimité fondée sur l'efficacité des actions entreprises, sur la capacité d'atteindre des objectifs préalablement fixés » (*ibid.*, p. 19).

[217] N. Bobbio, *Essais de théorie du droit*, trad. Ch. Agostini, M. Guéret, LGDJ-Bruylant, coll. La pensée juridique, 1998, p. 169.

[218] G. Timsit, « Raisonnement juridique », in D. Alland, S. Rials, dir., *Dictionnaire de la culture juridique*, Lamy-Puf, coll. Quadrige-dicos poche, 2003, p. 1291.

Reste que légistique, politique et prospective peuvent marcher ensemble. En tout cas semble-t-il que la politique et le droit qui en est le fruit aient fortement et de plus en plus besoin de l'éclairage de la prospective et de l'outillage de la légistique[219].

La politique juridique, un point de vue subjectif, dogmatique et court-termiste

La politique juridique, quant à elle, se distingue de la légistique en ce que, si cette dernière aboutit à prescrire aux jurislateurs les moyens adéquats afin de déterminer le contenu du droit le plus pertinent et de l'exprimer de la meilleure manière, elle consiste à prescrire aux jurislateurs des devoir-être ou des ensembles de devoir-être apparaissant comme les plus opportuns — par exemple en plaidant pour ou contre la réforme de tel ou tel régime juridique.

Ensuite, la politique juridique suppose un point de vue très orienté, très subjectif et court-termiste, caractéristiques qui la différencient nettement du point de vue jusprospectif. Les précurseurs de la prospective juridique notaient : « Nous en sommes revenus à une société féodale, dans laquelle il est impossible de s'attaquer à des droits acquis sans provoquer une levée immédiate de boucliers, au nom de la défense d'intérêts supérieurs que l'on a parfois du mal à apercevoir. La défense des positions acquises passe avant la recherche du progrès ; or, avec la mentalité d'assistés dont nous faisons preuve, celles-ci sont de plus en plus nombreuses »[220]. Il semble toutefois que des discours relevant d'une telle « mentalité d'assistés » et de la défense des positions et droits acquis ne puissent relever que de la politique juridique. La prospective juridique doit justement permettre de les dépasser.

Il n'en est pas moins possible — et même pertinent tant une solution ne revêt pas, en soi, moins d'importance et de légitimité qu'une explication — d'envisager les normes juridiques sous un angle pleinement politique et aucunement scientifique, ce qui signifie aussi sous un angle souvent polémique et très partial, partisan même, amenant à plaider pour une cause, loin de tout argument juridique ou derrière des arguments juridiques de façade, et à avancer des propositions toujours contestables et non des descriptions par

[219] « La structure rationnelle du droit et de l'administration est sans aucun doute importante car le capitalisme d'entreprise rationnel nécessite la prévision calculée, non seulement en matière de techniques de production, mais aussi en matière de droit », notait Max Weber (*L'Éthique protestante et l'esprit du capitalisme* (1920), Pocket, coll. Agora, 1967, p. 19). Pour lui, « seul l'Occident a disposé pour son activité économique d'un système juridique et d'une administration atteignant un tel degré de perfection légale et formelle » (*ibid.*). L'objectif de la légistique est d'indiquer aux pouvoirs publics les moyens de faire en sorte qu'il continue d'en aller ainsi.

[220] J.-M. Zaorski, « Trois ans déjà : Autocritique et essai d'un bilan "prospectif" d'activité », *Revue de droit prospectif* 1978, n° 5, p. 3.

définition vraies. C'est à cet instant que la doctrine fait de la politique, ce qui la rapproche de l'attitude jusprospective dans son versant stratégique. La prospective juridique entend toutefois conserver un certain recul, adopter un point de vue plus équilibré entre approche scientifique et raisonnement critique.

La politique juridique consiste à affirmer, subjectivement, ce que devraient être les normes constitutives du droit ou, du moins, constitutives d'un régime juridique donné, éventuellement afin de s'adapter au changement et préparer l'avenir — mais parfois aussi afin de conserver certaines valeurs ou promouvoir certains archaïsmes. Il semble que ce soit à ce moment-là que la doctrine et la dogmatique juridiques portent le mieux leurs noms, davantage que lorsqu'elles se bornent à décrire le contenu du droit positif et ses diverses interprétations possibles. Le juriste fait œuvre doctrinale ou dogmatique quand il suggère — ou, selon le ton adopté, cherche à imposer — de nouvelles normes ou lorsqu'il suggère, ou cherche à imposer, un choix entre différentes interprétations d'une norme donnée.

Discuter, remettre en cause et proposer le droit positif

Contrairement à la prospective juridique et à la légistique, encore peu plébiscitées, la politique juridique possède de nombreux adeptes au sein des facultés de droit autant que dans les cabinets d'avocats. On souligne à quel point de plus en plus de chercheurs en droit tendent à « transgresser la frontière webérienne entre le savant et le politique »[221], à « céder à la tentation d'instrumentaliser le droit positif selon une inclination qui répond davantage à l'office de l'avocat qu'à celui de la science du droit »[222].

En revanche, sa faible structuration et le manque de principes directeurs et de méthode font de la politique juridique une branche de la recherche juridique précaire et qui ne semble pas pouvoir un jour s'affirmer davantage. Les juristes l'apprécient tant qu'elle demeure à l'arrière-plan, pour ne pas dire cachée, car on peine à assumer le fait de quitter le cadre scientifique au profit du cadre politique.

Toujours est-il que des professeurs de droit sont tentés d'utiliser leur savoir « non pas comme des savants mais comme des juges dont les décisions n'énoncent ni des vérités ni des mensonges mais des verdicts souverains »[223]. L'objet de la politique juridique est ainsi de discuter, remettre en cause et

---

[221] A. Viala, « Un PFRLR contre le mariage gay ? Quand la doctrine fait dire au juge le droit qu'elle veut qu'il dise », *RDLF* 2013, n° 4.
[222] *Ibid.*
[223] *Ibid.*

proposer le droit positif, donc réfléchir aux réformes à mener, à l'avenir du droit, mais un avenir à court terme.

Les polémiques universitaires ayant accompagné la loi ouvrant le mariage aux couples de personnes de même sexe est une illustration paroxystique de cette politique juridique et des dérives auxquelles elle peut aboutir[224]. Le

---

[224] Ainsi quelques-uns sont-ils tentés de « prendre des libertés avec les données du droit positif, sous l'influence de [leurs] préférences éthico-politiques » (J. Roux, « Le "mariage pour tous" et la Constitution : La méthode et le fond (réponse à Alexandre Viala) », *RDLF* 2013, n° 6). Cela a pu se vérifier, par exemple, lorsque certains ont souhaité engager, en leur qualité de professeurs de droit, de spécialistes du droit, une « offensive doctrinale contre [ou pour] le projet de loi sur le mariage pour tous » (A. Viala, « Un PFRLR contre le mariage gay ? Quand la doctrine fait dire au juge le droit qu'elle veut qu'il dise », *RDLF* 2013, n° 4). Les débats, en 2012 et 2013, ayant entouré la future loi relative au mariage des couples de personnes de même sexe (L. n° 2013-404, 17 mai 2013, *Ouvrant le mariage aux couples de personnes de même sexe*) ont en effet constitué un modèle du genre (*cf.* R. Garron, « Un exemple d'erreur de méthode : la loi sur le "mariage pour tous" », *RRJ* 2014, p. 1625 s.). C'est ainsi que différents enseignants-chercheurs des facultés de droit (pas moins de 180 selon leur propre décompte) ont adressé une pétition aux sénateurs de la République afin de protester contre le projet de loi relatif au « mariage pour tous », afin de contrecarrer son adoption. Or ils n'agissaient pas de la sorte à titre personnel et privé mais bien en se fondant sur leurs titres et savoirs académiques. Et leur intention était plus précisément de « propager toute une série de jugements qui, à l'examen, [étaient] bien plus des jugements de valeur que des analyses juridiques. […] En d'autres termes, bien qu'ils prétend[aient] parler au nom du droit, ces juristes exprim[aient] surtout leurs préférences personnelles » (P. Brunet, V. Champeil-Desplats, S. Hennette-Vauchez, É. Millard, « Mariage pour tous : les juristes peuvent-ils parler "au nom du droit" ? », *D.* 2013, p. 784). Divers professeurs de droit, dont certains très éminents (par exemple, Ph. Malaurie, « Le mariage homosexuel et l'union civile », *JCP G* 2012, n° 1096 ; P. Delvolvé, « Mariage : un homme, une femme », *Le Figaro* 8 nov. 2012), ont donc délaissé la casquette scientifique au profit de la casquette politique. Il s'en trouve même qui sont allés jusqu'à écrire en se camouflant derrière un pseudonyme (Lucie Candide, « Le sexe, le mariage, la filiation et les principes supérieurs du droit français », *Gaz. Pal.* 4 oct. 2012, p. 7 s.). Sous couvert d'arguments juridiques se réduisant le plus souvent à l'idée qu'un principe fondamental reconnu par les lois de la République rendrait inconstitutionnelle la loi autorisant le mariage homosexuel (notamment, F.-X. Bréchot, « La constitutionnalité du "mariage pour tous" en question », *JCP G* 2012, doctr. 1388 ; A.-M. Le Pourhiet, « Un PFRLR contre le mariage gay ? Réponse à Alexandre Viala », *RDLF* 2013, n° 5 ; J. Roux, « Le "mariage pour tous" et la Constitution : La méthode et le fond (réponse à Alexandre Viala) », *RDLF* 2013, n° 6), ces professeurs ont surtout voulu s'élever contre pareil texte au motif que ledit mariage entre personnes de même sexe serait « de nature à traumatiser l'intimité des structures personnelles et familiales de la population française » (L. Candide, « Le sexe, le mariage, la filiation et les principes supérieurs du droit français », *Gaz. Pal.* 4 oct. 2012, p. 7). Ainsi en est-on venu à dissimuler l'intention juspolitique en avançant que l'on n'écrivait « ni en politique, ni en religieux, ni en sociologue, mais en juriste d'aujourd'hui » (*ibid.*, p. 7) ; ainsi a-t-on essayé de « techniciser les enjeux philosophiques pour mieux offrir à ses propres convictions éthiques le sceau de la vérité » (A. Viala, « Un PFRLR contre le mariage gay ? Quand la doctrine fait dire au juge le droit qu'elle veut qu'il dise », *RDLF* 2013, n° 4). Très critiques, loin de toute approche du problème en cause objective et à finalité descriptive et explicative, les auteurs en question ont dénoncé le fait que la nouvelle devise de la République serait « tout se vaut, rien ne vaut » (A.-M. Le Pourhiet, « Un PFRLR contre le mariage gay ? Réponse à Alexandre Viala », *RDLF* 2013, n° 5), ont dénoncé « le positivisme "éclairé" qui prétend écrire dans le Code civil que deux hommes ou deux femmes peuvent se marier, ou dans le Code de

projet REGINE (Recherche et études sur le genre et les inégalités dans les normes en Europe), se proposant d'« ancrer la théorie féministe du droit dans le paysage de la recherche juridique française et de montrer que les inégalités de genre ne se donnent pas seulement à voir dans le droit mais sont également produites par le droit », est un autre exemple de ce à quoi la politique juridique peut aboutir, loin de toute forme de scientificité. C'est encore de politique juridique qu'il s'agit lorsqu'un professeur de droit public, en cette qualité, un article sur « les liens entre pouvoir et violences sexuelles », invitant la société à « rompre avec la tendance historique que nous avons de définir toutes les questions de sexe comme des questions privées » et à mettre ainsi un terme à l'indulgence dont jouissent les « hommes à femmes », avant de conclure que

---

l'urbanisme que la terre est plate, ou dans une directive communautaire que les vaches sont carnivores » (*ibid.*). Selon l'opinion éminemment politique, éminemment idéologique même, et fort peu scientifique de ces chercheurs en droit aspirant à justifier l'inconstitutionnalité d'une loi autorisant le mariage des couples homosexuels, « il est bien évident que la République n'a pas créé l'hétérosexualité du mariage qui est intemporelle et universelle ; elle se borne à la reconnaître ». Cette hétérosexualité nécessaire du mariage serait « une norme anthropologique immémoriale et universelle, "la plus vieille coutume de l'humanité" selon la belle formule de Jean Carbonnier » (J. Roux, « Le "mariage pour tous" et la Constitution : La méthode et le fond (réponse à Alexandre Viala) », *RDLF* 2013, n° 6 ; citation de J. Carbonnier, *Droit civil – La famille*, 20e éd., Puf, coll. Thémis, 1999, p. 368). La posture consistant à chercher à faire passer pour des arguments rationnels d'experts ce qui ne sont que des arguments politiques, que l'expression d'opinions teintées d'idéologie, n'est pas sans évoquer les analyses de Pierre Bourdieu lorsque celui-ci dénonçait « le tour de passepasse [...] par lequel le juriste donne comme fondé a priori déductivement quelque chose qui est fondé a posteriori opportunément » (P. Bourdieu, « Les juristes, gardiens de l'hypocrisie collective », in F. Chazel, J. Commaille, dir., *Normes juridiques et régulation sociale*, LGDJ, coll. Droit et Société, 1991, p. 95 (cité par X. Dupré de Boulois, « Le mariage homosexuel, la Constitution et l'agrégée des facultés de droit », *RDLF* 2013, n° 23)). Et d'autres professeurs d'observer que le discours de leurs collègues animés par l'intention de s'élever d'une façon ou d'une autre contre un projet de loi en profitant des tribunes auxquelles ils ont accès peut reposer « sur la conviction que le Code civil traduirait une réalité anthropologique, historique, voire biologique. Autrement dit, ce discours tend à naturaliser les règles, à assimiler *Sein* et *Sollen* » (X. Dupré de Boulois, « Le mariage homosexuel, la Constitution et l'agrégée des facultés de droit », *RDLF* 2013, n° 23). Et d'autres encore de profiter des mêmes tribunes pour s'élever très directement contre cette politique juridique aux allures de « croisade » (A. Viala, « Un PFRLR contre le mariage gay ? Quand la doctrine fait dire au juge le droit qu'elle veut qu'il dise », *RDLF* 2013, n° 4), qui conduit à prendre des « libertés avec l'éthique du juriste universitaire » (*ibid.*) : « Être professeur de droit n'autorise pas pour autant à "parler au nom du droit" et à s'opposer, par principe, aux bouleversements du droit positif. [...] Il convient donc de dénoncer la méthode fallacieuse utilisée par nos collègues qui consiste à se fonder sur leur qualité de "juristes" pour dire ce qui est bien et ce qu'il faut penser. [...] Juristes, taisons-nous ! Laissons le législateur faire son travail et ne donnons pas à l'avenir la couleur de nos propres angoisses » (P. Brunet, V. Champeil-Desplats, S. Hennette-Vauchez, É. Millard, « Mariage pour tous : les juristes peuvent-ils parler "au nom du droit" ? », *D.* 2013, p. 784 s.). Les auteurs notent aussi que « tout un chacun peut le vérifier, aucun des arguments de nos "résistants" [...] n'est finalement juridique. Il s'agit au contraire d'affirmations morales qui essentialisent des catégories juridiques dans le but d'empêcher ou de faire apparaître comme impossibles les modifications du droit positif voulues par le législateur » (*ibid.*).

« les démocraties paritaires doivent se redéfinir sur ces bases »[225]. Et est à l'identique en cause la politique juridique quand un autre professeur de droit signe, toujours en cette qualité, une « pétition contre l'intitulé du ministère de l'immigration et de l'identité nationale » dont les promoteurs « demandent solennellement au Président de la République de revenir à des choix plus conformes aux traditions démocratiques de la République française »[226].

La politique juridique partisane et idéologique

La prospective juridique se rapproche donc de la politique juridique du point de vue de ses fins, mais seulement en partie. La politique juridique est, au contraire de la prospective juridique qui est critique, partisane et idéologique[227]. Il est évidemment impossible de rattacher des propos tels que « l'application du terme "mariage" à deux hommes ou deux femmes soulève une sérieuse question de logique rationnelle et universelle »[228] à la science du droit positif ou à toute autre science du droit et pas davantage à la prospective juridique, laquelle accepte seulement la critique conçue en tant que jugement objectif, réellement motivé. Il faut distinguer le commentaire explicatif, du chercheur s'adonnant à une science du droit, et le commentaire idéologique, propre au chercheur s'adonnant à la politique juridique. Les sciences du droit visent à connaître et expliquer le droit ; la politique juridique cherche à influencer le droit, à influencer l'évolution des normes législatives et

[225] *Libération* 18 mai 2011.

[226] *Libération* 22 juin 2007.

[227] Les chercheurs en droit adeptes de la politique juridique peuvent ainsi, loin de toutes considérations objectives d'ordre technico-juridique, en venir à soulever « l'argument sémantique que lorsqu'un mot d'une langue a été conçu pour décrire un fait, il se pose une réelle question rationnelle et intellectuelle sur l'usage possible du même mot pour désigner soudain le fait contraire. On s'abstiendra d'invoquer ici l'objectif à valeur constitutionnelle d'intelligibilité de la loi, mais il n'en demeure pas moins que l'application du terme de "mariage" à deux hommes ou deux femmes soulève une sérieuse question de logique rationnelle et universelle » (A.-M. Le Pourhiet, « Un PFRLR contre le mariage gay ? Réponse à Alexandre Viala », *RDLF* 2013, n° 5). Et de commenter dans le même sens : « Si les députés démocrates-chrétiens qui ont déposé à l'assemblée constituante de 1946 leur amendement sur les PFRLR visant la protection de l'enseignement confessionnel se voyaient ainsi enrôlés au service de l'idéologie soixante-huitarde du "vivre sans contraintes et jouir sans entraves", ils se retourneraient assurément dans leurs tombes ! Il est d'ailleurs piquant que ceux qui défendent le mariage gay au nom de cette idéologie relativiste du "chacun ses valeurs" n'hésitent pas à prôner parallèlement l'enseignement d'une "morale républicaine" à l'école, laquelle comporte, entre autres, l'apprentissage forcé des "valeurs" gay et de l'idéologie du genre, tandis que le Code pénal s'enrichit chaque jour de nouvelles incriminations liberticides tendant à réprimer l'expression d'opinions contraires aux nouvelles valeurs "imposées" » (B. Daugeron, A.-M. Le Pourhiet, J. Roux, Ph. Stoffel-Munck, « Mariage pour tous, silence pour quelques-uns », *D.* 2013, p. 933).

[228] A.-M. Le Pourhiet, « Un PFRLR contre le mariage gay ? Réponse à Alexandre Viala », *RDLF* 2013, n° 5.

jurisprudentielles. Les discours des scientifiques du droit ne comportent que des assertions vraies ou fausses ; les discours jus-politiques sont constitués d'opinions et de croyances toujours subjectives et contestables.

La politique juridique est par conséquent la branche de la recherche juridique à laquelle l'étiquette de « recherche juridique » s'applique le moins naturellement, car une « recherche à caractère politique » est peut-être une contradiction dans les termes. La prospective juridique, constituée d'observations scientifiques et de propositions critiques, est bien davantage susceptible de se voir attribuer l'étiquette de la « recherche juridique ». Avec les sciences du droit, il s'agit « uniquement et exclusivement de connaître son objet, c'est-à-dire d'établir ce qu'est le droit et comment il est »[229], étant accepté que le juriste a en charge de « connaître le droit pour ainsi dire du dehors et, sur la base de cette connaissance, [de] le décrire [et de] l'analyser »[230].

Mais il n'est pas inconséquent, bien que cette attitude soit moins naturelle parmi des facultés de droit qui sont entrées dans l'ère moderne en s'émancipant du monde politique[231], de vouloir « dire comment le droit devrait ou doit être ou être fait »[232]. Telle est la vocation de la politique juridique, qui le fait de façon radicale, mais aussi de la prospective juridique (dans son versant stratégique), qui remplit cette fonction de façon nettement plus modérée et, peut-être, constructive.

À travers ses rapports annuels, le Conseil d'État se met « au service d'une réflexion sur la cohérence, la complétude, la pertinence et l'effectivité de notre ordonnancement juridique face aux mutations, toujours plus profondes, de notre monde, de nos sociétés et de nos modes de vie »[233]. C'est aussi ce que fait tout juriste dès lors qu'il décide de s'insérer dans le cadre de la politique juridique ou dans celui de la prospective juridique. Mais ce dernier se distingue de ce premier tant sous l'angle de son objet que sous l'angle de sa méthode. Tout d'abord, ce sont les objectifs qu'elle poursuit qui singularisent la prospective juridique. Ces objectifs peuvent rejoindre ceux de la politique juridique ou ceux de la légistique, mais les uns et les autres ne se recouvrent toujours qu'en partie.

---

229 H. Kelsen, *Théorie pure du droit*, 2e éd., trad. Ch. Eisenmann, Dalloz, 1962, p. 9.
230 *Ibid.*
231 Ph. Raynaud, « Anciens et modernes », in D. Alland, S. Rials, dir., *Dictionnaire de la culture juridique*, Lamy-Puf, coll. Quadrige-dicos poche, 2003, p. 47.
232 H. Kelsen, *Théorie pure du droit*, 2e éd., trad. Ch. Eisenmann, Dalloz, 1962, p. 9.
233 J.-M. Sauvé, « Avant-propos », in Conseil d'État, *Le numérique et les droits fondamentaux*, La documentation française, coll. Les rapports du Conseil d'État, 2014, p. 5.

Titre 2. Les objectifs de la prospective juridique

Parce qu'elle s'intéresse à la fois aux droits qui pourraient être et au droit qui devrait être, la prospective juridique se définit par des objectifs pluriels et variables mais non dénués de points communs, en premier lieu car il s'agit toujours de mettre en rapport et comparer le présent du droit et l'avenir du droit. Ces objectifs peuvent être synthétisés en quatre points principaux intimement liés. Tout d'abord, la prospective juridique conduit à évaluer les changements et les besoins du droit (*chapitre 1*). Ensuite, elle vise à influencer le présent du droit à l'aune de son futur (*chapitre 2*). Elle invite, par ailleurs, à interroger les fins au moins autant que les moyens du droit (*chapitre 3*). Enfin, et plus globalement, la prospective juridique vise à favoriser le droit en action, à éclairer les décisions et autres actes des juristes (*chapitre 4*).

Ainsi conçue, peut-être cette prospective juridique pourrait-elle présenter une certaine utilité dès lors que, comme Thomas Hobbes le remarquait déjà au XVIIe siècle, « étant donné que toutes les choses qui se sont produites jusqu'ici, ou se produiront dorénavant, ont une cause, il est impossible à un homme qui s'efforce continuellement de s'abriter des maux qu'il redoute et de se procurer le bien qu'il désire de ne pas être dans un souci perpétuel de l'Avenir »[234]. Les juristes ne sont pourtant que peu préoccupés par l'avenir du droit, focalisés qu'ils sont sur son actualité et sur son passé. Le pari de la prospective juridique est qu'ils pourraient et même qu'ils devraient l'être davantage — il n'est pas insensé d'imaginer que les juristes pourraient vouloir s'abriter, et abriter la société, des maux juridiques et se procurer, et procurer à la société, le bien juridique, si bien qu'ils seraient dans un souci perpétuel de l'avenir du droit.

[234] Th. Hobbes, *Léviathan*, Sirey, 1971, p. 105 (cité par J.-M. Zaorski, D.-Y. Meducin, « Pour une approche prospective de la recherche juridique », *Revue de droit prospectif* 1976, n° 1, p. 8).

Chapitre 1. Mesurer les besoins du droit

Il faut, avant toute chose, admettre que le droit est contingent, situé dans le temps (et dans l'espace). Il n'y a pas de droit naturel, intemporel, universel pour un juspragmatiste conscient de la relativité de toutes les constructions humaines et sociales telles que les dieux ou les religions. Le droit prospectif n'est donc à rechercher dans une nature des choses immuable que lorsque les hommes, de fait, recherchent le droit positif dans une nature des choses immuables, car il s'agit alors d'un élément important de compréhension du devenir de ce droit — mais sans ignorer que cette nature des choses immuables a déjà souvent changé et, surtout, changera encore dans le futur.

Ensuite, pour anticiper le droit de demain, il importe de prévoir ses besoins ainsi que les besoins auxquels il devra répondre. Le droit est un outil et un fruit politique. Il est intimement lié à des enjeux et mécaniques politiques, eux-mêmes intimement liés à des enjeux et mécaniques sociaux et culturels. Si une science juridique peut être « pure », à la suite d'Hans Kelsen et des normativistes, une prospective juridique, en revanche, ne saurait faire l'impasse sur ces données d'ordre politique et social puisque ce sont elles qui, avec d'autres facteurs, feront que le droit du futur, sur le fond surtout mais aussi sur la forme, suivra un chemin plutôt qu'un autre.

L'effectivité est sans doute le critère de juridicité prédominant aux yeux des jusprospectivistes, bien plus que la validité ou que tout autre, puisqu'ils s'attachent avant tout au droit en action, donc au droit qui fonctionne dans les faits, qui seul régule véritablement les conduites et les relations sociales[235]. Or le droit effectif est par définition celui qui répond aux besoins, quand le droit désuet est celui qui n'y répond pas ou peu. La prospective juridique étudiant le droit effectif, elle doit donc rechercher les besoins auxquels il devra répondre. Ainsi devient-il possible d'évaluer les changements du droit.

---

235 Les précurseurs de la prospective juridique écrivent par exemple que « les matériaux que le discours juridique impose à la prospective de la pratique du droit comportent dans les faits nombre de concepts et de normes exsangues, de lois moribondes et de jurisprudence avortée. Le prévisionniste doit connaître les indices d'obsolescence et de désuétude afférents aux concepts, voire aux principes généraux du droit, afin de les écarter au profit de ceux qui "marchent" » (A.-C. Decouflé, « Champ et méthodes d'une prospective du droit des affaires », in A. Sayag, dir., *Quel droit des affaires pour demain ? Essai de prospective juridique*, Librairies techniques, 1984, p. 15).

Permettre au droit de demain d'être en adéquation avec les besoins de demain

La prospective juridique, au-delà de son intérêt scientifique qui est ce qui intéresse avant tout les universitaires, peut permettre de repérer les tensions et imperfections du droit avant que l'échéance d'une réforme ne surgisse, cela afin de conduire à temps les investigations et réflexions pour comprendre les données de fait et de droit, en tirer les conséquences et préconiser des solutions pertinentes. En ce sens, des juristes peuvent écrire que « la doctrine remplit une fonction sociologique en veillant à l'adaptation du droit aux évolutions de la société. La préparation de la réforme des lois bioéthiques, par exemple, témoigne de cette fonction de droit prospectif confiée à la doctrine »[236]. La « fonction de droit prospectif » serait donc d'assurer la bonne adaptation du droit aux mutations économiques, sociales et culturelles, donc de permettre au droit de demain d'être le mieux en adéquation avec les besoins de demain.

Ce rôle sociologique de la prospective juridique, associant changements et besoins du droit, est ce qui la définit tout particulièrement. Et les précurseurs de la prospective juridique n'ont pas manqué de poser la question suivante : « Comment négliger l'intérêt qu'il y a à repérer, avec une précocité suffisante, les tensions qui affectent telle institution en train d'évoluer, qui vont susciter par conséquent des difficultés dans l'application des normes qui la gouvernent et finalement justifier une modification de celles-ci ? »[237]. Peut-être est-ce là une préoccupation que devraient partager tous les experts du droit, notamment s'ils participent concrètement ou souhaitent participer à son évolution. Et d'ajouter qu'« une étude préalable faite à temps, éclairant les données de fait et de droit, les implications de telle ou telle solution envisagée, est un passage obligé de l'application de la méthode sociologique en législation. Que le législateur contemporain l'ignore souvent, on le voit par trop d'exemples de lois ineffectives, aux effets manqués ou même pervers »[238].

La prospective juridique pour répondre aux crises du droit

D'autres promoteurs d'une prospective juridique à la fin des années 1970 soulignaient déjà que « l'on est en droit de s'étonner de ce que l'on ne se préoccupe pas d'anticiper l'évolution des normes positives afin d'être en mesure de les adapter à temps à celle de la société, voire de la devancer. La

---

[236] S. Druffin-Bricca, L.-C. Henry, *Introduction générale au droit*, Gualino, coll. Mémentos LMD, 2017, p. 46.
[237] A. Sayag, « Avant-propos », in A. Sayag, dir., *Quel droit des affaires pour demain ? Essai de prospective juridique*, Librairies techniques, 1984, p. IX.
[238] *Ibid.*

prospective permet d'agir au lieu de réagir »[239]. *A fortiori* à l'aube du IIIe millénaire, dans un contexte de crises de plus en plus fréquentes et variées, le droit semble difficile à connaître et à reconnaître, mais aussi et plus encore à faire, à interpréter et à appliquer. La puissance publique est concurrencée par des puissances privées, les sources de normes (juridiques ?) se démultiplient, la loi se retrouve désacralisée et contestée, la jurisprudence peine à jouer pertinemment son rôle de complément du droit, les juges sont submergés et les législateurs déconnectés etc.

Il y aurait beaucoup à dire des crises du droit et de sa complexification contemporaine. Or la prospective juridique peut permettre de prévenir de telles crises et de mieux saisir cette complexification. L'idéal serait de trouver quelques critères systématiques pour identifier et mesurer les changements du droit. À défaut, au moins faudrait-il au plus tôt se pencher sur ces changements afin de ne pas se trouver pris par surprise. Il est temps de penser — et apprendre à penser — les continuités, les évolutions et les ruptures du droit. Et la prospective juridique pourrait peut-être présenter quelque intérêt dans ce cadre.

Les sciences sociales, en général, éprouvent des difficultés à donner du sens à des situations d'imprévisibilité et de rupture telles que le droit, comme d'autres phénomènes sociaux, en connaît actuellement. Même la sociologie admet ne proposer que des ressources théoriques et empiriques insuffisantes pour analyser des changements brusques et imprévisibles, des ruptures de sens ou des bifurcations[240]. Mais les études sur le droit manquent peut-être plus que les autres d'approches dynamiques et adaptatives permettant de comprendre du mieux possible le futur, spécialement dans ses rapports avec le présent, et le présent, spécialement dans ses rapports avec le futur.

Une question d'efficacité et d'effectivité du droit

Prendre conscience des évolutions intra-juridiques et para-juridiques est important parce que ce travail d'anticipation doit permettre de les infléchir, si nécessaire, quand il est encore temps. Identifier les points de tension à venir, c'est se donner les moyens de confectionner dans les temps de meilleurs textes de droit, notamment des lois, afin d'intervenir efficacement. C'est principalement ici que la prospective juridique se rapproche de la légistique. Des évaluations, des expérimentations, des livres blancs ou verts peuvent être rapprochés de l'analyse prospective du droit largement comprise. Et les premiers jusprospectivistes n'envisageaient pas autrement leur mission :

---

239 J.-M. Zaorski, « Trois ans déjà : Autocritique et essai d'un bilan "prospectif" d'activité », *Revue de droit prospectif* 1978, n° 5, p. 2.

240 Ph. Durance, « Penser la rupture », in Ph. Durance, dir., *La prospective stratégique en action – Bilan et perspectives d'une indiscipline intellectuelle*, Odile Jacob, 2014, p. 371.

« Analyser les modes de travail et d'intervention du législateur, en particulier sa plus ou moins grande difficulté à maîtriser la matière, et même les concepts, au moment de légiférer »[241]. Et d'ajouter qu'un travail de prospective juridique doit amener à « prévoir les domaines où le législateur devra intervenir plus ou moins rapidement. De l'analyse des faits porteurs du présent se dégagent un certain nombre de constats de changements dont il est aisé d'apercevoir les grands axes »[242].

Les auteurs prennaient à leur époque les exemples suivants : « On ne pourra se contenter d'extrapoler le droit existant. La maîtrise du fond des océans, de la haute atmosphère, voire de l'espace, ouvre de nouveaux marchés : comment les vieilles notions de souveraineté et de propriété, consubstantielles au sol terrestre, pourraient-elles les régir ? Il faudra bien construire des régimes juridiques adéquats »[243]. Trop souvent, les jurislateurs, parce qu'ils travaillent dans l'urgence, sans vision et sans anticipation des besoins et des changements à venir, ne parviennent qu'à résoudre des difficultés immédiates sans perspectives à long terme. Cela a notamment pour grave conséquence de générer des rigidités institutionnelles et réglementaires, dans un contexte qui appelle toujours plus de souplesse, de rapidité et d'efficacité.

Beaucoup de branches du droit, comme le droit des affaires, ont besoin de suivre de près les changements de leur environnement, de répondre de façon appropriée aux nouveaux besoins, et requièrent donc une grande efficacité pour avoir une utilité et même un sens[244].

Instaurer une dynamique de projets

Telle était déjà la vision des fondateurs de la prospective : amener le changement de la société par elle-même, en provoquant une prise de

---

[241] A.-C. Decouflé, « Introduction », in A. Sayag, dir., *Quel droit des affaires pour demain ? Essai de prospective juridique*, Librairies techniques, 1984, p. 5.

[242] J. Hilaire, A. Sayag, « Conclusion », in A. Sayag, dir., *Quel droit des affaires pour demain ? Essai de prospective juridique*, Librairies techniques, 1984, p. 237.

[243] *Ibid.*

[244] Ainsi, focalisés sur le droit des affaires, les précurseurs de la prospective juridique écrivaient : « Sans doute les hommes qui légifèrent n'ont-ils pas à adopter systématiquement le point de vue des praticiens et hommes d'affaires ; mais, le plus souvent, ils ne sont guère préparés à le bien comprendre. Il leur manque un ensemble suffisant de données, et la conséquence est fréquemment d'isoler leur travail de la réalité quotidienne du monde des affaires. Porté à multiplier les textes en quête d'éventuelles améliorations, le législateur est même incertain quant à la connaissance ou aux conséquences des règles déjà posées et de leur spécificité. Le risque est alors de méconnaître la souplesse nécessaire au droit des affaires, le besoin de constante adaptation, la cohérence que ce droit devrait avoir. Un mécanisme constitutionnel pesant fera encore que les réactions législatives n'interviendront pas toujours avec la rapidité indispensable » (*ibid.*, p. 236).

conscience partagée des enjeux posés par l'avenir[245]. Et Michel Godet de plaider pour une dynamique de projets, écrivant que « la prospective, c'est une société de projets au pluriel, et non un projet de société »[246]. À l'échelle du droit, une telle dynamique de projets suppose de substituer une vision de long terme à la vision de court terme, ce qui implique de recourir à la prospective mais aussi de résoudre certaines dérives de la démocratie, les élections pouvant difficilement permettre aux long-termistes de l'emporter sur les court-termistes.

Reste que « projet » vient du latin « *pro-jeter* » signifiant jeter en avant, dans un temps à venir, l'image d'un avenir souhaitable. Il est ainsi difficile d'imaginer une dynamique de projets et une société de projets dont la prospective ne serait pas l'une des sciences les plus essentielles.

La nature humaine juridique, source de prévisibilité du droit

Par ailleurs, si, de fait, le monde juridique change, beaucoup de problèmes demeurent substantiellement identiques, se présentant éventuellement sous des formes changeantes, car ils sont liés à un invariant qui est la nature humaine. Les hommes conservent, à mesure que le temps passe, des conduites et des réactions très similaires qui les amènent à générer les mêmes difficultés et à y répondre en des termes proches ou équivalents. Les invariants de la nature humaine sont source de prévisibilité.

Or il existe certainement une nature humaine juridique. Et cette nature humaine juridique est un élément important à étudier et à intégrer dans le cadre de la prospective juridique. Le danger qui menace souvent le prospectiviste est de s'attacher au futur avec l'idée préconçue qu'il sera inévitablement différent du présent et du passé. De ce point de vue, en même temps qu'il doit être pris en compte par le jusprospectiviste, la tendance au conservatisme des juristes pourrait permettre une prospective juridique plus juste, moins sensationnelle et plus conforme aux réalités — du moins en matière de prospective juridique exploratoire, la prospective juridique stratégique impliquant au contraire une certaine appétence pour le changement et même pour la rupture.

En tant qu'anticipation de l'avenir du droit, la prospective juridique s'attache autant aux nécessités et projets du futur qu'aux forces du passé comme les inerties et les déterminismes. Les besoins du droit en dépendent

[245] Ph. Durance, « De l'industrie au développement durable : la prospective en transition », in Ph. Durance, dir., *La prospective stratégique en action – Bilan et perspectives d'une indiscipline intellectuelle*, Odile Jacob, 2014, p. 13.

[246] M. Godet, « Le plaisir de l'indiscipline intellectuelle pour construire l'avenir autrement », in Ph. Durance, dir., *La prospective stratégique en action – Bilan et perspectives d'une indiscipline intellectuelle*, Odile Jacob, 2014, p. 34.

intimement puisqu'ils ne sont que ce que les hommes et les sociétés décident pour eux-mêmes.

Inerties, déterminismes et habitudes face aux projets d'avenir

Le présent est donc autant le fruit du futur que du passé, l'action étant déterminée par les projets et par les habitudes. C'est aussi de cette manière que se définit la prospective juridique. Cependant, si elle ne se ferme pas au passé, le futur en étant souvent la continuité, en passant par l'instant présent, la prospective juridique s'intéresse en premier lieu au futur du droit — forcément influencé par son passé — ; et cela afin d'agir dans et sur le présent du droit. Mais l'anticipation doit aussi et impérativement être celle des inerties et des déterminismes — on n'est ni totalement libre ni totalement prédéterminé. Il peut être tentant de privilégier, dans l'anticipation, ce qui va changer. Mais c'est bien sûr une erreur que d'oublier de relever ce qui ne va pas changer.

D'aucuns se trompent face à l'avenir parce qu'ils veulent à tout prix le plier sur un lit de Procuste, sur-estimant la vitesse et la quantité des changements et sous-estimant ce qui, venant du passé, sera toujours là dans le futur. Demain n'est jamais absolument différent d'hier et Gaston Berger pouvait convenir que « l'idée même de révolution est une idée dépassée. Les révolutionnaires sont, en effet, aussi peu adaptés que les conservateurs à un univers en accélération »[247].

Et d'ajouter :

> *Ce que nous devons apprendre, ce n'est pas à changer une fois, c'est à nous transformer sans cesse pour être toujours adaptés. Le difficile n'est pas de savoir être grands, mais de savoir grandir. Cessons d'avoir le comportement d'un Bernard l'Ermite, qui passe de coquille en coquille, à travers les crises, pleines de risques, de ses déménagements successifs. À la raideur de ces paliers discontinus, substituons la souplesse d'une permanente adaptation, seule capable de suivre la rapide cadence de notre progrès.*[248]

Telle est à la fois la richesse et la difficulté de la prospective juridique : ne valant qu'à l'égard d'un présent déterminé, situé entre un passé et un futur donnés — ce futur étant voué à disparaître —, elle constitue un travail infini, à recommencer continuellement. Bien sûr, il est possible d'envisager une recherche de prospective juridique sur un sujet et à un moment particuliers, mais, en soi, la prospective juridique est un processus continu parce que

[247] G. Berger, « Méthode et résultats », *Prospective* nov. 1960, n° 6, p. 12.
[248] *Ibid.*, p. 13.

l'évolution du droit, de ses variables, acteurs et facteurs clés est continue. Par suite, la prospective juridique étant au service de l'action, elle doit permettre, jour après jour, d'adapter du mieux possible le présent du droit à son futur. Et, puisque chaque jour le futur devient le présent, une prospective juridique n'a de sens qu'à condition de ne pas être un travail ponctuel mais de consister en un ensemble de recherches de long terme et suivies.

Chapitre 2. Analyser l'actualité du droit

On pourrait retenir l'adage « Le futur dépend de ce que tu fais du présent » ; et convenir que « la prospective se nourrit d'un paradoxe impossible : dessiner l'avenir avec les préoccupations du moment »[249]. Mais la prospective juridique invite plutôt à considérer que le présent dépend de ce que l'on veut faire du futur. Il s'agit donc de voir le présent du droit avec les yeux du futur — et non le futur du droit avec les yeux du présent.

D'un point de vue proactif, l'objet de la prospective juridique est ainsi d'agir dès maintenant en fonction des enjeux, problématiques, conditions et circonstances à venir. Il s'agit alors de fabriquer et appliquer le droit aujourd'hui (qu'il s'agisse du macro-droit ou d'un micro-droit) non en fonction de données juridiques ou parajuridiques passées ou de données juridiques ou parajuridiques actuelles mais à l'aune de données juridiques ou parajuridiques futures.

La conviction à l'origine de la prospective a été résumée par le philosophe Maurice Blondel : « L'avenir ne se prévoit pas, il se prépare »[250]. De même pour un jusprospectiviste, l'avenir du droit ne se prévoit pas, il se prépare. Il s'agit moins de prédire le futur visage et le futur contenu du droit que de les concevoir et d'agir afin de les faire advenir. Comme l'observait Gaston Berger, « nous nous attardons à traiter dans tous les détails des questions dépassées, cependant que l'avenir se crée dans le désordre »[251]. Le droit, aujourd'hui surtout, semble répondre tout particulièrement à ce constat. Et Gaston Berger de souligner la « nécessité pressante de remettre en question les formules traditionnelles et la manière de poser les problèmes. Il ne s'agit plus de répondre aux problèmes d'hier, mais de leur substituer les nouveaux problèmes dont la solution s'impose dès que nous regardons au loin et que nous savons où nous voulons aller »[252].

---

[249] L. Sfez, « Prospective », in D. Alland, S. Rials, dir., *Dictionnaire de la culture juridique*, Lamy-Puf, coll. Quadrige dicos poche, 2003, p. 1267.

[250] Cité par H. De Jouvenel, « Genèse et éthique de la prospective », in Ph. Durance, dir., *La prospective stratégique en action – Bilan et perspectives d'une indiscipline intellectuelle*, Odile Jacob, 2014, p. 47.

[251] G. Berger, « Méthode et résultats », *Prospective* 1960, n° 6, p. 10.

[252] *Ibid.*, p. 9.

Liberté et responsabilité à l'égard du futur :
le triomphe du positivisme juridique

La prospective, dans son ensemble, est le résultat d'une grande révolution de la pensée puisque les philosophies longtemps dominantes, imprégnées par la préconception d'un système autorégulé ou régulé par une ou des divinité(s), dont l'homme ne serait qu'un sujet passif[253], ont été subrogées par des philosophies telles que celle des Lumières au sein desquelles l'homme est un acteur qui décide de son devenir[254]. La fois auparavant accordée à l'autorégulation des systèmes, faisant qu'une « science » du futur ne pouvait être que le fait de devins, a laissé la place à la conscience humaine de la liberté et de la responsabilité[255]. Cette évolution des mentalités a autorisé la prospective[256]. En matière juridique, un tel mouvement correspond à l'avènement, en tant que philosophie du droit dominante, du juspositivisme en lieu et place du jusnaturalisme — juspositivisme aujourd'hui concurrencé par le juspragmatisme qui ouvre plus encore la voie à la prospective juridique en attirant l'attention non plus sur les lois et jurisprudences positives mais sur le droit en action, non plus sur la validité mais sur l'effectivité[257].

Le droit est néanmoins un domaine dans lequel les hommes ont eu très tôt conscience de leur pouvoir et de leur puissance. Même lorsque le droit naturel dominait les pensées du droit, les hommes avaient à l'esprit leur capacité à orienter, au moins partiellement, le sens des lois, distinguant d'ailleurs le droit positif et le droit naturel. Aussi la prospective aurait-elle pu apparaître à l'initiative de juristes et de politistes plutôt qu'à l'initiative d'économistes et de philosophes — mais tel n'a pas été le cas.

Reste que la prospective juridique conduit, à la suite de Gaston Berger, à « considérer l'avenir [du droit] non plus comme une chose déjà décidée et qui,

---

[253] *Cf.* J. Lesourne. *Les systèmes du destin*, Dalloz, 1976.

[254] Cf. J. Lesourne, *Les mille sentiers de l'avenir*, Seghers, 1981.

[255] *Cf.* É. Schweisguth, « La montée des valeurs individualistes », *Futuribles* 1995, n° 200, p. 131 s. « La légitimité des valeurs traditionalistes, écrit l'auteur, est fondée sur un ordre des choses réputé supérieur aux consciences individuelles et que les individus doivent respecter sans pouvoir le remettre en cause, qu'il s'agisse d'un ordre naturel, surnaturel, social, moral ou autre. Ancrées dans la tradition, ces valeurs prônent fréquemment la subordination de l'individu à son groupe d'appartenance et aux autorités établies. Elles prescrivent aux individus des rôles sociaux et des normes de comportement non susceptibles de remise en cause. [...] Le principe de l'individualisme consiste au contraire à subordonner l'ordre des choses aux désirs, aux besoins, à la raison ou à la volonté des individus humains. Les valeurs ne sont pas acceptées comme des données intangibles, mais jaugées à leur niveau d'adéquation à ce qui est considéré comme bon pour les individus. La seule loi de Dieu, de la nature, de la cité ou de la tradition n'est pas légitime en elle-même. C'est en l'individu et en lui seul que réside le principe de ce qui est bon » (*ibid.*, p. 131).

[256] H. De Jouvenel, *Invitation à la prospective*, Futuribles, coll. Perspectives, 2004, p. 7.

[257] *Cf.* B. Barraud, *Le pragmatisme juridique*, L'Harmattan, coll. Bibliothèques de droit, 2017.

petit à petit, se découvrirait à nous, mais comme une chose à faire »[258]. Et Bertrand de Jouvenel, autre fondateur de l'école française de la prospective, écrivait dans le même sens que,

> *À l'égard du passé, la volonté de l'homme est vaine, sa liberté nulle, son pouvoir inexistant [...]. Le passé est le lieu des faits sur lesquels je ne puis rien. Il est aussi du même coup le lieu des faits connaissables. Alors, au contraire, que l'avenir est pour l'homme, en tant que sujet connaissant, domaine d'incertitude, et pour l'homme, en tant que sujet agissant, domaine de liberté et de puissance.*[259]

Admettre l'influence de l'avenir sur le présent

Le passé du droit ne doit aucunement être oublié. Il est lourd d'enseignements. Mais il y a déjà de nombreux spécialistes qui l'étudient, qui relèvent ses erreurs, ses faiblesses, ses succès, ses forces. Le futur du droit lui aussi peut être lourd d'enseignements. C'est pourquoi la prospective juridique doit permettre d'agir dans le présent du système, des ordres, des régimes et des normes juridiques à l'aune de ce qu'ils pourraient être et de ce qu'ils devraient être plus tard — en n'omettant pas qu'une bonne connaissance de l'histoire est indispensable à toute anticipation de l'avenir puisque, souvent, l'histoire se répète[260] ; la prospective reconnaît donc l'immense importance de l'histoire, laquelle a tendance à être cyclique comme les saisons ou l'économie[261].

La prospective juridique peut ainsi se définir tel un ensemble de recherches, de réflexions, de constructions et de propositions visant à éclairer l'action juridique présente à la lumière des futurs possibles et souhaitables du droit. Ainsi conçue, la prospective juridique s'intéresse paradoxalement autant à l'actualité du droit qu'à son avenir ; ou plutôt, si elle s'intéresse au futur du droit, c'est afin d'intervenir dans son présent. Il faut donc admettre que l'avenir influence le présent — ce qui est le cas depuis longtemps, comme en témoigne la théorie de John Maynard Keynes selon laquelle l'épargne s'explique par des projets et/ou des craintes relatifs aux futurs.

Les projets (et craintes) juridiques et politiques expliquent et donnent sens aux actions actuelles. Le présent du monde juridique serait donc la

---

[258] G. Berger, « L'attitude prospective », *Prospective* 1958, n° 1, p. 2.
[259] B. De Jouvenel, *L'art de la conjecture*, Éditions du Rocher, 1964.
[260] *Cf.* D. Bell, *L'historien entre l'ethnologue et le futurologue*, Mouton, 1972. Selon l'historien Georges Santayana, « ceux qui ne reconnaissent pas les erreurs du passé sont condamnés à les répéter » (cité par K. Valaskakis, « La prospective en trois leçons : mon apprentissage personnel », in Ph. Durance, dir., *La prospective stratégique en action – Bilan et perspectives d'une indiscipline intellectuelle*, Odile Jacob, 2014, p. 58).
[261] *Cf.* P. Vendryes, *De la probabilité en histoire*, Economica, 1998.

conséquence de ce qu'il s'est passé dans ce monde et dans son environnement par le passé, mais aussi de ce qu'il s'y passera dans le futur. La prospective juridique devient de la sorte le lieu d'épanouissement de l'analyse rétrospective : l'avenir est la clé d'explication du présent — et le présent est la clé d'explication du passé[262].

Réflexion et action juridiques présentes à l'aune du futur du droit

Imaginer l'avenir autrement suppose de changer le présent. La prospective juridique est tout le contraire d'un attentisme juridique ; elle est un activisme juridique, notamment si elle prend la forme d'une « prospective créative » orientant l'action des juristes, légistes, jurisconsultes ou jurislateurs[263]. « Les réflexions prospectives, écrivait Gaston Berger, n'aboutissent pas à des révélations sensationnelles, mais à des recommandations importantes parce qu'elles sont immédiatement applicables. Regarder l'avenir lointain n'est pas rêver et attendre. C'est faire tout de suite ce qui est en notre pouvoir pour le préparer »[264].

Les hommes, les sociétés et les organisations, ainsi que le droit qui se trouve au carrefour des uns et des autres, s'orientent et agissent en fonction de leurs visions de l'avenir. Il en résulte que la prospective peut jouer un rôle stratégique en faisant évoluer ces visions[265]. Ensuite, il reste à espérer que le souhaitable et le vraisemblable puis le vraisemblable et la réalité se recouvrent ; mais chacun peut agir afin de renforcer la probabilité que tel soit le cas. Et la mission de la prospective juridique est, à l'échelle du droit, en intervenant sur lui et sur ce qui l'entoure et l'influence, de rendre le souhaité plus vraisemblable et le redouté moins vraisemblable.

La prospective est paradoxalement aussi un art du présent : elle est « l'art de jeter la lumière là où le regard du décideur a de l'ombre car, comme l'exprime un proverbe japonais, "c'est au pied du phare qu'il fait le plus sombre" »[266]. La prospective juridique, comme sa grande sœur la prospective,

---

262 Un auteur explique ainsi : « Tourné vers l'avenir, repoussant un déterminisme désuet qui prétendrait expliquer le présent par la seule considération du passé, il m'a paru nécessaire de penser l'avenir pour revenir expliquer le présent. Admirable leçon d'Hegel, qui déclare que les choses sont ce qu'elles adviennent en leur postérité, en sorte que tout savoir est rétrospectif » (Ch. Goux, « La prospective est inhérente à l'homme », in Ph. Durance, dir., *La prospective stratégique en action – Bilan et perspectives d'une indiscipline intellectuelle*, Odile Jacob, 2014, p. 25).

263 A. Rojey, *La prospective créative – Pour bâtir une vision d'avenir qui oriente l'action*, Vitrac, coll. Management, 2014.

264 G. Berger, « Méthode et résultats », *Prospective* 1960, n° 6, p. 7.

265 Th. Gaudin, *La prospective*, 2e éd., Puf, coll. Que sais-je ?, 2013, p. 54.

266 P. Tolila, « Quand la prospective rêve de science », *Le Banquet la revue du CERAP* janv. 1997, p. 2.

consacre donc le présent comme lieu cardinal de réflexion et d'action[267]. C'est autant le présent du droit que son avenir qu'il s'agit de construire — ou reconstruire. Et, lorsqu'on se fonde sur l'avenir pour agir aujourd'hui, l'image qu'on se fait de cet avenir dépend de l'état du présent (ainsi que du passé), si bien que la prospective juridique fonctionne à base de rétroactions du présent sur lui-même — mais elle ne tourne pas pour autant en rond puisqu'elle vise à confectionner un monde juridique le plus désirable possible.

Court, moyen, long ou très long terme

La prospective juridique incite à agir moins qu'on le fait classiquement, en raison des modèles habituels de pensée juridique, à l'aune du passé du droit et davantage à l'aune de son futur — même si c'est toujours dans le présent qu'on agit[268]. Se pose ensuite la question des pas de temps que les jusprospectivistes doivent retenir. Sur ce point, les choix des prospectivistes sont très variables, même si beaucoup se basent sur des données de long ou même très long terme[269]. Il n'en est pas moins possible — et peut-être judicieux — de procéder à des recherches sur le court terme ou sur le moyen terme, c'est-à-dire, pour être concret, à partir de deux à cinq ans.

Cependant, seule l'analyse sur une longue durée permet d'éliminer les « effets de période » et les données contingentes qui ne font que passer, permettant d'appréhender la dynamique profonde des systèmes[270] et

---

267 Ph. Durance, « Penser la rupture », in Ph. Durance, dir., *La prospective stratégique en action – Bilan et perspectives d'une indiscipline intellectuelle*, Odile Jacob, 2014, p. 377.

268 Gaston Berger a décrit les travers des habitudes de pensée et le besoin de prospective en ces termes : « Les procédés les plus fréquemment utilisés pour suggérer ou justifier les décisions entrent généralement dans l'une des catégories suivantes : l'action envisagée invoque un précédent, s'appuie sur une analogie ou repose sur une extrapolation. Précieux pour suggérer des hypothèses, ces comportements ont aussi l'avantage de nous épargner la perte de temps à laquelle nous obligerait la décision peu raisonnable de tout soumettre à l'analyse. Il faut savoir utiliser l'habitude puisqu'elle nous libère des travaux de routine et rend notre esprit disponible pour les inventions indispensables. Mais, dans un monde en accélération, l'habitude voit son domaine légitime se restreindre singulièrement. Le précédent n'est valable que là où tout se répète. L'analogie ne se justifie que dans un univers stable où les causes profondes se trouvent engagées dans des formes extérieures aisément reconnaissables. Quand les transformations sont négligeables ou très progressives, les mêmes ensembles complexes se maintiennent longtemps et les surprises ne sont pas trop à craindre. Mais quand tout change vite, les ensembles se désagrègent… Quant à l'extrapolation, elle se contente de prolonger la tendance actuelle qui n'est que la résultante des causes profondes. Croire que tout va continuer sans s'être assuré que ces mêmes causes continueront à agir est un acte de foi gratuit » (G. Berger, « L'attitude prospective » (1959), in *De la prospective – Textes fondamentaux de la prospective française (1955-1966)*, L'Harmattan, coll. Prospective, 2007, p. 90-91).

269 Par exemple, P. Papon, *Bref récit du futur – Prospective 2050, science et société*, Albin Michel, coll. Bibliothèque Sciences, 2007.

270 T. Gordon, O. Helmer, « Prospective à long terme », *Bulletin SEDEIS, Futuribles* 1965, n° 38.

d'« analyser, à l'abri de la tempête, les ressorts profonds de l'évolution »[271]. Peut-être une prospective sur 10 ou 20 ans est-elle la plus raisonnable, la plus pertinente[272]. Au-delà de 25 ans, on se rapproche nécessairement de la futurologie[273].

En tout cas tout exercice de prospective juridique devrait-il reposer sur des horizons ou dates-butoir (2025, 2030, 2040, 2050, par exemple) — qui peuvent être parfois en même temps des échéances légales. Cela doit notamment permettre aux différents jusprospectivistes étudiant un même objet de faire coïncider leurs scénarios ou calculs de tendances.

La prospective juridique au sens strict — il en va différemment de la prospective juridique au sens large, simplement comprise comme attitude prospective — ne semble pas pouvoir porter sur l'avenir immédiat du droit, *a fortiori* en des temps où les choses évoluent de plus en plus rapidement et de plus en plus radicalement. Comme Gaston Berger l'enseignait,

> *L'attitude prospective ne nous tourne pas seulement vers l'avenir. Il faut ajouter qu'elle nous fait regarder au loin. À une époque où les causes engendrent leurs effets à une vitesse qui ne cesse de croître, il n'est plus possible de considérer simplement les résultats immédiats des actions en cours. Notre civilisation est comparable à une voiture qui roule de plus en plus vite sur une route inconnue lorsque la nuit est tombée. Il faut que ses phares portent de plus en plus loin si l'on veut éviter la catastrophe. La prospective est ainsi essentiellement l'étude de l'avenir lointain.*[274]

La prospective est ainsi censée éclairer les juristes en donnant des coups de projecteur sur l'avenir du droit, mais non son avenir le plus proche, qui n'est pas réellement son avenir tant il deviendra très vite son présent, plutôt son avenir à moyen ou long terme. « Voir loin » (10, 15, 20, 30 ou 50 ans) est d'ailleurs l'un des principes des prospectivistes, cela afin de s'extraire véritablement du présentisme, donc des problématiques de court terme non nécessairement décisives pour l'avenir[275]. L'enjeu est de parvenir à se représenter la situation actuelle au travers de sa dynamique temporelle longue. Et ces coups de projecteur visent moins à prévoir ce qui va se passer qu'à agir dans le présent pour décider de ce qui va se passer.

---

[271] H. De Jouvenel, *Invitation à la prospective*, Futuribles, coll. Perspectives, 2004, p. 47.
[272] Par exemple, M. Halévy, *Prospective 2015-2025 – L'après- modernité*, Dangles, coll. Prospective, 2013.
[273] Notamment, P. Schwartz, *The Art of the Long View*, Doubleday Currency, 1991.
[274] G. Berger, « L'attitude prospective » (1959), in *De la prospective – Textes fondamentaux de la prospective française (1955-1966)*, L'Harmattan, coll. Prospective, 2007, p. 88.
[275] Un spécialiste, Thierry Gaudin, travaille même à l'horizon 2100, ce qui est constitue un très long terme (Th. Gaudin, *2100 – Récit du prochain siècle*, Payot, 1990 ; Th. Gaudin, *2100 – Odyssée de l'espèce*, Payot, 1993 ; où l'auteur propose de travailler sur douze programmes planétaires pour le XXIe siècle). Dans des matières telles que les technologies, par exemple, le rythme des mutations est tel qu'il semble nécessaire de travailler à plus court terme.

Réhabiliter le temps long

La « bonne » prospective juridique, c'est-à-dire utile aux juristes, aux légistes, aux gouvernants, dégage les évolutions potentielles par rapport auxquelles les décisions et pratiques actuelles ont tendance à s'aveugler. Dans un monde juridique marqué par la montée du flou et des incertitudes et par le risque de ruptures de tendances, non seulement à long terme mais aussi à moyen et court termes, l'effort de prospective, de mise en lumière des scénarios les plus probables, paraît plus que jamais bienvenu afin d'éclairer l'action. Une approche préventive, consistant à anticiper les problèmes futurs afin de mieux s'y préparer et d'engager des moyens pour les éviter, est sans doute plus appropriée et plus efficace car, en général, la prévention coûte moins cher que la réparation[276].

« Plus un arbre met de temps à pousser, moins il faut tarder pour le planter », suggère Michel Godet[277]. Et il n'y a que sur le moyen terme et sur le long terme que l'on dispose d'assez de liberté de manœuvre pour engager de véritables transformations. La prospective juridique pourrait permettre de réhabiliter le temps long contre le court-termisme de plus en plus écrasant. Les textes et pratiques juridiques les plus solides et durables se construisent patiemment, pas à pas, durant des décennies.

Cela s'oppose au rythme de l'action politique et juridique qui, dans un régime démocratique et médiatique contemporain, rend les positions des décideurs (et même certaines institutions) précaires — par exemple, en France, un préfet reste en moyenne 15 mois à son poste, tandis que la réforme constitutionnelle de 2000 a fait passer la durée des mandats des présidents de la République de sept à cinq ans. Ceux qui font et appliquent le droit sont toujours plus intéressés par les réformes qui produiront des effets immédiats et délaissent celles qui produiront des effets sans doute plus solides mais à long terme — sous le règne d'un temps de plus en plus court, dans l'immédiateté des médias, on est surtout préoccupé par ce que l'on pourra annoncer au journal de 20 heures, favorisant sa très prochaine réélection.

À l'université, une grande place réservée à l'histoire du droit et très peu de place donnée à la prospective du droit

Les premiers professeurs à s'être intéressés à la prospective juridique notaient combien, « si les juristes sont restés à l'écart de toute démarche prospective, c'est qu'habitués certes à situer leurs réflexions dans le temps, c'est

---

[276] M. Godet, « Sept idées-clés », *Futuribles* nov. 1983, p. 6.

[277] M. Godet, « Le plaisir de l'indiscipline intellectuelle pour construire l'avenir autrement », in Ph. Durance, dir., *La prospective stratégique en action – Bilan et perspectives d'une indiscipline intellectuelle*, Odile Jacob, 2014, p. 38.

seulement vers le passé qu'ils se tournent pour y saisir l'origine et l'explication des institutions d'aujourd'hui »[278]. Cette situation est d'ailleurs consacrée administrativement et institutionnellement puisque, aux côtés du droit privé et du droit public, le Conseil national des universités comprend une section *ad hoc* d'histoire du droit (section 03). Il s'agit d'une « démarche traditionnelle, amplement justifiée, irrécusable donc, mais qui peut et doit être complétée par une analyse plus systématique des perspectives d'avenir, et aussi utilisée à cette fin »[279].

Dans l'absolu, il ne semble pas moins légitime de s'intéresser au futur du droit que de s'intéresser à son passé. Peut-être même, sous un angle juspragmatiste, le passé n'étant plus à faire, est-il plus judicieux de s'enquérir de l'avenir. Aussi l'habitude de donner une place immense, dans les facultés de droit, à l'histoire du droit et très peu de place à la prospective juridique pourrait-elle subir quelques critiques. Des recherches mais aussi des enseignements de prospective juridique ne pourraient-ils pas contribuer à améliorer les connaissances et les pratiques juridiques ?

Mais encore faut-il insister sur le besoin de bonnes vision et compréhension du passé du droit, donc sur le besoin d'histoire du droit — mais surtout d'histoire récente du droit —, pour pouvoir envisager pertinemment son avenir. En ce sens, les premiers jusprospectivistes soulignaient que « les transformations de l'ordre juridique ne peuvent être repérées et comprises qu'à partir de l'héritage qu'elles modifient, mais sur lequel elles sont fondées. À l'évidence, la prospective ne peut mieux assurer ses conjectures qu'en dominant sérieusement le présent par une sérieuse approche du passé »[280]. Le passé du droit influence le futur du droit, rendant fort importante l'histoire du droit qui permet de comprendre son actualité et de préparer son avenir. La prospective juridique doit donc également prêter attention à l'histoire du droit.

Vénération du droit positif et oubli du droit prospectif

Gaston Berger, au milieu du XXe siècle, dressait le constat suivant : « Chacun continue à vivre sur des idées vieilles de quatre ou cinq générations. On présente, au milieu du XXe siècle, des revendications qui correspondent à

---

278 A. Sayag, « Avant-propos », in A. Sayag, dir., *Quel droit des affaires pour demain ? Essai de prospective juridique*, Librairies techniques, 1984, p. X.
279 *Ibid.*
280 A.-C. Decouflé, « Introduction », in A. Sayag, dir., *Quel droit des affaires pour demain ? Essai de prospective juridique*, Librairies techniques, 1984, p. 4. Et les premiers jusprospectivistes d'ajouter que « l'histoire, apportant une profondeur particulière au champ d'investigation, aide à mieux définir les symptômes, à éclairer les causes et déjà, par là même, à entrevoir au moins ce qu'il faudrait éviter, sinon vraiment les bases de quelques remèdes » (J. Hilaire, A. Sayag, « Conclusion », in A. Sayag, dir., *Quel droit des affaires pour demain ? Essai de prospective juridique*, Librairies techniques, 1984, p. 235).

des situations du XIXe. On esquisse même, avec les moyens de 1960, des révolutions qui auraient eu un sens vers 1830 »[281]. Dire que le droit, au début du XXIe siècle, serait dans une même situation serait sans doute excessif. Il n'en paraît pas moins, dans nombre de ses dimensions, se tourner plus souvent vers son passé que vers son avenir, se reposer sur ce qui a été fait et chercher à le conforter plutôt que d'imaginer ce qu'il reste à construire et les moyens d'y parvenir. À bien des égards et dans de nombreuses situations, les juristes vénèrent le droit positif et délaissent le droit prospectif. La *lex lata* l'emporte outrageusement sur la *lex feranda*. On estime qu'il n'appartiendrait pas aux juristes, bien qu'ils soient les meilleurs connaisseurs du droit, de ses forces et de ses faiblesses, de s'enquérir du droit tel qu'il pourra être ni du droit tel qu'il devra être.

La prospective juridique, en tant que potentielle nouvelle branche de la recherche juridique, invite ces juristes à opérer un saut quantique et à ne plus s'imaginer être les gardiens des lois, jurisprudences et usages existants et applicables, mais plutôt des ouvriers du droit œuvrant chaque jour à sa construction, à son adaptation, parfois même à ses révolutions nécessaires. Comme l'a écrit Paul Valéry, « nous abordons l'avenir à reculons ». La prospective juridique oblige au contraire à regarder l'avenir du droit en face, à l'affronter plutôt que l'esquiver, à le saisir dans sa nature originale (inexistant et évanescent mais inéluctable) et à lui appliquer des méthodes particulières, incomparables à celles des sciences des droits positif et passé.

Certainement, dans le monde des juristes, le futur est-il un « choc »[282] et engager des recherches relatives aux droits en devenir, vouloir explorer des avenirs multiples, indéterminés et incertains, n'est-il ni naturel ni stimulant au premier abord. Une fois ce « choc » absorbé, une fois l'étonnement des débuts passé et les oppositions spontanées surmontées, il faut cependant gager que la prospective juridique pourrait donner lieu à des travaux riches d'enseignements. Rien ne saurait justifier que les juristes n'aient pas eux aussi des conduites d'anticipation[283] ; et l'objet de la prospective juridique est de permettre à ces conduites d'être moins aléatoires et maladroites en éclairant les futurs possibles et souhaitables du monde juridique.

Par suite, parce que les jusprospectivistes doivent aussi envisager leur office tel un activisme juridique, tourné vers le droit en action, vers le droit en construction, leur démarche doit être guidée par une quête de scientificité, lorsqu'ils recherchent les futurs droits possibles, mais aussi par des considérations axiologiques et critiques, lorsqu'ils se demandent lequel de ces droits possibles serait le « meilleur droit ».

---

[281] G. Berger, « Méthode et résultats », *Prospective* 1960, n° 6, p. 12.

[282] Réf. à A. Toffler, *Le choc du futur*, Denoël, 1974.

[283] *Cf.* Ph. Gabilliet, *Les conduites d'anticipation – Des modèles aux applications*, L'Harmattan, coll. Prospective, 2008.

Chapitre 3. Interroger les fins du droit

La pluralité de l'avenir du droit et la liberté des humains, individuellement et surtout collectivement en formant société, s'expliquent mutuellement : le droit du futur sera une construction humaine et sociale, un choix humain et social, le fruit d'une volonté humaine et sociale. Même lorsque des déterminismes et des inerties existent, ceux-ci sont des produits humains et sociaux — mais inconscients et involontaires. C'est pourquoi l'avenir du droit n'est pas écrit et reste à faire ; et la conscience de cette situation est ce qui doit guider le jusprospectiviste.

La démarche prospective admet qu'à tout instant l'avenir est multiple et que c'est de la confrontation des différents acteurs en présence et de leurs projets que naîtra tel ou tel futur[284]. Or le jusprospectiviste n'est pas un spectateur passif devant cette situation ; il en est un acteur, une partie prenante. C'est parce qu'à tout instant plusieurs futurs du droit demeurent possibles que l'avenir du droit est incertain. Cela implique de choisir un futur désirable et d'œuvrer afin qu'il se réalise, qu'il advienne, donc qu'il triomphe des autres futurs possibles.

Or, pour ainsi aspirer à ce que le droit prenne une forme et un fond donnés, il faut être mu par certaines valeurs. De ce point de vue, et très paradoxalement, la prospective juridique se rapproche des modes d'appréhension du droit des jusnaturalistes — la différence, essentielle toutefois, est que le jusprospectiviste considère que le droit est et sera entièrement une construction humaine et sociale, loin d'être ambiant dans la nature ou d'être dicté par quelque force surnaturelle ou spirituelle. Dans son volet stratégique, la prospective juridique s'accompagne donc de nécessaires considérations axiologiques et ressemble alors à la politique juridique, bien qu'elle doive pour sa part s'appuyer sur des travaux préalables de prospective juridique exploratoire et être critique, donc non radicalement subjective mais modérément subjective, consistant davantage en un jugement objectif.

Le finalisme de la prospective juridique

La prospective juridique se traduit par « la recherche d'actions à longue portée propres à rendre ce qui sera le présent de nos successeurs meilleur qu'il

[284] M. Godet, « Sept idées-clés », *Futuribles* 1983, p. 6.

n'eût été sans elles »[285]. Ainsi faut-il se placer dans les pas de Gaston Berger et considérer qu'être prospectif

> *Revient à juger ce qu'aujourd'hui nous sommes à partir de l'avenir, au lieu de faire la démarche inverse, qui est la démarche courante, et qui vise à décider de l'avenir d'après ce que nous sommes actuellement. Les fins deviennent alors plus importantes que les moyens. Elles ne sauraient sans doute nous dispenser de les mettre en œuvre, mais elles leur commandent et, si cela est nécessaire, elles les suscitent.*[286]

La prospective en général et la prospective juridique en particulier constituent donc des finalismes, c'est-à-dire des systèmes de pensée qui admettent la finalité comme principe d'explication des phénomènes. Par opposition au mécanisme, il s'agit d'accepter l'existence de causes finales comme origine de toute chose[287]. Mais ces causes sont humaines et sociales, non attachées à quelque intention naturelle ou surnaturelle. Simplement s'agit-il de comprendre que les actes individuels et collectifs sont ce qu'ils sont parce que les hommes et les sociétés qu'ils forment poursuivent des buts déterminés. Le jusprospectiviste ne doit pas verser dans la spéculation ni dans la métaphysique. Son finalisme peut parfaitement aller de pair avec son pragmatisme[288].

Sénèque, dans ses *Lettres à Lucilius*, écrit qu'« il n'est pas de vent favorable pour celui qui ne sait où il va ». Cela montre combien la prospective juridique n'a de sens que pour celui qui est animé par une intention, donc motivé par une certaine conception du droit, de son rôle, des buts qu'il doit poursuivre, de sa fonction sociale et de son contenu idéal. L'exercice du pouvoir politique, qui est la source première et essentielle du droit, suppose « l'existence d'une raison motrice, d'un système d'idées et de valeurs en vertu duquel nous sommes capables de définir un objectif, de nous forger une vision d'un futur souhaitable »[289]. Simplement, mais fondamentalement, l'ambition du jusprospectiviste est d'œuvrer à un monde juridique meilleur en rendant le souhaitable plus probable. Si ce monde connaît des inadaptations, des travers,

---

[285] B. De Jouvenel, *Arcadie – Essais sur le mieux-vivre*, SEDEIS, coll. Futuribles, 1968, p. 275 (cité par J.-M. Zaorski, D.-Y. Meducin, « Pour une approche prospective de la recherche juridique », *Revue de droit prospectif* 1976, n° 1, p. 8).

[286] G. Berger, « Méthode et résultats », *Prospective* 1960, n° 6, p. 3.

[287] En tant que doctrine provenant de l'Antiquité gréco-romaine, et que l'on retrouve par exemple chez Aristote, la téléologie vise l'explication des phénomènes par l'intervention d'une cause finale (le *telos*) : un phénomène A sera expliqué par la nécessité d'une cause finale postérieure B (le *telos*). La téléologie s'oppose à la vision mécaniste de l'explication des phénomènes, notamment au sein des sciences du vivant et de la cybernétique. Ces dernières inventèrent la notion de téléonomie (caractère nécessaire mais non intentionnel) dans les années 1960 pour intégrer des lois mécaniques donc scientifiques dans le concept de finalisme.

[288] *Cf.* E. D'Hombres, E. Gabellieri, Ph. Durance, dir., *Gaston Berger – Humanisme et philosophie de l'action*, L'Harmattan, coll. Prospective, 2012.

[289] H. De Jouvenel, *Invitation à la prospective*, Futuribles, coll. Perspectives, 2004, p. 39.

des manques, l'enjeu est que son avenir ne prolonge pas son passé et son présent mais présente un visage différent. C'est pourquoi il faut agir aujourd'hui en fonction de cet avenir. Demain doit prolonger aujourd'hui en ce qu'il a de meilleur et rompre avec aujourd'hui en ce qu'il a de pire — tel est peut-être l'enseignement moral simpliste mais incontestable de la prospective[290].

La volonté humaine est capable d'influencer le futur du droit de façon à favoriser ce qui est le plus désirable dans le système et les normes juridiques ; et cette capacité fonde une obligation morale de réfléchir à ce futur du droit et à ses trajectoires possibles. Tout cela semble légitimer une prospective juridique ; et légitimer une prospective juridique stratégique reposant sur les données fournies par la prospective juridique exploratoire.

Être jusprospectiviste : avoir un projet pour le droit

Les pères fondateurs de la prospective se sont accordés sur la primauté des fins par rapport aux moyens et Bertrand De Jouvenel expliquait dans le même sens :

> *Je suis tenté de comparer la projection de l'image « là-bas » au jet de la corde de l'alpiniste qui s'accroche « là-haut » : dans l'un et l'autre cas, il y a d'abord lancement, grâce à quoi, ensuite, l'acteur se dirige vers le point d'accrochage. Il y a pourtant cette différence que le point fixe du grimpeur existe objectivement et lui fournit une aide concrète, tandis que le projet formé n'existe que subjectivement et fournit seulement un excitant moral. Puisque j'ai risqué cette métaphore, j'en userai encore pour comparer « l'intention » à la corde tendue grâce à quoi l'alpiniste se hale vers son but. C'est par la force de l'intention qu'il a des chances de réaliser son projet :* in tendere*, c'est tendre, se tendre, faire effort vers un but.*[291]

Pas de prospective juridique sans intention sous-jacente, sans fins derrière elle pour la pousser, lui permettre d'avancer, lui indiquer la direction, lui donner un sens. Un jusprospectiviste ne saurait se borner à être un scientifique étudiant objectivement et empiriquement les droits du futur, se contenter de travaux de prospective juridique exploratoire. Toute recherche en prospective juridique semble donc s'appuyer sur une réflexion quant aux fins — mais celle-ci est souvent implicite tant, parfois sans même s'en rendre compte, tout juriste mène forcément une telle réflexion. Ce qui définit le jusprospectiviste est qu'il a un projet pour le droit, qu'il est proactif. C'est pourquoi il paraît difficile d'envisager la prospective juridique exploratoire sans la prospective

---

[290] Notamment, J. Fourastier, *Essais de morale prospective*, Gonthier, 1966.
[291] B. De Jouvenel, *L'art de la conjecture*, Éditions du Rocher, 1964, p. 58.

juridique stratégique qui en est le prolongement naturel. Le jusprospectiviste remet les fins et les valeurs au centre des activités, des pratiques et des décisions juridiques, contre le positivisme-scientisme- technicisme dominant. Être prospectif, c'est avoir « l'idée de la construction volontariste d'un plan d'actions pour provoquer les changements souhaités et la réalisation d'un projet »[292].

« Penser à l'Homme » : éclairer l'action à l'aune de l'intérêt général et universel

Au moment de fonder l'école française de la prospective, Gaston Berger a affirmé qu'un de ses principes directeurs devait être « penser à l'Homme »[293], c'est-à-dire faire de l'amélioration de la condition humaine le grand objectif de la prospective. Cette dernière, pour Gaston Berger et ses continuateurs, doit ainsi éclairer l'action non à l'aune d'intérêts particuliers, d'entreprise ou même d'État, mais à l'aune de l'intérêt général et universel. C'est en cela que la prospective peut se comprendre tel un courant de pensée humaniste procédant de la philosophie des Lumières. Elle doit donc aller très au-delà de la simple identification scientifique des futurs possibles ; sa tâche est de s'élever contre ceux de ces futurs qui pourraient être défavorables aux hommes et défendre celui pouvant le plus profiter à l'humanité.

Critique, la prospective s'oppose toutefois à tous les dogmatismes et ne saurait être dogmatique elle-même. Elle accepte toutes les valeurs, si ce n'est sans les juger, du moins sans les exclure. « Penser à l'Homme » est une invitation, non une obligation ; et il existe des prospectivistes qui mettent leur expertise au service d'intérêts corporatistes ou au service d'une entreprise ou même d'une personnalité donnée, se souciant dès lors peu de l'intérêt général et universel.

Saisir les problèmes juridiques par les fins et non par les moyens

Dans les organisations, on se préoccupe généralement des moyens puis on leur recherche des fins. En d'autres termes, on se satisfait d'obtenir quelque-chose de matériel et, ensuite, on lui trouve une utilité quelconque, plus ou

---

292 Ph. Durance, M. Godet, *La prospective stratégique – Pour les entreprises et les territoires*, Dunod-Unesco, coll. Stratégie de l'entreprise, 2011, p. XIV.

293 G. Berger, « L'attitude prospective » (1959), in *De la prospective – Textes fondamentaux de la prospective française (1955-1966)*, L'Harmattan, coll. Prospective, 2007, p. 92. Le philosophe expliquait ainsi que « la prospective ne s'attache qu'aux faits humains. Les événements cosmiques ou les progrès de la technique ne l'intéressent que par leurs conséquences pour l'Homme. Nous ne prétendons pas que l'Homme soit "la mesure de toutes choses". Dans les études prospectives, c'est lui, du moins, qui donne l'échelle » (*ibid.*).

moins réelle et plus ou moins artificielle. Il faudrait, à l'inverse, commencer par se fixer des objectifs précis puis rechercher les moyens de les réaliser. De même concernant le droit positif qui devrait répondre à des fins préétablies, on ne saurait se satisfaire de régimes juridiques construits sans suivre une ligne directrice forte mais à mesure d'interventions ponctuelles, sans cohérence d'ensemble. Un jusprospectiviste doit donc saisir les problèmes juridiques par les fins et non par les moyens, afin de permettre au droit de gagner en puissance axiologique.

Gaston Berger allait jusqu'à écrire que « le véritable but de la pensée n'est pas de voir plus loin, mais de voir plus neuf et plus profond, et une telle vision est en même temps amour »[294]. Ce serait donc jusqu'à l'amour (de l'Homme, de la Société) qui devrait guider le prospectiviste. En tout cas le rôle du jusprospectiviste semble-t-il aller bien au-delà de l'activité scientifique d'anticipation des futurs du droit possibles : s'adonner à la critique constructive des décisions et des activités au départ de réflexions sur les finalités de l'action juridique et sur les valeurs juridiques essentielles.

La prospective juridique se rapproche dès lors du pragmatisme juridique en ce qu'elle s'enquiert des décisions et actes efficaces ; mais efficaces seulement afin d'atteindre les finalités poursuivies. Reste que, si la prospective juridique se préoccupe des fins du droit, les moyens de les concrétiser l'intéressent également et les fondateurs de la *Revue de droit prospectif* pouvaient convenir que « la recherche prospective est une continuelle marche en avant de l'esprit vers l'inconnu pour tenter de définir un "idéal concret" et les moyens d'y parvenir »[295].

Les utopies juridiques

La prospective juridique pourrait aller jusqu'à faire usage d'utopies juridiques[296]. En grec, « *utopia* » signifie « nulle part » ; c'est un « pays qui n'existe pas »[297]. Une utopie juridique permet, en jouant sur le contraste par rapport au droit tel qu'il est aujourd'hui, de montrer ce qui devrait être et qui n'est pas dans le monde juridique. Il a déjà été démontré à quel point certaines utopies inexprimées mais répandues dans le corps social ou politique ont été des « moteurs de l'histoire »[298]. Les utopies juridiques pourraient-elles constituer le moteur de l'histoire juridique ? C'est en tout

[294] Cité par Th. Gaudin, *La prospective*, 2e éd., Puf, coll. Que sais-je ?, 2013, p. 123.
[295] J.-M. Zaorski, D.-Y. Meducin, « Pour une approche prospective de la recherche juridique », *Revue de droit prospectif* 1976, n° 1, p. 8.
[296] L'utopie est un concept inventé par Thomas More au XVIe siècle afin de critiquer les pratiques de son temps (Th. More, *L'Utopie* (1517), Flammarion, 1987).
[297] Ph. J. Bernard, *De l'utopie moderne et de ses perversions*, Puf, 1997.
[298] *Cf.* J. Attali, M. Riot-Sarcey, A. Touraine et *alii*, *Les Utopies, moteurs de l'histoire – Les rendez vous de l'histoire*, Pleins feux, 2001.

cas le pari que les jusprospectivistes font lorsqu'ils s'arrêtent sur un droit futur plus que tout autre souhaitable.

Des dystopies juridiques, visions d'un monde du droit dans lequel tout se passerait mal, pourraient également être utilisées. Mais mieux vaut sans doute agir dans le but de faire advenir un futur souhaitable plutôt qu'agir afin de ne pas faire advenir un futur détestable.

La détermination la plus objective du futur souhaitable

Dans le cas de la politique juridique, le juriste affirme de manière péremptoire et faiblement motivée qu'une conception du droit serait « meilleure » que les autres. Ce n'est pas ainsi que le jusprospectiviste travaille. Il doit être capable de se mettre à la place du groupe, d'adopter le point de vue de la collectivité des juristes, car ce en vue de quoi il œuvre, ce n'est pas le futur préférentiel en son for intérieur, sous l'angle de sa subjectivité partialle et contestable, mais le futur préférentiel le plus objectif possible. Le déterminer suppose donc, non une brève réflexion personnelle, mais plutôt la consultation des acteurs, parties prenantes et personnes intéressées, ainsi qu'un effort d'objectivité — sans ignorer que cette objectivité n'est qu'une subjectivité consciente d'elle-même, une subjectivité éclairée et canalisée. Dans l'idéal, le jusprospectiviste devrait parvenir à révéler le choix d'un futur du droit souhaitable opéré de manière collective au sein de l'organisation, à l'aune de ses forces et faiblesses et des défis qui se posent et se poseront à elle.

On pourrait craindre, étant donnée la domination dans les facultés de droit et, plus généralement, dans la pensée juridique contemporaine du positivisme et du normativisme kelsénien, que le droit soit plus que tout autre domaine touché par la « crise des fondements »[299]. Or on ne va jamais très loin lorsqu'on n'a pas de but. Les premiers jusprospectivistes pouvaient affirmer que « la volonté, moteur de l'action, doit être motivée, tendue vers un but à atteindre. C'est le rôle de la Prospective de fixer des buts »[300]. Peut-être l'essor de la prospective juridique pourrait-il aider à limiter les dérives du scientifisme-technicisme juridique, qui fait que beaucoup de juristes conçoivent leur travail comme consistant uniquement à comprendre, décrire et expliquer les lois et jurisprudences positives.

Idéalement, les prospectivistes du droit pourraient se structurer en organisation indépendante exerçant un rôle de contre-pouvoir, de critique et de proposition afin de ne pas abandonner les choix et les grandes orientations

---

[299] Réf. à G. Poirié, *La crise des fondements*, Institut stratégique comparé, 1994.

[300] J.-M. Zaorski, « Trois ans déjà : Autocritique et essai d'un bilan "prospectif" d'activité », *Revue de droit prospectif* 1978, n° 5, p. 3.

à des instances politiques souvent peu respectueuses de l'intérêt général et de l'avenir à moyen et long termes. En tout cas leur office est-il bien d'agir ou, plutôt, de faire agir ; et faire agir afin d'atteindre des objectifs humanistes, protecteurs de l'intérêt général et universel à moyen et long termes.

Humanisme et philosophie de l'action se marient ainsi dans la prospective[301]. Or le droit est le premier des moyens d'action des hommes et des sociétés afin de se réguler et poursuivre, ensemble, cet intérêt général et universel. Cela semble justifier le besoin de prospective juridique. Sous l'angle des fins servant de guide aux prospectivistes, la prospective juridique pourrait être la plus importante de toutes les branches de la prospective.

---

301 *Cf.* E. D'Hombres, E. Gabellieri, Ph. Durance, dir., *Gaston Berger – Humanisme et philosophie de l'action*, L'Harmattan, coll. Prospective, 2012.

Chapitre 4. Éclairer les activités du droit

Michel Godet distingue trois attitudes face à l'incertitude et aux potentialités de l'avenir : passive (subir le changement), réactive (attendre le changement pour réagir dans l'urgence en n'ayant plus le choix) et prospective dans le double sens de la pré-activité et de la pro-activité. « La préactivité, écrit-il, c'est se préparer aux changements anticipés, alors que la pro-activité, c'est agir pour provoquer les changements souhaités »[302]. Ce qui caractérise la prospective juridique est ainsi le fait d'être au service de l'action juridique et, nécessairement, au service de l'action politique — même si tous les actes juridiques ne sont pas politiques et si tous les actes politiques ne sont pas juridiques. Tel est le cas même lorsqu'on envisage la prospective comme un mode de pensée, comme une philosophie, car il s'agit alors d'un mode de pensée de l'action, d'une philosophie de l'action.

Appliquée au droit, la prospective sert et favorise le droit en action, c'est-à-dire la préactivité juridique — afin de se préparer aux changements du droit et en tirer parti en élaborant les scénarios des futurs possibles et en réduisant les incertitudes et le flou — et la proactivité juridique, afin de provoquer certains changements du droit, favoriser l'avènement d'un futur souhaité. Dans ce dernier cas, les expressions « volontarisme juridique » ou « activisme juridique » pourraient même être utilisées. Alors que les ouvriers du droit, des juges aux jurislateurs, interviennent souvent de manière réactive et urgente, quand ils ne demeurent pas passifs face à certains événements ou phénomènes que le droit devrait pourtant saisir, stopper ou réorienter, la prospective juridique a vocation à renforcer les importances respectives de la préactivité juridique et de la proactivité juridique.

Parce que tout ne peut pas être anticipé et parce que tout ce que l'on veut ne peut pas devenir réalité — prendre ses désirs pour des réalités est un travers dangereux —, il faut, pour que l'anticipation éclaire l'action, un savant mélange de réactivité, de préactivité et de proactivité. La réactivité est inévitable car l'incertitude est inévitable y compris en droit, quels que soient les efforts jusprospectifs qu'on déploie. Ensuite, tout juriste, et notamment le jurislateur qui produit le droit, devrait associer l'attitude préactive de l'assureur, qui anticipe des avenirs possibles sans être certains et s'y prépare, et l'attitude proactive de l'entrepreneur, qui innove afin d'atteindre certains objectifs qu'il s'est donné, provoquer des changements souhaités[303].

[302] M. Godet, *De l'anticipation à l'action*, Dunod, 1991, p. 13.
[303] *Cf.* Th. Gaudin, *De l'innovation*, Éditions de l'Aube, 1998.

L'innovation juridique, légistique en premier lieu, est un des grands enjeux du droit du XXIe siècle[304]. Le droit et ses acteurs se reposent peut-être encore trop sur des formes et des procédures du passé, inadaptées au monde flexible et global d'aujourd'hui.

Qu'on se souvienne du savant Louis Pasteur qui disait que « le hasard ne favorise que les esprits bien préparés »[305]. Or les juristes ne sont sans doute pas ceux qui doivent le moins préparer leurs esprits à l'avenir, qu'il s'agisse de l'avenir du droit en tant que tel, dans ses formes et dans ses contenus, ou de l'avenir de son environnement proche ou même lointain — le droit est un rouage cardinal du système global du monde. Si, parmi tous les droits possibles, l'un d'entre eux est plus que les autres souhaitables — et tel est forcément le cas, malgré la relativité de ce droit préférentiel —, il devient important d'adopter les dispositions d'esprit et les comportements permettant de rendre ce souhaitable plus probable. Aussi, entre la préactivité et la proactivité, est-ce cette dernière qui constitue la posture prospective par excellence — alors que la passivité et la réactivité ne sont guère des attitudes prospectives mais, au contraire, celles contre lesquelles la prospective lutte.

Rendre les actes juridiques plus efficaces

« Le temps, selon Gaston Berger, n'est pas cette sorte de substance continue et fluide qui s'écoulerait régulièrement et le long de laquelle se déposeraient les événements. Pour l'homme, passé et futur n'ont de sens concret, de sens humain, que lorsque nous les rapportons à notre action : le passé, c'est ce qui est fait, l'avenir, c'est ce qui est à faire »[306]. Ainsi, et bien qu'on puisse en douter au premier abord dès lors que la prospective est tournée vers le futur, rien ne paraît plus intimement lié à cette prospective que l'action — une action présente déterminée par un ou des avenir(s)[307]. La prospective est donc proche du pragmatisme et la prospective juridique proche du pragmatisme juridique[308].

En ce sens, Gaston Berger enseignait encore que « la prospective ne vise pas à satisfaire notre curiosité, mais à rendre nos actes plus efficaces. Elle ne veut pas deviner, mais construire. Ce qu'elle préconise, c'est une attitude pour

---

[304] A. Flückiger, *(Re)faire la loi – Traité de légistique à l'ère du droit souple*, Stämpfli, 2019.
[305] Cité par M. Godet, « Le plaisir de l'indiscipline intellectuelle pour construire l'avenir autrement », in Ph. Durance, dir., *La prospective stratégique en action – Bilan et perspectives d'une indiscipline intellectuelle*, Odile Jacob, 2014, p. 31.
[306] G. Berger, « Méthode et résultats », *Prospective* 1960, n° 6, p. 1.
[307] Notamment, A.-C. Decouflé, « Prévision, prospective et action », in *Les sciences de l'action – Théorie et pratique*, Les encyclopédies du savoir moderne, 1974 ; M. Godet, *From Anticipation To Action – A Handbook of Strategic Prospective*, Unesco Publishing, coll. Future-oriented Studies, 1994.
[308] *Cf.* B. Barraud, *Le pragmatisme juridique*, L'Harmattan, coll. Bibliothèques de droit, 2017.

l'action. Se tourner vers l'avenir, au lieu de regarder le passé, n'est donc pas simplement changer de spectacle ; c'est passer du "voir" au "faire". [...] L'avenir est affaire de volonté. Prendre l'attitude prospective, c'est se préparer à faire »[309]. L'objectif du jusprospectiviste est de rendre les actions juridiques plus prudentes car mieux éclairées, les rendre plus fécondes, plus productives. Il ne s'agit pas de rendre la critique plus acerbe. La critique elle-même n'est pas une fin mais un moyen au service de l'action. Les effets réels des créations et applications juridiques doivent être conformes ou quasi-conformes à ceux qui étaient espérés.

« Science de l'action et de l'antifatalité »[310] et en même temps « philosophie de l'action et philosophie en action »[311], la prospective considère que « ce qui est à faire est plus important que ce qui est déjà fait »[312]. Les juristes s'attachent habituellement au droit qui est déjà fait, afin de le comprendre et l'expliquer, plus rarement le critiquer, et délaissent le droit qui est à faire, considérant que ce ne serait ni un objet scientifique ni un objet juridique — car politique. Mais le droit d'aujourd'hui sans le droit de demain n'est que peu de choses, tandis que le droit sans la politique n'est rien, et inversement. Si l'on peut sans peine distinguer une science juridique et une science politique, se pose la question de savoir qui doit se saisir du contenu du droit tel qu'il reste à écrire ou à modifier (aucune, les deux, l'une des deux ?). La science politique ne saurait s'intéresser au contenu du droit, *a fortiori* lorsqu'il appartient à un futur incertain. En revanche, la science juridique peut s'en préoccuper ; et la prospective juridique la presse de le faire, même si elle conçoit que la science juridique ainsi conçue perd de sa scientificité et se rapproche de la politique juridique — qui n'est aucunement scientifique.

S'attacher à l'aspect volontaire d'un droit en construction permanente

Le déterminisme ne résiste pas à la détermination. L'avenir en général et l'avenir juridique plus encore sont les produits de la volonté des hommes et

---

309 G. Berger, « Méthode et résultats », *Prospective* 1960, n° 6, p. 1.

310 M. Godet, « Sept idées-clés », *Futuribles* 1983, p. 6. Gaston Berger écrivait ainsi que « peut-être fallait-il que l'homme développât sa puissance jusqu'au point où il l'a aujourd'hui portée, pour s'aviser que l'avenir n'est ni un mystère absolu, ni une fatalité inexorable. Bergson avait bien compris que l'accroissement de notre pouvoir sur la nature est susceptible de modifier notre conscience du temps. [...] Alain écrit : "Tant que l'on n'a pas bien compris la liaison de toutes choses et l'enchaînement des causes et des effets, on est accablé par l'avenir". La prospective est attentive aux causes. Ainsi nous libère-t-elle du fatalisme » (G. Berger, « L'attitude prospective » (1959), in *De la prospective – Textes fondamentaux de la prospective française (1955-1966)*, L'Harmattan, coll. Prospective, 2007, p. 87 et 92).

311 Ph. Durance, « La prospective : une philosophie en action », *RPPI* 2016, n° 1.

312 G. Berger, « Méthode et résultats », *Prospective* 1960, n° 6, p. 2.

des organisations. Chacun peut agir et, agissant, influencer le futur, donc prendre en mains son avenir. Y compris le futur du droit est un mille-feuilles de pages presque blanches, dont certaines seulement sont grisées par l'héritage du passé[313] — certes lourd en droit puisque constitué de toutes les lois et jurisprudences non abrogées et non désuètes, ainsi que de tous les usages dans et hors des facultés de droit. Une prospective juridique qui virerait à la prédiction du futur du droit serait donc une imposture ou, du moins, une entreprise très spéculative et aléatoire. La véritable prospective juridique affirme que l'avenir du droit est ouvert et qu'il appartient à chacun, à son échelle et en fonction de ses moyens, de travailler à son élaboration, donc de s'inscrire dans une optique de droit en action, de droit en construction permanente. La prospective juridique permet au juriste et à tous ceux qui touchent au droit de prendre conscience de leur capacité à réaliser leurs projets malgré ou grâce à l'incertitude du lendemain[314].

On souligne souvent la difficulté tenant à la séparation des acteurs et des penseurs du droit : les acteurs du droit sont sur-sollicités et agissent dans la précipitation ; les penseurs du droit prennent le temps de définir et analyser leur objet mais ne sont que rarement appelés à agir, donc à faire, directement ou indirectement, le droit. La prospective juridique, conception pragmatique du droit, vise à réconcilier acteurs et les penseurs du droit en mettant les uns au service des autres et les autres au service des uns.

En définitive, toute recherche de prospective juridique ne servant pas, en tout ou partie, l'action juridique devrait être écartée[315]. Si l'avenir du droit est le fruit du hasard, de la nécessité et de la volonté[316], les hommes ne pouvant intervenir sur le hasard ni sur la nécessité qui sont contingents et incertains — mais pas imprévisibles pour ce qui est de la nécessité —, la prospective juridique se concentre sur l'aspect volontaire de l'avenir du droit et cherche à rendre la volonté juridique la plus pertinente et légitime possible.

Éclairer les prises de décisions des hommes de droit

« Quand il y a urgence, c'est qu'il est déjà trop tard », aurait dit Talleyrand[317]. La mission de la prospective juridique est de permettre aux acteurs et décideurs du droit d'agir à temps et non dans l'urgence, ainsi que de façon pertinente plutôt qu'à tâtons ou à l'aveuglette. L'avenir se construit

[313] Notamment, M. Godet, *L'avenir autrement*, Armand Colin, 1991.

[314] En ce sens, Ph. Durance, « De l'industrie au développement durable : la prospective en transition », in Ph. Durance, dir., *La prospective stratégique en action – Bilan et perspectives d'une indiscipline intellectuelle*, Odile Jacob, 2014, p. 12.

[315] En ce sens, J. Lesourne, « De la réflexion à l'action », *Futuribles* déc. 1983.

[316] Notamment, Ph. Durance, M. Godet, *La prospective stratégique – Pour les entreprises et les territoires*, Dunod-Unesco, 2011.

[317] Cité par Ph. Durance, « La prospective : une philosophie en action », *RPPI* 2016, n° 1.

et l'anticipation doit servir l'action concrète, donc aboutir à des prises de décisions effectives[318]. Et ces prises de décisions ne sont libres que lorsqu'elles ont été suffisamment préparées[319]. Michel Godet prévient : « La bonne prévision n'est pas celle qui se réalise, mais celle qui mène à l'action, donc je me sens acteur et j'essaye d'alerter les dirigeants »[320]. Le prospectiviste serait donc comme la vigie du Titanic : son ambition n'est pas de dire qu'on a percuté l'iceberg mais d'annoncer le risque pour le contourner, éviter la collision en permettant au capitaine de prendre à temps les décisions qui s'imposent dès lors qu'il voit suffisamment loin et clair devant le paquebot.

Telle est également la mission du jusprospectiviste à l'égard des décideurs et de tous les acteurs juridiques au sens le plus large. Le grand projet de Gaston Berger, que la prospective juridique entend mener à l'échelle du monde du droit, était de réconcilier la sagesse et la puissance, donc le philosophe et le décideur, le penseur et l'acteur, l'expert et le politique. Les mieux informés ne seraient que rarement les plus concernés, et vice versa ; c'est contre ce travers que la prospective juridique entend réagir.

Gaston Berger, dès ses textes fondateurs de la prospective, décrivait la situation suivante :

> *Un grand nombre de nos organisations privées et la plupart de nos administrations publiques sont dépourvues des moyens d'information, de prévision et de préparation des décisions qui leur seraient indispensables. On fait des efforts désespérés pour accroître la puissance du moteur qui nous entraîne, mais on néglige de régler les phares et l'on ne veut pas faire les frais d'un essuie-glace, qui permettrait d'y voir clair par tous les temps... Écrasés par des besognes mineures, les chefs prennent sur leur sommeil le temps d'une réflexion hâtive. On ne sait pas très bien où l'on va, mais on y va vite. On demande aux bureaux pris par les affaires courantes et aux savants pris par leurs enseignements et par leurs recherches d'élaborer les réformes par surcroît. Pour utiliser*

[318] Notamment, P. Gabiliet, *Les conduites d'anticipation – Des modèles aux applications*, L'Harmattan, 2008.

[319] « Tomber sous l'empire de la nécessité est la conséquence de l'imprévoyance, décrit Hugues De Jouvenel. Le moyen qu'il n'en soit pas ainsi est de prendre conscience des situations en formation quand elles sont encore modelables, avant qu'elles n'aient pris une forme impérieusement contraignante. Autrement dit, sans activité prévisionnelle, il n'y a pas de liberté de décision : les décideurs sont acculés à gérer les urgences, ne disposant en l'occurrence guère de liberté d'action » (H. De Jouvenel, *Invitation à la prospective*, Futuribles, coll. Perspectives, 2004, p. 33).

[320] M. Godet, « Le plaisir de l'indiscipline intellectuelle pour construire l'avenir autrement », in Ph. Durance, dir., *La prospective stratégique en action – Bilan et perspectives d'une indiscipline intellectuelle*, Odile Jacob, 2014, p. 38.

l'heureuse expression d'un ingénieur, on fait réparer la gare par ceux qui assurent la marche des trains.[321]

Il y aurait donc un décalage — et bien souvent il s'avère difficile de contester que tel soit le cas — entre la réalité des données des problèmes et la conscience qu'en ont ceux qui ont le pouvoir de résoudre ces problèmes. Cela concerne en tout premier lieu le niveau politique. Et celui-ci n'est, dans une large mesure, pas un autre que le niveau juridique puisque le droit est l'instrument de la politique, puisqu'il n'est pas autre chose que ce qu'en font les institutions et les administrations, mais aussi tous ceux qui jouissent, d'une manière ou d'une autre, d'une puissance — dès lors qu'on retient du droit la définition selon laquelle il serait l'ensemble des normes produites par les institutions sociales puissantes, la puissance étant la capacité d'imposer psychologiquement et matériellement ses normes à leurs destinataires et l'État étant, pour l'heure, la plus puissante de toutes les institutions sociales, donc la source principale, mais non exclusive, des règles de droit.

« Gouverner, c'est prévoir » : le lien nécessaire entre le pouvoir et la volonté d'explorer et préparer le futur

Philosophie, théorie ou conception du droit en action comme le pragmatisme juridique, la prospective juridique invite à se poser les questions « qui sommes-nous ? que pouvons-nous faire ? que voulons-nous faire ? comment le faire ? ». Elle est donc tournée vers l'action bien plus que vers la réflexion ; et les réflexions qu'elle admet sont celles qui concernent les actes concrets, pour les comprendre s'ils ont déjà eu lieu et surtout pour les préparer s'ils n'ont pas encore eu lieu. C'est pourquoi elle se met au service de ceux qui détiennent le pouvoir et la puissance, de ceux qui, de fait, prennent les décisions et dessinent ainsi le visage du monde juridique de demain.

Cela se traduit par une méthode formelle qui permet d'aller, dans les organisations de toutes tailles, y compris publiques et y compris étatiques, de l'anticipation à la stratégie puis au plan d'action. L'objet de la seconde partie de ce livre sera de présenter les étapes concrètes et les principes transversaux de cette méthode propre à la prospective juridique. Celle-ci doit notamment permettre d'anticiper les circonstances qui existeront au moment

---

[321] G. Berger, « Sciences humaines et prévision », *La Revue des Deux Mondes* 1957, p. 422. Et Gaston Berger d'expliquer par ailleurs que « la prospective ne prétend pas nous donner le moyen de supprimer tous les risques et de donner à nos actions une structure parfaitement rationnelle. Elle se contente de nous inviter à des actes aussi raisonnables que possible. [...] L'esprit prospectif n'est en aucune manière celui d'une planification universelle et inflexible : il ne prédétermine pas, il éclaire » (G. Berger, « L'attitude prospective », *Cahiers de prospective* 1958, n° 1, p. 6-7).

où se réaliseront les actions préparées aujourd'hui, mais aussi d'identifier les facteurs que l'on maîtrise ou que l'on peut influencer et ceux qui sont hors de portée.

Il y a un lien nécessaire entre le pouvoir et la volonté d'explorer et préparer le futur. « Gouverner, c'est prévoir », selon une formule du journaliste et homme politique français Émile De Girardin. Or on gouverne principalement, si ce n'est essentiellement ou même exclusivement — selon la définition qu'on en retient —, par le droit. Mais il faut aussi gouverner le droit, afin que, formellement et substantiellement, il ne se pervertisse pas ou ne sombre pas dans l'archaïsme. La prospective juridique se justifierait donc à différents titres. Elle peut, typiquement, aider des décideurs à évaluer les chances de succès d'un nouveau concept juridique ou d'une nouvelle technologie juridique en tenant compte de son environnement institutionnel, économique, social, culturel, technologique etc..

Dans ce cadre, la prospective juridique exploratoire est importante, afin que les décideurs bénéficient d'une vue panoramique et de jumelles efficaces pour cerner les futurs possibles, mais la prospective juridique stratégique l'est plus encore, puisqu'il s'agit surtout de mettre en lumière le futur le plus souhaitable et de tracer le chemin permettant de l'atteindre[322].

C'est pourquoi tout jusprospectiviste peut ou même doit se considérer tel un acteur, loin de se borner à un rôle de scientifique purement neutre et objectif, ne prenant jamais sa part de responsabilité dans les décisions[323]. Les prospectivistes du droit ont forcément un pouvoir ; et il leur incombe de l'exercer. Leur travail ne saurait donc se limiter à des investigations scientifiques ; il consiste également à définir un projet, à fixer des objectifs et à identifier des moyens pour atteindre ces objectifs. On ne saurait néanmoins attendre des jusprospectivistes qu'ils dictent scientifiquement aux décideurs la marche à suivre et les routes à emprunter. Il ne peut s'agir que de dessiner la carte, de tracer les différentes voies et de proposer une boussole pour s'orienter, donc d'identifier les problématiques essentielles, les tendances lourdes, les incertitudes majeures, les risques de rupture, les stratégies potentielles, avec leurs avantages et leurs inconvénients[324].

---

[322] Notamment, J. Lesourne, Ch. Stoffaës, dir., *La prospective stratégique d'entreprise – Concepts et études de cas*, Inter-Éditions, 1996.

[323] M. Godet, *Prospective et planification stratégique*, Economica, 1985 ; M. Godet, « Prospective et stratégie : approches intégrées », *Futuribles* 1989, n° 137.

[324] En ce sens, les fondateurs de la *Revue de droit prospectif* observaient déjà que « la tâche essentielle du juriste prospectif sera d'établir des projets à partir des tendances que l'on peut percevoir dans l'évolution future du Droit positif ou des souhaits que l'on peut formuler au sujet de cette évolution » (J.-M. Zaorski, D.-Y. Meducin, « Pour une approche prospective de la recherche juridique », *Revue de droit prospectif* 1976, n° 1, p. 8).

Faire participer les parties prenantes

La prospective juridique entend agir sur le présent dans le but de rendre plus probable un scénario du futur désirable. Pour cela, la participation des parties prenantes, qui décident et agissent au quotidien, est indispensable. Elle garantit le recensement et la prise en compte d'un maximum de données pertinentes dans le cadre de la prospective juridique exploratoire, ainsi qu'un choix consensuel du scénario le plus souhaitable dans le cadre de la prospective juridique stratégique. En outre, cela favorise la participation effective de chacun pour donner des chances à ce scénario d'advenir. C'est pourquoi les jusprospectivistes et les acteurs juridiques, sans en venir à ne faire qu'un, ce qui serait une confusion des genres regrettable, doivent se rapprocher et entretenir des liens intimes. En tout cas, du point de vue des jusprospectivistes, n'est-il peut-être pas concevable de faire de la prospective juridique en demeurant en haut d'une tour d'ivoire, sans entrer dans l'arène des décideurs et de tous ceux qui agissent concrètement.

La prospective juridique au service de la stratégie juridique

L'office des jusprospectivistes consiste donc à venir en aide des décideurs, notamment en les aidant à élaborer une stratégie dite « des 3 V » :

1. La vision (où peut-on aller en fonction de l'image que l'on a de notre organisation dans son environnement ?) ;

2. La visée (quelles sont les cibles et quelles sont les ambitions ?) ;

3. Les vecteurs (quelles sont les routes à emprunter et quelles sont les trajectoires à suivre ?).

Plus finement, les jusprospectivistes peuvent soutenir les décideurs juridiques en procédant à des analyses multicritères des options stratégiques[325]. Il s'agit alors :

1. D'identifier les changements qui seront quoi qu'il arrive nécessaires ;

2. De repérer et recenser les options stratégiques possibles ;

3. De déterminer les conséquences de chacune des options retenues sur le système général en cause ;

4. À partir de ces conséquences, de définir les critères d'évaluation et d'évaluer les différentes options ;

5. De choisir des objectifs et une politique ;

---

[325] *Cf.* B. Roy, *Méthodologie multicritère d'aide à la décision*, Economica, 1985 ; P. Vincke, *L'aide multicritère à la décision*, Editions de l'Université de Bruxelles, 1989.

6. D'arrêter une stratégie en classant les meilleures options par rapport à ces objectifs et à cette politique, ainsi que par rapport à leurs conséquences.

L'avenir du droit, domaine de volonté et de responsabilité

Pour la prospective juridique, l'avenir du droit est à la fois domaine de volonté et domaine de responsabilité. Qu'il soit domaine de volonté signifie qu'il est ouvert, qu'il est affaire de liberté, donc qu'il sera une construction humaine et sociale. Le droit étant entièrement une construction humaine et sociale, son avenir lui-même sera pleinement une construction humaine et sociale. Les prospectivistes séparent classiquement les variables que les acteurs et décideurs peuvent influencer et celles qui sont hors de tout contrôle, cela afin de se concentrer sur les premières. Dans le monde purement juridique, toutes les variables sont maîtrisables, même si de grandes inerties et forces de résistance existent, tandis que l'environnement du droit est composé d'un nombre important de variables que le droit peut influencer — et, souvent, qu'il est chargé d'influencer, tandis qu'elles l'influencent en retour. L'avenir du droit est donc plus que tout autre domaine de volonté.

Et il est plus que tout autre domaine de responsabilité, c'est-à-dire que ceux qui ont le pouvoir ou la puissance de faire le droit doivent s'en saisir et agir, prendre des décisions, opérer des choix afin de donner à ce droit le meilleur contenu et la meilleure forme, cela en prenant en compte le futur à court terme mais aussi et plus encore le futur à moyen et à long termes. C'est pourquoi la prospective juridique entend imposer aux décideurs une éthique de la responsabilité et pourquoi elle se tourne vers le stratégique et non vers l'opérationnel — le stratégique concerne les nouvelles activités, les innovations et les irréversibilités ou réversibilités difficiles[326], tandis que l'opérationnel touche à la gestion quotidienne et à l'efficacité immédiate, beaucoup plus importantes à court terme mais beaucoup moins à long terme.

Il est aisé de critiquer la prospective juridique, d'y voir une entreprise inconséquente, sans objet, sans motif et/ou sans fondement. Le philosophe Hegel, dans ses *Principes de philosophie du droit*, pouvait écrire que, « lorsque la réflexion et la conscience subjective considèrent le présent comme vain, le dépassent et prétendent savoir mieux, elles se trouvent dans le vide, et comme elles n'ont de réalité que dans le présent, elles sont elles-mêmes vanité »[327]. Aussi la prospective juridique, comme sa grande sœur la prospective, afin d'acquérir davantage de visibilité, de personnalité, de solidité et de structure, doit-elle s'appuyer sur des méthodes formelles précisément déterminées et sur des principes épistémologiques puissants, déterminants et discriminants.

---

[326] Par exemple, F. Zwicky, *Discovery, Invention, Research – Through the Morphological Approach*, The Macmillian Company, 1969.

[327] G. W. F. Hegel, *Principes de la philosophie du droit*, Gallimard, coll. Tel, 1940, p. 38.

Seconde partie
Méthode de la prospective juridique

« L'avenir n'est pas seulement ce qui peut "arriver" ou ce qui a le plus de chances de se produire. Il est aussi, dans une proportion qui ne cesse de croître, ce que nous aurons voulu qu'il fût »[328], résume Gaston Berger. La prospective juridique ambitionne ainsi de permettre aux juristes et à tous les acteurs qui, d'une manière ou d'une autre, donnent au droit une figure plutôt qu'une autre, l'engagent sur une voie donnée plutôt que sur une autre, d'agir et prendre des décisions de manière plus lucide, en laissant le moins de place possible à l'aléa et aux atermoiements et le plus de place possible aux choix éclairés, favorisant l'avènement d'un futur du droit souhaité.

Ainsi conçue, la prospective juridique, sans réhabiliter les théories du droit naturel aux yeux desquelles le droit devrait simplement être constaté et non créé volontairement, se présente telle une philosophie du droit en action plaçant au cœur du travail du juriste les valeurs et les fins qu'il entend défendre afin de donner au droit de demain un maximum d'efficacité et de légitimité — là où le positivisme qui s'est imposé au cours du XXe siècle préconise une approche technique et mécaniste du droit dans laquelle le juriste fait primer l'adage « *dura lex sed lex* » sur toute approche personnelle, qu'elle soit le fait d'un individu ou bien d'une organisation ou collectivité donnée.

La prospective juridique conduit à un examen scientifique et critique du droit à l'aune de son avenir, non afin de l'appliquer précisément et rigoureusement mais afin de contribuer à son amélioration. Pour cela, cette possible nouvelle branche de la recherche juridique s'appuie sur une méthode relativement précise et complexe qu'il importe à présent de décrire. Sans elle, en effet, il lui manquerait l'un des deux éléments essentiels à la caractérisation d'une discipline académique — un objet d'étude et une méthode d'étude.

Plus exactement, la prospective juridique s'appuie sur des principes-cadres — principalement l'examen scientifique associé à l'analyse critique — (*titre 2*) et sur des étapes techniques (*titre 1*). L'ensemble vise à conférer aux travaux intégrant son champ le minimum nécessaire de cohérence et d'homogénéité que leur objet, seul, ne leur garantit pas. Il serait cependant dommageable que cet ensemble méthodologique aboutisse à brider ces travaux.

---

[328] G. Berger, « L'attitude prospective » (1959), in *De la prospective – Textes fondamentaux de la prospective française (1955-1966)*, L'Harmattan, coll. Prospective, 2007, p. 92.

C'est pourquoi il faut d'ores et déjà souligner qu'en aucune manière la prospective juridique ne saurait impliquer de respecter scrupuleusement la totalité de ces principes-cadres et de ces étapes techniques. Elle est peut-être avant tout une philosophie du droit dans le sens d'un mode spécial d'approche du droit, d'une conception du monde juridique tournée vers l'action, vers le futur, vers l'innovation, vers les évolutions et révolutions en cours et à venir. Ainsi conçue, la prospective juridique reposerait surtout sur un mélange d'indiscipline intellectuelle et de liberté d'esprit et d'initiative. Il faut donc insister sur le fait que les principes-cadres et étapes techniques décrits dans cette seconde partie sont proposés et non imposés. Le chercheur est libre de s'en inspirer, de les appliquer en tout ou partie, de prendre ses distances par rapport à eux autant qu'il l'estime nécessaire. Mais cela concerne moins les principes-cadres que les étapes techniques et, parmi les principes-cadres, l'approche à la fois scientifique et critique semble constituer l'élément le plus déterminant, donc le moins dérogeable si l'on entend demeurer dans le cadre jusprospectif.

La prospective juridique est avant tout un état d'esprit et un angle original d'approche du droit, que celui-ci soit compris comme concepts juridiques transversaux, système juridique global, branche du droit, régime juridique particulier, professions juridiques, doctrine, enseignements et recherches juridiques etc. Une *Revue (Internationale) de Prospective juridique* (*R(I)PJ*) pourrait être créée. Il ne serait pas attendu des auteurs y contribuant qu'ils se conforment scrupuleusement à toutes les exigences formelles impliquées par la prospective juridique mais seulement qu'ils en respectent les lignes directrices générales, donc qu'ils adoptent la disposition d'esprit d'un jusprospectiviste, objectif, pragmatique et critique, tourné vers le droit du futur afin d'en tirer aujourd'hui les conséquences et de servir le droit en action.

Seuls des jusprospectivistes « de métier » — ils pourraient exister — seraient amenés à suivre minutieusement les différentes étapes méthodologiques et à appliquer les grands principes d'une recherche à la fois scientifique, critique, interdisciplinaire et collective. Pour le reste, sans doute la prospective juridique a-t-elle surtout vocation à constituer un cadre épistémologique général, aux côtés notamment du pragmatisme juridique, afin de donner aux travaux des juristes et à tous les travaux en droit ou autour du droit une nouvelle impulsion. Ainsi une *Revue de Prospective juridique* serait-elle avant tout une *Revue des futurs du droit et du droit en action.* Pour résumer son ambition profonde en un mot, la prospective juridique aura échoué si l'on n'y voit pas un nouveau souffle et une nouvelle orientation donnés à la recherche juridique.

Titre 1. Les étapes de la prospective juridique

La prospective connaît presque autant de méthodes différentes que de prospectivistes différents, même si des écoles se démarquent. Cela constitue à la fois une limite et une raison de ses succès. Les principes fondamentaux de la prospective eux-mêmes interdisent qu'une manière d'envisager le travail prospectif triomphe de toutes les autres et s'impose à tous les prospectivistes. Les étapes de la méthode jusprospective telles que présentées dans ce chapitre suivent les grandes lignes de la méthode prospective française, en particulier telle que conçue par Michel Godet[329]. Mais d'autres chemins pouvaient, peuvent et pourront être empruntés.

Une démarche de prospective juridique « type » comprend quatre étapes principales :

1. L'identification des grands enjeux et la définition de la problématique (*chapitre 1*) ;

2. Le recueil des données et la recension des acteurs, facteurs et tendances clés (*chapitre 2*) ;

3. L'élaboration des hypothèses et la formulation des scénarios (*chapitre 3*) ;

4. La proposition d'un avenir souhaitable et la construction d'une stratégie (*chapitre 4*).

D'autres voies méthodologiques pourraient être suivies[330] et il ne s'agit nullement, en ces pages, de chercher à imposer une doctrine de la prospective juridique — ce qui serait contre-productif mais aussi contre-nature. Cette prospective juridique peut très bien s'accommoder d'autres façons de mener les recherches et d'échafauder des conclusions et des propositions. La présente méthode jusprospective est une méthode parmi différentes possibles, l'important étant qu'elles respectent toutes les mêmes principes cardinaux, qu'elles poursuivent toutes les mêmes objectifs finaux et qu'elles s'attachent toutes aux mêmes objets de base.

---

[329] *Cf.* M. Godet, *Manuel de prospective stratégique – Tome 2 : L'art et la méthode*, 3e éd., Dunod, coll. Progrès du management, 2007.

[330] Par exemple, E. Masini, *Penser le futur – L'essentiel de la prospective et de ses méthodes*, Dunod, 2000 ; F. Hatem, *La prospective – Pratiques et méthodes*, Economica, 1993 ; J. C. Glenn, J. Th. Gordon, *Futures Research Methodology*, American Council for the United Nations University, 2003 ; R. J. Lempert, S. Popper, S. C. Bankes, *Shaping the Next One Hundred Years – New Methods for Quantitative, Long-Term Policy Analysis*, Rand Corporation, 2003.

Chapitre 1. Identifier les grands enjeux et définir la problématique

La prospective juridique est tout d'abord un art de poser les « bonnes » questions de droit, d'identifier les « vrais » problèmes juridiques. Il est bien connu en psychologie, selon une formule anglo-saxonne, que « *for a hammer, every problem is a nail* » (« pour un marteau, tout problème est un clou »)[331]. Une grande menace à laquelle beaucoup de décideurs succomberaient serait de confondre leurs propres difficultés, limitées et contingentes, avec les véritables difficultés, les seules auxquelles ils devraient répondre en usant de leurs prérogatives. De plus, la lumière crée l'ombre et l'attirance naturelle pour les sujets d'actualité, qui sont par définition aussi soudainement brûlants que rapidement éteints, empêche d'accéder aux problèmes profonds et durables, aux conséquences les plus fortes. Pour la prospective juridique, ce qui se cache et se cachera encore longtemps dans l'ombre peut être plus important que ce qui est mis à l'instant actuel en lumière. Le critère déterminant est l'impact à moyen et long termes.

Les prospectivistes insistent sur le besoin de « se poser les bonnes questions »[332]. Le premier et peut-être le principal problème en prospective est celui du problème. Avant de chercher des réponses, il faut déjà trouver des questions. Il est d'ailleurs probable que, comme pour tout travail universitaire, identifier la principale question à laquelle on devra répondre soit à la fois l'étape la plus décisive et l'étape la plus ardue. « Avant tout, il faut savoir poser les problèmes, écrivait Gaston Bachelard. Et, quoi qu'on en dise, les problèmes ne se posent pas d'eux-mêmes »[333]. De mauvaises questions ne peuvent pas donner lieu à de bonnes réponses mais seulement à des discussions stériles puisque dépourvues de véritable objet. En revanche, un problème bien posé est déjà en partie résolu car la première difficulté qu'il pose est celle de sa formulation.

Oser poser des questions innovantes

La mission des jusprospectivistes est tout d'abord de mettre en lumière les grandes problématiques du droit, qui sont décisives pour son avenir, et

[331] A. H. Maslow, *Psychology of Science*, Reconnaissance, 1966.
[332] Ph. Durance, M. Godet, *La prospective stratégique – Pour les entreprises et les territoires*, Dunod-Unesco, 2011, p. 30.
[333] G. Bachelard, *La formation de l'esprit scientifique*, Vrin, 1938, p. 29.

d'éliminer les problématiques plus secondaires. De ce point de vue, il existe un lien de parenté entre la prospective juridique et l'histoire du droit : « Les faits ne sont pas des objets bruts qui sont là, attendant d'être découverts par l'historien. [...] Les historiens doivent savoir ce qu'ils cherchent ; c'est dire qu'il existe aussi de mauvaises questions : alors c'est tout l'ensemble qui est faux, même si dans cet ensemble chaque fait est exact »[334].

Le jusprospectiviste se rapproche aussi et peut-être plus encore de l'innovateur juridique. Bien souvent, il doit endosser le costume inconfortable de celui qui dérange et oblige à se poser les « vraies » questions, celles qui gênent parce qu'elles portent sur le changement et sur ce qu'on connaît peu et mal. Mais, puisque l'avenir est moins à découvrir qu'à inventer, les plus remarquables jusprospectivistes ne semblent pouvoir être que des « avocats de l'avenir »[335], soutenant les innovations et le progressisme juridiques contre le conservatisme et le suivisme juridiques.

En sciences de gestion, on utilise le concept de « silence organisationnel » pour indiquer que, dans beaucoup d'organisations, notamment les sociétés politiques, on n'ose guère poser ni même penser les « vrais » problèmes. La prospective juridique doit servir à briser ce « silence organisationnel » qui limite la pensée et la construction de l'avenir en bridant l'expression d'idées différentes. Les organisations sont souvent marquées par un mimétisme qui enchaîne l'innovation : on « fait comme les autres » plutôt que de « faire au mieux » ; on répond à des automatismes au lieu de réfléchir aux nouvelles possibilités. Les idées à la mode doivent pourtant être approchées avec méfiance : elles sont bien souvent source d'erreurs d'analyse et de prévision. Les idées reçues sont peu remises en question, alors qu'elles formatent les esprits et influencent les décisions. Les informations importantes peuvent être bloquées par le conformisme du consensus, qui pousse à se reconnaître dans l'opinion dominante et à rejeter l'avis minoritaire, par essence inconfortable pour la réflexion[336]. La prospective juridique a pour objectif de permettre aux solutions innovantes, quels que soient leurs domaines, des normes les plus techniques aux concepts les plus théoriques, d'avoir leur chance dans un monde

---

[334] J. G. Droysen, *Précis de théorie de l'histoire* (1882), Le Cerf, 2002.

[335] Th. Gaudin, *La prospective*, 2e éd., Puf, coll. Que sais-je ?, 2013, p. 6.

[336] « Il est judicieux de se demander, explique Philippe Durance, pourquoi telles ou telles questions ne sont jamais abordées, chaque organisation ayant des sujets tabous. L'un des enjeux de la prospective est de briser ce silence organisationnel, qui limite la capacité à voir loin et large, qui restreint l'expression d'idées différentes, car divergentes. Dans les processus d'expression collective propres à toutes les organisations humaines, la rationalité du collectif, si elle n'est pas correctement gérée, n'est pas toujours supérieure à celle de l'individu isolé. Mis à part le classique biais de confirmation (le fait que la plupart des individus ne s'intéressent qu'aux informations qui confortent leurs pensées, ce qui conduit les groupes à n'étudier que les sujets les plus évidents), le silence qui peut s'installer contribue à atténuer les signaux faibles, y compris de signaux d'alerte, ou les désaccords. À terme, cette situation peut conduire à la catastrophe » (Ph. Durance, « La prospective : une philosophie en action », *RPPI* 2016, n° 1).

juridique changeant et, surtout, dans un environnement parajuridique toujours plus fluctuant.

Or, avant de pouvoir proposer les solutions les plus innovantes, il convient déjà de poser les questions les plus innovantes. Il est cependant vrai que, à bien des égards, le monde du droit évolue mais les problèmes qu'il pose demeurent substantiellement les mêmes, seuls les contextes et les environnements changeant véritablement. L'invariant de la nature humaine et sociale fait que les problématiques juridiques essentielles étaient, sont et seront fondamentalement les mêmes hier, aujourd'hui et demain. Les hommes et les sociétés conservent, au cours du temps, des comportements et des intuitions similaires qui les amènent, une fois placés devant des situations proches, à réagir de manière comparable, donc prévisible. Cet aspect tend à faciliter en partie le travail de problématisation du jusprospectiviste, dont l'objectif doit toujours être de faire œuvre réaliste et non œuvre révolutionnaire — on peut être à la fois innovant et réaliste au niveau des propositions, les observations et constats, eux, doivent être uniquement réalistes.

Identifier les questions clés du futur du droit

La première étape — peut-être, donc, la plus décisive — d'un travail de prospective juridique consiste à identifier les questions clés du futur du droit auxquelles il faudra apporter des réponses, cela en n'ayant peu d'égards pour le fait qu'elles puissent mettre mal à l'aise. Il s'agit d'isoler les problématiques cardinales du domaine dans lequel la recherche est entreprise — le système juridique, un ordre juridique national ou international, une branche du droit, un régime juridique, une règle de droit, une profession juridique, un problème théorique, un concept, les modalités d'enseignement ou de recherche juridique etc. Le sujet et, par suite, les investigations peuvent dès lors être recentrés, reprécisés, réorientés ; et le problème juridique principal auquel l'étude de prospective juridique sera consacrée peut être défini.

Clarté et précision de la problématique

La définition de la problématique de l'étude doit être aussi claire et précise que possible, ce qui suppose de ne pas passer à l'étape suivante, celle des recherches, tant que l'on ne sait pas encore suffisamment bien ce que l'on cherche. Cette problématique, dans sa formulation, ne doit pas prêter à confusion et doit être finement délimitée, surtout dès lors que différents chercheurs et différents acteurs sont invités à contribuer à la recherche. Et il faut d'autant plus prêter attention à la bonne formulation de la problématique qu'en posant la question d'une certaine manière on oriente forcément la réponse dans une certaine direction[337].

Plus la définition du sujet d'une étude de prospective juridique sera précise, plus il sera aisé de procéder efficacement aux étapes suivantes, notamment l'identification des acteurs, facteurs et tendances clés de l'avenir du droit.

Le choix d'un horizon temporel

En outre, toute recherche de prospective juridique suppose d'arrêter un horizon de travail, c'est-à-dire une date dans le futur, plus ou moins lointaine, qui sera celle du droit prospectif étudié (2025, 2030, 2050 etc.). On considère généralement que le « bon » horizon d'une étude prospective serait l'horizon des ruptures. Mais encore faudrait-il tout d'abord mener l'étude avant d'en pouvoir préciser le terme, ce qui ne convient pas. Surtout, les ruptures sont rarement soudaines ; elles sont plutôt une succession de microruptures, voire d'inflexions à peine perceptibles, donnant lieu, en s'additionnant, à une dynamique nouvelle[338].

L'horizon temporel ne peut donc être défini qu'approximativement en fonction des inerties, des évolutions en cours et anticipées et de la nécessité de gommer les « effets de période », sources de turbulences nuisibles à l'appréhension correcte de la dynamique profonde du système[339]. Il faut également prendre en compte l'échéancier des décisions que les acteurs éventuellement à l'origine de l'étude doivent prendre. Toujours est-il que la définition d'un espace temporel est importante puisqu'une recherche de l'état du droit en 2025 est très différente d'une recherche de l'état du droit en 2050 ou en 2100.

Une fois la problématique de l'étude de prospective juridique définie, ce qui peut prendre un temps relativement long et qui constitue peut-être l'étape la plus importante de toutes, il convient de procéder à un recensement objectif et empirique des données pertinentes et utiles afin de pouvoir élaborer ensuite, à partir de ces données, des scénarios quant à l'avenir de cette problématique.

---

[337] Michel Godet utilise souvent cette boutade : « La manière de poser la question change la réponse : par exemple, si vous demandez à un curé "est-ce que je peux fumer quand je prie ?", il vous dira "non", si vous lui demandez "est-ce que je peux prier quand je fume ?", il vous dira "oui" ».

[338] H. De Jouvenel, *Invitation à la prospective*, Futuribles, coll. Perspectives, 2004, p. 57.

[339] Ph. Durance, M. Godet, *La prospective stratégique – Pour les entreprises et les territoires*, Dunod-Unesco, 2011, p. 30.

Chapitre 2. Recueillir les données et recenser les acteurs, facteurs et tendances clés

Une recherche de prospective juridique débute par un effort important de définition et de documentation — la plupart des défaillances dans les études prospectives sont dues à une connaissance trop maigre des réalités concrètes. Des informations fiables et un langage commun sont des préalables indispensables. Avant d'interroger le(s) futur(s), il faut déjà s'intéresser au présent et au passé, c'est-à-dire constituer une base d'informations entrant dans le périmètre du sujet défini. En prospective juridique, on passe en réalité un temps beaucoup plus long à étudier le présent et le passé qu'à étudier l'avenir — puisque ce dernier n'est pas directement observable. Les scénarios du futur sont déduits de ce qu'il s'est passé hier et de ce qu'il se passe aujourd'hui.

La valeur d'un modèle dépend du nombre, de la précision et de l'exactitude des données de départ, d'où l'importance essentielle du travail de définition des objets et de collecte des informations. Or les mutations et, surtout, les continuités à venir s'ancrent dans les évolutions passées et dans l'état du présent : dynamiques profondes, rythme des évolutions (notamment technologiques, économiques, sociales et culturelles), conduites et attentes des acteurs, conséquences des innovations et des changements dans l'environnement etc.

Le recensement de l'existant précède donc l'élaboration de scénarios de l'avenir. Un exercice de prospective juridique oblige à rechercher et enregistrer les données fondamentales de l'évolution du droit. Les tendances doivent être établies, en séparant celles qui sont lourdes et durables de celles qui sont légères et passagères. Une tendance est une série d'événements convergents et, en cela, significatifs[340]. On distingue les tendances et variables conjoncturelles (de court terme), tendancielles (de moyen terme) et structurelles (de long terme)[341]. Une attention toute particulière doit être portée aux tendances émergentes, car elles sont le terreau de futurs possibles.

Pour identifier ainsi toutes les tendances et isoler celles qui pourraient avoir un impact décisif sur les futurs du droit, il importe d'analyser les acteurs et leurs environnements, ainsi que les différents facteurs qui les influencent, en insistant sur ceux qui sont vraiment déterminants, qui sont les vrais moteurs

[340] *Cf.* G. Erner, *Sociologie des tendances*, Puf, 2008.
[341] G. Berger, *Les conditions de l'intelligibilité et le problème de la contingence*, L'Harmattan, coll. Prospective, 2010.

du futur. Les contraintes, les projets, les intentions, les pouvoirs et les autres moyens d'action des acteurs, ainsi que leurs objectifs et terrains d'action plus ou moins convergents ou divergents, les conflits d'intérêts qui peuvent surgir et les alliances qui peuvent se nouer doivent être intégrés dans l'analyse.

Cela signifie qu'une recherche de prospective juridique ne saurait étudier seulement le droit positif. Il est indispensable de se pencher sur tous les éléments susceptibles d'avoir un impact, d'une manière ou d'une autre, sur le contenu et la forme de ce droit positif — s'il est l'objet de la recherche. En particulier, le contexte socio-économique, les phénomènes socio-politiques, les mouvements démocratiques (résultats d'élections) ou autrement politiques, les rapports de forces entre puissances privées et puissance publique, les objectifs poursuivis par les légistes et jurislateurs jouant un rôle à l'égard de ce droit positif, leurs préoccupations dominantes, la pratique de ce droit positif, donc son appréhension par les juristes, son évolution au cours des dernières années ou dernières décennies, les aspirations d'origines diverses quant aux réformes qu'il faudrait mener, l'évolution des problèmes auxquels ce droit est supposé répondre ou encore les points de tension entre acteurs et préoccupations de ces acteurs doivent être pris en considération.

Intégrer les discontinuités et les ruptures

Les ruptures possibles dans le système juridique, la branche du droit, le régime juridique, la pensée du droit etc. doivent également être inventoriées. Les ruptures se définissent comme des retournements rapides, voire brutaux, par rapport à des tendances que l'on imaginait bien établies[342]. Elles sont à la fois redoutées par les prospectivistes, qui peinent à les prévoir, et recherchées par eux puisqu'elles constituent des moments de basculement, des changements majeurs et soudains impactant durablement l'évolution d'une ou plusieurs variables ou même d'un système dans son ensemble[343].

Il est ô combien plus aisé d'anticiper des situations qui se bornent à poursuivre les tendances du passé, éventuellement en les accentuant ou en les atténuant, que des retournements instantanés et brutaux[344]. Mais la particularité de la prospective juridique est d'être une démarche qui intègre les ruptures et donc qui, au lieu de postuler la permanence du changement (demain différera d'aujourd'hui exactement comme aujourd'hui diffère d'hier), tâche de prendre en compte les discontinuités, qu'elles soient subies ou voulues, pouvant être dues à des facteurs tels que l'irruption d'innovations, l'apparition d'« acteurs

[342] *Cf.* A. Gras, *Sociologie des ruptures*, Puf, 1979 ; M. Bessin, C. Bidart, M. Goussetti, *Bifurcations – Les sciences sociales face aux ruptures et à l'événement*, La découverte, 2010.
[343] Ph. Durance, « Penser la rupture », in Ph. Durance, dir., *La prospective stratégique en action – Bilan et perspectives d'une indiscipline intellectuelle*, Odile Jacob, 2014, p. 372.
[344] J. Durand, « Prospective, discontinuité, instabilité », *Futuribles* 1975, n° 4, p. 399 s.

briseurs d'habitudes »[345] ou « la volonté humaine de modifier les règles du jeu »[346].

Voir demain en regardant ailleurs

Afin d'identifier les ruptures mais aussi toutes les évolutions du droit possibles, il est utile d'observer ce qu'il se passe à l'étranger. On peut ainsi voir demain en regardant ailleurs. Que ce soit dans le cadre de la prospective juridique exploratoire ou bien dans le cadre de la prospective juridique stratégique, on doit se projeter dans le temps et on peut se projeter dans l'espace. En allant sur des terrains qui connaissent des situations qu'on pourrait retrouver chez soi dans quelques années — il s'agit alors souvent des États-Unis, par exemple en matière de justice dite « prédictive » et, plus généralement, de « *legaltechs* » —, on étudie le futur. On peut procéder à un travail de *benchmarking* : quelles procédures fonctionnent bien à l'étranger ? quelles normes existent chez soi mais nulle part à l'étranger ? etc. En outre, cela permet de s'évader de l'actualité locale, une difficulté de la prospective étant de donner trop d'importance, souvent inconsciemment, à cette actualité qui n'est pourtant qu'éphémère, passagère et localisée.

Par ailleurs, on pourrait idéalement aller jusqu'à rechercher les utopies qui donnent un sens aux actes des juristes, légistes et autres jurisconsultes, qui donc constituent les moteurs de leurs actions. Ces utopies sont les « moteurs de l'histoire »[347], toutes les organisations courent après une utopie, un point d'accomplissement, plus ou moins inaccessible[348]. Ces utopies, bien que difficiles à formaliser, sont un objet d'étude particulièrement porteur pour la prospective juridique.

Au-delà, les représentations des acteurs, les croyances, les valeurs et les idées préconçues qui les animent doivent être recensées. Le jusprospectiviste doit à la fois les prendre en compte dans son travail de prospective juridique exploratoire et les combattre dans son travail de prospective juridique stratégique. Déconstruire et reconstruire les représentations dominantes est souvent nécessaire afin de favoriser l'avènement d'un futur souhaité.

---

[345] H. De Jouvenel, *Invitation à la prospective*, Futuribles, coll. Perspectives, 2004, p. 47.
[346] *Ibid.*
[347] J. Attali, M. Riot-Sarcey, A. Touraine et *alii*, *Les utopies, moteurs de l'histoire*, Pleins feux, 2001.
[348] Ph. J. Bernard, *De l'utopie moderne et de ses perversions*, Puf, 1997.

Une étude préalable la plus complète possible

Le travail de collecte de données juridiques et para-juridiques doit porter sur des aspects quantitatifs, statistiques, mais aussi sur des aspects qualitatifs, des « variables molles » telles que les stratégies des acteurs, leurs projets, leurs valeurs, leurs comportements, leurs relations etc. — la prévision reposant uniquement sur des facteurs quantitatifs, chiffrables, mesurables, a montré ses limites en ne permettant pas de prévoir certaines crises. L'impossibilité de prévoir l'avenir en fonction des seules données du passé explique l'impuissance des modèles économétriques classiques qui n'intègrent pas de paramètres qualitatifs non quantifiables[349]. Le travail sur les facteurs qualitatifs doit être d'autant plus important que toute quantification aboutit à privilégier les aspects quantifiables au détriment des aspects non quantifiables. Or il convient de prendre en compte autant d'éléments différents que possible pour affiner au maximum les futures conclusions et propositions. Le mérite des prospectivistes est de s'attacher à des phénomènes souvent négligés mais qui influencent de manière certaine et même déterminante le futur.

Sans doute les facteurs qui impactent l'avenir du droit sont-ils si divers et variés qu'on ne peut prétendre à une quelconque exhaustivité en la matière. Il n'en faut pas moins procéder à l'étude préalable la plus complète et minutieuse possible car c'est un gage important de la réussite d'une étude de prospective juridique. La qualité — et aussi la quantité — de la documentation initiale est décisive pour la suite. C'est grâce à cela qu'on peut dépasser les préjugés des participants ou des destinataires de l'étude et faire prévaloir un principe de réalité[350].

Faits porteurs d'avenir (ou signaux faibles)

Il importe encore de relever le maximum de faits porteurs d'avenir (appelés aussi « signaux faibles »). Un fait porteur d'avenir ou signal faible est un événement isolé susceptible d'agir comme précurseur de tendance ou, à l'inverse, comme point d'inflexion d'une tendance observée[351]. Le bon jusprospectiviste est celui qui identifie le plus finement et exactement les faits porteurs d'avenir et signaux faibles du droit, bien avant qu'ils ne se transforment en tendances. Les innovations, qu'elles soient juridiques (formellement ou matériellement) ou extra-juridiques mais destinées à être saisies par le droit,

---

[349] M. Godet, « Sept idées-clés », *Futuribles* nov. 1983, p. 8.

[350] Th. Gaudin, *La prospective*, 2e éd., Puf, coll. Que sais-je ?, 2013, p. 51.

[351] *Cf.* Ph. Cahen, *50 réponses aux questions que vous n'osez même pas poser ! Signaux faibles et scénarios dynamiques pour vitaliser la prospective*, Kawa, 2012 ; Ph. Cahen, *Signaux faibles – Mode d'emploi*, Eyrolles-Éditions d'Organisation, 2010 ; F. Chateauraynaud, T. Torny, *Les sombres précurseurs – Une sociologie pragmatique de l'alerte et du risque*, Éditions de l'EHESS, 2005.

constituent d'importants signaux faibles pour la prospective juridique. De rupture ou incrémentales, elles ne sont par définition pas encore entrées dans les mœurs et nombre d'entre elles seront finalement définitivement rejetées.

Par principe, la portée d'un signal faible ou d'un fait porteur d'avenir est incertaine. Aussi, pour opérer le tri au sein des innombrables faits qui constellent la réalité, le jusprospectiviste doit-il se documenter et suivre en continu l'actualité juridique, ainsi que l'actualité générale. Mais il doit aussi compter sur son intuition, qui constitue alors un sérieux accélérateur de connaissance[352] — en même temps qu'un accélérateur d'erreur.

Isoler dans une actualité juridique et extra-juridique foisonnante les événements qui préfigurent éventuellement l'avenir est une tâche difficile, aux résultats aléatoires, et sans doute les jusprospectivistes ne doivent-ils pas y consacrer trop d'énergie. Dans tous les cas, leur fragilité intrinsèque fait qu'il ne faut jamais surestimer un fait porteur d'avenir ou un signal faible ; il convient de toujours leur réserver une place secondaire dans l'élaboration des scénarios. Et ils témoignent des limites de la rationalité et de la scientificité de la prospective juridique. Personne, en effet, n'a jamais pu expliquer comment on pouvait les repérer dans la masse des informations ni comment on pouvait les expérimenter, les mettre à l'épreuve afin de tester leur importance à l'égard de l'avenir[353].

Établir une matrice d'analyse structurelle et étudier les relations d'influence-dépendance

Une fois achevée la recherche des données du passé et du présent en lien avec l'objet, le jusprospectiviste dispose normalement d'une solide base de travail. Celle-ci doit permettre de comprendre la structure et le fonctionnement du système en cause, son environnement immédiat, ses acteurs clés et ses facteurs clés. C'est alors qu'il devient possible de se projeter dans le futur du droit avec un minimum, si ce n'est de certitudes, d'assurance.

Une analyse structurelle peut à présent être entreprise[354]. L'analyse structurelle est normalement menée par un groupe de travail composé d'acteurs et d'experts. Les trois phases de la méthode sont les suivantes :

1. Le recensement des variables

La première étape consiste à recenser les variables les plus caractéristiques du système étudié et de son environnement (donc variables internes et externes).

---

[352] Ph. Cahen, *Signaux faibles – Mode d'emploi*, Eyrolles-Éditions d'Organisation, 2010.
[353] P. Tolila, « Quand la prospective rêve de science », *Le Banquet la revue du CERAP* janv. 1997, p. 6.
[354] Notamment, M. Forse, *L'analyse structurelle du changement social*, Puf, 1991.

Durant cette phase, il faut tâcher d'être le plus exhaustif pour ne fermer aucune porte.

2. La description des relations entre les variables

Avec une approche systémique, une variable n'a de sens qu'à travers les relations qu'elle entretient avec les autres variables. C'est pourquoi l'analyse structurelle s'efforce à identifier ces relations entre variables, cela au moyen d'un tableau à double entrée appelé matrice d'analyse structurelle. Pour chaque couple de variables, il faut se demander s'il y a une relation d'influence directe entre elles. Si non, on note 0. Si oui, on relève que cette relation d'influence directe est faible (1), moyenne (2), forte (3) ou potentielle (4).

3. L'identification des variables clés avec la méthode Micmac

la méthode Micmac a été développée en 1971 par Michel Godet. Cette phase consiste à identifier les variables clés parmi toutes les variables, c'est-à-dire celles qui jouent un rôle cardinal dans l'évolution du système. On opère en premier lieu un classement direct en cumulant les résultats obtenus au terme de l'étape précédente, puis un classement indirect dit « Micmac » (pour « matrice d'impacts croisés multiplication appliqués à un classement »). Ce classement indirect est obtenu après élévation en puissance de la matrice. La comparaison de la hiérarchie des variables dans les différents classements (direct, indirect et potentiel) est riche d'enseignements. Elle permet de confirmer l'importance de certaines variables, mais aussi de reconnaître des variables qui, en raison de leurs actions indirectes, jouent un rôle important — et que le classement direct ne permet pas de déceler.

Les résultats relatifs aux influences et dépendances de chaque variable peuvent être représentés sur un plan, l'axe des abscisses correspondant aux dépendances et l'axe des ordonnées aux influences. On peut alors repérer en un coup d'œil les variables les plus influentes du système.

À partir de la liste des acteurs du changement et des facteurs de changement — dans l'idéal, il faudrait définir chacun dans un glossaire —, on les associe autant que possible à des indicateurs et on distingue les variables internes qui caractérisent le phénomène étudié et les variables externes propres à son environnement explicatif. Puis, il convient d'identifier les relations entre acteurs et variables. Peut alors être établie une matrice d'analyse structurelle révélant les impacts croisés des variables. Les divers facteurs et acteurs sont indiqués en lignes et en colonnes afin de pouvoir examiner, de manière systématique, les relations de causalité qui les lient plus ou moins fortement[355] :

---

[355] H. De Jouvenel, *Invitation à la prospective*, Futuribles, coll. Perspectives, 2004, p. 59.

action sur / de	Liste des variables internes	Liste des variables externes
Liste des variables internes	1	2
Liste des variables externes	3	4

1 : relations entre les variables internes

2 : action des variables internes sur l'environnement

3 : action de l'environnement sur les variables internes

4 : relations entre les variables externes

Ensuite, un plan des influences et des dépendances peut être esquissé à partir de cette matrice dont le remplissage peut permettre, pour chaque variable, de calculer un « indice de motricité », parfois appelé aussi « indice d'influence » (mesurant l'intensité avec laquelle cette variable agit sur le système), ainsi qu'un « indice de dépendance » (mesurant l'intensité avec laquelle cette variable est régie par le système)[356]. Toutes les variables peuvent ensuite être exprimées à travers un « graphique de motricité-dépendance » (ou « d'influence et de dépendance ») permettant de situer les variables les plus motrices du système étudié[357]. Il est possible d'étudier de cette façon soit les relations d'influence-dépendance entre acteurs-clés, soit les relations d'influence-dépendance entre les facteurs-clés, soit les relations d'influence-dépendance entre toutes les variables.

Les influences des variables peuvent être notées sur une échelle allant de 0 (aucune influence directe) à 3 (influence forte), 1 désignant une influence faible et 2 correspondant à une influence moyenne. Par exemple, on peut dresser un

[356] *Ibid.*

[357] *Ibid.*

tableau prenant en compte différentes variables (sachant qu'une variable n'agit jamais sur elle-même)[358] :

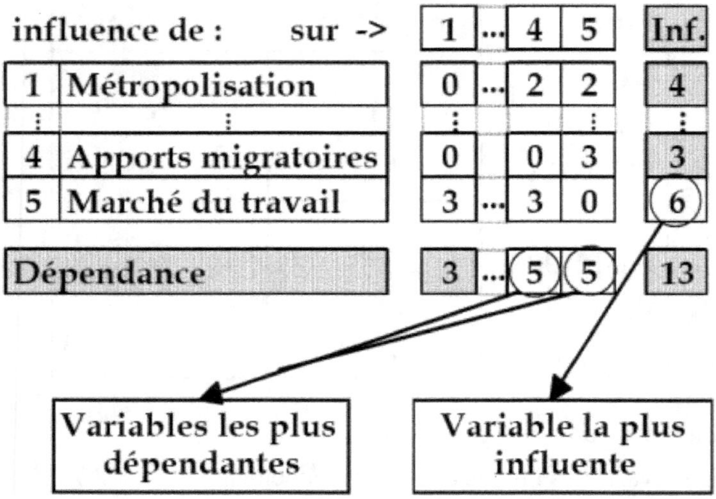

La somme des influences directes constitue un indicateur d'influence et la somme des dépendances est un indicateur de dépendance. On détermine ainsi en un coup d'œil les variables les plus dépendantes des autres et celles qui influencent le plus les autres.

[358] M. Godet, « Synthèse du cours de Michel Godet », 2011/2012, [en ligne] <www.laprospective.fr>.

Ensuite, ces résultats peuvent être réorganisés afin de faire apparaître les variables exclues (ni dépendantes ni influentes), les variables influentes (des variables d'entrées), les variables résultats (des variables de sorties, les plus dépendantes), les variables relais (à la fois influentes et dépendantes), ainsi que les variables moins importantes sans être exclues, dites du « peloton »[359].

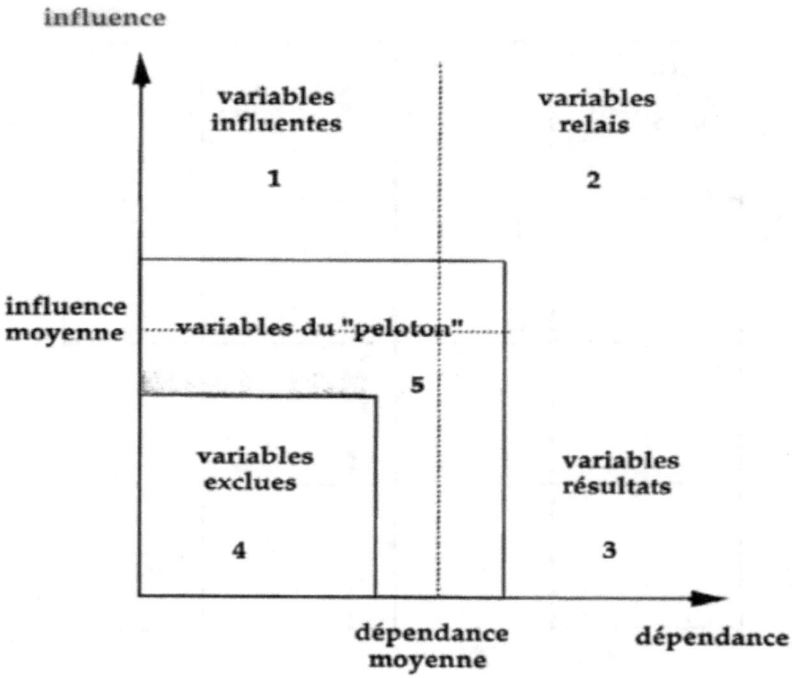

Une telle analyse structurelle sert à orienter le travail de prospective juridique — celui-ci doit porter principalement sur les variables influentes (d'entrées) et sur les variables relais.

Étudier les rapports d'influence-dépendance et les rapports de forces des acteurs

Par ailleurs, il peut être utile d'étudier les stratégies des acteurs de la scène juridique grâce à la méthode dite « MACTOR ». On s'intéresse alors aux acteurs gravitant autour des variables les plus influentes et les plus dépendantes, c'est-à-dire les variables d'enjeu, dont l'avenir devrait dépendre le plus intimement. Certains acteurs sont plus déterminants que d'autres relativement à ces variables d'enjeu. MACTOR fonctionne avec une dizaine, quinzaine ou vingtaine d'acteurs

[359] *Ibid.*

clés recensés. On réalise alors des fiches pour chacun (intitulé, définition, motivations, objectifs poursuivis, problèmes rencontrés, moyens d'action, références (sources des informations)).

À partir de ces données, un tableau « stratégie des acteurs » peut être construit, toujours en notant, par exemple au moyen d'une échelle allant de 0 à 3, les rapports d'influence-dépendance entre les acteurs[360] :

Action de ↓ sur →	**A**	**B**	**C**
A	B : … P : … M : …		
B		B : ... P : ... M : ...	
C			B : ... P : ... M : ...

B : buts ; P : problèmes ; M : moyens

[360] *Ibid.*

	Acteur 1	Acteur 2	Acteur 3	Influence
Acteur 1	0	1	1	2
Acteur 2	2	0	3	5
Acteur 3	1	2	0	3
Dépendance	3	3	4	10

On peut également utiliser une échelle un peu plus sophistiquée allant de 0 à 4[361] :

0 : aucune ou pratiquement aucune influence

1 : gestion (influence sur les modes opératoires)

2 : projets (influence sur les projets)

3 : missions (influence sur les missions, un acteur est alors assez puissant pour amener un autre à changer de métier, par exemple)

4 : existence (un acteur a la capacité de supprimer un autre)

[361] *Ibid.*

Acteurs → / Acteurs ↓	Fournisseurs sans R&D	Fournisseurs avec R&D	Distribution agricole	Distrib. agri. intégrée en aval	Agriculteurs intégrés en filière	Agriculteurs hors filière	Grandes IAA	Petites IAA	Grande distribution	Autres formes de distribution	Restauration hors domicile	Organisations prof. agricoles	Pouvoirs publics nationaux	Pouvoirs publics régionaux	Organisations internationales	Médias	Associations Consommateurs	Associations Environnement
Fournisseurs sans R&D	0	2	1	1	0	1	0	0	0	0	0	1	1	1	0	1	0	0
Fournisseurs avec R&D	2	0	2	3	1	1	0	0	0	0	0	1	1	2	1	1	1	1
Distribution agricole	3	2	0	1	2	1	0	1	0	0	0	2	0	1	0	1	0	1
Distrib. agri. intégrée en aval	3	3	1	0	3	1	1	2	0	1	0	3	1	2	0	1	1	1
Agriculteurs intégrés en filière	2	2	3	3	0	1	0	1	1	1	0	3	2	2	0	0	0	0
Agriculteurs hors filière	2	2	3	3	1	0	0	0	1	1	0	3	1	1	0	0	0	0
Grandes IAA	3	2	3	3	3	1	0	1	3	3	3	1	2	2	2	2	1	1
Petites IAA	2	2	2	2	1	0	1	0	1	2	1	0	1	2	1	1	0	0
Grande distribution	1	1	1	3	3	1	3	4	0	2	1	1	2	2	1	2	1	1
Autres formes de distribution	0	0	1	3	1	1	1	2	1	0	0	0	1	2	0	1	0	0
Restauration hors domicile	0	0	0	1	0	0	2	2	0	1	0	0	0	1	0	0	0	0
Organisations prof. agricoles	2	2	2	2	3	2	1	1	1	1	0	0	2	2	1	1	1	1
Pouvoirs publics nationaux	3	3	3	3	4	4	3	4	3	3	3	2	0	2	2	2	1	1
Pouvoirs publics régionaux	2	2	3	3	3	3	3	3	2	2	3	1	2	0	1	2	1	1
Organisations internationales	3	3	3	3	4	4	3	4	2	2	3	2	3	3	0	1	1	1
Médias	2	2	2	2	2	2	2	3	2	3	3	1	3	3	1	0	3	2
Associations Consommateurs	2	2	2	2	2	2	3	2	3	2	2	1	2	2	2	2	0	1
Associations Environnement	2	2	2	2	2	2	3	2	2	1	0	1	3	3	2	2	1	0

Ici également, la somme des influences directes est un indicateur d'influence et la somme des dépendances constitue un indicateur de dépendance.

Et, à nouveau, un plan des influences-dépendances directes et indirectes des acteurs peut être établi à partir de la matrice acteurs/acteurs[362] :

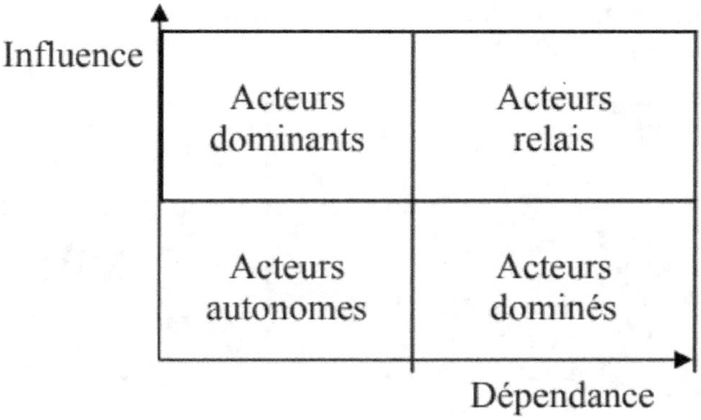

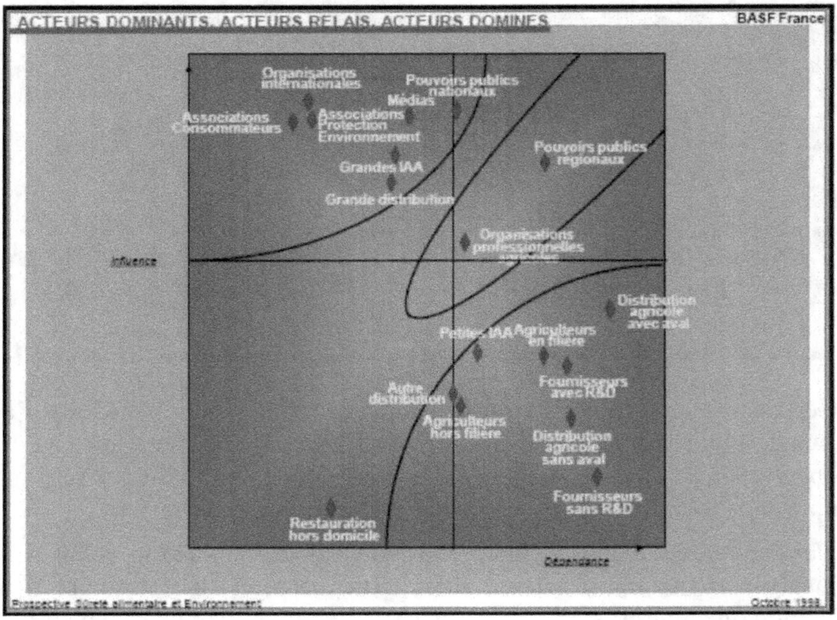

---

362 *Ibid.*

On peut ensuite calculer les rapports de forces entre acteurs : un acteur est d'autant plus puissant au sein d'un système et donc influent de manière déterminante sur le contenu et l'évolution de ce système qu'il possède une influence forte et une dépendance faible. On obtient ainsi une « échelle de puissance des acteurs »[363] :

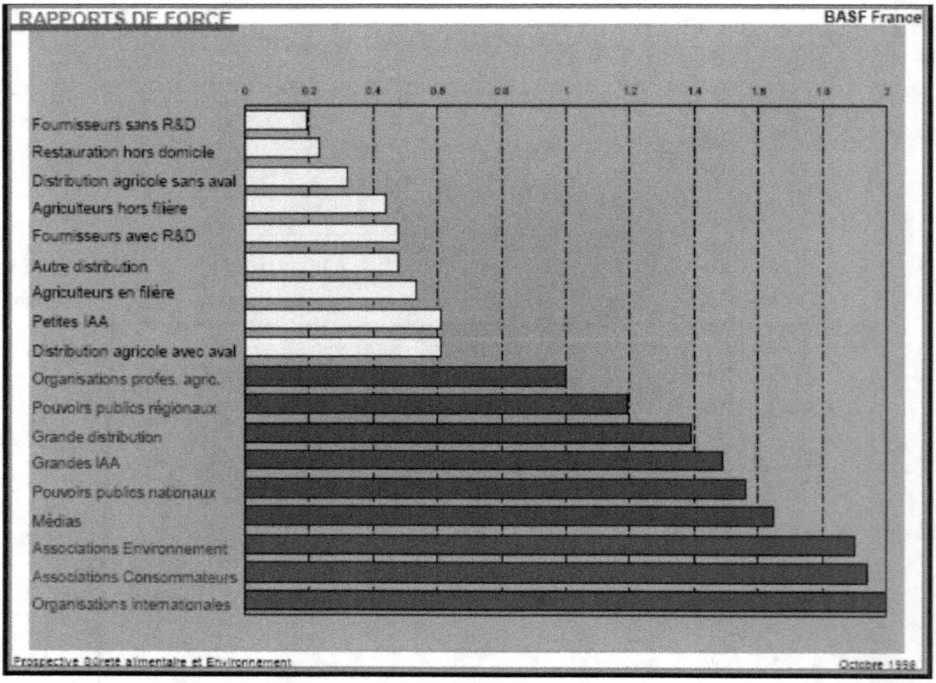

Certains de ces acteurs sont très indépendants. Il est donc difficile d'agir sur eux et il faut se concentrer sur les acteurs influençables dans le cadre de la prospective juridique stratégique. Tous n'en doivent pas moins être pris en compte dans le cadre de la prospective juridique exploratoire.

Dans ce cadre, l'analyse structurelle peut également être utile. Celle-ci, liée à l'analyse systémique, a pour objectif de conférer une structure à une réflexion collective. Il s'agit de donner forme à un système au moyen d'une matrice mettant en relation tous ses éléments constitutifs. Et il importe d'insister sur les variables les plus influentes et dépendantes, donc les plus essentielles à l'évolution du système.

---

363 *Ibid.*

Étudier les rapports entre acteurs et objectifs clés

Par ailleurs, peuvent être analysées les relations entre acteurs et objectifs clés, donc le positionnement des différents acteurs par rapport aux grands objectifs liés à la problématique juridique étudiée, constitutifs en quelque sorte du champ de bataille de l'avenir du droit. Il faut donc identifier les enjeux stratégiques et les objectifs correspondants, ainsi que les acteurs appelés à jouer un rôle afin d'atteindre ou d'empêcher d'atteindre ces objectifs. Puis, on note, par exemple en allant de -3 (très opposé) à +3 (très favorable), la position de chaque acteur par rapport à chaque objectif[364] :

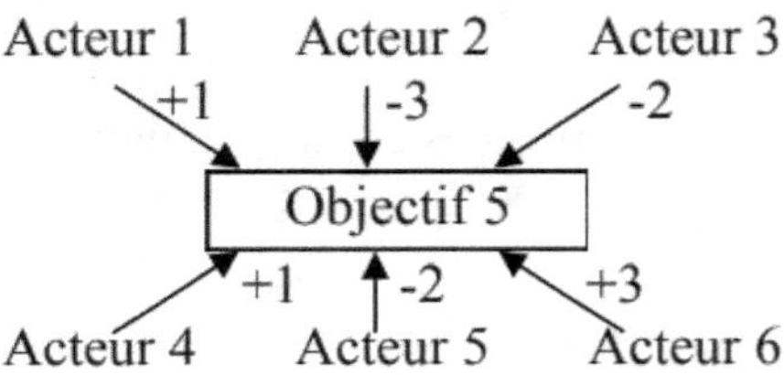

- => contre
+ => pour

On peut aussi, en ne tenant pas compte de l'intensité, présenter les résultats de la façon suivante[365] :

	O1	O2	O3	O4	05	|Σ|
A1 Acteur 1	+1	+1	0	0	+1	3
A2 Acteur 2	-1	0	+1	-1	-1	4
A3 Acteur 3	-1	0	-1	+1	-1	4
A4 Acteur 4	0	+1	+1	0	+1	3
A5 Acteur 5	-1	0	-1	+1	-1	4
A6 Acteur 6	0	0	0	0	+1	1
Nombre d'accords (Σ+)	+1	+2	+2	+2	+3	
Nombre de désaccords (Σ-)	-3	0	-2	-1	-3	
Nombre de positions	+4	+2	+4	+3	+6	

364 *Ibid.*
365 *Ibid.*

On peut identifier les convergences et les divergences et construire une matrice des convergences et une matrice des divergences[366] :

	A1	A2	A3	A4	A5	A6
A1		0	0	2	0	1
A2	0		2	1	2	0
A3	0	2		0	4	0
A4	2	1	0		0	1
A5	0	2	4	0		0
A6	1	0	0	1	0	
Nbr. de conv.	3	5	6	4	6	2

	A1	A2	A3	A4	A5	A6
A1		2	2	0	2	0
A2	2		2	1	2	1
A3	2	2		2	0	1
A4	0	1	2		2	0
A5	2	2	0	2		1
A6	0	1	1	0	1	
Nbr. de diverg.	6	8	7	5	7	3

Nbr. de conv. = nombre de convergences ; Nbr. de div. = nombre de divergences

Et l'on peut dessiner un graphique des convergences et un graphique des divergences[367] :

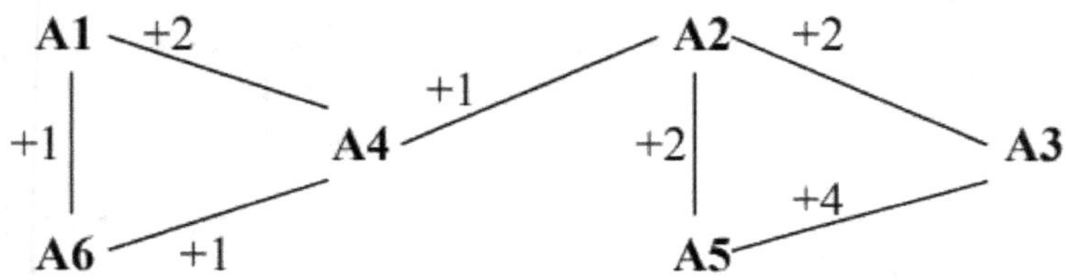

Dans cet exemple, deux ensembles d'acteurs se distinguent. A5, notamment, n'a aucune convergence d'objectif avec A4 et a beaucoup de convergences avec A3 et A2.

366 *Ibid.*
367 *Ibid.*

Si l'on intègre l'intensité des relations, on peut pondérer les convergences par cette intensité et obtenir un tableau tel que celui-ci[368] :

Acteurs \ Objectifs	Garantir l'innocuité sanitaire	Assurer la transparence nécessaire	Evaluer objectivement le panier de la ménagère	Former et informer le grand public	Préserver l'image des produits de marque	Valorisation du contenu environnemental et sociétal des MDD	Raccourcir les circuits	Développer les labels de qualité valorisant les terroirs	Alimenter le débat public, réunir les controverses	Restaurer la confiance dans les institutions	Assurer la valeur nutritionnelle et la qualité gustative	Mettre en place de nouvelles réglementations rationnelles	Miser sur les technologies nouvelles	Assurer la valeur ajoutée de l'amont	Répercuter sur les prix d'achat amont la compétition aval	Développer la contractualisation entre partenaires réciproques	Développer l'intégration par l'aval	Développer les indications et éco-labels	Clarifier les responsabilités juridiques, pénales	Eviter une application maximaliste du principe de précaution	Maîtriser les impacts environnementaux
Fournisseurs sans R&D	1	-2	0	-2	0	0	0	-2	-3	2	0	-2	0	3	0	0	-1	0	-2	3	0
Fournisseurs avec R&D	3	3	1	2	0	0	0	2	-3	3	2	3	3	3	-3	2	1	1	3	3	3
Distribution agricole	2	2	1	1	1	1	-3	2	-3	3	2	3	2	3	-3	2	-3	-2	2	3	2
Distrib. agri. intégrée en aval	3	3	2	2	2	2	-3	2	-3	3	3	3	3	3	-3	3	-3	-2	3	3	2
Agriculteurs intégrés en filière	3	3	2	1	2	1	2	3	-3	3	2	2	2	4	-4	3	-2	-3	2	3	2
Agriculteurs hors filière	2	1	0	1	0	0	3	3	-3	2	2	1	2	4	-4	1	-4	-3	1	3	1
Grandes IAA	4	3	3	3	4	-1	-2	0	-3	3	4	3	3	4	-4	3	-3	1	3	3	2
Petites IAA	4	3	3	2	4	0	0	2	-3	3	4	3	3	4	-4	3	-3	-1	3	3	1
Grande distribution	4	3	3	2	1	3	2	3	2	2	3	2	2	0	4	3	2	0	3	-1	1
Autres formes de distribution	4	3	3	2	2	-3	2	3	0	2	3	1	1	0	4	2	0	0	3	0	1
Restauration hors domicile	4	2	3	1	0	0	0	1	-3	2	4	3	2	0	4	1	0	-1	3	1	1
Organisations prof. agricoles	2	2	0	1	0	0	1	3	2	2	0	1	2	4	-4	2	-3	-2	0	3	2
Pouvoirs publics nationaux	4	3	2	1	0	0	0	3	-3	4	1	3	1	2	1	0	0	2	2	-2	3
Pouvoirs publics régionaux	4	3	2	1	0	0	1	3	-3	4	1	2	2	3	1	1	-1	2	2	-3	3
Organisations internationales	4	2	0	0	0	0	0	1	-2	3	1	2	1	1	0	0	0	1	2	-2	2
Medias	0	0	1	3	0	0	0	1	4	-1	0	0	0	0	0	0	0	0	2	0	0
Associations Consommateurs	4	3	3	2	0	0	3	2	3	3	3	2	2	0	0	1	0	2	3	-3	2
Associations Environnement	3	3	2	2	0	0	1	2	4	2	1	1	-1	0	0	0	0	3	2	-3	4

Ici, les notes +4 et -4 indiquent qu'un acteur est très favorable ou très opposé à un objectif, par exemple s'il met en jeu son existence même (s'il vient à se réaliser ou, à l'inverse, à ne pas se réaliser). Quand on additionne les résultats d'une ligne, on obtient la somme de tous les objectifs qui concernent un acteur. Surtout, l'addition des chiffres d'une colonne permet de constater si un objectif est très important ou non dans le jeu d'acteurs.

Des objectifs sont très mobilisateurs, d'autres non. Certains s'avèrent consensuels quand d'autres sont sources de conflits. Ces derniers peuvent engendrer une opposition d'intérêts forte lorsqu'ils sont très importants à la fois aux yeux de ceux qui sont « pour » et aux yeux de ceux qui sont « contre ».

On peut également prendre en compte les rapports de forces, donc la puissance et la capacité à défendre ses intérêts de chaque acteur. Puis, il convient de lister les objectifs et d'observer quels sont ceux qui sont les plus mobilisateurs et les plus clivants, donc ceux qui vont nourrir le jeu des acteurs et les dynamiques d'évolution du système, constituant les facteurs clés de ces dynamiques[369] :

[368] *Ibid.*
[369] *Ibid.*

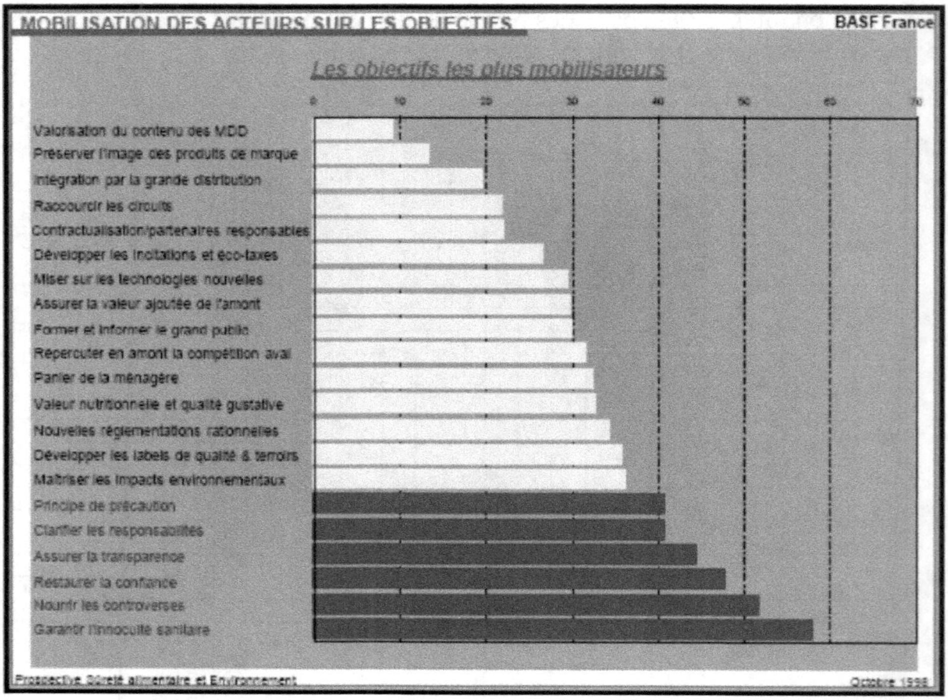
MOBILISATION DES ACTEURS SUR LES OBJECTIFS
BASF France
Les objectifs les plus mobilisateurs
0 10 20 30 40 50 60 70
Valorisation du contenu des MDD
Préserver l'image des produits de marque
Intégration par la grande distribution
Raccourcir les circuits
Contractualisation/partenaires responsables
Développer les incitations et éco-taxes
Miser sur les technologies nouvelles
Assurer la valeur ajoutée de l'amont
Former et informer le grand public
Répercuter en amont la compétition aval
Panier de la ménagère
Valeur nutritionnelle et qualité gustative
Nouvelles réglementations rationnelles
Développer les labels de qualité & terroirs
Maîtriser les impacts environnementaux
Principe de précaution
Clarifier les responsabilités
Assurer la transparence
Restaurer la confiance
Nourrir les controverses
Garantir l'innocuité sanitaire
Prospective Sûreté alimentaire et Environnement
Octobre 1998

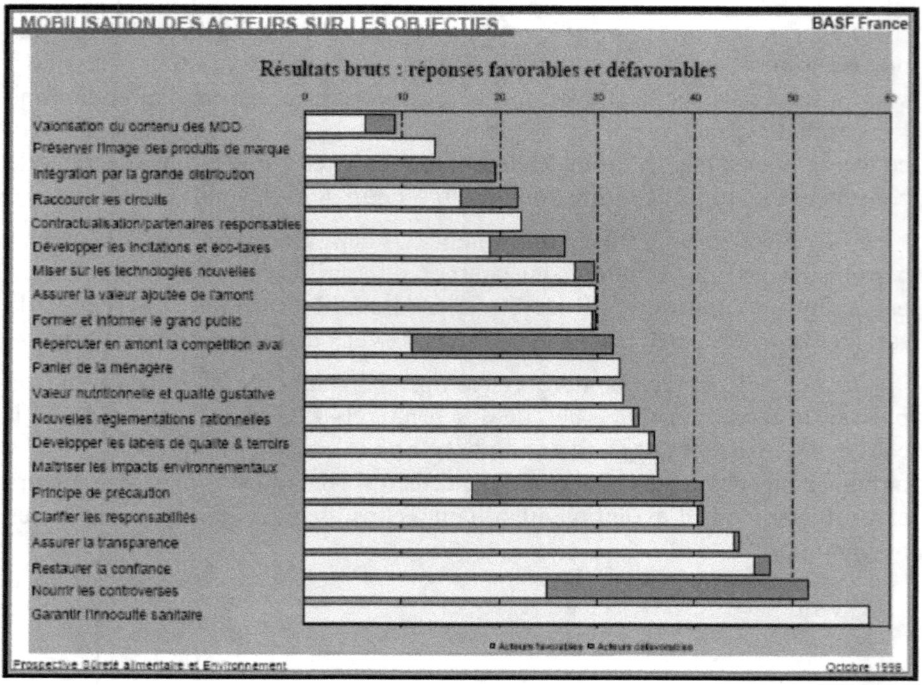
MOBILISATION DES ACTEURS SUR LES OBJECTIFS
BASF France
Résultats bruts : réponses favorables et défavorables
0 10 20 30 40 50 60
Valorisation du contenu des MDD
Préserver l'image des produits de marque
Intégration par la grande distribution
Raccourcir les circuits
Contractualisation/partenaires responsables
Développer les incitations et éco-taxes
Miser sur les technologies nouvelles
Assurer la valeur ajoutée de l'amont
Former et informer le grand public
Répercuter en amont la compétition aval
Panier de la ménagère
Valeur nutritionnelle et qualité gustative
Nouvelles réglementations rationnelles
Développer les labels de qualité & terroirs
Maîtriser les impacts environnementaux
Principe de précaution
Clarifier les responsabilités
Assurer la transparence
Restaurer la confiance
Nourrir les controverses
Garantir l'innocuité sanitaire
Acteurs favorables
Acteurs défavorables
Prospective Sûreté alimentaire et Environnement
Octobre 1998

Dans le dernier tableau, sont additionnés les acteurs qui sont « pour » l'objectif et ceux qui sont « contre », en pondérant dans l'idéal par l'importance de l'objectif en question pour chacun et par les rapports de forces ou par la puissance de chacun.

À l'issue de ce travail d'analyse et de synthèse des pouvoirs et puissances des acteurs clés par rapport aux autres acteurs clés, aux facteurs clés et aux objectifs essentiels — travail assurément aussi nécessaire que fastidieux pour qui entend procéder à une recherche de prospective juridique la plus scientifique possible —, on peut visualiser les forces et faiblesses de chacun, les jeux d'alliances et les conflits qui pourraient naître. Le jusprospectiviste dispose désormais d'une vision plus claire et précise de la situation et de l'état du problème étudié, de ses acteurs et facteurs clés déterminants pour l'évolution du système. Il est alors possible de passer à l'étape suivante : l'élaboration de scénarios de futurs du droit possibles.

La prospective juridique, démarche ouverte

Le futur du droit est déjà en germe dans le présent du droit. En effet, ses signes précurseurs peuvent être observés dès aujourd'hui. Sous cet angle, trois types de futurs doivent être distingués. Tout d'abord, les « futurs contingents » sont le résultat de l'influence de facteurs externes[370]. Ensuite, les « futurs d'optimisation » correspondent à une continuité systémique ; ils « colonisent » l'avenir car des tendances actuelles perdurent[371]. Les « futurs inédits », enfin, ne possèdent pas de cause immédiate mais se produisent inopinément et modifient le présent[372]. Ces futurs sont plus ou moins aisés à déceler en observant l'état actuel des acteurs et des facteurs. Reste que telle est bien la mission du jusprospectiviste : concevoir ce que pourrait être le droit du futur à l'aune de ce qu'il est aujourd'hui — mais aussi de ce qu'il a été dans le passé.

Comme le disait le futurologue Herman Kahn, « il y a deux grandes erreurs quand on étudie le futur : croire qu'une tendance actuelle va se prolonger dans l'avenir et croire qu'une tendance actuelle ne va pas se prolonger dans l'avenir »[373]. Dans ces conditions, le travail du jusprospectiviste est évidemment difficile. C'est pourquoi, avant de se poser la question des tendances qui seraient révélatrices du futur ou la question des faits qui seraient porteurs d'avenir, il convient de recenser toutes les informations pouvant potentiellement fournir des

370 R. Miller, « Anticipation : la discipline de l'incertitude », in Ph. Durance, dir., *La prospective stratégique en action – Bilan et perspectives d'une indiscipline intellectuelle*, Odile Jacob, 2014, p. 367.

371 *Ibid.*

372 *Ibid.*

373 Cité par K. Valaskakis, « La prospective en trois leçons : mon apprentissage personnel », in Ph. Durance, dir., *La prospective stratégique en action – Bilan et perspectives d'une indiscipline intellectuelle*, Odile Jacob, 2014, p. 60.

enseignements. Le futur du droit présente forcément des visages multiples et ce n'est qu'une fois que le futur sera devenu présent qu'on pourra savoir quelles données étaient effectivement les plus pertinentes. Le diagnostic de départ doit donc éviter les postures trop catégoriques et demeurer le plus ouvert afin de n'exclure du champ des possibles que les scénarios clairement invraisemblables. Ensuite, si l'avenir en vient à se situer entre deux futurs possibles identifiés par le jusprospectiviste, empruntant pour partie à l'un et pour partie à l'autre, il ne se sera pas trompé. En revanche, si l'avenir en vient à se situer à côté et loin des scénarios du jusprospectiviste, cette fois il se sera trompé en n'étant pas parvenu à déceler dans le présent les indices du futur.

La prospective juridique, une démarche continue

C'est ici l'occasion de souligner combien la prospective juridique est une démarche continue. Pour être efficace, elle doit être itérative et s'appuyer sur une succession d'ajustements et de corrections, cela afin de remédier aux erreurs de jugement, mais aussi pour suivre la prise en compte des études prospectives par les acteurs et décideurs, ce qui influence le futur. Gaston Berger enseignait en ce sens — et nul ne saurait le contredire sur ce point — que « la prospective est tout autre chose qu'un recours à la facilité. Elle suppose une extrême attention et un travail opiniâtre. [...] La vision prospective n'est pas un don gratuit, elle est une récompense semblable en cela à l'intuition bergsonienne, qu'on a souvent mal comprise et qui n'est que l'aboutissement d'un long travail d'analyse. La simplicité se conquiert »[374].

Il reste à noter que le travail d'information et de synthèse préalable, quantitativement mais aussi qualitativement très important, peut être réalisé par une personne seule, mais, dans l'idéal, il devrait l'être par un groupe de travail — cela à la fois en raison de la quantité de recherches et de modélisations qu'il demande et afin de contourner le plus de biais de subjectivité possible. Et ce groupe de travail, y compris en prospective juridique, devrait être pluridisciplinaire puisque le futur du droit ne dépend pas que du droit lui-même mais aussi de divers éléments appartenant à son environnement plus ou moins immédiat, de la sociologie à l'économie en passant bien sûr par la politique.

[374] G. Berger, « L'attitude prospective » (1959), in *De la prospective – Textes fondamentaux de la prospective française (1955-1966)*, L'Harmattan, coll. Prospective, 2007, p. 91. Le philosophe ajoutait que la prospective « est le contraire même du rêve qui, au lieu d'amorcer l'action, nous en détourne puisqu'il nous fait jouir en imagination d'un travail que nous n'avons pas accompli » (*ibid.*).

Consulter les acteurs et les experts pour réduire l'incertitude : la méthode de Delphes

Par ailleurs, il semble important que le ou les auteurs de l'étude interroge(nt) directement les acteurs et les experts du sujet. La simple consultation de la littérature déjà existante sur ce sujet pourra rarement suffire à s'en faire une idée suffisamment précise pour pouvoir concevoir pertinemment ses futurs possibles. Le jusprospectiviste, afin d'obtenir les informations les plus précises et les plus exactes concernant l'objet de son étude, devrait dans l'idéal mener des enquêtes documentaires, procéder à des interviews d'experts et à des consultations diverses. Il est certes permis de se contenter des premières informations trouvées relativement au sujet en cause sans que cela interdise de s'inscrire dans le champ de la prospective juridique. Mais mieux vaut consulter un maximum d'acteurs et d'experts de ce sujet.

Pour cela, des questionnaires classiques, plus ou moins longs et plus ou moins sophistiqués, peuvent être utilisés. La méthode spécifique des prospectivistes dite « Delphi » ou « de Delphes » peut aussi être mobilisée. On appelle « Delphi », par allusion aux oracles de la Grèce antique, dont le plus célèbre se tenait dans la ville de Delphes, une procédure de consultation des experts inventée pour l'armée des États-Unis après la Seconde Guerre mondiale. Avec Delphi, on consulte des experts scientifiques ou praticiens, supposément les mieux informés relativement à l'objet d'étude et donc les mieux en mesure d'en concevoir l'avenir, et on traite leurs avis comme ceux d'oracles, à défaut de pouvoir vérifier la justesse de leurs intuitions — mais on critique parfois le fait que les résultats obtenus seraient trop dépendants des experts choisis ; si, pour ne pas avoir de problèmes relationnels, on se borne à consulter les experts reconnus et on n'écoute pas ceux qui tiennent un discours différent, alors pourtant que celui-ci peut être très enrichissant du point de vue des futurs possibles, le travail prospectif ne semble pouvoir être mené que dans de mauvaises conditions[375].

Cette consultation peut prendre des formes très différentes mais la plus pratiquée est sans doute l'entretien selon une grille préétablie. Joseph Coates,

---

[375] Thierry Gaudin explique que, « dans le champ scientifique, il faut toujours avoir présent à l'esprit les observations de Thomas S. Kuhn : à chaque époque règne une "science normale" constituée des théories admises, sinon par la majorité des savants, du moins par les plus influents. Mais il y a aussi de nouveaux paradigmes en gestation, qui sont portés par une minorité, en général plus jeune et tenue à l'écart. Or c'est là que se trouvent les informations les plus intéressantes pour l'avenir. En fait, dans toute collectivité, les idées nouvelles sont en général portées par une minorité. C'est une observation qu'ont faite tous ceux qui ont étudié l'innovation [*cf.* Th. Gaudin, *De l'innovation*, Éditions de l'Aube, 1998]. Elle est valable pour les processus cognitifs en général. Mais, pour le prospectiviste, c'est une vraie difficulté. Si l'on ne consulte pas les experts reconnus, ils risquent de se vexer. Si l'on donne la parole aux "jeunes turcs" qui sont leurs rivaux, aussi. Il faut donc trouver des artifices de présentation exprimant les tendances minoritaires » (Th. Gaudin, *La prospective*, 2e éd., Puf, coll. Que sais-je ?, 2013, p. 80).

prospectiviste renommé aux États-Unis, estime qu'il suffirait en général d'une conversation téléphonique d'un quart d'heure, si elle est bien préparée, pour alimenter un entretien valable avec un expert ; et il juge que consulter une douzaine d'experts suffirait le plus souvent à faire le tour de la question[376]. La méthode de Delphes, plus exactement, consiste en une série d'interrogations posées aux experts, sous la forme de questionnaires[377]. Après qu'ils aient une première fois répondu, on leur propose de répondre une seconde fois, mais en indiquant à présent les réponses et arguments qui ont été donnés au tour précédent. On leur apporte ainsi de la connaissance collective. Chaque expert est encouragé à reconsidérer et, éventuellement, modifier sa réponse précédente à la lumière des positions des autres membres du groupe.

Ensuite, il faut mener plusieurs tours de questionnaire (souvent trois ou quatre) afin que les positions s'alignent progressivement. Mais cela rend la méthode Delphi relativement lourde et fastidieuse — le taux d'abandon des participants est plutôt élevé. Elle suppose, de plus, une bonne maîtrise du traitement des réponses et de la conduite de l'exercice de la part des analystes[378].

Cette méthode repose sur l'anonymat, la rétroaction et la statistique. L'interaction de groupe est anonyme puisque les réponses données à chaque tour sont présentées sans identification de quiconque. Ensuite, la méthode permet d'aboutir à des consensus raisonnés pouvant être exploités dans un travail de prospective juridique exploratoire ou servir à prendre des décisions dans un cadre de prospective juridique stratégique.

Une grande difficulté de la démarche prospective est de tenir compte de points de vue et d'opinions variés et contrastés — ceux des experts et des acteurs. Une méthode telle que la méthode Delphi permet de clarifier leurs positions et de dessiner quelques lignes de force, de souligner les convergences — mais aussi les divergences — parmi les personnes consultées. Cette méthode doit plutôt être mise en œuvre en amont de la construction des scénarios, afin de préciser la liste des données importantes, tendances lourdes, ruptures possibles, questions clés, objectifs clés, acteurs clés et facteurs clés[379].

Ensuite, une fois l'objet d'étude suffisamment éclairci par un ensemble d'informations quantitativement et qualitativement important, et avant d'élaborer les scénarios des futurs du droit possibles, il peut être utile de prendre le temps de synthétiser les éléments clés du système en cause, dont les évolutions impacteront nécessairement son visage futur.

---

[376] Cité par Th. Gaudin, *La prospective*, 2e éd., Puf, coll. Que sais-je ?, 2013, p. 55.

[377] *Cf.* A. Harold, A. Linstone, T. Murray, *The Delphi Method – Techniques and Applications*, New Jersey Institute of Technology, 2002.

[378] *Cf.* N. Dalkey, B. Brown, S. Cochran, *La prévision à long terme par la méthode Delphi*, Dunod, 1972.

[379] Mais il est aussi envisageable de construire des scénarios exploratoires sur la base d'une analyse morphologique par exemple, pour ensuite tester, vérifier, consolider les hypothèses clés utilisées auprès d'un panel d'experts à l'aide d'une méthode telle que la méthode Delphi.

Chapitre 3. Élaborer des hypothèses et formuler des scénarios

Après avoir recueilli les données et écouté les acteurs et les experts, et après avoir opéré un tri et une sélection parmi les informations obtenues, il peut être bienvenu d'opérer un effort théorique de systématisation afin de pouvoir mieux comprendre les relations et les liens de cause à effet entre les éléments clés pour l'avenir de l'objet juridique étudié[380]. La mission du jusprospectiviste ne doit pas être envisagée telle celle d'une caisse enregistreuse, sans vision systémique, se bornant à collecter et retranscrire des données. Pour faire œuvre utile, éclairer les acteurs du monde juridique quant aux évolutions à venir, aux facteurs de continuité ou de rupture etc., l'effort de systématisation et de synthèse est important. Sans cela, le réel est trop complexe et multiple pour qu'il soit possible de le bien comprendre. La mission du jusprospectiviste est justement de le systématiser et synthétiser afin qu'il devienne mieux saisissable, y compris par le jusprospectiviste lui-même, et qu'il éclaire un avenir dans l'absolu toujours obscur. Ainsi des connaissances profondes et solides, à l'abri de mouvements d'opinion superficiels et fluctuants, peuvent-elles être obtenues.

C'est pourquoi ce qui constitue peut-être le point culminant du travail de prospective juridique est la conceptualisation, c'est-à-dire l'élaboration d'outils intellectuels afin de mieux appréhender la réalité et son futur. Cette phase de la recherche jusprospective consiste à dégager, en fonction des données récoltées au préalable, les idées directrices qui donnent sens à l'ensemble, qui sont le moteur inconscient mais effectif du système. En soi, la documentation recueillie risque fort d'être foisonnante — elle doit l'être si le travail est minutieux — et, par conséquent, illisible. L'objectif des concepts structurants produits, peu nombreux — dans l'idéal il se pourrait qu'un seul explique le fonctionnement de tout le système —, est d'exprimer, traduire et expliquer l'essentiel des informations obtenues. Pour aboutir à ces concepts, il faut s'élever au-dessus des points de vue particuliers et tenir compte des grandes évolutions détectées. Ce sont ces concepts qui, mieux que les informations, font progresser la connaissance, surtout lorsqu'il s'agit de la connaissance du futur — pour laquelle toute information est par définition incertaine et discutable[381].

---

380 *Cf.* Y. Barel, *Prospective et analyse de systèmes*, La documentation française, coll. Travaux et recherches de prospective, 1971.
381 Th. Gaudin, *La prospective*, 2e éd., Puf, coll. Que sais-je ?, 2013, p. 112.

« Voir large » : reconstruire le système global du problème

Un des principes de la prospective, et donc de la prospective appliquée au droit, consiste à « voir large ». Ce principe, tiré de la cybernétique et de l'analyse des systèmes, conduit à envisager les problèmes dans leurs globalités et non point par point. Cela implique notamment qu'une prospective juridique ne saurait se baser uniquement sur des éléments juridiques. Elle doit repositionner le droit dans le système global auquel il prend part, étudiant les éléments extra-juridiques qu'il influence et, surtout, les éléments extra-juridiques qui l'influencent. Une prospective purement juridique, sur le modèle de la théorie pure du droit et de la science pure du droit kelséniennes, est impossible ou, du moins, absolument inconséquente. Même une prospective proprement juridique, c'est-à-dire dont l'objet est juridique (les avenirs du droit possibles et souhaitables), ne doit pas consister en une approche spécialisée des problèmes étudiés[382].

Même si l'exercice prospectif porte sur un objet juridique, le ou les chercheur(s) doit(doivent) adopter une vision globale[383] et systémique[384], interdisciplinaire ou transdisciplinaire, intégrant les données sociales, politiques, économiques, culturelles ou encore technologiques[385]. Les phénomènes étudiés sont nécessairement complexes et interdépendants avec leur environnement proche et même avec leur environnement plus lointain. Il n'existe guère de problèmes pouvant être isolés[386]. D'ailleurs, les problèmes juridiques sont de plus en plus interdépendants et de plus en plus enchevêtrés avec les problèmes non-juridiques. Il est indispensable, pour envisager l'avenir, de bien comprendre toutes ces relations, tous ces jeux d'influences.

En même temps, cette complexité des situations rend l'analyse particulièrement difficile. Cela justifie le possible recours à des méthodes inspirées de l'analyse des systèmes permettant de considérer les phénomènes à partir d'une étude de l'ensemble des facteurs et de leurs interrelations[387].

En la matière, les écosystèmes sont la référence parce qu'on y trouve tous genres de relations, notamment la symbiose, la concurrence et la prédation,

---

[382] Comme le décrit Thierry Gaudin, « les travaux de prospective ne peuvent se limiter à un domaine circonscrit *a priori*. Ils doivent nécessairement aller vérifier comment les choses évoluent en dehors du champ de la question posée et quelles interactions peuvent être pressenties avec le sujet étudié. Un travail qui omettrait de transgresser les limites ressemblerait à ce conte soufi de l'homme qui cherchait ses clefs sous le réverbère parce que c'est là que c'est éclairé, alors qu'il les a perdues plus loin dans la rue, là où il fait sombre » (*ibid.*, p. 12).

[383] *Cf.* J. De Rosnay, *Le macroscope – Vers une vision globale*, Le Seuil, coll. Points, 1975.

[384] *Cf.* L. Von Bertalanffy, *Théorie générale des systèmes*, Dunod, 1973.

[385] Ph. Durance, M. Godet, *La prospective stratégique – Pour les entreprises et les territoires*, Dunod-Unesco, coll. Stratégie de l'entreprise, 2011, p. XVI.

[386] M. Godet, « Sept idées-clés », *Futuribles* nov. 1983, p. 6.

[387] Par exemple, M. Crozier, E. Friedberg, *L'acteur et le système – Les contraintes de l'action collective*, Le Seuil, 1977.

lesquelles peuvent se retrouver dans les comportements juridiques comme ailleurs[388]. Les exigences de la connaissance jusprospective conduisent donc à identifier plus conceptuellement et systématiquement les éléments de la problématique juridique en cause, leurs relations et l'intensité de celles-ci, ainsi que les nœuds, rapports de complémentarité ou d'opposition etc.[389].

Partant du constat que les problèmes du droit ne sauraient être réduits à une seule dimension ni correctement compris si on les découpe en rondelles, comme y invitent pourtant les disciplines académiques[390] — jusqu'au droit lui-même se trouve découpé en diverses branches plus ou moins hermétiques —, la prospective juridique entend étudier les réalités et les avenirs du droit à travers l'ensemble de leurs aspects, quelle qu'en soit la nature. C'est en ce sens que les premiers jusprospectivistes pouvaient se proposer d'« aborder l'ordre juridique à la fois dans ses aspects normatifs et pratiques, étroitement solidaires mais souvent opposés »[391].

Proposer des hypothèses d'évolution future en vue de la construction de scénarios exploratoires

À l'aune de cet effort de systématisation, on identifie les quelques variables motrices du système et, ensuite, on propose des hypothèses d'évolution future qui serviront à la construction des scénarios exploratoires. Pour chacune de ces variables motrices, il importe de regarder quelle a été son évolution passée, quelle est son évolution tendancielle et quelles inflexions ou ruptures pourraient impacter cette évolution[392]. Mais il demeure dans tous les cas délicat de savoir comment une variable va évoluer, alors que l'avenir est ouvert, porté par les projets, par la détermination plus que par les déterminismes[393]. C'est pourquoi plusieurs hypothèses doivent à chaque fois être choisies, en prenant garde à ce qu'elles ne soient ni trop contrastées (incluant alors des situations impossibles) ni trop restrictives (excluant alors des situations possibles)[394].

---

388 Th. Gaudin, *La prospective*, 2e éd., Puf, coll. Que sais-je ?, 2013, p. 65.

389 P. Gonod, « Dynamique des systèmes et méthodes prospectives », *Futuribles* 1996, n° 2.

390 *Cf.* É. Morin, *La méthode – La nature de la nature*, Le Seuil, 1977.

391 A.-C. Decouflé, « Introduction », in A. Sayag, dir., *Quel droit des affaires pour demain ? Essai de prospective juridique*, Librairies techniques, 1984, p. 5. L'auteur observait que cela aboutit à changer le rôle de la doctrine : « L'intérêt de l'enquête est, face aux supputations doctrinales, de faire apparaître l'analyse propre aux "gens d'affaires" et à ceux que, d'une manière générale, on désigne volontiers commes les "praticiens" : un regard plus contingent et plus immédiat sans doute, mais de quelle acuité ! » (*ibid.*, p. 3).

392 H. De Jouvenel, *Invitation à la prospective*, Futuribles, coll. Perspectives, 2004, p. 61.

393 M. Godet, « Le plaisir de l'indiscipline intellectuelle pour construire l'avenir autrement », in Ph. Durance, dir., *La prospective stratégique en action – Bilan et perspectives d'une indiscipline intellectuelle*, Odile Jacob, 2014, p. 29.

394 H. De Jouvenel, *Invitation à la prospective*, Futuribles, coll. Perspectives, 2004, p. 69 (« Pas trop contrastées car si on imagine que tout est possible ainsi que son contraire (éventail des

À l'issue de ces étapes, on dispose normalement pour chaque variable clé d'une représentation de son évolution passée et d'hypothèses d'évolution pour le futur. L'étape suivante consiste à combiner ces hypothèses pour construire des scénarios.

La méthode des scénarios au cœur de la prospective

Les juristes, légistes, jurislateurs, législateurs et jurisconsultes doivent en permanence prendre des décisions, parfois pour produire le droit ou la loi, plus souvent pour appliquer le droit ou la loi, plus souvent encore pour interpréter le droit ou la loi et conseiller des individus. Or ils se trouvent dans bien des cas sur des terrains où la décision s'avère difficile en l'absence d'informations et d'arguments suffisamment précis, fiables et rationnels. Une décision juridique, pour être pertinente, a besoin d'images du futur pertinentes. Cela permet de consolider l'action juridique présente.

La prospective juridique a justement pour objet de présenter à ceux qui prennent des décisions juridiques les évolutions possibles du droit, en fonction de différentes variables. Et il ne s'agit jamais de présenter un futur certain et inéluctable mais toujours différents futurs possibles, certains pouvant être plus probables que d'autres et certains plus souhaitables que d'autres. C'est pourquoi la prospective juridique procède par scénarios. Tout le travail précédent de problématisation, de recherche d'informations, de synthèse et de systématisation a pour fin de faciliter l'identification des quelques avenirs du droit les plus plausibles.

Les scénarios ont été introduits en prospective à la fin des années 1960, à la fois aux États-Unis, par Herman Kahn, un expert américain de la guerre nucléaire qui en a proposé le concept pour raconter des histoires de l'avenir[395], et en France, par la DATAR (Délégation à l'aménagement du territoire et à l'action régionale), organisme gouvernemental d'aménagement du territoire, qui en a développé la première méthode précise d'élaboration afin de dessiner les futurs possibles de la France à l'horizon 2000[396]. La méthode dite « des scénarios » est aujourd'hui très pratiquée dans le monde anglo-saxon. Certains estiment même que ce serait l'élément clé de la méthode prospective et qu'une étude n'aboutissant pas à l'établissement de scénarios ne mériterait pas la qualification de « prospective ».

---

possibles ouvert à 180 degrés), on ne sera pas très avancé. Pas trop restrictive de sorte que l'on n'omette pas d'éventuelles discontinuités ou ruptures »).

[395] H. Kahn, *De l'escalade – Métaphores et scénarios*, Calmann-Lévy, 1966.

[396] DATAR, *La méthode des scénarios – Une réflexion sur la démarche et la théorie de la prospective*, La documentation française, coll. Travaux et recherches de prospective, n° 59, 1975.

Définition d'un scénario

Selon Herman Kahn, un scénario consiste en une suite d'événements hypothétiques soulignant les enchaînements causaux et les nœuds de décision. Il s'agit, plus simplement, de la description d'une situation future associée au cheminement des événements susceptibles de permettre d'aboutir à cette situation future à partir de la situation de départ[397]. Un scénario constitue ainsi un moyen privilégié pour présenter un futur potentiel.

Il comporte trois éléments principaux[398] :

1. La base, c'est-à-dire toutes les informations recensées qui permettent de se représenter le présent, les dynamiques qui y sont en cours, les acteurs qui y interviennent, les différentes composantes de l'environnement, les causes de ruptures éventuelles etc.

2. Les cheminements, qui sont construits en faisant progresser le système dans le temps. Se posent alors des questions qui obligent à émettre différentes hypothèses dont il faut ensuite tirer les conséquences (processus « si... alors... »). On produit de la sorte, par déductions successives, l'arborescence des futurs possibles, qui ne sont pas autre chose que les descendants éventuels du présent.

3. Les images finales, qui sont obtenues à différentes périodes et particulièrement à l'horizon de l'étude, au terme des cheminements précédents. En la matière, la base et les cheminements sont plus importants que les images finales puisque ces dernières ne sont que les résultats entièrement dépendants des étapes précédentes.

L'intérêt des scénarios

L'élaboration de scénarios offre de nombreux avantages. Tout d'abord, elle permet, face à une situation actuelle déterminée, de démontrer combien les avenirs possibles sont multiples et de relativiser la simple poursuite des tendances[399]. Ensuite, les scénarios obligent à considérer l'interdépendance des éléments composant le système étudié[400]. De plus, ils favorisent l'identification de problèmes, de relations ou de questions ignorés ou volontairement laissés de côté, car controversés[401].

Au-delà, l'intérêt des scénarios est de dispenser de s'attacher à une vision du futur contre toutes les autres, d'éliminer tout besoin d'un consensus sur une

397 Ph. Durance, « La prospective : une philosophie en action », *RPPI* 2016, n° 1.
398 H. De Jouvenel, *Invitation à la prospective*, Futuribles, coll. Perspectives, 2004, p. 75.
399 Ph. Durance, « La prospective : une philosophie en action », *RPPI* 2016, n° 1.
400 *Ibid.*
401 *Ibid.*

seule vision du futur et d'ouvrir la pensée à diverses possibilités. Enfin, la méthode des scénarios est très efficace pour mettre les hommes devant leurs responsabilités face à l'avenir, leur prouvant qu'il ne sera pas autre chose que ce qu'ils auront décidé d'en faire.

Si les scénarios du futur du droit construits à partir des informations précédemment recensées (acteurs et facteurs clés, structure et fonctionnement du système, tendances lourdes, ruptures et retournements possibles, signaux faibles ou faits porteurs d'avenir etc.) ne doivent jamais être irréalistes, improbables car trop pessimistes ou trop idéalistes, consistant alors en des dystopies ou des utopies, il leur revient de faire état de tout l'éventail des possibles, en allant du pire scénario au meilleur scénario. Étant donnés le nombre forcément important de variables à combiner et le besoin de produire des études lisibles, comportant donc un nombre limité de scénarios, il convient d'établir en général entre cinq et dix scénarios — tout en n'oubliant pas que la réalité du futur pourra emprunter des traits caractéristiques à plusieurs de ces scénarios.

Le danger, avec la méthode des scénarios, est de « se perdre face à la complexité des routes et, plutôt que de mettre en lumière quelques grandes options et d'en illustrer les conséquences, de brouiller les pistes en multipliant par trop les scénarios »[402]. Il est inconcevable de représenter exhaustivement les « mille sentiers de l'avenir »[403]. C'est pourquoi il faut simplifier sans dénaturer les futurs possibles, l'objectif étant toujours de produire une étude claire, donc éclairante, éventuellement au service de prises de décisions juridiques[404].

Des jeux cohérents d'hypothèses

Parmi les divers scénarios, on en trouve souvent un correspondant à ce que sera le futur si l'on ne fait rien, un « futur officiel », un meilleur scénario parmi tous ceux qui sont réalistes, ainsi que plusieurs scénarios intermédiaires — qui sont ceux qui ont le plus de chances de devenir réalité.

La méthode des scénarios consiste à obtenir autant de scénarios différents qu'il y a de combinaisons d'hypothèses pour les différents facteurs clés. Ensuite,

---

402 H. De Jouvenel, *Invitation à la prospective*, Futuribles, coll. Perspectives, 2004, p. 75.

403 Réf. à J. Lesourne, *Les mille sentiers de l'avenir*, Seghers, 1981.

404 Mais le risque est alors que la méthode des scénarios devienne « une rhétorique combinant de manière aléatoire des éléments arbitraires » (P. Tolila, « Quand la prospective rêve de science », *Le Banquet la revue du CERAP* janv. 1997, p. 2).

on peut fusionner les scénarios proches afin d'en limiter le nombre. Et, pour déterminer ces scénarios, la procédure suivante peut être appliquée[405] :

1. Expliciter les facteurs et les placer sur ce graphique :

impact important

évolution prévisible — évolution imprévisible

sans influence

Seuls les quelques facteurs clés (cinq à dix suffisent) dont l'impact est important et dont l'évolution est imprévisible doivent être utilisés — si une évolution est trop prévisible, alors elle devient une tendance présente dans tous les scénarios ;

2. Examiner les causalités et les interconnexions entre ces facteurs et retenir des hypothèses contrastées pour chacun ;

3. Regrouper ces facteurs en un petit nombre de blocs selon le thème étudié ;

4. Repérer quelques blocs qui paraissent donner une image du futur cohérente et viable, ce seront autant de scénarios particuliers.

Les scénarios de la prospective juridique sont ainsi des jeux cohérents d'hypothèses conduisant de l'état actuel du problème de droit à ses diverses situations futures possibles en passant par différentes formes d'évolution. Le choix des dimensions et variables clés et des hypothèses correspondantes est évidemment déterminant pour la pertinence, la cohérence et la vraisemblance des scénarios. Le travail de recherche précédent est donc ô combien primordial.

L'utilité d'un tableau morphologique et de scénarios dynamiques

L'analyse morphologique aboutit à des résultats proches. Cette méthode fort simple est très utile pour stimuler l'imagination et balayer le champ des scénarios possibles[406]. Il s'agit de décomposer le système en cause (juridique dans le cadre de la prospective juridique) en variables économique, sociétale,

---

[405] G. Ringland, *Scenarios in Business and Scenarios in Public Policy*, John Wiley & Sons, 2002.

[406] Jusqu'à la fin des années 1990, elle a pourtant été peu utilisée par les prospectivistes. Ceux-ci se contentaient de scénarios basés sur quelques combinaisons, les plus probables. L'inventeur de l'analyse morphologique, l'astrophysicien américain Fritz Zwicky, l'a élaborée au milieu des années 1940, alors qu'il travaillait pour l'armée. L'analyse morphologique a longtemps été utilisée seulement dans le cadre de la prévision technologique.

technologique, culturelle, organisationnelle etc., avec pour chacune de ces variables clés différentes hypothèses d'évolution future. L'espace morphologique définit ainsi précisément l'éventail des futurs possibles. Il correspond à un tableau morphologique tel que celui-ci (comprenant cinq critères, dimensions ou facteurs clés) :

Dimensions	Hypothèses ou configurations possibles à l'horizon 2010			
1) Contexte global, croissance économique	(a) Croissance uniforme 2 % par an	(b) Crise économique et récession		
2) Occupation du territoire et valeurs de la société	(a) Société attachée à l'environnement, à l'histoire locale, au patrimoine, ...	(b) "Désengagement", "culture mondiale", perte d'intérêt pour l'histoire		
3) Réglementation et financement de l'archéologie	(a) Renforcement du droit Financement en hausse et "sécurisé"	(b) Renforcement du droit, mais réglementation du financement absent	(c) Statu quo Droit faible et financement aléatoire	
4) Potentiel archéologique, pratiques scientifiques et administratives	(a) Archéologie volontariste de haut niveau scientifique	(b) Archéologie performante, stratégie explicite et motivée	(c) Prolongation des pratiques actuelles	(d) Archéologie routinière et mécaniste
5) Réalisation des fouilles et valorisation du patrimoine	(a) Opérateur public avec objectifs scientifiques, techniques et économiques	(b) Compétition sur le mieux disant scientifique	(c) Compétition sur le seul critère économique	

De cette manière, on pose les différentes questions clés les unes sous les autres et on indique sur chaque ligne les continuités, inflexions et ruptures possibles. Ensuite, construire un scénario revient à retenir une hypothèse par ligne, donc à combiner différentes hypothèses (tendances, alternatives, ruptures) pour chacune des variables. On dessine alors des cheminements avec des flèches, qui sont autant de scénarios cohérents[407] :

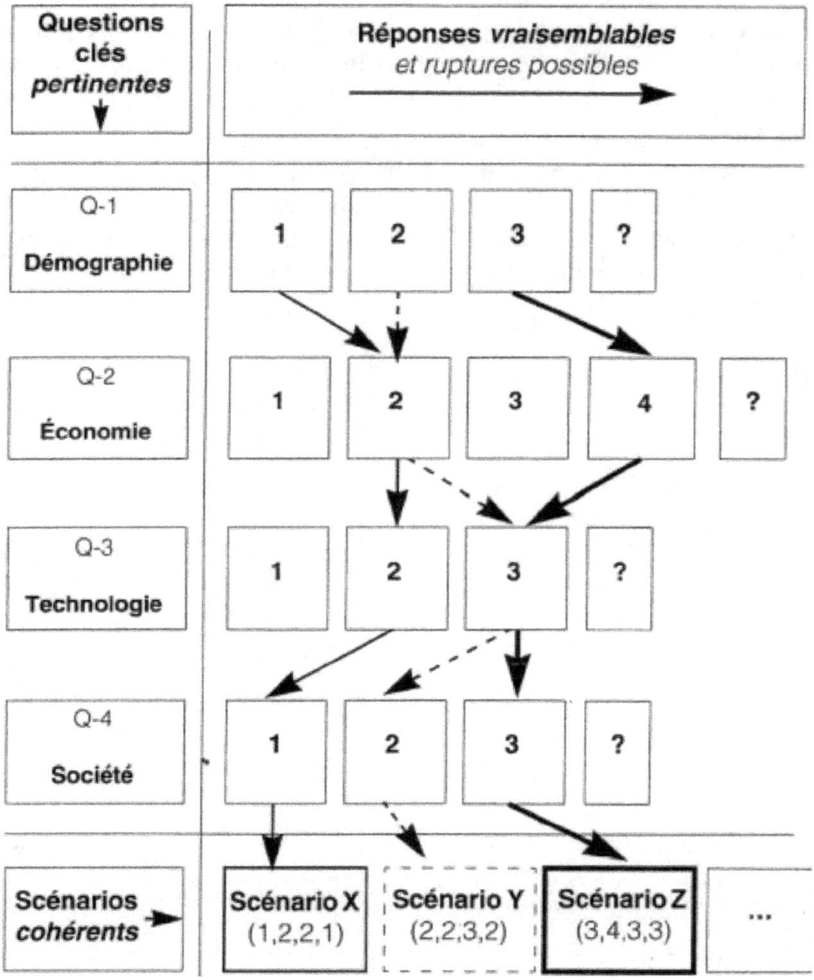

407 M. Godet, « Synthèse du cours de Michel Godet », 2011/2012, [en ligne] <www.laprospective.fr>.

On obtient ainsi des scénarios dynamiques[408]. Il peut être pertinent de nommer chacun d'entre eux en reprenant leurs caractéristiques les plus marquantes. Et il est possible de chercher à déterminer quels sont les scénarios les plus probables et ceux qui le sont le moins, mais à condition de disposer d'indicateurs pertinents et fiables, lesquels sont difficiles à obtenir.

Enfin, la prospective juridique ne cherchant pas à prédire, elle étudie un horizon (2025, 2050 etc.) mais elle n'annonce pas de dates ou, si elle le fait, c'est avec une très large approximation[409]. Elle prévoit des tendances générales mais elle n'annonce pas des événements futurs avec leurs dates et leurs intensités exactes.

Une fois les différents scénarios exploratoires précisés, le jusprospectiviste peut pénétrer dans l'espace de la prospective juridique stratégique : il promeut, parmi ces scénarios, un avenir souhaitable et réfléchit à la meilleure stratégie afin de lui permettre d'advenir. C'est ainsi que la prospective juridique peut le plus s'impliquer dans le droit en action.

---

[408] Ph. Cahen, *50 réponses aux questions que vous n'osez même pas poser ! Signaux faibles et scénarios dynamiques pour vitaliser la prospective*, Kawa, 2012.
[409] G. Berger, « L'attitude prospective » (1959), in *De la prospective – Textes fondamentaux de la prospective française (1955-1966)*, L'Harmattan, coll. Prospective, 2007, p. 89.

Chapitre 4. Proposer un avenir souhaitable et construire une stratégie

L'élaboration des scénarios exploratoires est un travail scientifique, c'est-à-dire le plus objectif et empirique possible. Le regard critique n'est cependant pas absent, car il faut à tout moment prendre garde à l'influence du conformisme et du prêt-à-penser qui sont de mauvais conseillers quant à l'avenir à moyen ou long terme ; mais ce regard critique reste en retrait. Il s'agit purement et simplement d'esquisser le visage le plus fin et le plus exact du futur du droit — en témoignant du pluralisme et de l'indétermination qui le caractérisent, ce qui est le défi.

Sitôt ce travail achevé, le jusprospectiviste concevant uniquement son ouvrage tel celui d'un scientifique peut se contenter de synthétiser et formaliser les résultats de ses recherches. Il faut cependant gager qu'une prospective juridique uniquement exploratoire, si elle est possible, est incomplète, qu'il est toujours pertinent de poursuivre l'effort jusprospectif sous la forme de la prospective juridique stratégique — encore une fois, si la prospective juridique stratégique sans la prospective juridique exploratoire est impossible, la prospective juridique exploratoire sans la prospective juridique stratégique est possible mais pas souhaitable tant l'école française de la prospective, de Gaston Berger à Michel Godet, a toujours fait de cette discipline une philosophie autant qu'une science, a toujours donné autant de place au regard critique qu'à l'analyse scientifique, a toujours conçu la prospective stratégique comme l'égale, au moins, de la prospective exploratoire.

Au-delà de l'aspect scientifique de la prospective juridique exploratoire, l'adoption d'un point de vue principalement critique s'impose afin de prolonger et approfondir la recherche jusprospective — sans toutefois abandonner totalement le point de vue scientifique car il ne s'agit en aucun instant de laisser triompher une quelconque subjectivité exacerbée et inconséquente. L'enjeu est dès lors de réfléchir au futur du droit qui, parmi tous les futurs du droit possibles, serait le plus désirable, cela en avançant les arguments les plus objectifs, les plus partagés ou, du moins, partageables, bien qu'un système de valeurs ne puisse à cet instant qu'influencer les propositions du chercheur, dont le libre arbitre revient au premier plan.

C'est ainsi que le jusprospectiviste peut le plus et le mieux orienter l'avenir du droit, même si, en éclairant les décideurs quant aux avenirs du droit possibles grâce au travail de prospective juridique exploratoire, il l'influence également. On attendra toujours d'un jusprospectiviste qu'il prenne parti quant au droit de demain à privilégier, que ce soit sous un angle macro-juridique ou micro-juridique.

De la préactivité (avec les scénarios exploratoires) à la proactivité (avec le scénario stratégique)

Il importe de préconiser les actions à mener, la stratégie à poursuivre et l'attitude à adopter afin de permettre à ce futur souhaitable de triompher des futurs possibles non souhaitables. On produit alors un scénario non plus exploratoire mais stratégique, normatif, qui se distingue en ce qu'il ne s'agit plus de partir du présent pour aboutir à un avenir pluriel mais de partir d'un avenir précis pour, étape par étape, remonter jusqu'au présent. La stratégie prend donc la forme d'un compte à rebours des actions à entreprendre pour atteindre l'objectif choisi. Cela permet en même temps d'évaluer le caractère plus ou moins réalisable du futur souhaité.

De la sorte, le jusprospectiviste passe de la préactivité (avec les scénarios exploratoires) à la proactivité (avec le scénario stratégique). L'avenir étant, aux yeux d'un prospectiviste, d'abord quelque-chose à construire, un fruit de la volonté et de la décision, la prospective juridique stratégique serait au moins aussi importante et nécessaire que la prospective juridique exploratoire. Mais elle ne peut intervenir qu'en second et dernier lieu, une fois le champ des futurs possibles défriché.

La capacité à se montrer critique à l'égard du monde du droit et des juristes est essentielle au moment de retenir un visage du futur du droit souhaitable ainsi qu'une stratégie pour l'atteindre car, en redonnant une certaine place à la subjectivité et au libre arbitre, le risque est grand d'aboutir à un scénario stratégique conformiste, beaucoup plus proche des modes de pensée et des besoins des personnes aujourd'hui impliquées dans l'action juridique que des modes de pensée et des besoins de ceux qui le seront à l'avenir. Or c'est bien de ces derniers qu'il faut tenir compte, ce qui suppose de s'émanciper de l'actualité, des représentations qui, aujourd'hui dominantes, le sont souvent par habitude plus qu'au terme d'une réelle réflexion quant à leur opportunité. Il est impossible de construire le futur si l'on ne s'évade pas du présent.

Trop souvent, les idées fortes des scénarios stratégiques, qu'il s'agisse d'alertes ou de solutions, sont laissées de côté par peur du changement et, plus encore, par peur des révolutions. Mais cela ne doit pas empêcher le jusprospectiviste de les exprimer. Au contraire, cela doit l'inciter à les clamer haut et fort. C'est pour cette raison que Michel Godet voit dans la prospective une « indiscipline intellectuelle », parce que les prospectivistes ont un besoin vital d'indépendance d'esprit[410]. Sans doute, lorsqu'un scénario, bien que fondé, dérange les préconçus et met les décideurs et acteurs dans l'inconfort, a-t-il toutes les chances d'être ignoré. Reste qu'au moment de réfléchir au futur possible le plus souhaitable et aux moyens de l'atteindre, le jusprospectiviste n'a pas à intégrer cette donnée dans sa réflexion, son objectif étant d'essayer de convaincre ces décideurs et acteurs, de les inciter à reconsidérer leurs manières d'agir et de penser.

Identifier et évaluer les différentes options stratégiques disponibles

Il est néanmoins possible de donner davantage de place à la scientificité dans le cadre de la prospective juridique stratégique : il existe une méthode, appelée « Multipol », qui permet d'identifier et évaluer les différentes options stratégiques disponibles. Il s'agit d'une méthode multicritères comparant les actions et solutions à un problème en fonction de critères et de politiques multiples. L'objectif de Multipol est donc de fournir une aide à la décision en élaborant une grille d'analyse simple et évolutive des diverses actions ou solutions auxquelles le décideur pourra recourir[411]. Les décisions juridiques prioritaires doivent être rendues plus consensuelles par le travail de prospective juridique, alors que l'action prioritaire est par définition sujette à contestations.

La synthèse, effort terminal du travail jusprospectif

« Ce qui compte dans la prospective, le plus extraordinaire, ce n'est pas le rapport final, c'est de vivre le processus qui mène à ce rapport », enseigne Michel Godet[412]. Il n'en demeure pas moins que toute étude de prospective juridique doit aboutir à un résultat formel, c'est-à-dire à un rapport final, un document synthétisant les travaux menés (normalement quantitativement et qualitativement importants) et présentant les résultats obtenus, spécialement les scénarios exploratoires, et les préconisations sous la forme d'un scénario normatif et d'une stratégie. La transparence des recherches et des réflexions est très importante pour l'acceptabilité des

---

410 *Cf.* M. Godet, « Le plaisir de l'indiscipline intellectuelle pour construire l'avenir autrement », in Ph. Durance, dir., *La prospective stratégique en action – Bilan et perspectives d'une indiscipline intellectuelle*, Odile Jacob, 2014, p. 31 s.

411 *Cf.* M. Godet, « Synthèse du cours de Michel Godet », 2011/2012, [en ligne] <www.laprospective.fr>.

412 M. Godet, « Le plaisir de l'indiscipline intellectuelle pour construire l'avenir autrement », in Ph. Durance, dir., *La prospective stratégique en action – Bilan et perspectives d'une indiscipline intellectuelle*, Odile Jacob, 2014, p. 33.

propositions finales. Et la synthèse est l'aboutissement nécessaire du travail. C'est elle qui donne corps et sens à la pensée et à l'action. Mais la synthèse est aussi un moment réflexif, de remise en question et de reprise du travail, car il est fort possible qu'elle révèle des interrogations non résolues ou bien des incohérences.

Cette synthèse peut prendre la forme d'un rapport écrit, comprenant quasi inévitablement des éléments graphiques et schématiques, mais aussi celle d'une vidéo ou d'un Powerpoint. La recherche en prospective juridique peut se faire dans un cadre universitaire ou bien en réponse à des commandes d'institutions ou d'entreprises particulières. Dans l'un et l'autre cas, on attend que des documents finaux soient produits.

Le risque de l'innovation indispensable à la prospective juridique stratégique

Si une idée nouvelle et importante mais difficile à accepter a été trouvée, son mode de restitution sera d'autant plus important car beaucoup des idées nouvelles et importantes sont perturbantes du point de vue des donneurs d'ordres qui risquent alors de les laisser de côté et de mettre au placard l'ensemble des rapports. L'écriture d'un tel rapport est donc un savant équilibre : il faut exprimer les thèses et propositions essentielles, pour ne pas se trahir ni trahir l'intention jusprospective, tout en ménageant les susceptibilités et, plus largement, les cultures et usages des destinataires du travail. L'audace doit être savamment pesée afin de ne pas faire fuire les lecteurs, acteurs et destinataires des observations et préconisations. Comme l'enseigne Michel Godet, « pour passer de l'anticipation à l'action, il faut l'appropriation. Une bonne idée que l'on veut imposer est une mauvaise idée »[413].

Mais le rôle d'une recherche en prospective juridique est bien de susciter des réactions — qu'il s'agisse de réactions- commentaires ou de réactions-actions. Et tout cela concerne la restitution des scénarios exploratoires mais aussi et surtout celle des scénarios stratégiques. Le jusprospectiviste doit « être un détecteur d'erreurs et avoir le courage de s'inscrire à contre-courant, même si cela le rend impopulaire »[414].

Toutes les organisations possèdent une vision implicite et directrice de l'avenir. Elles sont « mues par une sorte d'utopie qui leur sert de boussole »[415]. Or, si, au terme du travail de prospective, cette vision se

---

[413] *Ibid.*, p. 34.

[414] K. Valaskakis, « La prospective en trois leçons : mon apprentissage personnel », in Ph. Durance, dir., *La prospective stratégique en action – Bilan et perspectives d'une indiscipline intellectuelle*, Odile Jacob, 2014, p. 65.

[415] Th. Gaudin, *La prospective*, 2e éd., Puf, coll. Que sais-je ?, 2013, p. 120.

trouve d'une manière ou d'une autre remise en question, qu'il s'avère qu'elle devrait être corrigée, il faut s'attendre à ce que cette organisation résiste et se détourne des résultats produits, bien que le but soit d'atteindre un avenir plus désirable. Il a été montré combien les hommes, quand ils réfléchissent, ont une fâcheuse tendance à ne pas écouter ni même entendre tout ce qui les dérange : « Tout ce qui nous arrange est juste, tout ce qui nous dérange est faux », résume-t-on[416]. Cela explique pourquoi des prospectivistes peuvent être tentés de se contenter de la présentation des différents scénarios exploratoires obtenus. Mais, en opérant ainsi, ils renoncent à ce qui fait l'essence de leur travail : la remise en cause des fondements sitôt que cela apparaît nécessaire[417].

Par nature, tout travail de prospective juridique est risqué, même s'il convient de maîtriser ces risques. Une étude jusprospective sans prise de risque n'en serait pas vraiment une ; et il importe d'« accepter l'erreur comme mode de pensée consubstantiel à une approche qui prend des risques »[418]. La prospective juridique doit amener le chercheur, d'une part, à questionner ses certitudes personnelles et, plus généralement, les certitudes communes et, d'autre part, à se projeter au-delà des certitudes. Le prospectiviste est un innovateur d'idées, mariant la réflexion et l'action.

Le risque est aussi celui de la synthèse, qui trahit forcément une partie du réel mais s'avère indispensable en raison de la complexité et de la multiplicité de ce réel. Comme l'ont écrit les précurseurs de la prospective juridique, « à un moment où la règle de droit s'émiette et se complique, où la tentation est grande de s'arrêter à l'étude technique, indispensable et déjà épuisante, nous sortons convaincus de l'intérêt qu'il y a à ne pas négliger les dynamiques d'ensemble, et de prendre le risque de la synthèse »[419].

Le prospectiviste du droit aura inéluctablement annoncé des avenirs du monde juridique qui n'auront pas eu lieu[420]. Cela pourra susciter des railleries de la part de certains observateurs, mais l'objet même de la recherche en prospective juridique oblige à « faire fausses routes ». Face à ce risque de l'erreur, si ce n'est cette certitude de l'erreur, la seule solution est la méthode, garante d'un minimum de fiabilité. Aussi peut-être est-ce

---

[416] J.-F. Revel, *La connaissance inutile*, Grasset, 1998.

[417] J. Lesourne, *Ces avenirs qui n'ont pas eu lieu*, Odile Jacob, 2003.

[418] O. Faron, « La prospective, une science neuve et utile », in Ph. Durance, dir., *La prospective stratégique en action – Bilan et perspectives d'une indiscipline intellectuelle*, Odile Jacob, 2014, p. 9.

[419] A. Sayag, « Avant-propos », in A. Sayag, dir., *Quel droit des affaires pour demain ? Essai de prospective juridique*, Librairies techniques, 1984, p. XI.

[420] Réf. à J. Lesourne, *Ces avenirs qui n'ont pas eu lieu*, Odile Jacob, 2003.

avant tout le caractère scientifique et critique de la prospective juridique qui lui conférera la légitimité nécessaire à son acceptation parmi les diverses branches de la recherche juridique. Le jusprospectiviste doit donc s'inscrire dans le cadre des grands principes épistémologiques de la prospective juridique que sont, principalement, l'analyse scientifique et le regard critique[421].

[421] Par ailleurs, Thierry Gaudin relève que « ce que l'on observe le plus souvent, et surtout dans les grandes institutions, c'est l'utilisation délibérée de la prospective à des fins de promotion commerciale, voire de propagande » (Th. Gaudin, *La prospective*, 2e éd., Puf, coll. Que sais-je ?, 2013, p. 120). En aucun instant la prospective juridique ne saurait se mettre au service de telles fins. Tout jusprospectiviste doit s'efforcer en permanence à lutter contre une telle dérive, ce que permet normalement l'association de l'analyse scientifique et du regard critique.

Titre 2. Les principes de la prospective juridique

Maurice Hauriou, grand juriste publiciste du début du XXe siècle, notait que son « emploi d'une méthode d'observation des faits tellement positive, tellement rigoureuse, tellement sincère »[422] conduisait nombre de ses commentateurs à ne pas en comprendre les exigences « parce qu'ils s'attend[aient] à des systèmes achevés et que [ses] travaux n'[étaient] en réalité que des bulletins successifs d'un laboratoire de recherches »[423]. L'objet de la prospective juridique est si évanescent et insaisissable qu'il est difficile de ne pas tenir un même discours la concernant. Cependant, certains principes sont là afin de structurer et consolider le travail des jusprospectivistes. Ils constituent un cadre épistémologique indispensable afin de lui apporter un peu de confort et de sûreté dans ce qui est forcément une périlleuse entreprise, tant sous l'angle des fins que sous l'angle des moyens.

Les deux premiers principes inhérents à la démarche jusprospective sont l'examen scientifique et l'approche critique — Lucien Sfez évoque ainsi « un discours scientifique et critique dont la prospective est un des modes »[424]. La scientificité est indispensable à la prospective juridique exploratoire, tandis que le caractère critique est nécessaire à la prospective juridique stratégique. Cependant, comme la prospective juridique exploratoire et la prospective juridique stratégique doivent dans l'idéal toujours marcher ensemble, le regard du jusprospectiviste s'efforcera à être à la fois scientifique et critique, cela afin de produire des propositions et des jugements objectifs, accordant le moins de place possible à la subjectivité — et même s'il est certain, comme le disait Christian Atias, que l'objectivité est « une subjectivité consciente d'elle-même »[425] et que cette objectivité ne saurait être mieux qu'un objectif vers lequel il faut tendre tout en sachant qu'il ne saurait être atteint.

Science et critique peuvent sembler *a priori* opposées et inconciliables. Le jusprospectiviste doit pourtant se situer entre les deux, en équilibre, position ardue mais finalement confortable une fois passée la surprise des débuts, car elle est un garant du sérieux des recherches — face à un objet, le futur du droit, que d'aucuns pourraient juger peu sérieux. Le chercheur peut éviter, grâce à la critique, l'excès de purisme et de technicisme induit par la scientificité et se

---

[422] M. Hauriou, *Principes de droit public à l'usage des étudiants en licence et en doctorat ès sciences politiques*, 2e éd., Librairie du Recueil Sirey, 1916, p. VII.
[423] *Ibid.*, p. XXVI.
[424] L. Sfez, « Prospective », in D. Alland, S. Rials, dir., *Dictionnaire de la culture juridique*, Lamy-Puf, coll. Quadrige dicos poche, 2003, p. 1267.
[425] Ch. Atias, *Épistémologie juridique*, Dalloz, coll. Précis, 2002, p. 62.

prémunir, grâce à la scientificité, contre l'excès d'idéologie et de finalisme dû à la critique. Le cadre de la prospective juridique se situe ainsi à mi-chemin entre celui du juge instruisant à charge et à décharge et celui de l'avocat défendant une thèse donnée. La recherche en prospective juridique entend de la sorte se protéger à la fois des abus de subjectivité et des abus de conservatisme.

Le droit, tel qu'il se trouve élaboré et pratiqué au jour le jour afin de pacifier et organiser les relations humaines, ne se confondra jamais avec l'une ou l'autre proposition de chercheur. Il existe différentes théories et analyses parce que le droit que mettent en œuvre les praticiens ne se nourrit que de fragments de chacune. La vérité réside quelque part au cœur de ces contrées, peut-être plus proche d'un précepte que d'un autre, mais elle se refuse à appartenir à un seul courant de pensée, à une seule école ou à un seul homme. Aussi l'enjeu — loin de quêter un chemin encore vierge de réflexions — consiste-t-il à ériger un juste milieu en profitant des propositions les plus pertinentes de chacun. *A fortiori* dès lors qu'on souhaite étudier un objet aussi incertain que le futur du droit, l'objectivité, la prudence et la modestie doivent être les premiers outils de l'observateur. Et le regard critique est là pour rappeler que l'objectivité ne doit pas se transformer en aveuglement, la prudence en paralysie et la modestie en timidité.

La critique est une invitation à la discussion et à l'acceptation du changement. Ensuite, la recherche critique se définit déjà telle une recherche libre. La pensée, pour être critique, doit être libérée de toutes les formes d'influence qui pourraient amener à rechercher la réalité aux yeux des autres, aux yeux des maîtres, plutôt que la réalité aux yeux de la science, aux yeux de la logique, aux yeux de la raison. Cette liberté est donc une indépendance d'esprit. Et, puisqu'elle marche aux côtés de la science, elle doit demeurer raisonnée et éclairée. Dans tous les cas, le futur devenu présent permettra de juger la qualité du travail du jusprospectiviste, ce qui l'oblige à l'humilité et à la retenue.

Sans doute est-il impossible d'être, dans les sciences humaines et sociales, parfaitement scientifique et/ou parfaitement critique. Ce n'en sont pas moins là des ingrédients essentiels dont le chercheur en prospective juridique doit s'imprégner. Or le sens scientifique et le sens critique s'obtiennent en premier lieu grâce à la transparence, c'est-à-dire l'explication des choix opérés en termes d'objets de recherche et de méthodes de recherche. Puisque tout est affaire de choix, décrire précisément et substantiellement les prémisses retenues apparaît indispensable — à moins de se situer dans le cadre d'une branche de la recherche juridique dont les prémisses seraient communément admises et largement connues. Dès lors que tel n'est pas le cas, les chercheurs sont invités à rédiger de longues introductions afin de répondre à cette exigence épistémologique.

Raymond Saleilles, il y a longtemps, a montré combien la pensée dépend de l'éducation[426]. Les résultats d'une étude quelle qu'elle soit ne sont souvent que la conséquence quasi-mécanique de la méthode adoptée par son auteur. C'est pourquoi il convient de classer les différentes branches de la recherche juridique en fonction des attitudes épistémologiques qui les sous-tendent, qui les orientent. Et ce qui particularise avant tout la prospective juridique, c'est l'angle à la fois scientifique (*chapitre 1*) et critique (*chapitre 2*) adopté par le chercheur, sans lequel il ne pourrait entrevoir assez distinctement l'avenir du droit.

La prospective juridique conduit à étudier et penser le droit du futur. Il importe donc de bien distinguer ces deux composantes intellectuelles de la prospective juridique que sont l'étude du droit et la pensée du droit. L'étude consiste, « par un effort d'observation et de pénétration, [à] acquérir l'intelligence des êtres, des choses, des faits »[427]. Elle doit être foncièrement scientifique. La pensée implique de « concevoir par l'esprit, par l'intelligence ; combiner, organiser des concepts, des idées, leur donner un sens ; exercer son sens critique, son jugement ; élaborer des systèmes intellectuels, des théories »[428]. Elle doit être fondamentalement critique.

Par ailleurs, la prospective juridique est nécessairement interdisciplinaire : il s'agit d'un regard non exclusivement juridique porté sur le droit et sur son environnement (*chapitre 3*).

Enfin, la prospective juridique suppose, dans l'idéal, que les recherches soient menées collectivement et non individuellement, cela en premier lieu en raison de l'ampleur de la tâche dès lors qu'on souhaite produire une étude jusprospective en bonne et due forme, c'est-à-dire en appliquant l'ensemble ou, du moins, l'essentiel des techniques précédemment décrites (*chapitre 4*).

Cependant, et encore une fois, la prospective juridique peut parfaitement se concevoir au sens large telle une attitude générale à l'égard du droit, comme cela serait le cas au sein d'une *Revue (Internationale) de Prospective juridique*. Ce qui importe alors est le mariage de la scientificité et du caractère critique, car il s'agit avant tout d'un « mélange instable de liberté et de nécessité, dont le discours scientifique et critique peut seul éliminer les abus »[429].

---

[426] R. Saleilles, « Les méthodes d'enseignement du droit et l'éducation intellectuelle de la jeunesse », *Revue internationale de l'enseignement* 1902, p. 313 s.

[427] V° « Étudier », in *Trésor de la langue française*.

[428] V° « Penser », in *Trésor de la langue française*.

[429] L. Sfez, « Prospective », in D. Alland, S. Rials, dir., *Dictionnaire de la culture juridique*, Lamy-Puf, coll. Quadrige dicos poche, 2003, p. 1267.

Chapitre 1. Une recherche scientifique

La scientificité de la prospective juridique implique que les chercheurs dans ce domaine, parce qu'ils souhaitent être crédibles, s'appuient sur des données, des expertises, des arguments aussi rigoureux et fiables que possible[430]. Plus un objet est abordé sous un angle scientifique, plus les conclusions tirées des travaux sont légitimes et, souvent, pertinentes.

Sont scientifiques, selon les dictionnaires de la langue française, les « connaissances qui se rapportent à des faits obéissant à des lois objectives et dont la mise au point exige systématisation et méthode »[431]. Peut-être quiconque étudie le droit doit-il le plus souvent porter l'ambition de forger de telles connaissances scientifiques. Son entreprise doit alors respecter l'exigence de systématisation et de méthode.

Cela s'applique pleinement au chercheur en prospective juridique, dont la scientificité le distingue des autres formes de réflexion sur l'avenir. Aussi faut-il réfléchir aux quelques principes à appliquer afin de se rapprocher de la recherche scientifique et s'éloigner du discours dogmatique.

Est dogmatique l'attitude de qui accepte une affirmation uniquement en fonction de l'autorité de celui qui en est à l'origine, sans vérification aucune de son bien-fondé concret et/ou pérenne. La locution « *magister dixit* » (« le maître l'a dit ») témoigne de ce qu'est le dogmatisme. Or il serait sans grand intérêt d'interroger l'avenir du droit dans un tel cadre dogmatique, au moyen d'arguments d'autorité — en revanche, le dogmatisme éventuel des juristes, source d'immobilisme et de suivisme, est une donnée à prendre en compte au moment d'élaborer des scénarios des futurs du droit.

Scientificité et méthode scientifique

Ensuite, il faut admettre qu'« il y a une différence de qualité entre l'étude d'objets du monde physique et l'étude de systèmes juridiques »[432], c'est-à-dire une différence de scientificité entre les sciences de la nature et les sciences de la société, et que « ce qui fait défaut, c'est une matière qui puisse être définie explicitement et sans ambiguïté, et qui puisse être soigneusement séparée du

---

430 *Ibid.*, p. 1266.

431 V° « Science », in *Trésor de la langue française*.

432 L. M. Friedmann, « La sociologie du droit est-elle vraiment une science ? », *Dr. et société* 1986, p. 117-118.

reste du monde social. C'est précisément ce que l'étude des systèmes juridiques ne peut faire »[433]. Malgré cette limite ontologique liée aux frontières incertaines du continent juridique dans le monde social, la recherche en droit connaît des degrés de scientificité. Et, parmi les diverses branches de la recherche juridique, la prospective juridique doit compter au nombre des plus scientifiques, surtout lorsqu'elle se présente sous la forme de la prospective juridique exploratoire. Ce n'est qu'à cette condition que le regard porté sur le futur du droit peut être strictement distingué de toute forme de divination ou de prophétie.

La scientificité dépend en premier lieu du choix et de l'application d'une méthode scientifique, ainsi que de la présentation claire et transparente de cette méthode. « Méthode » vient du grec « *meta odos* », ce qui signifie « le chemin (*odos*) qui mène au loin (*meta*) ». Une prospective sans méthode serait donc une contradiction dans les termes ou, du moins, un exercice très peu conséquent et porteur. L'exposé de la méthode permet de comprendre et, éventuellement, juger la recherche en toute connaissance de cause.

Pour conférer un cadre scientifique à la recherche, cette méthode doit être à base d'objectivité et d'empirisme, amenant à décrire — et non prescrire — ce que sera le droit à l'aune d'éléments factuels, à adopter un point de vue externe, sans parti pris, et à faire preuve de pragmatisme, écartant au maximum le dogmatisme et la subjectivité.

La prospective juridique entre scientificité et ascientificité

Quant au statut et au contenu de cette méthode scientifique, il existe des débats parmi les spécialistes, au-delà de l'objectivité et de l'empirisme attendus — car on peut travailler sur des faits et des données même si l'on s'intéresse aux futurs du droit : les faits et les données du présent et du passé. Depuis le début des années 1970, deux tendances s'opposent : la simple attitude prospective[434], qui amène à considérer que « la prospective est d'abord une philosophie »[435], et la véritable science prospective, soit une

---

433 *Ibid.*

434 Par exemple, Thierry Gaudin écrit : « Est-ce que la prospective est "scientifique" ? Certes non ! […] C'est une technique cognitive. […] Son ambiguïté [la] situe en dehors du champ de la science » (Th. Gaudin, *La prospective*, 2e éd., Puf, coll. Que sais-je ?, 2013, p. 9). Plus loin, il ajoute : « La prospective doit avant tout s'adapter. C'est une activité "sur mesure" de conscientisation, qui ne peut se réduire à un processus machinal. Sans doute, les habitudes de pensée héritées de l'ère industrielle privilégient implicitement tout ce qui peut ressembler à une machine bien huilée et les institutions sont rassurées quand on leur présente une "méthode" » (*ibid.*, p. 53).

435 H. De Jouvenel, « Genèse et éthique de la prospective », in Ph. Durance, dir., *La prospective stratégique en action – Bilan et perspectives d'une indiscipline intellectuelle*, Odile Jacob, 2014, p. 42.

démarche prospective autrement plus rigoureuse[436]. Peut-être mieux vaut-il considérer que l'une et l'autre ne doivent pas s'exclure, qu'il s'agit de prospective pleine et entière lorsque les principes et étapes méthodologiques sont tous ou presque tous respectés et de prospective au sens large lorsque le chercheur se contente d'adopter la vision et la démarche prospective — dans la continuité des fondateurs de l'école française de la prospective tels que Gaston Berger pour qui c'est avant tout un « regard » particulier jeté sur l'avenir s'appuyant sur les connaissances et les méthodes des sciences sociales[437].

Pour aspirer au statut de branche de la recherche juridique à part entière, la prospective juridique doit toutefois apporter la preuve de son authentique particularisme, ce qui suppose d'insister sur la prospective-science, au-delà de la prospective-attitude. Les méthodes formalisées sont d'utiles garants afin de donner à la prospective juridique la rigueur intellectuelle qui lui est nécessaire afin de s'imposer. Parmi les sciences humaines et sociales, la prospective n'est devenue que très modestement une discipline scientifique et universitaire reconnue comme telle, notamment en raison de sa diversité de fins et de moyens la plongeant dans un certain brouillard épistémologique. Pourrait-il en aller autrement de la prospective juridique au sein de la recherche juridique ?

La prospective juridique pourrait appartenir à la fois aux sciences du droit et aux philosophies du droit — sans qu'il soit besoin de choisir. Pour ce qui est des sciences du droit, elle y figurerait aux côtés de l'histoire du droit, du droit comparé, de la sociologie du droit, de l'anthropologie du droit, de la linguistique juridique, de la méthodologie juridique, de l'analyse économique du droit (dont la scientificité est davantage sujette à caution) ou encore de la science du droit positif — qui consiste à expliquer et interpréter les lois et jurisprudences positives et que pratiquent 90 % des juristes des universités.

À l'inverse, les branches de la recherche juridique peu ou pas scientifiques sont la théorie du droit, la philosophie du droit, la légistique et la politique juridique. Or ces trois dernières, qui donnent une grande place aux considérations politiques, sont les plus intimement liées à la prospective juridique, ce qui fait douter de sa possible scientificité. Mais dénier à la prospective juridique tout caractère scientifique la fragiliserait beaucoup. Sans ignorer ses limites, les jusprospectivistes doivent donc s'attacher à renforcer au maximum l'objectivité et l'empirisme de leurs activités, cela notamment afin de se prémunir contre les dérives de la philosophie du droit et de la politique juridique lorsqu'elles conduisent à des joutes doctrinales par trop

436 Par exemple, O. Faron, « La prospective, une science neuve et utile », in Ph. Durance, dir., *La prospective stratégique en action – Bilan et perspectives d'une indiscipline intellectuelle*, Odile Jacob, 2014, p. 9 s.

437 P. Tolila, « Quand la prospective rêve de science », *Le Banquet la revue du CERAP* janv. 1997, p. 2.

empreintes d'idéologie, de subjectivité et/ou de conservatisme pour pouvoir être porteuses. Aussi est-il important de ne jamais entamer un exercice jusprospectif sans lui avoir donné au préalable une solide base épistémologique.

Structurer scientifiquement la prospective juridique pour se démarquer des autres discours sur l'avenir

Les prospectivistes ne semblent guère s'adonner à une activité moins scientifique que celles des autres spécialistes du futur. Les modèles des prévisionnistes, économistes et statisticiens, en particulier, consistent en des simulations en apparence très scientifique car remplies d'équations mais qui ne garantissent ni l'exactitude ni l'objectivité des résultats obtenus[438]. Ces derniers conservent en effet le caractère arbitraire et subjectif des hypothèses d'entrée[439]. Or l'expérience enseigne que, si les économistes et les démographes, notamment, usent abondamment de tels modèles toujours plus sophistiqués, leurs hypothèses d'entrée sont souvent très sommaires, arbitraires et faiblement argumentées[440].

Face à cela, la méthode des scénarios des prospectivistes repose sur un parti pris élémentaire : mieux vaut une approximation grossière mais juste qu'une prévision très fine mais erronée. Il serait donc préférable d'adopter un point de vue macro et de se concentrer sur les grandes tendances que d'utiliser des instruments très sophistiqués pour aboutir à des prévisions chiffrées très précises, mais loin de la réalité parce que ne prenant pas en compte les événements, les discontinuités et les ruptures[441].

Si, en raison de son aspect critique, la prospective est qualifiée d'« indiscipline intellectuelle » par Michel Godet[442], ce dernier, sans faire œuvre paradoxale, insiste sur le besoin de discipline — donc de rigueur — méthodologique. Car il n'y a qu'à cette condition que la prospective peut se démarquer des autres discours sur l'avenir[443]. Les méthodes particulières de

---

438 Par exemple, G. Erner, *Sociologie des tendances*, Puf, 2008.

439 H. De Jouvenel, *Invitation à la prospective*, Futuribles, coll. Perspectives, 2004, p. 51.

440 *Ibid.*

441 *Cf.* A. Gras, *Sociologie des ruptures – Les pièges du temps en sciences sociales*, Puf, coll. Le sociologue, 1979 ; M. Bessin, C. Bidart, M. Grossetti, *Bifurcations – Les sciences sociales face aux ruptures et à l'événement*, La découverte, 2010.

442 Notamment, M. Godet, « Le plaisir de l'indiscipline intellectuelle pour construire l'avenir autrement », in Ph. Durance, dir., *La prospective stratégique en action – Bilan et perspectives d'une indiscipline intellectuelle*, Odile Jacob, 2014, p. 31 s.

443 Aussi Michel Godet explique-t-il qu'il a « avancé cinq conditions de la rigueur des méthodes : la pertinence, la cohérence, la vraisemblance, l'importance et la transparence » (Ph. Durance, M. Godet, *La prospective stratégique – Pour les entreprises et les territoires*, Dunod-Unesco, coll. Stratégie de l'entreprise, 2011, p. XVIII). Et de rappeler qu'il a « développé toute une boîte à outils de prospective pour se poser les bonnes questions, identifier

l'école française de la prospective ont ainsi été développées par Michel Godet dès les années 1980 puis n'ont guère évolué, si ce n'est que des logiciels sont apparus, facilitant le travail[444]. Cela a permis de structurer scientifiquement la discipline[445] — alors que déjà en 1783 Condorcet avait écrit un mémoire pour l'Académie royale des sciences contenant ses « Réflexions sur la méthode de déterminer la probabilité des événements futurs, d'après l'observation des événements passés ».

Concernant la prospective juridique, s'agissant de premières tentatives, de premiers jalons, mieux vaut peut-être s'en tenir à une méthode simple et sûre, une méthode à la fois rigoureuse et suffisamment peu compliquée pour pouvoir être appliquée par le plus grand nombre. Cela suppose aussi de ne pas voir dans tous les principes et, surtout, dans toutes les étapes formelles des conditions cumulatives indispensables à toute recherche jusprospective. En somme, plus une étude respectera ces indications méthodologiques, plus elle sera véritablement jusprospective — et scientifique.

Reste que l'utilité de la méthode de la prospective juridique est de réduire les incertitudes et les incohérences, s'appuyer sur un langage commun, mais aussi structurer et stimuler la réflexion personnelle et favoriser l'appropriation. En cela, elle est au service de la critique comme la prospective juridique exploratoire est au service de la prospective juridique stratégique.

Par ailleurs, le projet de faire de la prospective juridique une discipline autonome parmi les sciences du droit suppose qu'elle puisse se donner ses propres objets de recherche, donc qu'elle ne travaille pas uniquement sur commande — car la commande est un moment structurant exerçant une grande influence sur les activités du chercheur.

Une scientificité variable selon les étapes du travail jusprospectif

Les trois premiers des quatre temps principaux de la démarche jusprospective doivent obéir à une éthique scientifique aussi élevée que possible, donc à un véritable professionnalisme de chercheur. L'identification de la problématique, le recueil des données significatives et l'élaboration d'indicateurs fiables, ainsi que l'élaboration d'hypothèses et de scénarios des

les variables et acteurs clés, construire des scénarios, les probabiliser et évaluer les options » (*ibid.*).

444 Ces logiciels sont téléchargeables sur le site <www.laprospective.fr>.

445 Néanmoins, aujourd'hui, des prospectivistes innovent dans les méthodes et pratiques avec des outils participatifs profitant des nouvelles possibilités d'échange d'informations sur le web, avec les smartphones, comme Lidoli pour le recueil d'opinions par des votes colorés ou Scenaring Tool pour la construction de scénarios modulaires par l'analyse morphologique. Nouvelles technologies, *big data*, nouvelles techniques analytiques (algorithmes etc.) : les outils à la disposition du prospectiviste pour étudier l'évolution de variables lors d'un exercice prospectif se sont considérablement perfectionnés ces dernières années.

futurs possibles, doivent se conformer aux canons de la veille scientifique, de l'historien et du chercheur en sciences humaines. Sous cet angle, le principal danger pour toute étude de prospective juridique est peut-être de fournir un travail de veille insuffisant, de ne pas consacrer assez de temps à la documentation et au recueil d'informations. Le choix d'un scénario plus souhaitable que les autres et la réflexion quant aux moyens à déployer afin de lui donner toutes les chances d'advenir supposent en revanche moins d'examen scientifique et plus d'analyse critique. La dimension subjective et volontariste inhérente aux projets interdit de les imaginer en termes neutres et objectifs[446].

La prospective juridique pourrait donc se caractériser, notamment, telle une science des futurs du droit et telle une science du droit en action — cette action visant à préparer et bâtir le futur. Or, comme le décrivait Gaston Berger, confortant le besoin de scientificité des travaux, « la "science de la pratique" perdrait vite tout intérêt si elle ne procédait d'expériences véritables et si elle ne se maintenait constamment en contact avec la réalité concrète. D'ailleurs, c'est aux fruits qu'il porte qu'il faut juger l'arbre et non point d'après les théories du jardinier »[447]. Malgré son objet particulier, toute recherche jusprospective sera confrontée à la sanction du réel[448].

Les limites d'une science : le droit et son futur, objets d'étude instables et incertains

Les difficultés qu'éprouve le droit devant l'exigence de scientificité ne proviennent pas que de ses méthodes insuffisamment précises et rigoureuses. Elles incombent également à l'objet d'étude, c'est-à-dire au droit lui-même. Les sciences sociales se développent sur un terrain terriblement aléatoire et évanescent : l'homme, le corps social. Les sciences du droit ne sont qu'un peu mieux loties avec le droit. Est-ce parce que la méthode d'étude est instable et incertaine que l'objet d'étude est instable et incertain ou parce que l'objet d'étude est instable et incertain que la méthode d'étude est instable et incertaine ? S'exerce certainement un jeu dialectique entre ces éléments : la fragilité de l'un accentue celle de l'autre qui à son tour renforce la première etc. C'est pourquoi, en axant les efforts sur la méthode de la prospective juridique, on cherche à favoriser sa stabilité et sa légitimité, ainsi que celles du droit lui-même.

---

[446] J. Lesourne, *L'Europe à l'heure de son crépuscule – Essai de prospective*, Odile Jacob, 2014.

[447] G. Berger, « Méthode et résultats », *Prospective* nov. 1960, n° 6, p. 4.

[448] Gaston Berger pouvait ajouter que « les commentaires doivent être ici moins étendus — et ils sont moins importants — que les sortes de "procès-verbaux de recherche" qui vous sont offerts. Il s'agit, pour chacun, de juger soi-même — et sur pièces » (*ibid.*, p. 5).

Toujours est-il qu'en raison de son objet même, la prospective juridique ne saurait aspirer au plus haut niveau de scientificité possible, y compris à l'intérieur des seules sciences humaines et sociales. Elle peut utiliser des résultats scientifiques, revendiquer une démarche scientifique lorsqu'elle se fait exploratoire plutôt que stratégique, mais il vient nécessairement un moment où elle redevient un discours sur l'avenir du droit et, puisque l'avenir du droit n'est pas écrit à l'avance et reste à faire, malgré les continuités et les inerties, elle finit toujours par s'écrouler en partie sur ses bases scientifiques. Comme le décrit Thierry Gaudin, « la rationalisation scientiste, même si elle contribue à rassurer sur le "sérieux" des études, s'essouffle vite à essayer de modéliser l'avenir. Les tentatives de mise en équation sont limitées par le manque ou l'imprécision des données d'observation pertinentes et par les capacités de calcul »[449].

On se réfère souvent, en prospective, à la théorie des jeux[450]. La grande complication est qu'ici, et à la différence par exemple du jeu d'échecs, le plateau peut à tout moment évoluer et les pièces changer d'ordre et de nombre. Les sciences humaines et sociales ne peuvent se dire scientifiques que par l'étude d'objets présents ou passés. Le réel délimite le champ de leur pratique. Concernant le futur proprement dit, il n'y a rien à observer, aucune matière concrète sur laquelle travailler. Scientifiquement, seul compte ce qui est ou a été effectivement. Tout économiste, sociologue ou historien ne souhaite pas sortir de ces bornes et sait que, s'il le fait, il perdra ce qui définit sa pratique comme rationnelle et concluante. Le prospectiviste, lui, n'a de cesse d'effectuer cette sortie.

Tel est le défi de la prospective juridique : accepter les limites scientifiques des travaux tout en s'efforçant à utiliser des données, des expertises et des arguments aussi rigoureux et fiables que possible. Ignorer ces limites conduit à fantasmer sur le rôle et la science du jusprospectiviste ; ce qui explique la fréquente formation de « groupes dominants » à l'intérieur des équipes de prospective, lesquelles, dès lors, fonctionnent sur une rationalité imposée[451]. C'est pourquoi, y compris dans son volet exploratoire, la prospective juridique doit toujours être critique. Le caractère critique, appelant le jugement objectif et l'indépendance d'esprit, a vocation à rendre les travaux aussi justes, rationnels et pertinents que possible, malgré leurs limites scientifiques.

La rationalité de la prospective juridique ne saurait être déduite des sciences de la nature. Elle relève d'un tout autre modèle, de type interprétatif,

---

[449] Th. Gaudin, *La prospective*, 2e éd., Puf, coll. Que sais-je ?, 2013, p. 11.

[450] Notamment, J. Von Neumann, O. Morgenstern, *Theory of Games and Economic Behaviour*, Princeton University Press, 1944.

[451] P. Tolila, « Quand la prospective rêve de science », *Le Banquet la revue du CERAP* janv. 1997, p. 9. L'auteur demande ainsi : « Qui ignore que la posture spécifique de la prospective, qui consiste à réfléchir à partir de ce qui est ou a été sur ce qui n'est pas encore, transforme toute vérité scientifique du moment en dogme ? » (*ibid.*).

élaboré et à l'œuvre en médecine clinique, police scientifique, psychanalyse ou histoire. Ce modèle suppose une attitude particulière : celle du détective ou du chasseur. Il s'agit de trouver et explorer des pistes, traquer des objets cachés à partir de traces interprétées grâce à des hypothèses comme des signes ou des symptômes. Il n'y a pas que les sciences « dures » qui travaillent sur leurs objets en les traitant comme des indices de ce qui peut advenir. La prospective juridique, comme la médecine clinique ou la psychanalyse, repose sur la recherche de symptômes, c'est-à-dire de faits scientifiquement construits et porteurs d'avenir[452].

Mais la prospective juridique se présente aussi et peut-être avant tout tel un art critique du présent au service de la prise de décision, permettant de construire des stratégies créatives alliant vision et action.

[452] *Ibid.*, p. 6.

Chapitre 2. Une recherche critique

Comme l'observaient déjà en 1976 les fondateurs de la *Revue de droit prospectif*, « la recherche prospective procède d'une attitude critique à l'égard de tout ce qui existe ; en matière juridique, l'attitude prospective implique une mise en question permanente du Droit positif »[453]. Or ce caractère critique de la recherche ne saurait être considéré comme secondaire par rapport au caractère scientifique. Épistémologiquement, l'un et l'autre sont les deux éléments les plus importants de la prospective juridique, donc ceux auxquels il est le moins permis de déroger. En somme, ils sont constitutifs de l'attitude prospective, laquelle est la base fondamentale de la prospective juridique.

L'approche critique est indispensable car l'avenir du droit est moins à déterminer, ce qui serait une œuvre scientifique, qu'à inventer et à construire. Or la critique permet la liberté et l'imagination indispensables à une telle approche de l'avenir du droit. « Demain ne sera pas comme hier. Il sera nouveau et il dépendra de nous. Il est moins à découvrir qu'à inventer », enseignait ainsi Gaston Berger[454]. Le futur du droit est ouvert, il est un domaine de volonté et de liberté. Une approche simplement scientifique serait donc insuffisante et peut-être même inconséquente puisque ce futur n'est pas prédéterminé et donc connaissable au moyen d'instruments d'investigation purement objectifs et empiriques. L'avenir est un ensemble d'avenirs possibles et hétérogènes, ce qui invite à l'envisager sous un angle critique afin de ne pas subir la pesanteur du passé.

La critique, en tant que jugement objectif permis par la liberté et l'ouverture d'esprit, permet au jusprospectiviste d'être à la fois engagé, car la fonction de la prospective juridique est de préparer l'action juridique, et dégagé, car une certaine distance et une certaine prudence sont indispensables. Le côté ambitieux de la prospective juridique n'est admissible que s'il est compensé par une humilité et une grande rigueur que la scientificité et le caractère critique ont vocation à garantir[455].

---

453 J.-M. Zaorski, D.-Y. Meducin, « Pour une approche prospective de la recherche juridique », *Revue de droit prospectif* 1976, n° 1, p. 8.

454 G. Berger, *Phénoménologie du temps et prospective*, Puf, 1964.

455 J. Lesourne, « Le chemin d'un ingénieur vers la prospective », in Ph. Durance, dir., *La prospective stratégique en action – Bilan et perspectives d'une indiscipline intellectuelle*, Odile Jacob, 2014, p. 21.

Ne pas brider la créativité, l'imagination ni l'intuition

Le regard critique doit permettre de « voir profond ». Tel est l'enseignement de Gaston Berger, qui était phénoménologue : il faut dépasser les apparences, les premières impressions sur les choses pour savoir ce qu'elles sont vraiment et aller suffisamment loin dans les analyses, ce que la seule approche scientifique ne permet pas. Le risque, avec la science, est d'appliquer des méthodes de façon trop mécanique et systématique. Les méthodes doivent seulement stimuler et enrichir la réflexion, mais pas s'y substituer. Surtout en matière de prospective juridique, où les résultats ont par définition une validité incertaine et discutable, il serait dommageable de se retrouver prisonnier de ces résultats. La critique et l'indiscipline intellectuelle apparaissent donc indispensables, en matière de prospective juridique stratégique surtout, mais aussi s'agissant de la prospective juridique exploratoire.

La prospective juridique doit prendre appui sur des données et des arguments scientifiques, mais aussi sur des éléments pouvant sembler revêtir moins de valeur, parce qu'issus de l'imagination ou de l'intuition, mais susceptibles en réalité d'indiquer des pistes très intéressantes afin d'envisager les futurs possibles. En ce sens,

> *Peut-être est-ce une grande erreur de penser que l'avenir sera le produit d'actions humaines raisonnables alors qu'à l'évidence, les comportements des êtres humains,* a fortiori *des groupes sociaux, ne sont pas uniquement dictés par la raison mais par bien d'autres motifs, y compris parfois par la folie. À trop vouloir produire des conjectures dites sérieuses, à trop brider l'imagination afin de ne pas être taxés de spéculations fantaisistes, peut-être nous condamnons-nous à une certaine myopie dans l'exploration des futurs. Ainsi est posée la question de la place de la fiction, de la créativité, de l'imagination, de l'intuition dans la démarche prospective et, plus spécifiquement, des relations entre science-fiction et prospective, des apports de celle-ci à celle-là. La liberté littéraire permet de déconstruire nos représentations et, dès lors, d'explorer d'autres mondes et formes de société que ceux que nous connaissons.*[456]

Des jugements objectifs : faire abstraction du « prêt à penser » mais se refuser à toute opposition ou dénonciation de principe

La pensée critique, raisonnablement libre, ouverte et indépendante, est le vecteur privilégié des « révolutions scientifiques ». Il serait donc nécessaire, bien au-delà de la prospective juridique, de favoriser le regard critique afin de

[456] H. De Jouvenel, « Science-fiction et prospective », *Futuribles* 2016, n° 413.

permettre le développement et le perfectionnement de la recherche et des connaissances juridiques. Avec la pensée critique, associée à l'étude scientifique, on travaille à grand renfort d'arguments aussi objectifs que possible, on entoure ses recherches de gages scientifiques suffisants, et on écarte les dogmes, les idées préconçues et le « prêt à penser ». *A fortiori* en matière de prospective juridique, si les observations et propositions du chercheur ne faisaient que conforter les paradigmes passés et actuels, la recherche ne présenterait guère d'utilité[457].

Néanmoins, et même si, dans les sciences du droit plus qu'ailleurs, la prime va souvent à la continuité plus qu'à l'innovation qui est source de rupture, la critique interdit de vouloir faire œuvre révolutionnaire, iconoclaste ou autrement anarchiste. Telle est la grande différence entre la pensée anarchiste et la pensée critique : la fin poursuivie par la première est le changement et elle oblige par principe à plaider pour des révolutions ; la fin poursuivie par la seconde est le jugement objectif, qui peut être positif ou négatif, donc la lucidité, ce qui conduit à soutenir les paradigmes dominants légitimes autant qu'à dénoncer les paradigmes dominants illégitimes (parce qu'archaïques, ascientifiques, impraticables etc.).

La pensée critique au service de l'étude scientifique et de la recherche juridique

En droit, de moins en moins rares sont les auteurs à éprouver un « vertige devant l'ampleur des mutations en cours »[458] et à pointer du doigt « la crise de l'organisation juridique moderne ainsi que la mutation [...] vers un nouveau paradigme, une nouvelle conception du droit et de la justice »[459]. On en vient notamment à faire de l'irruption des nouvelles technologies le vecteur de certaines transformations majeures des sociétés et des systèmes juridiques[460]. Le regard critique doit servir à entrevoir de telles évolutions en cours. Et il doit aider, alors qu'il peut être tentant d'affirmer trop rapidement qu'un nouveau paradigme ou un nouveau monde se serait imposé, à se « méfie[r]

---

457 Or Thierry Gaudin, prenant l'exemple des économistes, observe combien ils « ont du mal à imaginer l'avenir autrement que comme prolongement du passé récent. Leur discours est en général conformiste. S'appuyant surtout sur des données statistiques agrégées, ils voient la continuité, mais passent le plus souvent à côté des ruptures. Étant pour la plupart rémunérés par les structures dominantes, ils ne se hasardent que rarement à émettre des prévisions qui pourraient gêner les intérêts en place » (Th. Gaudin, *La prospective*, 2e éd., Puf, coll. Que sais-je ?, 2013, p. 47-48).

458 D. De Béchillon, *Qu'est-ce qu'une règle de droit ?*, Odile Jacob, 1997, p. 217.

459 B. Frydman, *Les transformations du droit moderne*, Fondation Roi Baudoin, coll. Citoyen, droit et société, 1998, p. 9 ; également, B. De Sousa Santos, *Vers un nouveau sens commun juridique – Droit, science et politique dans la transition paradigmatique* (1995), trad. N. Gonzales-Lajoie, LGDJ, 2004.

460 G. J. Guglielmi, « Les nouvelles technologies et le droit », *Jurisdoctoria* 2012, n° 8, p. 11.

des pseudos révolutions, souvent dictées par l'affolement et l'amateurisme »[461]. La pensée critique, aussi bien critique envers les anciens paramètres de recherche qu'envers les nouveaux, doit permettre de prendre du recul, d'adopter une attitude réservée sans être sceptique par principe. Encore une fois, la pensée critique est à rapprocher de l'étude scientifique ; l'une et l'autre sont les deux jambes de la recherche juridique en général et de la prospective juridique en particulier, sans lesquelles elles ne pourraient pas avancer, sans lesquelles elles ne pourraient pas progresser[462].

Une philosophie alliant liberté et responsabilité, pour lutter contre l'aveuglement, le présentisme et le passéisme

La prospective juridique, parce qu'incompatible avec des règles fixes posées *a priori* et parce que « l'avenir est tout autre chose que ce qu'y voit généralement la pensée commune »[463], « exige assurément un esprit à la fois critique et créatif, du bon sens, de la curiosité, de la réflexion et un peu d'audace »[464]. Sous l'angle du seul point de vue critique, la prospective n'est « pas une méthode ou une discipline, mais une attitude »[465]. Ici, l'adjectif tend à primer sur le substantif. La prospective juridique se présente alors moins telle une boîte à outils que telle une philosophie alliant liberté et responsabilité, donc telle une tournure d'esprit, une manière particulière d'observer le monde juridique avec les yeux du jugement objectif et raisonné, afin d'en établir la juste valeur et d'en discerner les mérites et défauts, les qualités et imperfections, cela dans un état d'esprit de libre examen écartant l'autorité des dogmes, des conventions, des préjugés et des superstitions[466].

La critique permet ainsi de remettre en cause les idées reçues et de dépasser les effets d'inertie[467], les unes et les autres étant importants afin d'imaginer ce

---

[461] P.-Y. Gautier, « Immatériel et droit – Rapport de synthèse », *Arch. phil. droit* 1999, p. 234.

[462] Et le professeur Yves Gaudemet de saluer la parfaite honnêteté intellectuelle de l'auteur d'une thèse consacrée à « l'unité des contrats publics » (L. Marcus, *L'unité des contrats publics*, Dalloz, coll. Nouvelle bibliothèque de thèses, 2010) qui aboutit à la conclusion selon laquelle son sujet n'existe pas (Y. Gaudemet, « Les grandes mutations du droit administratif », conférence à l'École doctorale de sciences juridiques de Grenoble, 15 févr. 2011). C'est là une attitude parfaitement critique. Étudier un objet ne doit pas vouloir dire soutenir cet objet.

[463] G. Berger, « Méthode et résultats », *Prospective* nov. 1960, n° 6, p. 1.

[464] H. De Jouvenel, *Invitation à la prospective*, Futuribles, coll. Perspectives, 2004, p. 85.

[465] J. de Bourbon Busset, « Réflexions sur l'attitude prospective », *Cahier Prospective* 1963, n° 10.

[466] Th. Gaudin, F. L'Yvonnet, *L'avenir de l'esprit*, Albin Michel, 2002.

[467] On cite, par exemple, les significatives « erreurs QWERTY » : « Au début du XXe s., on a créé les claviers QWERTY car les premières machines à écrire Remington avaient tendance à se bloquer lorsqu'on dactylographiait trop vite. Cette disposition des touches permettait de ralentir la frappe, ce qui a été efficace. Mais bientôt il n'y eu plus de danger de blocage et de nombreux claviers alternatifs ont été proposé, sans succès. Les effets d'inertie, y compris l'inertie des paradigmes dominants, empêchent l'essor de nouvelles théories et on reste enfermé

que pourrait être l'avenir mais nuisibles à la qualité de cet avenir[468], surtout s'agissant d'un droit dont on espère qu'il saura suivre les mutations sociologiques, économiques, culturelles ou encore technologiques au profit d'une meilleure organisation et de plus de pacification des relations entre les individus. Avec Michel Godet, l'enjeu est de « "voir autrement", penser à contre-courant des idées dominantes, se méfier des clichés, des consensus, prendre conscience des mirages collectifs »[469] — c'est pourquoi la prospective peut s'inspirer, tout en conservant un recul critique et en demeurant réservé à son égard, de la science-fiction[470]. Il est plus facile de faire siennes les idées reçues et de penser comme tout le monde car on n'a pas à se justifier. Mais peut-être mieux vaut-il adopter un réflexe intellectuel salutaire : considérer que, lorsque tout le monde est d'accord, il y a là quelque-chose de suspect. Cet accord peut n'être que de façade puisque le conformisme cache les arguments de ceux qui ont un autre point de vue et enterre les données qui vont à l'encontre de cet accord.

Déjà René Descartes recommandait de tout soumettre au doute — bien qu'il faille se méfier du scepticisme autant que du suivisme — et d'accorder à l'esprit une liberté absolue — mais mieux vaut lui offrir une liberté raisonnée. Le philosophe souhaitait « une fois en [sa] vie se défaire », pour les passer au crible de la critique et « atteindre la vérité », de « toutes les opinions qu[’il avait] auparavant reçues en [sa] créance et reconstruire de nouveau tout

---

dans le *statu quo* intellectuel, sous prétexte que ça a bien marché dans le passé. Par conséquent, on refuse l'innovation, comme dans le cas du clavier QWERTY, car on estime que les coûts du changement sont trop lourds » (K. Valaskakis, « La prospective en trois leçons : mon apprentissage personnel », in Ph. Durance, dir., *La prospective stratégique en action – Bilan et perspectives d'une indiscipline intellectuelle*, Odile Jacob, 2014, p. 63).

468 M. Godet, *Le courage du bon sens – Pour construire l'avenir autrement*, Odile Jacob, 2009.

469 Ph. Durance, M. Godet, *La prospective stratégique – Pour les entreprises et les territoires*, Dunod-Unesco, coll. Stratégie de l'entreprise, 2011, p. XVIII. Et Michel Godet d'expliquer que « se méfier des idées reçues, c'est la manière que j'ai trouvée pour transformer ma faiblesse, l'indiscipline, en force intellectuelle, en compétence » (M. Godet, « Le plaisir de l'indiscipline intellectuelle pour construire l'avenir autrement », in Ph. Durance, dir., *La prospective stratégique en action – Bilan et perspectives d'une indiscipline intellectuelle*, Odile Jacob, 2014, p. 29). *Cf.*, également, M. Godet, *Manuel de prospective stratégique – Tome 1 : Une indiscipline intellectuelle*, 3e éd., Dunod, coll. Progrès du management, 2007.

470 La science-fiction peut être une source intéressante pour les prospectivistes. Elle suppose un imaginaire et un esprit créatif que ces derniers ne possèdent pas nécessairement. Or elle contribue aussi à la construction et à la diffusion de certaines formes de représentation du futur. *Le Meilleur des mondes* d'Aldous Huxley est un exemple d'œuvre de science-fiction ayant permis des anticipations pertinentes dans les domaines des biotechnologies, sélection génétique, clonage, hypersurveillance etc. Par ailleurs, la société Intel a l'habitude de travailler avec des écrivains de science-fiction dans son programme de réflexion sur les usages des technologies. La science-fiction a ainsi apporté la preuve de sa capacité à soulever des questions clés pour le futur. Elle permet aussi de pointer du doigt des tendances inquiétantes, à l'instar de George Orwell dans *1984*. Et son caractère littéraire lui permet d'émettre des hypothèses qui seraient dérangeantes dans d'autres contextes.

le système de [ses] connaissances. »[471]. Suivant cette voie, Gaston Berger se disait « convié, sous la pression même de l'expérience, à remettre sans cesse en question les règles de nos actions et les objectifs de nos institutions ou de nos entreprises »[472]. La critique est ainsi une arme pour lutter contre l'aveuglement. En même temps, elle constitue un outil intellectuel des jusprospectivistes leur permettant de se libérer de la pression du passé et de celle du présent. C'est ainsi que Gaston Berger pouvait décrire « notre civilisation [qui] s'arrache avec peine à la fascination du passé. De l'avenir, elle ne fait que rêver et, lorsqu'elle élabore des projets qui ne sont plus de simples rêves, elle les dessine sur une toile où c'est encore le passé qui se projette. Elle est rétrospective, avec entêtement. Il lui faut devenir “prospective” »[473].

Nulle prospective juridique n'est donc concevable sans changement d'attitude, sans abandon du dogmatisme au profit de l'examen et de la réflexion critiques. Seuls ces derniers permettraient de se tourner véritablement vers l'avenir du droit, en se détachant de l'influence de son passé et de son actualité, laquelle doit être prise en compte dans le cadre de la prospective juridique exploratoire mais doit être laissée en arrière-plan dans le cadre de la prospective juridique stratégique. Et Gaston Berger de présenter la situation en ces termes :

> *Si l'on examine les procédés qui sont les plus couramment utilisés pour suggérer ou justifier les décisions, on constate qu'ils entrent généralement dans l'une des trois catégories suivantes : l'action entreprise invoque un précédent, s'appuie sur une analogie ou repose sur une extrapolation. Le précédent nous épargne toutes les difficultés et tous les risques de l'initiative. Il nous met « à couvert ». N'est-il pas sage de répéter ce qui a fait ses preuves ? La loi scientifique procède-t-elle autrement lorsqu'elle conclut du passé à l'avenir ? En réalité, le précédent a une signification juridique, il représente un quasi-contrat : si un groupe social a semblé admettre par son silence un certain type d'actes, il n'a pas de raisons d'en contester plus tard la légitimité. Qui n'a dit mot a consenti. Le précédent repose sur un accord tacite, auquel la société ne peut se dérober sans se déjuger. L'homme d'action cherche souvent à dépasser ce plan juridique en replaçant dans la variété et la mobilité de la vie les actes autrefois effectués et ceux qu'il pense accomplir. Il veut réussir plus qu'avoir raison.*[474]

---

[471] R. Descartes, *Discours de la méthode*, 1637.

[472] G. Berger, « Méthode et résultats », *Prospective* nov. 1960, n° 6, p. 10.

[473] G. Berger, « Sciences humaines et prévision », *La Revue des Deux Mondes* 1957, p. 417.

[474] *Ibid.* Gaston Berger ajoutait que cet homme d'action « songe moins aux précédents qu'aux analogies. Sa connaissance de l'histoire et le souvenir de ses propres expériences lui fournissent assez de tableaux qui ne diffèrent guère de sa situation présente. Sans doute, d'une époque à l'autre, les détails sont-ils altérés, mais les ensembles demeurent. “En gros”, les choses sont les

La prospective juridique a besoin du présent et du passé pour comprendre le futur, mais elle doit aussi éviter de trop se retourner vers le passé et de trop se focaliser sur l'actualité[475]. Et le jusprospectiviste doit être capable de s'évader des hypothèses *a priori* retenues par le commanditaire éventuel de l'étude, plus encore de celles qui imprègnent le système juridique et son environnement, et plus encore de celles qui influencent sa psyché personnelle. « Aider les décideurs, enseigne-t-on, n'est pas légitimer leurs *a priori*, mais réduire leur cécité en soumettant à leur regard les hypothèses et les évolutions possibles qu'ils ont implicitement écartées »[476]. Un des dangers que la critique permet potentiellement d'éviter est celui de la légitimation volontaire ou involontaire des points de vue des « puissants » en tous genres, notamment des disciplines, des écoles et des chercheurs les mieux établis[477].

S'autoriser à soutenir les points de vue minoritaires autant que les points de vue majoritaires

Beaucoup d'erreurs et de crises sont dues à la pensée unique et au confort du conformisme[478]. Et cela concerne d'autant plus ces études à l'objet original

---

mêmes. À l'utilisation des ressemblances, que saisit l'intuition, certains esprits plus rigoureux entendent substituer un procédé de prévision qui s'inspire des mathématiques : l'extrapolation. Lorsqu'un phénomène a été observé avec soin pendant un certain temps, lorsque surtout on a pu donner à ses variations une expression numérique, on peut deviner la loi de son développement et prolonger au-delà du moment présent la courbe de son évolution future » (*ibid.*). Gaston Berger écrivait aussi : « "Tout se répète", dit souvent l'administrateur timoré, pour couvrir les défaillances de sa volonté. "Tout se ressemble", ajoute-t-il, pour justifier la rapidité de ses analyses et excuser la pauvreté de son imagination. "Tout continue", poursuivra-t-il, avec l'autorité que confèrent les chiffres et en donnant les apparences de la prévision scientifique à une simple routine opératoire » (*ibid.*, p. 418).

[475] E. Barbieri Masini, *Penser le futur*, Dunod, 2000.

[476] P. Tolila, « Quand la prospective rêve de science », *Le Banquet la revue du CERAP* janv. 1997, p. 8.

[477] Thierry Gaudin note que « les institutions sont tentées de croire qu'elles ont en interne la quasi-totalité des compétences nécessaires. C'est en général faux. Ce qu'elles ont, le plus souvent, ce sont des techniciens péremptoires qui ont réussi à acquérir une position de gourou dans leur domaine. S'il est indispensable de faire participer ces personnages difficiles et souvent résistants aux idées qu'ils n'ont pas inventées eux-mêmes, il est non moins nécessaire de ne pas s'en tenir à ce qu'ils disent. La prospective doit alors déployer un savoir-faire diplomatique. Elle doit les valoriser tout en les amenant à accepter une pensée différente. Il faut ici mentionner le cas particulier des individualités jouissant d'une grande notoriété, qu'elle soit scientifique, littéraire, médiatique ou économique. Les dirigeants des institutions sont flattés que des célébrités participent à leurs travaux. Or le risque est grand qu'elles y répètent ce qu'elles ont déjà écrit ou dit dans d'autres circonstances. Mais la prospective n'est pas une messe. Si l'on veut des éléments d'avenir, il est souvent préférable de faire appel à des personnalités plus jeunes et moins connues. Leur vigilance est stimulée par l'espoir de la reconnaissance, alors qu'elle est souvent émoussée chez ceux qui sont déjà reconnus » (Th. Gaudin, *La prospective*, 2e éd., Puf, coll. Que sais-je ?, 2013, p. 118-119).

[478] *Cf.* F. Houzé, *La facture des idées reçues*, Odile Jacob, 2017.

et difficile que sont les études du futur[479]. Michel Godet constate que très peu de jeunes chercheurs et même de chercheurs en général acceptent de penser et, surtout, de s'exprimer librement car ils préfèrent se fondre dans le moule de peur du jugement de leurs pairs[480]. Le cadre critique a vocation à servir d'empêcheur de penser en rond, sans pour autant conduire sur les chemins de la provocation et de l'iconoclasme, lesquels sont tout aussi dangereux que ceux du conformisme, du suivisme, du mimétisme, de la routine, des idées à la mode et de l'ordre établi. En d'autres termes, le jusprospectiviste doit se sentir autorisé à soutenir les points de vue minoritaires autant que les points de vue majoritaires, à condition qu'il le fasse à l'aune de jugements objectifs et éclairés, non au départ d'opinions purement personnelles — où se confirme

---

479 Michel Godet insiste sur « le risque qui consiste à ne pas se poser les bonnes questions, c'est-à-dire à ne pas intégrer dans la réflexion prospective les hypothèses ou les événements qui vont jouer un rôle déterminant pour le futur. Ce risque est très fréquent en prévision, où les erreurs résultent plus des mauvaises questions que des mauvaises réponses » (M. Godet, « Sept idées-clés », *Futuribles* nov. 1983, p. 9). Il ajoute que « ce risque s'explique par l'"effet lampadaire", par référence à l'ivrogne qui, ayant perdu ses clés, cherche sous le lampadaire parce que là c'est éclairé » (*ibid.*). Et d'expliquer que, « en pratique, dans de multiples domaines et notamment en matière technologique, le jugement prévisionnel d'expert est souvent le principal outil d'information accessible. En général, une majorité d'experts est conformiste (la majorité est un refuge facile, c'est aux autres de s'expliquer) et conservatrice (quand un expert éminent et âgé dit que quelque chose est possible, il a certainement raison, quand il dit que quelque chose est impossible, il a de grandes chances de se tromper). […] Très souvent, la bonne prévision, celle qui voit juste, est le fait d'une des minorités d'experts qui font preuve d'audace et d'imagination. Le plus difficile reste naturellement de savoir reconnaître le "bon" point de vue minoritaire. Finalement, celui qui voit juste a du mal à se faire entendre : raison de plus pour être à l'écoute des points de vue alternatifs. Observation qui évidemment ne donne aucun crédit supplémentaire aux prédictions farfelues, mais rend suspectes nombre de conjectures et d'idées reçues. En ce sens, remettre en cause le confort d'esprit, réveiller les consciences endormies sur de fausses certitudes est l'ambition première du prospectiviste » (*ibid.*). Par ailleurs, Michel Godet note que « la chasse aux idées reçues est un exercice risqué pour la réputation intellectuelle. Généralement, les idées à contre-courant sont très appréciées par ceux qui ne vivent pas du courant en question, mais dès que l'on se mêle de leurs affaires, cela devient vite intolérable. C'est ainsi que les journaux ont publié, sans difficulté, une centaine de mes articles depuis vingt ans, sauf celui concernant la sclérose des médias » (M. Godet, « Le plaisir de l'indiscipline intellectuelle pour construire l'avenir autrement », in Ph. Durance, dir., *La prospective stratégique en action – Bilan et perspectives d'une indiscipline intellectuelle*, Odile Jacob, 2014, p. 30). Également, M. Godet, *Le courage du bon sens – Pour construire l'avenir autrement*, Odile Jacob, 2009 ; M. Godet, *Bonnes nouvelles des Conspirateurs du futur*, Odile Jacob, 2011.

480 M. Godet, « Le plaisir de l'indiscipline intellectuelle pour construire l'avenir autrement », in Ph. Durance, dir., *La prospective stratégique en action – Bilan et perspectives d'une indiscipline intellectuelle*, Odile Jacob, 2014, p. 30. Pour sa part, Thierry Gaudin enseigne que « la prospective est la construction de récits racontables de l'avenir. Tout est dans ce mot : racontable. Il signifie : qui ne soit pas en contradiction avec les résultats de la science. Une fois respectée cette contrainte, il reste une grande liberté. Le récit peut en particulier contredire les idées reçues, qu'elles soient majoritaires ou non. Les prospectives ne sont pas nécessairement des démarches consensuelles. Je suis même tenté de croire que les plus "efficaces" prennent à contre-pied les "allant de soi" et le "prêt à penser" » (Th. Gaudin, *La prospective*, 2e éd., Puf, coll. Que sais-je ?, 2013, p. 5).

le besoin d'associer la science à la critique. La prospective juridique serait donc bien un savant mélange de discipline et d'indiscipline.

Le discours critique se définit par opposition au discours dogmatique. Ce dernier est un discours de répétition, qui se borne à perpétuer les conceptions et opinions que les maîtres ont formulées il y a plus ou moins longtemps. La prospective juridique, tournée vers un avenir qu'il faut construire et non accepter tel un donné prolongeant le passé, refuse d'accepter une idée uniquement parce que « *magister dixit* ». Elle s'ingénie à systématiquement interroger la pertinence de l'idée, la pérennité de cette pertinence et l'opportunité de proposer de nouvelles formes de compréhension des données en cause.

« "Le maître l'a dit" est une formule dangereuse »[481] ; et peut-être mieux vaut-il suivre la trace du sociologue Robert Castel lorsqu'il souhaitait « ne pas être l'homme d'une école, l'homme d'un paradigme », et se laisser « toujours bousculer par l'actualité »[482]. Ainsi l'exigence de pensée critique qu'il importe d'assigner à la prospective juridique, parfait complément de l'étude scientifique avec laquelle elle constitue un binôme indissociable, conduit-elle à penser librement, à accepter le changement et à refuser toute forme de conservatisme. De plus, elle amène le chercheur à toujours discuter les données et les idées en cause, mais sans jamais polémiquer, la polémique étant l'antithèse de la discussion et donc du point de vue critique.

Beaucoup d'auteurs dénoncent l'excès de dogmatisme qui risque d'endormir la recherche juridique[483], alors pourtant que le contexte social et culturel au sein duquel s'inscrit son objet s'avère de plus en plus mouvant. Mais nombreux sont aussi ceux qui s'en accommodent sans autre forme de procès. C'est pourquoi il faut faire la différence entre des travaux imprégnés de dogmatisme — d'aucuns qualifient de manière on ne peut plus symptomatique la science du droit positif de « dogmatique juridique » — et des travaux reposant sur des études scientifiques et sur des analyses critiques, au premier rang desquels se trouvent normalement les recherches en prospective juridique.

Dans les sciences sociales en général et en droit en particulier, il existe des mécanismes et des habitudes qui enchaînent. La prospective juridique, grâce à son angle critique, permet de se libérer de ces chaînes, de s'interdire les interdits (les questions prohibées et les réponses proscrites). Interroger les représentations courantes, partagées et perpétuées sans être jamais discutées

---

[481] G. Thuillier, « Penser par soi-même en droit », in D. Alland, S. Rials, dir., *Dictionnaire de la culture juridique*, Lamy-Puf, coll. Quadrige-dicos poche, 2003, p. 1145.

[482] R. Castel, archive sonore entendue dans « Hommage au sociologue Robert Castel », La grande table, France culture, 19 mars 2013.

[483] Par exemple, M. Touzeil-Divina, *Dix mythes du droit public*, LGDJ, coll. Forum, 2019.

et qui constituent la base de l'action collective, permet d'engendrer des évolutions, des ruptures et, ainsi, d'agir sur le futur[484].

La prospective juridique dans la lignée du mouvement critique du droit

Si les premiers jusprospectivistes observaient combien « le système juridique est doté d'une inertie certaine »[485] et soulignaient « ce qu'ont eu de circonstanciel tant de concepts ou d'explications dogmatiques devenus traditionnels et convenus avec le temps »[486], le point de vue critique n'est toutefois pas inconnu de la recherche en droit ou sur le droit ni des facultés de droit. En effet, le mouvement critique du droit, qui s'est développé durant les années 1970 et 1980 à l'initiative de juristes et politistes français[487], tandis que des approches critiques du droit se multipliaient dans différents pays, a consisté en un projet, tant scientifique que pédagogique, de rupture avec les recherches et enseignements juridiques traditionnels[488]. Michel Miaille, l'une

---

[484] Ph. Durance, « Penser la rupture », in Ph. Durance, dir., *La prospective stratégique en action – Bilan et perspectives d'une indiscipline intellectuelle*, Odile Jacob, 2014, p. 378.

[485] A. Sayag, « Avant-propos », in A. Sayag, dir., *Quel droit des affaires pour demain ? Essai de prospective juridique*, Librairies techniques, 1984, p. XI.

[486] *Ibid.*, p. XII.

[487] Notamment, M. Bourjol, Ph. Dujardin, J.-J. Gleizal, A. Jeammaud, M. Jeantin, M. Miaille, J. Michel, *Pour une critique du droit – Du juridique au politique*, Maspero-Presses Universitaires de Grenoble, coll. Critique du droit, 1978.

[488] *Cf.* M. Kaluszynski, « Le Mouvement Critique du droit ou quand le droit retrouve la politique », *Droit et Société* 2010, p. 523 s. L'auteur détaille : « Le mouvement prit forme vers 1978 autour d'une association, l'Association Critique du Droit. Dès sa première année d'existence elle entreprit de publier une revue : *Procès – Cahiers d'analyse politique et juridique*. Outre la revue, le mouvement s'est cristallisé autour d'une collection, “Critique du droit”, dont plusieurs titres sont autant de contre-manuels de droit, de lieux de rencontres et de séminaires, à l'Arbresle et, plus tard, à Goutelas en Forez. S'il a aujourd'hui disparu en tant que tel, en France du moins, le mouvement critique du droit a cependant laissé un héritage : il a notamment engendré des institutions de recherche dont la qualité est reconnue et suscite aujourd'hui l'intérêt. [...] D'autres mouvements critiques apparaîtront en Europe, notamment en Belgique, aux Pays-Bas ou encore au Royaume-Uni. Pourtant, aucun n'aura l'impact de l'Association Critique du Droit française. Le mouvement aura aussi permis d'établir des liens avec l'étranger. Il connaîtra en effet un certain rayonnement international, en Belgique, en Allemagne, en Italie, mais aussi dans les universités d'Amérique latine, au Mexique ou au Brésil. En 1981, le mouvement sera cofondateur de la Conférence Européenne de Critique du Droit (ECCLS). Il faut reconnaître que le mouvement critique du droit a connu un succès bien plus important en Amérique latine et aux États-Unis qu'en Europe. [...] Pour qui souhaite étudier les liens, forts et ambivalents à la fois, entre droit et politique, les années 1970, années de “bouleversements”, de “constructions”, sont d'un intérêt particulier. La période voit en effet le politique s'emparer du droit, investir la justice. Le judiciaire, le juridique deviennent des terrains de mobilisation politique et se politisent. Le champ juridique demeure relativement clos cependant : il est peu sensible aux renouvellements intellectuels et les facultés de droit se distinguent par leur isolement et leur pauvreté intellectuelle ; il reste également largement

des figures tutélaires du mouvement, expliquait ainsi que « la critique du droit constitue un mode de pensée des juristes qui refusent le positivisme dominant et revendiquent une dimension critique dans l'étude du droit, sur la base d'une analyse matérialiste. [...] L'objectif est de transformer les pratiques d'enseignement et de recherche dans les facultés de droit et ainsi de contribuer à une autre connaissance du droit »[489]. Il s'agissait surtout de passer les normes et régimes juridiques au crible de la pensée marxiste[490]. Les fondateurs du mouvement ne visaient pas uniquement l'élaboration d'une « science du droit authentique » parmi les sciences sociales ; leur démarche était également politique, idéologique et militante[491].

Aujourd'hui, une analyse critique du droit, spécialement dans le cadre de la prospective juridique, doit davantage s'envisager tel un jugement objectif, libre et indépendant, et non plus tel un examen du droit à l'aune de valeurs radicales et en particulier socialistes.

Le mouvement critique du droit a été traversé par des divergences intellectuelles et politiques qui sont venues contrarier l'objectif fédérateur des débuts et qui, n'ayant pas pu être dépassées, ont causé sa perte. Il paraît préférable de se structurer autour d'exigences méthodologiques et formelles, notamment la liberté et l'indépendance alliées au jugement objectif et à

étranger aux transformations de la société française, aux conséquences de Mai 1968 comme à la montée progressive des partis de gauche. [...] Enfin, le modèle d'édition et de circulation des idées demeure figé autour de l'imposition d'ouvrages "canoniques" et de revues traditionnelles peu enclines à quelque forme d'ouverture. [...] Le petit groupe a été incapable d'affronter un système d'édition très rigide et très fermé et de réaliser les investissements qu'aurait nécessité un mouvement "militant". [...] Le mouvement critique du droit s'éteindra donc vers 1990. Sans éclat et sans drame, le mouvement a cessé de se réunir puis de publier et, sans aucune décision de mettre fin à son projet, a quasiment disparu comme instance significative dans les facultés de droit » (*ibid.*, p. 523 à 535).

489 M. Miaille, « Mouvement Critique du Droit », in A.-J. Arnaud, dir., *Dictionnaire encyclopédique de théorie et de sociologie du droit*, 2e éd., LGDJ, 1993, p. 132.

490 *Cf. Arch. phil. droit* 1971, « Le droit investi par la politique » ; L. Israël, « Un droit de gauche ? Rénovation des pratiques professionnelles et nouvelles formes de militantisme des juristes engagés dans les années 1970 », *Sociétés contemporaines* 2009, n° 73, p. 47 s. ; L. Israël, « Usages militants du droit dans l'arène judiciaire : le *cause lawyering* », *Dr. et société* 2001, n° 49 ; L. Israël, « Faire émerger le droit des étrangers en le contestant, ou l'histoire paradoxale des premières années du GISTI », *Politix* 2003, vol. 16, n° 62, p. 115 s. ; B. Gaïti, L. Israël, « Sur l'engagement du droit dans la construction des causes », *Politix* 2003, vol. 16, n° 62, p. 17 s.

491 Supposant que la société capitaliste serait avant tout juridique, affirmant que le droit contribue à la constitution, au fonctionnement et à la reproduction des rapports de production, qu'en les représentant de manière déformée, à la manière d'une idéologie, il en est la médiation spécifique et nécessaire, les auteurs du mouvement critique du droit veulent « travailler sur les présupposés du politico-juridique, approfondir les recherches théoriques, ouvrir un large débat sur le droit dans les formations sociales et forger les concepts sans lesquels il ne saurait y avoir de compréhension et de transformation de nos sociétés » (« Crise et droit, Droits et crise », *Procès* 1980, n° 6 (cité par M. Kaluszynski, « Le Mouvement Critique du droit ou quand le droit retrouve la politique », *Droit et Société* 2010, p. 533)).

l'ouverture, ainsi qu'à une forme d'unité dans la diversité des objets et des pensées — donc sans chercher à faire « école » —, et délaisser toute orientation axiologique *a priori*. La prospective juridique ne saurait s'attacher à une quelconque conception idéologique qui s'imposerait aux chercheurs. En même temps, son côté critique lui interdit de fermer la porte aux orientations et aux considérations politiques ; mais toutes doivent avoir droit de cité. À ses débuts, l'analyse critique du droit était subversive, sur la forme et sur le fond. Associée à l'étude scientifique, cette analyse critique se doit d'apparaître moins clivante et plus neutre *a priori*, sans verser toutefois dans le vide descriptivisme. Tel est le point d'équilibre recherché entre science et critique.

Dépasser la simple description de la surface visible du droit

Aux introductions au droit et autres manuels qui se contentent de dépeindre la surface visible du droit, Michel Miaille oppose une approche critique[492]. Dans cette lignée, la prospective juridique suppose de dépasser la simple description des normes juridiques positives, donc la technique juridique qui ne cherche pas à expliquer la forme ni le contenu du système et des mécanismes juridiques profonds, au-delà de leurs apparences. En effet, « si la technique juridique permet de déterminer le sens des normes, de les interpréter, de les comparer et de les appliquer aux cas qu'elles régissent, elle ne permet pas de dégager ce qui se cache derrière la façade juridique »[493]. Pour le mouvement critique du droit, il importe à l'inverse de comprendre et expliquer la fonctionnalité économique et sociale du droit et les relations entre droit, économie et société. Une telle approche paraît indispensable à la prospective juridique tant le droit de demain sera davantage le corollaire des mutations économiques et sociales et des tendances légistiques et juristiques qui se cachent derrière les règles de droit que du contenu actuel de ces devoir-être. L'examen critique permet de comprendre le droit dans son contexte social, par rapport aux jeux de pouvoirs et d'acteurs dont il dépend — et la prospective juridique doit aussi prêter attention aux mouvements technologiques et culturels, dont l'influence est de plus en plus forte.

Il s'agit de se détacher du positivisme-normativisme-purisme dominant, qui n'envisage l'étude du droit que par le droit lui-même. C'est pourquoi les tenants du mouvement critique ont promu davantage de pluridisciplinarité

[492] M. Miaille, *Introduction critique au droit*, Maspero, 1976. Jean Carbonnier a vu dans cet ouvrage le premier manifeste du mouvement critique du droit (J. Carbonnier, *Sociologie juridique*, Puf, 1978, p. 126). Également, M. Miaille, *L'État du droit – Introduction à une critique du droit constitutionnel*, Maspero, 1978.

[493] M. Miaille, « Mouvement Critique du Droit », in A.-J. Arnaud, dir., *Dictionnaire encyclopédique de théorie et de sociologie du droit*, 2e éd., LGDJ, 1993, p. 132.

dans les cursus universitaires et un autre rapport à l'activité de juriste[494], allant jusqu'à imaginer la disparition de l'agrégation, concours garant de l'orthodoxie, et même la « fin » des facultés de droit, absorbées au sein de grandes facultés de sciences sociales où le droit ne serait plus autonome[495] — puisque, dans les faits, il ne l'est pas[496].

Droit libre, réalisme juridique, Critical Legal Studies *et* Law and Society

Les pratiques d'enseignement et de recherche dans les facultés de droit n'ont cependant pas été transformées par le mouvement critique du droit, dont l'influence est restée trop marginale. Il semble pourtant qu'un tel point de vue peut être porteur. En tout cas l'est-il à l'échelle de la prospective juridique. Peut-être même cette dernière est-elle l'héritière du mouvement critique du droit, le prolongeant d'une autre manière. Par exemple, la revue *Procès* privilégiait la recherche théorique et refusait tout article en lien avec l'actualité, celle-ci étant conçue comme un détour gênant pour le projet fondamental. La prospective juridique, pragmatique et tournée vers le droit en action, ne saurait bien sûr suivre une telle voie.

D'ailleurs, en raison de son approche critique et parce qu'elle admet que le droit n'est que les branches qui entourent un tronc essentiellement politique et social, elle est aussi la continuatrice du droit libre d'Eugen Ehrlich[497], des réalismes juridiques, des *Critical Legal Studies* de Duncan Kennedy[498]

[494] *Cf.* F. Audren, « Comment la science sociale vient aux juristes ? Les professeurs lyonnais et le spectre de la science sociale (1875-1930) », in D. Deroussin, C. Fillon, dir., *La Faculté de droit de Lyon et le renouvellement de la science juridique sous la IIIe République*, La mémoire du droit, 2007, p. 3 s. ; F. Audren, « Le droit au service de l'action – Éléments pour une biographie intellectuelle d'Emmanuel Lévy », *Dr. et société* 2004, n° 56, p. 79 s. ; F. Audren, *Les juristes et les mondes de la science sociale – Deux moments de la rencontre entre droit et science sociale au tournant du XIXe et au tournant du XXe siècle*, th., Université de Bourgogne, 2005 ; M. Milet, *Les professeurs de droit citoyens – Entre ordre juridique et espace public – Contribution à l'étude des interactions entre les débats et les engagements des juristes français (1914-1995)*, th., Université Paris II Panthéon-Assas, 2000.

[495] J.-J. Gleizal, « La formation des juristes dans l'État français », *Procès* 1979, n° 3, p. 50 s.

[496] M. Kaluszynski, « Le Mouvement Critique du droit ou quand le droit retrouve la politique », *Droit et Société* 2010, p. 524.

[497] E. Ehrlich, *Grundlegung der Soziologie des Rechts* (*Les fondements de la sociologie du droit*), 1913.

[498] D. Kennedy, *A Critique of Adjudication*, Harvard University Press, 1997 ; D. Kennedy, « A Semiotics of Critique », *Cardozo Law Review* 2001.

— distinctes dans leur nature et dans leurs objectifs de la critique du droit française[499] —, ainsi que du mouvement *Law and Society*[500].

Reste que, avec l'appui d'une branche de la recherche juridique telle que la prospective juridique, l'analyse critique du droit pourrait gagner en influence au sein d'une doctrine désormais convaincue du besoin de penser le droit avec son temps et avec son contexte[501]. Le monde juridique, pour être bien compris, doit être resitué dans son univers social, économique et politique, qui l'influence et qu'il influence. Le droit est ainsi justiciable de diverses sciences sociales et doit faire l'objet d'une approche interdisciplinaire.

C'est pourquoi les revues *Procès – Cahiers d'analyse politique et juridique* et *Actes – Cahiers d'action juridique*, éditées par les tenants d'une approche critique, faisaient appel, autant qu'à la « science juridique » des juristes, à la science politique, mais aussi à la philosophie politique, à la sociologie politique ou à l'analyse économique du droit, ainsi qu'à tout angle d'étude susceptible de contribuer à l'affirmation d'une autre vision du droit et de l'État[502]. En ce sens, l'interdisciplinarité est bien un autre principe directeur des études jusprospectives.

---

[499] Les *Critical Legal Studies* sont une école de théorie critique qui a émergé aux États-Unis au cours des années 1970. Ses défenseurs affirment que les lois seraient utilisées afin de maintenir le *statu quo* des structures de pouvoir au sein de la société. Ils observent également que le droit codifierait certains préjugés sociaux par rapport aux groupes marginaux. Malgré de grandes divergences d'opinions au sein du mouvement, il existe un consensus général sur les objectifs clés des *Critical Legal Studies* :
- démontrer les ambiguïtés et les parti-pris d'une doctrine juridique supposément impartiale et neutre ;
- faire connaître les conséquences historiques, sociales, économiques et psychologiques des décisions judiciaires ;
- démystifier l'analyse et la culture juridiques afin d'imposer la transparence des processus juridiques, pour qu'ils obtiennent l'assentiment de citoyens socialement responsables.

[500] *Cf.* A. Vauchez, « Entre droit et sciences sociales – Retour sur l'histoire du mouvement *Law and Society* », *Genèse* 2001, n° 45, p. 133 s.

[501] En ce sens, Michel Miaille observe que « la situation est mûre désormais pour un nouveau mouvement critique. Il faut noter cependant que l'intérêt que suscite aujourd'hui le mouvement s'inscrit dans une conjoncture bien différente. Lancer un mouvement semblable nécessiterait de tout autres modalités et de tout autres projets » (M. Miaille, « Critique du droit, 30 ans après », intervention orale, colloque La critique du droit des années 70 à nos jours – Histoires, influences et perspectives, Grenoble, mars 2008 (cité par M. Kaluszynski, « Le Mouvement Critique du droit ou quand le droit retrouve la politique », *Droit et Société* 2010, p. 535)).

[502] « Du juridique au politique », *Procès* 1978, n° 1, p. 1.

Chapitre 3. Une recherche interdisciplinaire

Il n'est pas concevable de construire des scénarios des futurs du droit pertinents en se basant uniquement sur des données juridiques et sur les sciences juridiques. Le droit à venir, sous l'angle microjuridique de la règle de droit, du régime juridique ou de la branche du droit ou sous l'angle macrojuridique de la mécanique juridique, de l'ordre juridique ou du système juridique, sera en partie le reflet lointain du droit d'aujourd'hui, mais il sera aussi le fruit de changements sociaux, culturels, économiques, politiques et même technologiques[503]. Cela explique pourquoi toute recherche en prospective juridique devrait être interdisciplinaire[504], accordant autant d'importance aux disciplines non juridiques étudiant le droit qu'à la pure « science juridique du droit ». Jusqu'aux sciences cognitives peuvent fournir à la prospective juridique des enseignements importants puisque, un scénario prospectif n'étant jamais certain, il se comprend telle l'une des « illusions » qui aident l'esprit à baliser la réalité et à prendre des décisions.

La prospective juridique ouverte à tous les prospectivistes

Selon une parole d'Héraclite, « les hommes éveillés ont un seul univers, qui est commun, alors que chacun des dormeurs s'en retourne dans son

---

503 Des travaux de prospective juridique pourraient ainsi s'appuyer sur les outils les plus actuels de la prospective et prendre tout spécialement en compte l'ethnotechnologie, c'est-à-dire l'étude des interactions entre société et technologie. La transition de la civilisation industrielle à la civilisation cognitive chamboule les métiers et les pratiques sociales, y compris juridiques. La question de savoir comment les techniques transforment les sociétés a fondé les débuts de la réflexion ethnotechnologique dans les années 1970. Cette analyse part d'un double constat : la société produit la technique, puis, si elle est adoptée, cette technique se répand et transforme la société. L'ethnotechnologie s'attache autant à l'influence de la technique sur la société qu'à celle de la société sur la technique. *Cf.* Th. Gaudin, dir., *L'empreinte de la technique – Ethnotechnologie prospective*, L'Harmattan, coll. Prospective, 2010.

504 L'interdisciplinarité peut être distinguée de la pluridisciplinarité et de la transdisciplinarité. L'interdisciplinarité serait le genre qui regroupe la pluridisciplinarité (lorsque plusieurs matières sont mobilisées à tour de rôle, sans se confondre jamais, l'analyse restant divisée en autant de parties distinctes qu'il y a d'approches différentes) et la transdisciplinarité (quand l'observateur relie ou mélange les apports de plusieurs sciences, lesquelles s'effacent alors pour laisser place à un commentaire original et unitaire). Avec la transdisciplinarité, les disciplines tendent à s'allier autour de nouveaux objets, de nouveaux outils et d'une nouvelle langue, sorte d'« *esperanto* scientifique ». Aussi la prospective juridique est-elle peut-être plus proche de la transdisciplinarité que de la pluridisciplinarité. Mais elle doit bien emprunter à l'une et à l'autre.

monde particulier »[505]. Tout confinement intellectuel serait donc un aveuglement ou une amputation de l'esprit. Pourtant, le monde académique et spécialement les facultés de droit privilégient l'isolement disciplinaire. Les recherches pluridisciplinaires avec le droit demeurent rares. La prospective juridique oblige à dépasser le cloisonnement, à réintroduire le droit dans son environnement pour mieux le comprendre, en lien avec tous ces éléments non juridiques qui le font être ce qu'il est plutôt qu'autre chose.

Ce n'est pas par hasard si les prospectivistes possèdent des origines fort diverses : économistes, philosophes, ingénieurs, sociologues, historiens, géographes etc. Les prospectivistes interrogeant les futurs du droit possibles et souhaitables n'ont ni le besoin ni l'obligation d'être des juristes de formation — mais il est vrai que la prospective juridique devrait intéresser avant tout les juristes, si bien que ces derniers pourraient logiquement être à l'initiative de la majorité des travaux entrepris dans ce domaine.

Les autres sciences humaines et sociales riches d'enseignements pour les juristes

À l'heure où la science du droit est, parmi les diverses sciences humaines et sociales, celle qui tarde le plus à s'ouvrir à l'interdisciplinarité, pour des raisons scientifiques mais aussi pour des raisons corporatistes[506], la

---

[505] Th. Gaudin, *La prospective*, 2e éd., Puf, coll. Que sais-je ?, 2013, p. 122.

[506] Le problème de la possibilité épistémologique de travaux tout à la fois juridiques et interdisciplinaires a donné lieu à d'interminables controverses, dans différents pays et notamment aux États-Unis où a été renversée la représentation formaliste du droit qui prévalait auparavant. Le *Legal Realism* et, en particulier, sa branche la plus radicale — le mouvement *Critical Legal Studies* — ont introduit les questions économiques, sociales, politiques et culturelles dans l'analyse et l'enseignement du droit. En France et dans les pays dont la structure juridique est d'inspiration romano-germanique, la problématique commence seulement, timidement, à émerger parmi l'océan normativiste dans lequel baignent, classiquement, les juristes. En effet, la première différence entre ces traditions juridiques se situe dans l'importance conférée à la pensée kelsénienne. Kelsen impose le « purisme » méthodologique aux juristes (H. Kelsen, *Théorie pure du droit*, 2e éd., trad. Ch. Eisenmann, Dalloz, 1962). Qui entend étudier les normes juridiques scientifiquement doit s'efforcer à demeurer à l'écart de toutes considérations politiques, philosophiques, sociologiques, psychologiques, religieuses ou économiques (*ibid.*, p. I et p. 257). Il lui incombe de se contenter d'« exposer le droit tel qu'il est » (*ibid.*, p. I). À cette condition, la théorie et la science du droit sont « pures » ; elles se bornent à « la connaissance du seul droit, en excluant de cette connaissance tout ce qui ne se rattache pas à l'exacte notion de cet objet » (*ibid.*). Kelsen rejette tout syncrétisme ou pluralisme méthodologique — ce qui correspond, respectivement, à la trans- et à la pluridisciplinarité — ; il prohibe expressément et pour longtemps tout lien entre le droit et les autres sciences sociales. Suivant les prémisses de la doctrine normativiste, ce qui importe est la reconnaissance par le système juridique de la juridicité des compétences, faits, règles, concepts ou arguments en cause. La science du droit s'attache ainsi à une connaissance de son objet qui est non seulement interne et formelle, mais aussi fermée. Nulle donnée externe au système juridique ne saurait pénétrer l'analyse et y prospérer. Dès lors que la science juridique s'imagine ainsi

prospective juridique montre combien les autres points de vue sur l'homme et sur la société peuvent apprendre beaucoup aux juristes quant à leur objet et même quant à eux-mêmes. Cette interdisciplinarité semble en tout cas nécessaire tant le droit est largement lié à et dépendant de son contexte et du système social global dans lequel il s'inscrit. Déjà Les fondateurs de la *Revue*

« débarass[ée] de tous les éléments qui lui sont étrangers » (*ibid.*, p. 9), protégée de l'extérieur, toute immixtion de l'interdisciplinarité est par définition et sans autre forme de procès exclue car comprise comme intention inconséquente et ne pouvant être la source d'un quelconque « savoir véritable » sur le droit. Il ne s'agit cependant en rien de nier la possibilité d'appréhender les normes juridiques d'un point de vue sociologique, politique, historique ou philosophique. Aucun juriste positiviste ne conteste la possibilité offerte à tout savoir socio-scientifique de traiter des normes et institutions juridiques ; seulement seront alors produites des analyses sociologiques, politiques, historiques ou philosophiques et en aucune façon des analyses juridiques. Si ces éléments devraient mener à ne contester la pertinence que de la seule transdisciplinarité, il en va de même de la pluridisciplinarité, et donc de l'interdisciplinarité en général, car les juristes s'estiment incompétents dans ces autres matières qui apparaissent à leurs yeux, autant que le droit, affaires de spécialistes. Certainement la prédominance de l'influence kelsénienne n'est-elle pas infondée ou hasardeuse. Par exemple, a été souligné combien il existe une différence irréductible de points de vue, de méthodes et de définitions entre les diverses sciences sociales. « La même définition du droit ne saurait convenir au savant, à l'historien, au sociologue, qui jugent le droit de l'extérieur, et au juriste », a-t-on pu estimer (J. Dabin, « La définition du droit – À propos d'une étude récente », in *Mélanges en l'honneur de Paul Roubier*, Dalloz-Sirey, 1961, p. 201). Et les épistémologues du droit, assurément très au fait des limites de la connaissance et donc de l'objet juridiques, d'affirmer sans ambages que, quand bien même un argument ou une observation serait « fondé(e), voire éclairant(e) et utile », il convient de l'« écarter irrémédiablement sans [le/la] combatt[re] ou conteste[r] si [il/elle] est disqualifié(e) comme non juridique » (Ch. Atias, *Épistémologie juridique*, Dalloz, coll. Précis, 2002, p. 97). Une information économique, sociologique ou politique ne saurait, dans le cadre moderne des études juridiques, revêtir de quelconque pertinence ; elle ne le peut qu'en économie, en sociologie ou en science politique. C'est donc cette conception positiviste-normativiste de la science juridique qui, actuellement, domine les enseignements et les recherches académiques, ce qui, nécessairement, participe de sa perpétuation et du fait que « les juristes sont les grands champions de l'enfermement disciplinaire » (A. Supiot, « État social et mondialisation : analyse juridique des solidarités », Leçon inaugurale au Collège de France, 29 nov. 2012). L'influence de la formation des étudiants sur leurs constructions intellectuelles futures n'est évidemment pas à démontrer. D'aucuns regrettent ce quasi-monopole dont jouit le kelsénisme : « en se focalisant sur la règle et la technique, nous ne formons que des hordes de plombier du droit » (J.-F. Riffard, « La mutation de la norme : l'avènement d'un droit nivelé ? Ou retour sur quelques aspects de l'unification et la globalisation des droits », in M. Behar-Touchais, N. Martial-Braz, J.-F. Riffard, dir., *Les mutations de la norme*, Economica, coll. Études juridiques, 2011, p. 113). Du point de vue des autres disciplines, nul doute que le droit peut apparaître tel « un ensemble peu convivial » (A.-J. Arnaud, « Le droit, un ensemble peu convivial », *Dr. et société* 1989, n° 11, p. 81 s.). Aussi de plus en plus de pensées juridiques dissonantes, constatant que « les juristes dogmatiques perpétuent la contemplation narcissique » (A.-J. Arnaud, *Critique de la raison juridique – 2. Gouvernants sans frontières – Entre mondialisation et post-mondialisation*, LGDJ, coll. Droit et société, 2003, p. 368), regrettent-elles l'enclavement de la science du droit. Des auteurs, encore minoritaires, soutiennent que leurs travaux gagneraient en profondeur, en hauteur de vue, en précision et en portée s'ils s'ouvraient à l'interdisciplinarité.

de droit prospectif notaient que leur démarche « ne concerne pas uniquement le Droit ; celui-ci est étroitement lié à d'autres disciplines interdépendantes »[507].

Le droit ne saurait être bon, légitime ou efficace, et donc voué à se maintenir en l'état, en soi. Ses qualités et défauts dépendent de facteurs sociaux, culturels, anthropologiques, économiques, historiques, politiques et technologiques. L'interdisciplinarité étant ainsi essentielle, le droit constitue l'objet mais pas le cadre scientifique de la prospective juridique. Ses précurseurs soulignaient en ce sens qu'« une prospective du droit ne saurait être construite à partir d'une réflexion de type exclusivement juridique »[508]. Plus encore, une prospective du droit ne saurait être construite à partir d'une réflexion de type principalement juridique — c'est-à-dire concentrée sur la science juridique comprise comme technique dans laquelle les devoir-être sont strictement coupés des être.

L'autonomie disciplinaire incertaine de la prospective juridique

Dans l'idéal, l'approche interdisciplinaire devrait confiner à l'approche adisciplinaire, cela afin de débarrasser les travaux des divers biais disciplinaires qui filtrent et déforment la réalité. Les erreurs d'appréciation prospective sont souvent imputables au point de vue particulier d'un chercheur qui a la main sur la recherche et néglige involontairement les autres points de vue.

Mais le risque, en voulant se présenter comme une métadiscipline, est de ne plus être une discipline en soi, n'existant que par les autres et grâce aux autres. Reconnaître un statut de discipline scientifique à une discipline qui articule les diverses sciences humaines et sociales reviendrait à considérer qu'elle serait la science des sciences. Peut-être s'agit-il là d'un risque que la prospective juridique doit prendre, bien que cela interroge sa rationalité et son essence, toute discipline scientifique se constituant autour d'objets, de méthodes et d'intentions propres[509] — et seule une conception magique de la science permettrait d'imaginer que de la simple juxtaposition de savoirs parallèles pourrait surgir une problématique commune, chaque matière possédant une langue et un génie spécifiques.

---

[507] J.-M. Zaorski, « Trois ans déjà : Autocritique et essai d'un bilan "prospectif" d'activité », *Revue de droit prospectif* 1978, n° 5, p. 2.

[508] A.-C. Decouflé, « Champ et méthodes d'une prospective du droit des affaires », in A. Sayag, dir., *Quel droit des affaires pour demain ? Essai de prospective juridique*, Librairies techniques, 1984, p. 10.

[509] La livraison de novembre 2013 de la revue *Hermès* s'intitule « Interdisciplinarité : entre disciplines et indiscipline ». On ne saurait dire mieux : respecter les frontières de sa discipline, c'est être discipliné ; chercher à les dépasser, c'est être indiscipliné.

L'influence de la société, de l'économie, de l'histoire, des cultures, de la politique et des technologies sur la forme et le fond du droit

Le droit joue un rôle prépondérant à l'égard de la société, de l'économie, de l'histoire, des cultures, de la politique ou encore des technologies. Il doit donc être pris en compte parmi les facteurs clés des travaux prospectifs, auxquels il est logique que des juristes participent[510]. Inversement, la société, l'économie, l'histoire, les cultures, la politique et les technologies impactent la forme et le fond du droit. Ce dernier interagit avec le monde extérieur, évolue en même temps que lui, à cause de lui ou pour lui. Travailler sur les droits du futur implique donc d'étudier au moins autant des éléments non juridiques que des éléments juridiques.

Déjà Gaston Berger plaidait pour une prospective profondément interdisciplinaire :

> *Nous dirons d'abord que toute entreprise de ce genre repose sur la collaboration étroite de philosophes attentifs aux fins et préoccupés des valeurs, et de spécialistes qui soient parfaitement informés des réalités de leur domaine et de tous les moyens que les diverses techniques mettent à notre disposition. Nous voulons ainsi que travaillent ensemble un philosophe, un psychologue, un sociologue, un économiste, un pédagogue, un ou plusieurs ingénieurs, un médecin, un statisticien, un démographe... Nous avons trop souffert de voir la sagesse séparée de la puissance pour ne pas souhaiter la collaboration de ceux qui déterminent le désirable et de ceux qui savent ce qui est possible. [...] La prospective porte sur des existences et non sur la loi abstraite de certaines essences. Elle ne s'intéresse à ce qui se produirait si tel facteur était seul à jouer que pour mieux en déduire ce qui se produira dans un monde où il est associé avec d'autres facteurs dont on a également cherché à connaître les conséquences.*[511]

La prospective juridique ou la remise en cause du repli sur soi des juristes

En droit, un obstacle à la bonne conduite d'une démarche prospective est son fort cloisonnement ; d'autres obstacles sont son fractionnement et sa complexification croissante, rendant plus difficile son appréhension par des non-juristes. Cela signifie que les recherches en prospective macrojuridique

---

[510] Par exemple, R. A. Slaughter, dir., *The Knowledge Base of Futures Studies*, Future Study Center, 1996.

[511] G. Berger, « Sciences humaines et prévision », *La Revue des Deux Mondes* 1957, p. 423-424. Par exemple, Philippe Durance, titulaire de la chaire Prospective et développement durable du CNAM, est chercheur au Laboratoire interdisciplinaire de recherche en sciences de l'action.

seront plus aisées que les recherches en prospective microjuridique, plus fines et techniques en termes juridiques. Chaque expert ne se sent compétent que dans son domaine — et, souvent, tel est bel et bien le cas. Plus l'objet-droit à interroger sera difficile, plus il sera délicat de travailler avec des non-juristes et même de trouver des non-juristes acceptant de collaborer à l'entreprise. Mais peut-être mieux vaut-il privilégier les sujets macrojuridiques par rapport aux sujets trop précis et techniques, s'appliquer à « prendre des vues d'ensemble, car les vérités fragmentaires sont parfois aussi nocives que les erreurs »[512].

Toujours est-il que la prospective juridique a vocation à faire accepter aux juristes l'intérêt de l'interdisciplinarité. Ceux-ci voient parfois dans celle-là des recherches mêlant des branches du droit ou mêlant des branches de la recherche juridique plutôt que des recherches associant la science juridique à d'autres sciences humaines et sociales. Mais, par principe ou par habitude, les chercheurs en droit se ferment le plus souvent à toute ouverture disciplinaire. Alors que, parmi les sciences humaines et sociales, il est de plus en plus commun de voir les connaissances et les méthodes se mêler, la science juridique s'obstine à demeurer à part et, dans l'antre des facultés de droit, les « colloques interdisciplinaires » sont aussi rares que les rencontres réservées aux juristes sont courantes.

La prospective juridique, foncièrement interdisciplinaire, questionne le repli sur soi des juristes. Peut-être, à l'instar de l'usage du plan en deux parties, n'existe-t-il qu'en vertu du poids des traditions. Aussi la prospective juridique oblige-t-elle à évaluer la légitimité et l'utilité de la fermeture épistémologique et méthodologique qui est l'une des marques de fabrique de la science du droit « à la française ». Au-delà des sociologues, anthropologues et autres économistes du droit, des juristes soutiennent aujourd'hui une analyse du droit enrichie, ouverte, intéressée par les influences du contexte social, politique et économique sur le système juridique[513]. Envisagé dans le cadre d'un « pluralisme des connaissances, des méthodes, des points de vue […] et des disciplines »[514], le droit n'est plus coupé de son environnement. La prospective juridique conduit à écouter les enseignements juridiques des disciplines non juridiques, à engager le dialogue des savoirs et à aménager un carrefour interdisciplinaire, sous peine de perdre toute pertinence en se détachant par trop des faits.

Il appartient aux jusprospectivistes de s'attacher au droit vécu, au droit vivant et au droit en action que la dogmatique traditionnelle tend à ignorer, spécialement en raison de la rupture humienne-kelsénienne entre être et devoir-

---

[512] G. Berger, « L'attitude prospective », *Cahiers de prospective* 1958, n° 1, p. 7.

[513] Par exemple, J.-L. Bergel, *Méthodologie juridique*, Puf, coll. Thémis droit privé, 2001, p. 25.

[514] F. Ost, M. van de Kerchove, *De la pyramide au réseau – Pour une théorie dialectique du droit*, Publications des Facultés universitaires Saint-Louis, 2002, p. 466. En Belgique, l'Université Saint-Louis de Bruxelles publie, depuis plus de trente ans, une *Revue interdisciplinaire d'études juridiques*.

être. La tâche est malaisée car l'épaisse croûte conceptuelle de la théorie du droit refreine ses évolutions potentielles et rejaillit sur la science juridique quotidienne. Mais elle n'est pas impossible et il faudrait œuvrer au rapprochement du droit — sans oublier tout ce qui fait son particularisme et son autonomie — et de la démarche du sociologue qui considère les normes sous un angle évolutionniste et comparatiste, qui traite le juridique tel un pur reflet de l'organisation de la société, sans indépendance ni rupture avec la vie sociale, c'est-à-dire avec le monde de l'être. En somme, si la prospective juridique peut accompagner l'avènement d'une nouvelle rationalité juridique, celle-ci ne saurait faire l'économie d'ouvertures extra-disciplinaires en direction des autres sciences humaines et sociales et surtout en direction de la sociologie. L'effectivité devrait alors constituer un critère (ou le critère) de la juridicité, permettant de connaître et de reconnaître le droit.

Par conséquent, une prospective juridique qui serait seulement l'œuvre d'un ou de juriste(s) pourrait difficilement aboutir à des résultats pleinement satisfaisants, même si ce(s) juriste(s) souhaitait(ent) prendre en compte toutes les données sociales, culturelles, économiques, politiques et technologiques pertinentes. Chacun a en effet tendance, en fonction de son domaine de prédilection, à surévaluer certains facteurs et certaines informations au détriment des autres et à déployer des méthodes particulières qui influencent directement les résultats. Aussi l'interdisciplinarité et le fait que la prospective juridique ne saurait être seulement le fait de juristes supposent-ils que cette dernière soit une œuvre collective plutôt qu'individuelle. Gaston Berger enseignait ainsi que

> *Le travail d'équipe assurera la fécondité des analyses. En admettant de soumettre sa propre recherche au contrôle et à la discussion de collègues qui ont des préoccupations et des connaissances différentes des siennes, chacun se prémunira contre le risque de prendre les résultats pour les causes et ses propres préférences pour des prévalences objectives.*[515]

---

[515] G. Berger, « Sciences humaines et prévision », *La Revue des Deux Mondes* 1957, p. 423.

Chapitre 4. Une recherche collective

Dans l'histoire des sciences et des techniques, bien des découvertes et des innovations ont été permises non par la rigueur et la logique des disciplines constituées mais par l'audace et l'esprit de liberté des chercheurs. Et d'aucuns ont pu plébisciter les franchissements de frontières disciplinaires, lesquels sont plus aisés à opérer par un groupe constitué de membres issus de diverses disciplines que par un chercheur solitaire. Pour cette raison, tout d'abord, la prospective juridique a naturellement vocation à se traduire par des recherches collectives plutôt que par des recherches solitaires.

Cela se justifie également par le fait que la prospective juridique suppose des travaux et un investissement quantitativement et qualitativement importants, lesquels sont plus faciles à réaliser par un groupe de chercheurs — ou peut-être dans le cadre de thèses de doctorat, exercice propice à des recherches longues et fastidieuses. Du moins cela se vérifie-t-il lorsque toutes les étapes d'un exercice de prospective juridique sont suivies. Mais il faut insister sur le fait que cette prospective peut aussi se comprendre, dans un sens élargi, tel un état d'esprit et une configuration de la recherche tournée en direction des futurs du droit, du droit en action et du pragmatisme. Il n'est alors pas nécessaire de se conformer à l'ensemble des principes de la prospective juridique : si le cadre scientifique et critique semble indérogeable, le caractère interdisciplinaire et collectif des travaux, lui, apparaît dès lors moins indispensable.

Le collectif, précaution contre beaucoup de biais, d'erreurs et même de facilités

Il n'en demeure pas moins qu'un ouvrage de prospective juridique en bonne et due forme, le plus rigoureux et complet possible, doit être un ouvrage collectif mobilisant plusieurs acteurs, pour ne pas dire de nombreux acteurs. Sans doute existe-t-il bien des prospectivistes qui travaillent seuls, mais beaucoup d'autres considèrent que leurs méthodes de travail sont des méthodes de travail en groupe et que la prospective ne saurait être un labeur solitaire.

Parce que la prospective juridique fait appel à une part de créativité et d'imagination, ainsi qu'à une part de connaissances précises et d'analyses fines, les travaux collectifs ne semblent pouvoir être que de meilleure qualité, plus féconds, justes et stimulants, que les travaux individuels — notamment car, en prospective, une petite erreur de départ peut entraîner une grande incompréhension de l'avenir, aboutissant à voir des futurs possibles dans ce qui ne sont que des futurs impossibles ou peu probables[516]. L'imagination et la créativité ont un rôle à jouer, mais elles doivent être contrôlées, surveillées, entourées de garde-fous, car chacun, selon sa culture scientifique et personnelle, sa sensibilité et son idéologie, est enclin à décrypter et interpréter différemment de mêmes données. S'inscrire dans un collectif permet de se prémunir contre beaucoup de biais, d'erreurs et parfois même de facilités puisque le regard des pairs ou d'autres chercheurs incite à fournir un travail plus sérieux, plus objectif, plus complet, mieux maîtrisé et mieux contrôlé.

La prospective juridique n'a rien à observer directement dès lors que les futurs du droit n'existent que virtuellement. Règnent en conséquence les points de vue particuliers, les interprétations des données passées et actuelles, et le caractère collectif de la recherche permet de profiter d'angles de vue différents, de confronter les diverses approches et analyses, de tirer les conséquences de leurs convergences et divergences — cela même si, bien sûr, des erreurs partagées sont possibles et même fréquentes.

À son époque déjà, Gaston Berger ne travaillait qu'en constituant des équipes, considérant qu'aucun homme ne saurait seul présenter toutes les qualités d'un bon prospectiviste : prise de recul par rapport aux événements, imagination complémentaire de la raison, indépendance, motivation, courage, sens de l'humain — et esprit d'équipe. « Voir ensemble » est devenu un principe de la prospective telle que promue par Michel Godet. La coopération doit intervenir, d'une part, dans la réflexion en élargissant et en affinant le champ de vision et, d'autre part, dans l'action à travers des projets communs tant du point de vue de leur intention que du point de vue de leur réalisation.

La participation directe des acteurs

La particularité de l'école française de la prospective tient notamment aux méthodes participatives qu'elle déploie, au service de l'action[517]. Il est logique d'intégrer dans la recherche, au moins en recueillant leurs conceptions et perceptions de l'actualité et de l'avenir, les acteurs en cause puisque ce sont eux qui feront pour une part cet avenir. Les opinions et stratégies des personnes impliquées dans l'action sont bien sûr des éléments essentiels à prendre en compte. « La question est alors, explique Thierry Gaudin, de

---

[516] J. Lesourne, « Le chemin d'un ingénieur vers la prospective », in Ph. Durance, dir., *La prospective stratégique en action – Bilan et perspectives d'une indiscipline intellectuelle*, Odile Jacob, 2014, p. 21.

[517] B. Hérault, « Retour sur l'exercice de prospective Interfuturs (1979) », *Futuribles* 2013, n° 396, p. 81.

construire avec ces acteurs, auxquels l'implication apporte une connaissance, une explication par un processus d'objectivation de leur subjectivité »[518].

La prospective stratégique est tout spécialement conçue tel un outil de management participatif. Dans les organisations, la réflexion prospective collective permet l'appropriation par la participation, qui elle-même est importante pour que l'anticipation s'allie à la mobilisation et à la motivation et se cristallise en action efficace. Ainsi peut-on donner du sens aux actes et les resituer dans un projet d'ensemble à long terme[519].

Il semble cependant qu'y compris les recherches prospectives purement académiques doivent idéalement impliquer des acteurs multiples, afin que ces recherches soient riches de leur diversité. En ce sens, Gaston Berger convenait que,

> *Pour dépasser les vues étroites des spécialistes et décrire d'une manière concrète une situation éloignée dans l'avenir, rien ne vaut le colloque entre hommes d'expérience, ayant des formations et des responsabilités différentes. Il ne convient pas d'imaginer ici une sorte de super-spécialiste qui serait chargé de réunir les informations recueillies par diverses équipes de statisticiens ou de chercheurs. Il faut que des hommes se rencontrent et non que des chiffres s'additionnent ou se compensent automatiquement. Les documents agiront à travers ceux qui s'en seront nourris et qui pourront en livrer le sens. Et de cette confrontation entre les vues personnelles d'hommes compétents se dégagera une vision commune qui ne sera pas de confusion mais de complémentarité.*[520]

---

[518] Th. Gaudin, *La prospective*, 2e éd., Puf, coll. Que sais-je ?, 2013, p. 71.

[519] Cela est important car beaucoup de travaux prospectifs répondent à une commande institutionnelle, dans le cadre d'une organisation définie, que ce soit une entreprise, une administration, une organisation internationale ou une organisation non gouvernementale. Or il se peut que coexistent, dans une même organisation, des représentations du futur hétérogènes, voire contradictoires. Le risque est alors que différents sous-ensembles, même animés de bonne volonté, tirent dans des sens différents, parce que chacun s'imagine dans un paysage différent. Par ailleurs, les circonstances extérieures peuvent changer sans que les acteurs aient le temps et la disponibilité nécessaires pour actualiser leurs perceptions. Dans ce cas, un travail collectif sera plus efficace qu'une juxtaposition de démarches individuelles, car il renforcera l'unité de vue et l'esprit d'équipe de l'organisation (*ibid.*, p. 49). Une grande différence entre le *strategic foresight* américain et la prospective française est, comme l'explique Philippe Durance, « l'implication des clients dans la réalisation du travail, très forte en France et absente aux États-Unis. Il faut que les bénéficiaires du travail de prospective en soient les producteurs, le prospectiviste ne doit pas penser le futur à la place du client mais l'accompagner, grâce à son expérience et à sa connaissance des méthodes, dans un processus d'apprentissage et de changement organisationnel » (Ph. Durance, « La prospective en France et aux États-Unis : influences et différences », in Ph. Durance, dir., *La prospective stratégique en action – Bilan et perspectives d'une indiscipline intellectuelle*, Odile Jacob, 2014, p. 96).

[520] G. Berger, « L'attitude prospective » (1959), in *De la prospective – Textes fondamentaux de la prospective française (1955-1966)*, L'Harmattan, coll. Prospective, 2007, p. 90. Michel Godet et Philippe Durance soulignent que, « à l'époque de Gaston Berger, même s'il y avait de

Des enquêtes reposant moins sur des professeurs que sur des praticiens

Pareille méthode est inhabituelle dans les facultés de droit tant, « longtemps, les juristes universitaires ont vécu sur une conception individualiste et artisanale de la Recherche. Œuvre isolée du maître, à peine relayée par quelques disciples, accomplie dans le silence du Cabinet à l'aide de quelques ouvrages et revues, la Recherche du meilleur Droit [*i.e.* le travail jusprospectif], tout en donnant naissance à des travaux remarquables, ne nécessitait guère d'autres moyens que la réflexion et la science personnelles de son auteur »[521].

Dans les années 1980, en revanche, les premières entreprises de prospective juridique s'appuyaient sur « des entretiens approfondis accordés par diverses personnalités éminentes du droit des affaires »[522]. Leurs protagonistes, « afin d'identifier les domaines des changements susceptibles de caractériser l'évolution du droit durant les deux ou trois prochaines décennies », ont mené une « enquête destinée à recueillir un ensemble d'opinions et d'informations aussi diversifié que possible auprès d'experts concernés à des titres divers »[523]. Ils expliquaient : « Par cette démarche originale, on a tenté d'identifier les points de tension sensibles, susceptibles de caractériser l'évolution de la pratique du droit des affaires. L'intérêt de l'enquête est, face aux supputations doctrinales, de faire apparaître l'analyse propre aux "gens d'affaires" et à ceux que, d'une manière générale, on désigne volontiers commes les "praticiens" : un regard plus contingent et plus immédiat sans doute, mais de quelle acuité ! »[524]. Et de souligner

---

la collégialité entre intellectuels, hommes politiques et chefs d'entreprise qui réfléchissaient parfois ensemble, la vision était assez aristocratique. La prospective n'était pas participative au sens où l'on intègre les acteurs, les parties prenantes. Pour passer de l'anticipation à l'action, il faut en effet l'appropriation. Une bonne idée que l'on veut imposer est une mauvaise idée. L'important est que collectivement nous prenions notre avenir en main, au travers d'une dynamique de projet. L'idée est donc celle d'un avenir à construire, pas à pas, sans qu'il soit imposé d'en haut. La prospective, c'est une société de projets au pluriel, et non un projet de société » (Ph. Durance, M. Godet, *La prospective stratégique – Pour les entreprises et les territoires*, Dunod-Unesco, coll. Stratégie de l'entreprise, 2011, p. XVIII). Et Michel Godet de noter par ailleurs que « ce qui compte est moins de parvenir au but que d'y aller tous ensemble. Le chemin est le but, le but est un prétexte au parcours que l'on fait tous ensemble en créant des liens » (M. Godet, « Le plaisir de l'indiscipline intellectuelle pour construire l'avenir autrement », in Ph. Durance, dir., *La prospective stratégique en action – Bilan et perspectives d'une indiscipline intellectuelle*, Odile Jacob, 2014, p. 39).

[521] D. Linotte, « Éditorial », *RRJ* 1982, p. 201.

[522] A.-C. Decouflé, « Introduction », in A. Sayag, dir., *Quel droit des affaires pour demain ? Essai de prospective juridique*, Librairies techniques, 1984, p. 2.

[523] *Ibid.*, p. 25. Plus précisément, cette enquête a été « réalisée au moyen d'entretiens semi-directifs approfondis (plus de deux heures), menés sur la base de guides différenciés en fonction des diverses catégories d'experts concernés » (*ibid.*).

[524] *Ibid.*, p. 2-3.

« l'importance prééminente de la pratique, qui est le lieu de passage obligé et préalable des transformations qui vont peu à peu affecter l'ordre juridique. Il est donc nécessaire de recourir moins à des hommes de doctrine qu'à des praticiens dans l'enquête »[525].

Libérer l'imaginaire de chacun : les ateliers de recherche prospective

Un savoir-faire en matière d'animation d'ateliers de recherche prospective s'est développé depuis les années 1950, d'abord en tant que « dynamique des groupes », puis sous la forme des « techniques de créativité », de la socianalyse, de l'analyse institutionnelle ou encore des jeux de rôle[526]. Ces procédés permettent de produire ensemble des scénarios de futurs possibles, mais aussi des scénarios de futurs alternatifs et constructifs.

Concrètement, qu'il s'agisse de faire participer des acteurs ou des experts (ou des acteurs-experts)[527], on peut recourir à des techniques de créativité reposant sur la règle de la non-censure. Il s'agit d'inviter les participants à opérer des associations d'idées à partir des réflexions des autres, donc à faire œuvre constructive sans critiquer ce qui a été observé ou proposé[528]. La mise en perspective et l'éventuelle sélection des propositions les plus intéressantes sont opérées dans un second temps. Ces temps de libération de l'imaginaire de chacun sont importants afin que le groupe ne prenne pas le pas sur les individualités, devenant une individualité en soi et faisant perdre au groupe ce qui fait sa force, à savoir sa pluralité, sa diversité. Le fait que chaque idée émise puisse devenir un point de départ permet à tous les participants de se sentir potentiellement utiles, actifs et reconnus.

Il revient ensuite à l'animateur du groupe, en fonction des résultats obtenus, d'orienter la suite du travail. Il peut choisir de poursuivre la réflexion collective, opter pour une recherche documentaire complémentaire ou passer directement à la construction des scénarios. Sa perception de l'avancement du travail et de l'épuisement des participants — c'est-à-dire leur lassitude mais aussi l'expression de tout ce qu'ils pouvaient apporter — joue un rôle clé.

---

525 *Ibid.*, p. 24-25.

526 Th. Gaudin, *La prospective*, 2e éd., Puf, coll. Que sais-je ?, 2013, p. 109.

527 L'avantage des experts est qu'ils sont moins soumis que les acteurs au danger de prendre leurs désirs ou leurs craintes pour des prédictions valables. L'affectivité est moins importante chez ces premiers. Mais les acteurs ont pour eux le fait de participer activement à la construction de la réalité, donc de se trouver au cœur du jeu et d'en être des pièces — parfois des pièces maîtresses.

528 Thierry Gaudin enseigne que, « en s'imaginant dans le pays d'Utopie, la parole se libère. On peut se permettre de dire des choses et de jouer des rôles qu'il ne serait pas possible d'assumer dans le réel. Et, par une évidente transposition, l'analyse de la réalité se fait alors sans qu'on ait besoin de le dire. Cette technique est un révélateur analytique » (*ibid.*, p. 116).

Des jeux de rôle

On peut également obliger les participants à revêtir un autre costume que celui qu'ils ont l'habitude d'endosser et leur poser sept questions élémentaires les amenant à se placer d'un point de vue successivement optimiste, pessimiste, organisateur, contemplatif, visionnaire et responsable :

« 1. Le clairvoyant : S'il existait quelqu'un qui puisse vous raconter l'avenir, que lui demanderiez-vous ? (autrement dit, quels sont les enjeux importants ?)

2. Une issue optimiste mais réaliste : Si tout se passait bien, que pouvez-vous espérer comme résultats et quels en seraient les signes ?

3. Une issue pessimiste : Comment les conditions risquent-elles de changer, rendant les choses plus difficiles ? Votre organisation pourrait-elle être en difficulté ?

4. La situation interne : D'après votre connaissance de la culture, de l'organisation, des systèmes et des ressources, y compris humaines, comment ceux-ci devraient-ils être transformés pour atteindre l'issue optimiste ?

5. Un regard rétrospectif : Comment votre organisation en est-elle arrivée où elle est ?

6. Un regard prospectif : Quelles décisions devraient être prises à court terme pour atteindre les objectifs à long terme ?

7. Une épitaphe : Si vous aviez un mandat sans contraintes, que feriez-vous ? »[529].

Une telle technique, proche d'un jeu de rôle, permet de faire dire aux individus ce qu'ils ont l'habitude de dire, mais aussi une partie de ce qu'ils ne dévoileraient pas spontanément et qu'une mise en situation originale les conduit à imaginer ou à avouer. Parmi d'autres méthodes[530], on trouve les « matrices cross-impact ». Ce sont des tableaux où l'on positionne en lignes et en colonnes les mêmes facteurs. Les personnes consultées remplissent les cases avec un indicateur intuitif, par exemple une note entre 0 à 5, appréciant l'influence du facteur en colonne sur celui qui se trouve en ligne. Reste alors,

---

[529] Sept questions de Sami, société de conseil britannique, <samiconsulting.co.uk> (cité par Th. Gaudin, *La prospective*, 2e éd., Puf, coll. Que sais-je ?, 2013, p. 53).

[530] Par exemple, Thierry Gaudin propose la technique suivante : « Pour combattre la tendance naturelle à imaginer des futurs semblables au passé, je recommande un procédé, la "prospective de la rupture" : on distribue à chaque participant quatre post-it, en leur demandant d'inscrire sur chacun un facteur de rupture. Puis, on récolte tous ces post-it et on les affiche au mur, en regroupant ceux qui se ressemblent. On a ainsi un tableau de la perception du changement par le groupe, en général trois ou quatre thèmes dominants. Pour chaque thème, on désigne alors un sous-groupe chargé de l'illustrer par un récit romancé mais "racontable" (qu'on appelle scénario) de deux à trois pages maximum pour une durée d'une heure et demie. C'est une manière rapide et efficace de se familiariser avec la démarche prospective » (Th. Gaudin, *La prospective*, 2e éd., Puf, coll. Que sais-je ?, 2013, p. 52).

au moyen de simples calculs, à mesurer la force des interactions entre facteurs. Des résultats significatifs ne peuvent être obtenus que si le nombre de facteurs mobilisés n'est pas trop élevé.

L'« abaque de Régnier »

Une dernière méthode de consultation est l'« abaque de Régnier »[531]. Celui-ci consiste à répondre par des codes couleur à des questions précises. La grille de couleurs rappelle les feux tricolores de circulation :

* Tout à fait d'accord (vert foncé) ;
* D'accord (vert clair) ;
* Mitigé (orange) ;
* Pas d'accord (rose) ;
* Pas du tout d'accord (rouge) ;
* Réponse inconnue (blanc) ;
* Refus de répondre (noir).

Le résultat de la consultation, qui peut aisément être organisée à distance, par simple échange de courriels, et qui plaît en général beaucoup à ceux qui répondent en raison de son côté ludique et rapide, se présente sous la forme d'une grille de cases colorées. Chaque colonne correspond à un expert et chaque ligne à une question. Un logiciel classe ensuite les personnes consultées, identifiant celles dont l'opinion s'écarte le plus du sentiment général. Dès lors, en leur demandant de s'expliquer, on peut révéler des arguments qui resteraient sans cela ignorés.

Par ailleurs, parce qu'il est parfois difficile de répondre spontanément à des questions sur l'avenir, il peut être préférable, plutôt que de réaliser des entretiens en direct, de laisser le temps de la réflexion aux experts ou acteurs et de leur envoyer le questionnaire avec un délai pour y répondre.

Une autre difficulté à laquelle celui qui conduit l'étude doit prendre garde est que les experts ou acteurs peuvent être tentés, plus ou moins consciemment, d'exprimer davantage ce qui devrait être selon eux que ce qui pourrait être objectivement, donc de tenir un discours normatif.

[531] Un abaque est le nom donné à tout instrument mécanique facilitant le calcul, comme un boulier-compteur. Et François Régnier était, dans les années 1970, en charge du choix des nouveaux produits dans une grande entreprise pharmaceutique. Les problèmes que pose cette industrie sont particulièrement complexes et il a élaboré cette méthode pour y répondre en anticipant les demandes à venir.

L'absence de neutralité des informations juridiques et le besoin de les analyser collectivement

Il n'est bien sûr pas concevable de tirer des conclusions avant d'avoir recueilli et vérifié les faits. Les méthodes formalisées de la prospective juridique sont d'utiles outils de traitement de l'information, mais les résultats qui en sortent ne sont que les reflets des données qui y entrent.

Une fois le travail collectif de recensement de ces données terminé, mieux vaut les analyser également collectivement. En effet, à ce moment aussi des biais subjectifs peuvent impacter la fiabilité de l'étude. Il faut en particulier avoir conscience de l'absence de neutralité des informations juridiques et se méfier du fait que toute théorie tend à donner forme aux faits qu'elle essaie d'expliquer[532]. L'information est une source de pouvoir, c'est pourquoi elle est toujours manipulée, détournée, reconstruite afin de servir des intérêts précis, bien que souvent inconsciemment[533]. Et l'information est « souvent bâillonnée par le conformisme du consensus qui pousse à se reconnaître dans l'opinion dominante et à rejeter l'avis minoritaire »[534].

Il convient de prendre garde à l'idée selon laquelle le passé et le présent seraient les domaines des faits parfaitement connaissables et l'avenir celui des opinions arbitraires[535]. L'analyse du passé et celle du présent donnent lieu à des interprétations diverses et défient souvent la connaissance[536]. Il semble donc plus porteur, à partir de l'analyse d'une situation présente, d'exprimer des logiques d'évolution en scénarios dans le cadre d'ateliers et non solitairement. Une logique d'évolution d'un objet donné est un parti-pris subjectif. Pensée par un groupe, elle sera plus objective et, par suite, plus consensuelle mais aussi plus probable.

---

532 *Cf.* P. Watzlawick, *L'invention de la réalité – Contribution au constructivisme*, Le Seuil, 1988.

533 M. Crozier, E. Friedberg, *L'acteur et le système*, Le Seuil, 1977, p. 107.

534 M. Godet, « Sept idées-clés », *Futuribles* nov. 1983, p. 8.

535 En effet, « le regard que nous portons sur la réalité est faussé par :
— Les lunettes que l'on porte (et les œillères qui sont les nôtres), bien souvent de manière inconsciente, qui nous incitent à voir certaines choses (souvent celles qui confortent nos idées) et non certaines autres (celles notamment qui nous dérangent).
— Pire encore, nos schémas mentaux : la manière suivant laquelle nous décodons et interprétons les choses à partir de concepts, de structures mentales, d'émotions, de réactions, de raisons limitées, d'un héritage culturel particulier, peut-être inadapté, certainement biaisé…
— Les outils d'observation qui sont les nôtres ou, plus élémentairement encore, les sources d'information qui sont disponibles et que nous utilisons, peut-être sans esprit critique suffisant.
— Les instruments de mesure que nous employons.
— Le poids des théories à partir desquelles nous croyons pouvoir expliquer la réalité.
— L'influence des idéologies et, plus généralement, des idées régnantes (*cf.* "la ligne Maginot est infranchissable") qui, bien souvent, occultent la réalité — elles sont parfois délibérément diffusées à cette fin (stratégie de détournement) » (H. De Jouvenel, *Invitation à la prospective*, Futuribles, coll. Perspectives, 2004, p. 27).

536 *Cf.* P. Vendryes, *De la probabilité en histoire*, 2e éd., Economica, 1998.

Pour concevoir l'avenir, on s'attache à certains traits caractéristiques plus qu'à d'autres et à certains faits marginaux ou périphériques plus qu'à d'autres. Un tel travail opéré par un collectif et non par un individu seul sera supposément plus exact. Le choix des faits significatifs, dont on fait dépendre les futurs possibles, est évidemment crucial. L'ambiguïté de l'exercice prospectif réside dans cette sélection de ce qui fait sens dans le présent. Ce sens est donné par l'échange, par la confrontation et par les apports des chercheurs de différentes disciplines sollicités.

Une recherche jusprospective repose donc sur des choix d'interprétation par définition discutables[537]. Mieux vaut procéder à cette discussion dans le cadre de l'exercice, avant de rendre les conclusions, qu'une fois l'exercice terminé et les conclusions livrées. De même, le choix d'une base de données de référence ou celui d'un indicateur pour rendre compte de l'évolution d'une variable, avec ses vertus et ses limites, gagneront à être opérés par un collège de spécialistes. Les modèles et les extrapolations sont nécessairement entachés d'erreurs plus ou moins grandes[538]. Il sera plus facile de les identifier et de les évaluer dans un groupe[539].

Les informations disponibles et leur compréhension sont souvent incomplètes, surabondantes, non quantifiables, incertaines ou même inexactes. C'est pourquoi il paraît important de choisir le pluralisme et la complémentarité des approches.

Tout cela fait dire que la prospective juridique, étant donnée l'importance quantitative des recherches et investigations qu'elle suppose, mais aussi du travail de réflexion et de formalisation subséquent, devrait être réservée à des thèses de doctorat ou éventuellement à des ouvrages collectifs réalisés à

---

537 Ainsi explique-t-on que, « s'il y a choix d'interprétation, c'est que la modélisation du réel opérée est tout entière une activité symbolique qui hiérarchise des signes perçus comme importants, comme représentant bien les aspects fondamentaux du réel. On croit que ces signes sont "naturels", c'est-à-dire que c'est le réel qui se donne à voir, mais cette croyance est un leurre produit par l'adhésion naïve à une "rationalité" : le réel ne fait pas signe, il ne fait rien, il est et devient » (P. Tolila, « Quand la prospective rêve de science », *Le Banquet la revue du CERAP* janv. 1997, p. 9).

538 E. Bosserelle, *Le cycle Kondratiev : mythe ou réalité ?*, Futuribles, 1994.

539 Ainsi Thierry Gaudin résume-t-il : « Les êtres conscients (et cela vaut pour les individus comme pour les organisations) ne peuvent se passer d'une représentation du monde. Chacun est donc amené à en construire une, souvent implicite et instinctive, en extrapolant ce qu'il a perçu. De plus, ces tableaux sont déformés par la situation particulière de leur auteur. "Quand on n'a qu'un marteau, tout finit par ressembler à un clou", dit le proverbe. Chacun grossit les éléments qui le concernent et diminue ceux qui ne le concernent pas. Le travail de la prospective consiste à passer de ces représentations instinctives à quelque chose de plus élaboré, grâce à une recherche documentaire plus systématique et à la confrontation des perceptions d'acteurs d'origines et de métiers différents. Donc le premier pas consiste à revisiter les faits, en premier lieu les données techniques, travail subtil car il met en doute ce qui était considéré comme acquis et doit tenir compte, sans trop le montrer pour ne pas froisser les susceptibilités, des biais détectables dans les représentations des uns et des autres » (Th. Gaudin, *La prospective*, 2e éd., Puf, coll. Que sais-je ?, 2013, p. 108).

l'initiative et dans le cadre de centres de recherches. Et il est vrai que, dans sa version la plus aboutie, telle que ces pages ont tenté de la présenter, il peut difficilement en aller autrement.

Il faut toutefois insister sur le fait que la prospective juridique largement comprise implique uniquement que les jusprospectivistes suivent l'essentiel de ses lignes directrices concernant son objet et sa méthode, non qu'ils appliquent scrupuleusement chaque point technique. Parmi les principes méthodologiques décrits précédemment, il semble exister une hiérarchie : l'approche scientifique et critique serait essentielle ; l'examen interdisciplinaire et collectif, en revanche, serait un besoin non indispensable. En d'autres termes, les entreprises jusprospectives solitaires ne sont pas recommandées mais sont possibles, à condition de se positionner dans un cadre scientifique et critique et d'interroger les futurs du droit au profit du droit en action.

Est donc jusprospectiviste celui qui se propose d'observer les avenirs du droit possibles, qui cherche à analyser le présent du droit à l'aune de son futur, se mettant au service du droit en action et plaidant pour un futur du droit souhaitable, et qui, pour cela, adopte une attitude équilibrée, à la fois scientifique et critique. Pour espérer produire les résultats les plus précis, il n'en est pas moins préférable que le jusprospectiviste suive à la lettre, autant qu'il lui est possible, la méthode de la prospective juridique. Mais celle-ci ne saurait être comprise tel un ensemble de conditions cumulatives indispensables à toute recherche en prospective juridique.

Conclusion

À l'issue de la Grande Guerre, en 1919, John Maynard Keynes observait que « ce que nous pensions être les limites du possible a été largement dépassé »[540]. Que l'économiste dirait-il aujourd'hui, après tant d'autres bouleversements politiques, sociologiques, culturels, économiques, technologiques, scientifiques ou encore artistiques ? Quant au droit, il connaît — ou du moins devrait connaître — lui aussi beaucoup de chamboulements affectant sa structure, ses modèles, son fonctionnement concret, ses démembrements, ses figures normatives et peut-être même jusqu'à sa nature.

L'époque juridique actuelle est à la fois difficile et exaltante. Difficile parce que le droit moderne s'avère de plus en plus inadapté — le temps du droit, la territorialité du droit, les technologies du droit, mais aussi le contenu du droit sont chaque jour davantage malmenés par les révolutions mondiales, radicales et accélérées de l'époque actuelle. Exaltante parce que de nouveaux modèles, une nouvelle légistique et de nouveaux régimes juridiques restent à inventer afin de relever les défis qui se posent et affronter les ruptures qui s'accentuent. Chaque génération a l'impression de vivre une période de mutations sans précédent, en raison de la propension des hommes à surestimer le changement et à sous-estimer les inerties[541]. Il semble toutefois que le début du XXIe siècle corresponde à un temps de profonds bouleversements pour le droit — comme pour beaucoup d'autres choses et justement parce qu'il l'est pour beaucoup d'autres choses et que le droit doit suivre le mouvement s'il veut en être partie prenante.

En Chine et au Japon, le mot « crise » s'écrit avec deux idéogrammes qui signifient l'un « danger » et l'autre « opportunité ». La prospective juridique est là pour saisir ces opportunités et affronter ces dangers, donc pour agir sur le futur du droit, contribuer à la production d'un avenir juridique meilleur, profitant aux juristes mais aussi et surtout à tous ou, du moins, au plus grand nombre. Plutôt que d'adopter l'attitude du pompier qui réagit à l'événement et tente d'en limiter les conséquences négatives, mieux vaut épouser la

---

540 J. M. Keynes, *Essais de persuasion*, 2e éd., Gallimard, 1933, p. 19 (cité par Ph. Durance, « Penser la rupture », in Ph. Durance, dir., *La prospective stratégique en action – Bilan et perspectives d'une indiscipline intellectuelle*, Odile Jacob, 2014, p. 376).

541 B. Stiegler, *La technique et le temps*, Galilée, 1996.

conduite du stratège qui cherche à provoquer les meilleurs changements. Mais cela n'est possible qu'à condition d'accepter et de défendre une vision équilibrée à base de regard scientifique et de regard critique.

Si le futur a toujours inquiété les hommes, le futur du droit a beaucoup moins préoccupé les juristes, concentrés sur son passé et, surtout, sur son actualité. Cependant, alors que les évolutions alentour muent en révolutions, que les fractures se multiplient et que le paysage devient chaotique, le besoin d'ordre et de régulation, donc de droit, grandit ; mais les moyens de répondre à ce besoin restent incertains. L'éventail des futurs possibles (des meilleurs aux pires) grandit toujours plus à mesure que les incertitudes s'accentuent. Dans ce contexte, il se pourrait qu'on ressente le besoin de faire appel à cette nouvelle espèce de spécialistes du droit : les jusprospectivistes[542].

La nécessité de définir des projets juridiques à moyen et long termes devient évidente. L'improvisation et la réaction tardive ont leurs limites. Le droit, par nature, a besoin de temps pour être réformé. Plus les décisions seront prises en amont et en avance, plus elles auront de chances de porter leurs fruits. Une matière comme le droit des nouvelles technologies, dans laquelle le législateur intervient trop souvent alors que les problématiques auxquelles il répond ont déjà été remplacées par d'autres, témoigne du besoin d'envisager autrement le travail des jurislateurs et de tous les acteurs juridiques.

Concernant la profession d'avocat, par exemple, si elle entend définir son propre avenir, en décider, le maîtriser, elle devra notamment[543] :

* S'accorder sur une conception stimulante et mobilisatrice de son futur ;

* Transformer les conditions de formation des jeunes avocats afin de favoriser la réalisation de cette conception ;

* Produire une vision claire du nouveau rôle des avocats dans l'esprit du public et des étudiants appelés à renouveler l'actuelle communauté des avocats ;

* Profiter des développements innovants des secteurs extérieurs au monde des avocats.

Ainsi les avocats, sommés de s'interroger quant à leur avenir par les nouvelles technologies et par les changements de mentalités (justice prédictive, procédures automatisées, modes alternatifs de résolution des différends,

---

[542] Philippe Durance fait ainsi observer que, « en raison du défaut d'anticipation, le présent est encombré de questions, hier insignifiantes, devenues aujourd'hui urgentes et qu'il faut régler vite, quitte à sacrifier le développement à long terme. Dans un monde en mutation permanente, où les forces du changement bouleversent constamment les inerties et les habitudes, un effort accru de prospective s'impose aux organisations pour réagir avec souplesse tout en gardant son cap et faire preuve ainsi de flexibilité stratégique. Pour maîtriser le changement et ne pas le subir, elles doivent anticiper correctement — ni trop tôt, ni trop tard — les différents virages, techniques, organisationnels, réglementaires etc. » (Ph. Durance, « La prospective : une philosophie en action », *RPPI* 2016, n° 1).

[543] Th. Gaudin, *La prospective*, 2e éd., Puf, coll. Que sais-je ?, 2013, p. 99.

autojuridication etc.), pourraient-ils être acteurs et facteurs du changement et non seulement objets du changement. Or on accepte beaucoup mieux un changement dont on a décidé et qu'on a voulu qu'un changement dont on est le témoin passif[544]. C'est pourquoi la prospective juridique a pour fonction de développer la capacité d'anticipation et la proactivité — sans lesquelles on se retrouve réduit à gérer les urgences —, ainsi que de donner un sens et une cohérence, sur le moyen et le long termes, aux actions menées à court terme. Cette fonction est d'autant plus cruciale que les avocats et tous les juristes ont besoin de saisir l'utilité de leur travail, d'en comprendre le sens et les finalités.

La prospective juridique veut donc donner aux ouvrages juridiques des fins valables et une base solide. Mais, comme le décrivait Gaston Berger,

> *Elle ne prétend pas nous épargner la responsabilité de choisir. Malgré ses efforts, bien des choses resteront toujours obscures, bien des choses aussi dépendront de ce que nous aurons décidé. Elle n'esquisse pas la figure d'un ordre auquel nous serions inéluctablement condamnés ; elle dessine à grands traits plusieurs mondes possibles dont l'un seulement sera promu à l'existence. Elle ne tend pas à nous dispenser de juger, mais à éclairer notre jugement et à nous permettre de le former assez tôt pour qu'il soit encore efficace. Elle ne veut faire de nous ni des surhommes libérés des servitudes temporelles, ni des mécanismes aveugles : seulement des hommes conscients de leurs limites et de leurs faiblesses, mais attentifs à leurs devoirs et prévenus des risques qu'ils courent.*[545]

Le constat que le philosophe dressait en 1957 semble encore plus évident aujourd'hui :

> *Dans un univers où tout se transforme si rapidement, la prévision est à la fois absolument indispensable et singulièrement difficile. Sur une route bien connue, le conducteur d'une charrette qui se déplace au pas, la nuit, n'a besoin pour éclairer sa route que d'une mauvaise lanterne. Par contre l'automobile qui parcourt à vive allure une région inconnue doit être munie de phares puissants. Rouler vite sans rien voir serait proprement une folie. [...] Il faut mettre au centre de notre réflexion l'idée d'invention. Lorsque le changement s'opère lentement, on peut vivre sur son acquis. Aujourd'hui, tout est partout et sans cesse remis en question. Ce n'est pas seulement dans la vie économique, c'est dans tous les domaines que la sécurité nous échappe. La tranquillité, qui pour les uns était l'assurance, pour les autres la résignation, est définitivement derrière nous. En face de nous, c'est un avenir mystérieux, où tout semble possible.*[546]

---

[544] D'ailleurs, une bonne prévision n'est pas forcément une prévision qui se réalise. Prévoir un problème futur doit servir à éviter qu'il n'apparaisse ou à limiter ses conséquences.
[545] G. Berger, « Sciences humaines et prévision », *La Revue des Deux Mondes* 1957, p. 425.
[546] *Ibid.*, p. 421.

Les juristes ont et auront beaucoup à inventer afin d'affronter le monde de demain et « réenchanter le futur »[547] du droit. Et c'est y compris la prospective juridique elle-même qu'ils devront inventer et réinventer sans cesse, avec les jusprospectivistes non juristes de formation. La prospective juridique est une doctrine qui n'est ni fermée sur la forme ni fermée sur le fond. Elle consiste simplement en un ensemble de propositions dans lesquelles l'observateur du droit, le penseur du droit et, surtout, l'acteur du droit peuvent choisir, un état d'esprit et une attitude supposés permettre d'affronter plus consciemment et plus sereinement un avenir par nature flou. C'est pourquoi Gaston Berger n'a pas laissé d'ouvrage qui serait la somme de la prospective, parce qu'il était de la nature de cette œuvre de laisser le champ libre à l'invention et à la vie, de s'offrir à un renouvellement continu[548].

Devenus acteurs plus que suiveurs de la marche du monde, conscients que « le futur a déjà commencé »[549] et qu'il doit être pris au sérieux, les juristes pourraient voir dans la prospective juridique une discipline d'avenir, garante du « développement durable juridique » — faire des choix présents responsables à long terme. Pour cela, ils devraient comprendre et accepter les limites de l'étude du futur[550], mais surtout apprendre à « aimer le futur »[551]. La faculté d'anticiper, qui se manifeste très différemment selon les espèces, est une condition de survie. Les êtres capables de « fabriquer le futur »[552] possèdent toujours un temps d'avance décisif par rapport à ceux qui n'en sont pas capables, englués dans le présentisme, vivant sur leurs acquis sans comprendre combien ceux-ci sont dangereusement fragiles.

---

[547] Réf. à Ph. Durance, E. Added, W. Raffard Pearson, dir., *Réenchanter le futur par la prospective*, Village mondial, 2009.

[548] J. Darcet, « Introduction », in *Étapes de la prospective*, Puf, coll. Bibliothèque de prospective, 1967, p. 1.

[549] Réf. à R. Jungk, *Le futur a déjà commencé*, Arthaud, 1954.

[550] Tout d'abord, il faut prendre garde au risque que la prospective juridique soit dévoyée par des individus motivés par un attrait commercial. Si s'adonner à un exercice de prospective sur commande est une très bonne chose, il importe d'être le plus transparent possible quant à ses fins et ses moyens, car le risque est de produire une étude allant dans le sens des intérêts du commanditaire, afin de lui plaire et qu'il soit tenté de faire à nouveau appel au même « spécialiste » plus tard. Une démarche honnête, scientifique et critique, non commerciale, suppose d'expliquer finement les résultats obtenus et comment ils l'ont été. Par ailleurs, une limite insurmontable des travaux de prospective est leur obsolescence programmée — ainsi la revue *2000* a été contrainte de s'arrêter (elle aurait aussi pu être renommée). Une fois que le futur est passé, ces travaux perdent beaucoup de leur intérêt. Enfin, les décideurs ne prennent pas toujours en compte les travaux des prospectivistes au moment de prendre leurs décisions. Comme le note Thierry Gaudin, « dès l'Antiquité, Cassandre prédisait les malheurs de la Cité et n'était pas entendue. Les crises économiques récentes (Stiglitz a compté 176 crises en vingt-cinq ans) étaient aussi prévisibles, et quelques Cassandre avaient donné l'alerte, sans être entendues » (Th. Gaudin, *La prospective*, 2e éd., Puf, coll. Que sais-je ?, 2013, p. 37).

[551] Réf. à G. Amar, *Aimer le futur – La prospective, une politique de l'inconnu*, Fyp éditions, coll. Innovation, 2013.

[552] Réf. à P. Musso, L. Ponthou, E. Seuillet, *Fabriquer le futur – L'imaginaire au service de l'innovation*, 2e éd., Village Mondial, 2007.

L'URSS, par exemple, refusait l'idée d'une pluralité de futurs possibles et ignorait toute forme de prospective, alors que les États de l'ouest déployaient diverses techniques de préparation de l'avenir. Et c'est bien le bloc soviétique qui s'est effondré à force d'archaïsme[553]. Dans le monde juridique, de mêmes rapports de forces peuvent exister et sans doute sont-ce ceux qui auront le mieux anticipé et préparé l'avenir qui imposeront leur pragmatisme et leur vision. Or les universitaires ne doivent pas se laisser désarçonner et décramponner par les mouvements de la réalité du droit et de son environnement. Dans les années 1980 déjà, les premiers jusprospectivistes se disaient « frappé[s] par la manifestation d'un clivage entre enseignants — qui appréhendent beaucoup les mutations — et purs praticiens »[554].

A priori, les juristes travaillent sur le droit positif et non sur le droit prospectif. Mais les juristes des universités, les chercheurs, peuvent prêter attention au droit prospectif autant qu'au droit positif et, ce faisant, jouer davantage les rôles d'éclaireurs et de guides qui doivent normalement être les leurs. Il n'est bien sûr pas admissible d'avancer que le droit ne changerait pas ou changerait peu pour affirmer qu'une prospective juridique serait sans objet. En 1976, les fondateurs de la *Revue de droit prospectif*, s'interrogeant sur la possibilité d'une prospective particulière en droit, observaient qu'« il peut sembler que le Droit soit un secteur relativement stable, d'évolution lente, n'exigeant pas que l'on se préoccupe de l'avenir possible ou souhaitable. Rien n'est plus faux. Le Droit est une matière en perpétuelle évolution, et il devient de plus en plus nécessaire de saisir celle-ci »[555].

Un tel constat doit être à plus forte raison opéré aujourd'hui, à l'ère de la gouvernance du cyberespace, de la protection de l'environnement, de la responsabilité sociale des entreprises et de la régulation de la finance, à l'ère des des nouveaux objets normatifs tels que les usages, les codes privés, les chartes, les conditions générales d'utilisation, les contrats-types, les normes comptables, les normes managériales, les spécifications techniques, mais aussi les modes alternatifs de résolution des conflits, les labels, les standards, les protocoles, les meilleures pratiques, les statistiques, les indicateurs de performance, les classements, les algorithmes, les lois des marchés, les *nudges* etc. Autant de données originales faisant douter de la possibilité de continuer à étudier le droit dans le cadre du positivisme moderne, focalisé sur l'État et sur la simple description des lois et des jurisprudences produites par ses

[553] *Cf.* P. Massé, *Le Plan ou l'anti-hasard*, Gallimard, 1965.

[554] A.-C. Decouflé, « Champ et méthodes d'une prospective du droit des affaires », in A. Sayag, dir., *Quel droit des affaires pour demain ? Essai de prospective juridique*, Librairies techniques, 1984, p. 26.

[555] J.-M. Zaorski, D.-Y. Meducin, « Pour une approche prospective de la recherche juridique », *Revue de droit prospectif* 1976, n° 1, p. 8.

organes. Comme l'a écrit Bertrand De Jouvenel, « la dépense de prévision doit s'accroître à mesure que l'on vit dans une société plus mobile »[556].

La prospective est un exercice par nature difficile puisque son objet est incertain, volatile, concrètement insaisissable. En même temps, il apparaît chaque jour un peu plus indispensable afin de préparer des lendemains possiblement difficiles et un avenir à long terme potentiellement très difficile. Or le monde du droit ne semble pas échapper à ce besoin[557]. La prospective juridique, étude des futurs du droit au profit de l'action juridique se traduisant par des « prédictions doctrinales »[558] à la fois scientifiques et critiques, pourrait ainsi constituer une nouvelle branche de la recherche juridique. Cependant, ses intentions, sa matière première, ses principes et ses techniques, encore balbutiants, devront être affinés et confirmés. Une branche de la recherche juridique, pour acquérir et conforter ce statut, doit être définie et circonscrite très précisément du point de vue de son objet et du point de vue de sa méthode. C'est pour cela que certaines branches de la recherche juridique sont bien acceptées et appliquées par les juristes (science du droit positif avant tout, mais aussi histoire du droit, sociologie du droit ou droit comparé) quand d'autres le sont moins (épistémologie juridique, méthodologie juridique ou philosophie du droit, dont les objets et méthodes sont plus incertains).

L'ouvrage qui s'achève, s'enquérant des savoir-faire et savoir-savoir des jusprospectivistes, s'inscrit dans le champ de l'épistémologie juridique. Il s'agissait en effet, en ces pages, d'interroger les objets et les méthodes qui servent les connaissances et la fabrique de connaissances de ces jusprospectivistes. Or, bien que l'épistémologie juridique concerne potentiellement tout étudiant et tout professeur dont les activités s'insèrent forcément dans une ou plusieurs disciplines juridiques, rares sont les textes mêlant droit et épistémologie[559]. C'est pourquoi des recherches sur la recherche juridique peuvent être menées[560]. On souligne depuis longtemps combien les sciences sociales en général et les sciences juridiques en particulier, par opposition aux « sciences scientifiques » ou « dures », ont

---

[556] B. De Jouvenel, *L'art de la conjecture*, SEDEIS, coll. Futuribles, 1964, p. 24.

[557] Comme l'ont relevé les précurseurs de la prospective juridique, « tous les champs du droit continueront à bouillonner de changements et la recherche juridique ne doit pas se contenter de les commenter *a posteriori*. Elle peut et doit les mettre à jour avant qu'ils ne soient acquis ; encore faut-il l'assurer d'une méthode pour le faire le plus utilement » (J. Hilaire, A. Sayag, « Conclusion », in A. Sayag, dir., *Quel droit des affaires pour demain ? Essai de prospective juridique*, Librairies techniques, 1984, p. 238-239).

[558] Réf. à N. Molfessis, « Les prédictions doctrinales », in *Mélanges François Terré*, Dalloz-Puf-Jurisclasseur, 1999, p. 141 s.

[559] *Cf.*, cependant, Ch. Atias, *Épistémologie juridique*, Dalloz, coll. Précis, 2002 ; C. Syntez, *Le constructivisme juridique – Essai sur l'épistémologie des juristes*, Mare et Martin, coll. Libre droit, 2014 ; A. M. Ho Dinh, *Les frontières de la science du droit – Essai sur la dynamique juridique*, LGDJ, coll. Thèses, 2018.

[560] *Cf.* B. Barraud, *La recherche juridique*, L'Harmattan, coll. Logiques juridiques, 2016.

souffert et souffrent encore de l'instabilité de leurs objets et de leurs méthodes[561]. Cela aurait pour effet de les rendre « vulnérables »[562]. Aussi la recherche juridique dans son ensemble et ses différentes branches constitutives — dont, peut-être, la prospective juridique — sont-elles des objets d'études intéressants et, surtout, importants, indispensables même, pour les juristes.

À l'échelle de la prospective juridique, comme pour toute branche de la recherche juridique, il est nécessaire d'insister sur les ingrédients capables de la nourrir en lui fournissant un objet original, ainsi que de lui indiquer la marche à suivre et le chemin à emprunter grâce à une méthode particulière. En premier lieu, l'étude scientifique et la pensée critique sont ses deux jambes, sans lesquelles elle ne saurait avancer. Son besoin le plus vital serait donc de refuser le conformisme stérile et d'encourager la recherche véritable, soit la recherche indépendante mais encadrée, risquée mais raisonnée, libre mais éclairée. C'est pourquoi la prospective juridique se définit peut-être, davantage qu'à travers ses procédés techniques et formels, telle une disposition psychologique, une tournure d'esprit, une philosophie dans le sens d'un regard particulier posé sur le droit d'aujourd'hui et de demain, lucide et non conformiste, donnant sa chance à l'intuition et au bon sens — Michel Serres voyait ainsi dans la philosophie l'art de détecter les signaux faibles et d'anticiper les évolutions futures.

Aussi un professeur de prospective juridique ne serait-il en aucun cas un puits de savoir. Il serait plutôt un entraîneur, un « *coach* ». Cette prospective juridique pourrait connaître des prolongements parmi les enseignements juridiques, au-delà des seules recherches juridiques. Des cours *ad hoc* ou, du moins, des explications données à l'occasion de leçons plus classiques pourraient lui être consacrés.

Le besoin d'anticipation mis en lumière par Gaston Berger trouve son origine notamment dans la fonction qu'il occupa de 1953 à sa mort en 1960 : directeur des enseignements supérieurs. Plus que les autres professions, l'enseignement a des conséquences à long terme. Les étudiants d'aujourd'hui seront en effet les praticiens — mais aussi les enseignants — des prochaines décennies. Ainsi semble-t-il indispensable d'organiser les apprentissages moins en fonction de ce qui a été et de ce qui est qu'en fonction de ce qui sera au cours de ces prochaines décennies.

En droit, les enseignements n'ont-ils pas parfois tendance à s'inspirer d'un passé trop lointain et à chercher à le reproduire, ainsi qu'à suivre mécaniquement des habitudes et des usages, sans vision du futur ni même

---

561 Ch. Eisenmann, « Quelques problèmes de méthodologie des définitions et des classifications en science juridique », *Arch. phil. droit* 1966, p. 25 s.
562 F. Rouvière, « La vulnérabilité de la science du droit : histoire d'une science sans méthode », in F. Rouvière, dir., *Le droit à l'épreuve de la vulnérabilité*, Bruylant, 2011, p. 537 s.

questionnement quant à ce futur ? Les fondateurs de la *Revue de droit prospectif*, face au peu d'entrain suscité par la discipline qu'ils souhaitaient promouvoir, en sont venus à poser les questions suivantes :

> *Pourquoi le Droit est-il resté, jusqu'à présent, en dehors du mouvement prospectif ? Pourquoi les juristes n'ont-ils pas encore rejoint la cohorte de ces chercheurs animés d'une foi solide dans le Progrès, qui tentent, dans les domaines les plus divers, d'anticiper l'évolution de l'humanité et d'anticiper ce qui sera le cadre de vie des nouvelles générations ? Cela tient certainement à leur mentalité étroitement positiviste et à leurs habitudes naturelles, qui les poussent à regarder derrière.*[563]

Et de poursuivre en dressant ce constat qui ne semble pas beaucoup moins valable aujourd'hui que dans les années 1980 :

> *Ainsi nous devrions nous résigner à porter à jamais les vêtements usagers de nos aînés, sans aucun espoir d'en avoir un jour des neufs ! Quelle vision singulièrement triste et pessimiste de l'Avenir ! Quelle erreur funeste ! Ce sont des idées telles que celles-ci qui conduisent à l'inaction, à la paralysie, à l'immobilisme destructeur, qui est la pire de nos maladies politiques. Ce sont de telles idées qui étouffent tout progrès et enracinent le mal dont nous croyons souffrir, en refusant l'idée même que l'on puisse agir sur lui autrement qu'au coup par coup. [...] Voilà la source de tous nos maux : la crainte du mouvement.*[564]

Comme l'enseigne Philippe Durance,

> *La prospective impose certains exigences : le courage, de regarder l'avenir en face, de poser et de se poser les questions difficiles, d'abandonner les modèles explicatifs trop réducteurs et d'affronter l'inconnu ; le refus d'en rester aux apparences, pour aller au-delà de ce qui s'offre trop facilement, des idées reçues qui enferment les discours et les comportements, du confort du conformisme ; l'acceptation de la différence de point de vue, de vision, de conviction, pour dépasser la pensée unique, dominante, qui empêche d'imaginer d'autres voies possibles.*[565]

Peut-être ne sont-ce pas là des pétitions de principe faciles mais davantage des besoins réels. Et le droit ne serait pas le dernier concerné tant les premiers jusprospectivistes ont pu eux-aussi relever combien « le conservatisme

---

[563] J.-M. Zaorski, « Trois ans déjà : Autocritique et essai d'un bilan "prospectif" d'activité », *Revue de droit prospectif* 1978, n° 5, p. 2.
[564] *Ibid.*, p. 2-3.
[565] Ph. Durance, « De l'industrie au développement durable : la prospective en transition », in Ph. Durance, dir., *La prospective stratégique en action – Bilan et perspectives d'une indiscipline intellectuelle*, Odile Jacob, 2014, p. 12.

traditionnel du juriste ne le prédispose guère à imaginer les transformations du droit »[566].

De plus en plus d'auteurs dénoncent l'excès de dogmatisme qui agit sur la recherche juridique comme un somnifère, risquant de l'endormir alors pourtant que le contexte économique, social, culturel, politique, technologique et scientifique — mais aussi épistémologique — au sein duquel s'inscrit son objet se révèle chaque jour un peu plus mouvant. Mais nombreux sont aussi ceux qui s'en accommodent sans autre forme de procès. C'est pourquoi il paraissait important d'insister sur la différence fondamentale qui existe entre des travaux imprégnés de dogmatisme — d'aucuns qualifient de manière on ne peut plus symptomatique la science du droit positif de « dogmatique juridique » — et des travaux reposant sur des études scientifiques et sur des pensées critiques tels qu'ont vocation à l'être les travaux jusprospectifs. Une étude en sciences sociales, une étude en droit, et surtout une recherche en prospective juridique, par définition orientée vers les évolutions à venir, doit suivre de près les nouvelles pistes de réflexion et d'action et avoir pour principale hantise le fait de contribuer à la stagnation de la pensée et du savoir.

Évidemment, le chercheur ne trouve pas toujours, ou du moins pas toujours complètement ou pas toujours ce qu'il cherchait. Mais ses efforts, ses propositions et ses investigations ne sont jamais vains. Repris et complétés plus tard par d'autres, ils contribuent à chaque fois, dans une plus ou moins grande mesure, au progrès. Une réflexion, dans quelque domaine que ce soit, peut (et peut-être doit) être risquée, ouvrir de nouvelles voies plutôt que de cheminer le long des sentiers battus de la connaissance.

Toutefois, si toute réflexion peut (et peut-être doit) être risquée, novatrice, ambitieuse, cela ne signifie pas irréfléchie, inconsidérée, irrationnelle ou inconséquente. Il est indispensable que la recherche soit entreprise dans un cadre épistémologique précis, conscient et assumé, loin de toute approximation et de toute improvisation quant à la branche de la recherche juridique choisie, à l'objet étudié et aux éléments de méthode déployés. C'est pourquoi le présent ouvrage a entendu fournir quelques informations et émettre quelques propositions concernant la définition du cadre épistémologique propre à la prospective juridique, branche de la recherche juridique peut-être en devenir mais encore balbutiante, timide et incertaine. Connaître sa connaissance, étudier ses études, élaborer une science de sa science est indispensable au progrès et à la consolidation de cette connaissance, de ces études et de cette science.

---

566 A.-C. Decouflé, « Champ et méthodes d'une prospective du droit des affaires », in A. Sayag, dir., *Quel droit des affaires pour demain ? Essai de prospective juridique*, Librairies techniques, 1984, p. 10.

Ensuite, sans doute la prospective juridique est-elle autant une branche de la prospective qu'une branche de la recherche juridique[567]. C'est pourquoi son contenu, tant en termes d'objet qu'en termes de méthode, apparaîtra autrement plus original aux yeux des juristes qu'aux yeux des prospectivistes et pourquoi l'exposé qui s'achève s'adresse davantage à ces premiers, qui découvrent la prospective, qu'à ces derniers, plus habitués à « habiter le temps »[568].

Si les juristes découvrent la prospective juridique, c'est que celle-ci pourrait peut-être permettre quelque progrès de la recherche juridique en lui dégageant de nouveaux horizons, en l'amenant sur de nouveaux territoires encore inexplorés. La prospective juridique consiste à regarder l'histoire du droit et le droit positif avec les yeux du futur. Le milieu juridique, comme les sociétés et comme beaucoup de choses de ce monde, vit des temps troublés, des temps de grande transformation, oscillant entre un passé qui ne veut pas finir et un futur pressé d'advenir ; cela tandis que se multiplient les défis décisifs pour les années à venir, auxquels les hommes sont de plus en plus sommés de répondre vite[569]. Dans de telles périodes de transition, passionnantes à étudier d'un point de vue scientifique et critique, la prospective juridique pourrait avoir un rôle à jouer, notamment en permettant de déterminer quelques moyens de changer et améliorer la situation en connaissance de cause. Son pari est que de meilleures perception et compréhension de l'avenir du droit seraient une source de progrès juridiques — s'agissant des règles de droit substantielles mais aussi et surtout du système juridique, des mécaniques essentielles et des grands principes du droit.

Par ailleurs, si la prospective juridique est autant une branche de la prospective qu'une branche de la recherche juridique, se pose la question de sa juridicité. Comme la sociologie du droit est de la sociologie et non du droit — à l'instar de la sociologie de la musique qui fait de la sociologie mais ne joue pas de musique ou du droit commercial qui est une affaire de juristes plus que de commerciaux —, la prospective juridique est une activité principalement prospective. Le droit est l'objet de la prospective juridique, mais son cadre épistémologique est celui de la prospective. Cet objet juridique confère cependant à la prospective juridique toute son originalité dans l'espace de la prospective en général et, plus finement, dans le domaine de la

---

567 *Ibid.*, p. 15.

568 Réf. à J. Chesneaux, *Habiter le temps*, Bayard, 1996. Mais les prospectivistes n'en sont pas moins intéressés et préoccupés par l'épistémologie de la prospective tant celle-ci prend des formes diverses et peine à suivre des lignes directrices précises et stables. Aussi note-t-on combien « nous avons véritablement besoin de développer des structures indépendantes de réflexion sur l'avenir, des lieux où puissent être entreprises des recherches sur l'épistémologie de la prospective et ses méthodes » (H. De Jouvenel, *Invitation à la prospective*, Futuribles, coll. Perspectives, 2004, p. 85).

569 *Cf.*, par exemple, M. Delmas Marty, *Les forces imaginantes du droit*, 3 vol., Le Seuil, 2004, 2006, 2007 ; M. Delmas-Marty, *Trois défis pour un droit mondial*, Le Seuil, 1998.

prospective sociale — comme l'approche prospective donne à la prospective juridique toute son originalité dans le cadre de la recherche juridique.

Le droit, défini comme une science, correspond à la science du droit positif, c'est-à-dire à la technique juridique, consistant à comprendre, interpréter, expliquer et éventuellement appliquer le sens et la portée des règles de droit contenues dans les lois et les jurisprudences. C'est à cette technique juridique que s'adonnent la grande majorité des juristes. Or la prospective juridique est une discipline tout autre. Elle peut néanmoins être mobilisée par des juristes, bien que leur principale activité demeure la technique juridique. Mais la prospective juridique peut aussi et parfaitement être le fait de non-juristes.

La juridicité de la prospective juridique est surtout limitée en raison du besoin principiel de recourir à différents points de vue sur le droit, outre le point de vue purement juridique. La pluridisciplinarité et l'ouverture sont indispensables dès lors que le droit positif d'un instant donné est le résultat d'une conjoncture socio-économique, culturelle, politique et même technologique. La nature du droit, reflet des pratiques sociales en même temps que guide des pratiques sociales, interdit toute autonomie intellectuelle de la prospective juridique. Fruit de volontés politiques et d'usages populaires, le droit n'est qu'un serviteur de la politique, de la société ou encore de l'économie. C'est pourquoi un jusprospectiviste doit se concentrer sur les mouvements politiques, sociaux et économiques. Les changements du droit dépendront des changements politiques, sociaux et économiques, si bien que ce sont ces derniers qu'il faut rechercher en premier lieu.

Le droit possède cependant des mécanismes, des habitudes, une synergie et une inertie propres, ainsi que des biais et des défauts particuliers, faisant que des données strictement juridiques doivent aussi être prises en compte. Mais le droit n'est bien qu'un paramètre parmi beaucoup d'autres dans la prospective juridique, laquelle suppose de dépasser le cloisonnement et la spécialisation purement juridiques des juristes.

La prospective juridique au sens large, conçue simplement tel un angle d'approche scientifique et critique, telle une philosophie en action, une disposition d'esprit amenant à réfléchir à l'avenir du droit sans chercher à appliquer strictement tous les principes et toutes les méthodes formelles décrits en ce livre, pourrait recevoir un accueil chaleureux de la part des juristes. Ceux-ci se positionnent d'ailleurs déjà régulièrement dans un cadre prospectif implicite lorsqu'ils réfléchissent à la meilleure politique législative à promouvoir quant à un sujet donné, lorsqu'ils proposent des réflexions de droit politique et lorsqu'ils subrogent le raisonnement *de lege feranda* (en vertu de la loi à venir) au raisonnement *de lege lata* (en vertu de la loi en vigueur). De tels questionnements ne sont toutefois déjà plus purement juridiques dès lors qu'ils consistent à interroger des arbitrages politiques et non à décrire des normes juridiques. La prospective juridique peut donc conforter le rôle de source matérielle du droit de la doctrine, mais elle peut difficilement revendiquer une entière juridicité.

Il n'en demeure pas moins que la prospective juridique peut présenter une certaine utilité en se mettant au service de divers acteurs du monde juridique et en particulier au service du législateur et de tous les jurislateurs. Comme les précurseurs de la prospective juridique le notaient, celle-ci peut constituer « une réflexion de politique législative, consistant à apprécier les meilleurs voies et moyens de l'intervention de l'État [...], éclairer la démarche d'un législateur par nature pressé et soumis aux contingences immédiates, expliciter les arrière-plans de décisions éventuelles »[570]. Consistant à identifier les avenirs possibles du droit puis, parmi ceux-ci, à promouvoir un avenir souhaitable et à rechercher les moyens de l'atteindre, l'activité jusprospective peut ainsi profiter au droit en action, donc aux acteurs du droit, aux jurislateurs, au législateur.

Comme le dit Karl Marx dans le petit écrit sur l'utopie de Cabet, « il est impossible de récolter sans avoir semé »[571]. Et mieux vaut savoir quoi, où, quand et comment semer plutôt que de semer au hasard, au risque que rien ne pousse. La famine normative — un manque de normes ou, du moins, un manque de normes publiques — ne touche-t-elle pas déjà des branches du droit telles que le droit de l'environnement ou le droit des nouvelles technologies de communication ?

Reste que le droit n'est qu'un instrument utilisé par le politique et que, ainsi conçue, la prospective juridique est en réalité tout autant une prospective politique. Sous un angle rigoureusement juridique, le danger est de voir le discours juridique se dissoudre dans des considérations de prospective sociale, économique et politique. Mais tel est le lot de toutes les branches de la recherche juridique dès lors qu'on sort des sciences pures du droit. Le droit et la politique sont intimement liés et il serait normal que cela se traduise y compris en matière de recherche — et peut-être même en matière d'enseignement. Plutôt que de nier toute juridicité de la prospective juridique, il convient peut-être d'insister sur l'association indissociable du monde politique et du monde juridique ou, plus encore, de mettre en avant le caractère systémique du droit, de la politique, de la société, de l'économie, de la technologie, de l'homme etc., faisant que les uns ne peuvent se comprendre sans les autres. C'est pourquoi la prospective juridique se présente telle une successeuse du mouvement critique du droit, qui voyait dans le juriste, y compris universitaire, un acteur du droit, mais aussi, en même temps, un acteur de la politique et des idées qui l'animent. En tout cas, une prospective

---

570 J. Hilaire, A. Sayag, « Conclusion », in A. Sayag, dir., *Quel droit des affaires pour demain ? Essai de prospective juridique*, Librairies techniques, 1984, p. 239.

571 L. Sfez, « Prospective », in D. Alland, S. Rials, dir., *Dictionnaire de la culture juridique*, Lamy-Puf, coll. Quadrige dicos poche, 2003, p. 1266.

juridique qui, pour ne pas trop empiéter sur le terrain politique, ne s'intéresserait qu'à la forme et non au fond du droit serait une bien pauvre prospective juridique.

En outre, une prospective du droit se justifie par le fait qu'il se trouve dans ce domaine de nombreuses inerties et de nombreuses forces conservatrices qui brident sa capacité d'adaptation aux nouveaux environnements et sa capacité à répondre aux enjeux les plus actuels. Or, si le droit est l'outil de la société, de la politique et de l'économie, son retard et les limites des ses évolutions impactent négativement la bonne marche de cette société, de cette politique et de cette économie. En anticipant et en imaginant le changement, on le fait advenir. Au XXIe siècle, y compris en droit, la proactivité de la prospective semble devenir chaque jour un peu plus nécessaire.

Une fois « le futur passé »[572], demeurent ceux qui s'y étaient préparés, non ceux qui entrent dans l'avenir à reculons. Si l'avenir dépend du hasard, de la nécessité et de la volonté[573], « le hasard ne profite qu'aux esprits bien préparés », tandis que, lorsqu'on tombe sous l'emprise de la nécessité, cela est souvent la conséquence d'une imprévoyance.

> *Il faut en finir avec l'idée que l'avenir nous échappe, qu'il ne dépend que de facteurs et acteurs vis-à-vis desquels nous ne pouvons rien. Il faut en finir avec l'idée que nous serions par avance condamnés à être des spectateurs d'un avenir subi. Il faut se réapproprier, individuellement et collectivement, l'avenir, devenir ensemble les artisans d'un futur choisi. [...] Les critères principaux de décision sont aujourd'hui principalement des critères favorisant le court terme au détriment du long terme : — critères d'ordre économique impliquant de maximiser les profits dans le cadre de l'annuité budgétaire ; — critères d'ordre politique se traduisant par la question « Que pourrais-je faire d'ici à la fin de mon mandat qui me confère un atout en faveur de ma réélection ? » Point n'est ici le lieu où insister sur les effets pervers d'arbitrages ainsi rendus qui sacrifient le long terme au court terme, au risque que de telles décisions entraînent des effets négatifs au second degré, infiniment plus importants que les bénéfices immédiats. À la dictature de l'éphémère faut-il substituer celle du temps long ? Certainement pas. Mais sortir de l'esclavage du quotidien est indispensable pour gérer le changement dans le sens du souhaitable.*[574]

Pour diverses raisons, et notamment ces raisons économiques et politiques court-termistes, les prospectivistes sont peut-être voués à subir le sort des devins du passé : on les écoute avec curiosité, mais aussi avec

---

572 R. Kosseleck, *Le futur passé*, Éditions de l'EHESS, 1990.

573 J. Lesourne, *Les temps de la prospective*, Odile Jacob, 2012.

574 H. De Jouvenel, *Invitation à la prospective*, Futuribles, coll. Perspectives, 2004, p. 41 et 83.

distance et scepticisme, on n'accepte leur propos que s'il va dans le sens des intérêts qu'on défend, et on raille leurs erreurs — qui ne manquent pas d'être nombreuses.

Aussi la prospective pourrait-elle aller de pair avec la « rétroprospective », discipline consistant à comparer les futurs anticipés avec les futurs tels qu'ils se sont réalisés, cela afin d'améliorer les techniques de scénarisation des futurs possibles. Or, si le futur est effectivement le fruit du hasard, de la nécessité et de la volonté, l'avenir conservera toujours une part importante d'aléa que le prospectiviste doit accepter — à tel point qu'il ne devrait pas camoufler mais plutôt revendiquer ses erreurs et approximations, informatives et constructives malgré tout, à l'image de celles des dessinateurs Villemard et Jean-Marc Côté qui, à l'occasion de l'exposition universelle de 1900, avaient réfléchi à l'état de la société et des technologies en l'an 2000, avec plus ou moins de succès et en pariant surtout sur une automatisation tous azimuts et sur la conquête des airs[575] :

[575] Série de cartes postales tombées dans le domaine public, disponibles sur Wikimedia Commons.

La machine à faire le ménage (existent aujourd'hui des aspirateurs et tondeuses automatiques)

L'apprentissage à l'école par transformation de l'écrit en audio (pour les élèves qui ont une mémoire auditive plus que visuelle) évoque la numérisation actuelle des manuels et exercices ; à moins qu'il s'agisse de télécharger les connaissances directement et automatiquement dans les cerveaux ?

La radio ou le podcast

La poste aérienne, pour les plus hauts immeubles (on projette aujourd'hui des livraisons par drones aériens)

Les pompiers aériens (ils auraient été utiles lors de l'incendie de Notre-Dame de Paris, le 15 avril 2019)

La visioconférence, communication à distance avec image et son

Automatisation de la maçonnerie (seul reste l'architecte)

Le barbier automatique (peut-être trop dangereux pour être réaliste)

L'hélicoptère (les premiers hélicoptères datent des années 1930)

L'aerotaxi (en mai 2019, après plusieurs années d'études, Airbus a annoncé le lancement en 2020 de son taxi volant, baptisé « Vahana »)

Le camping-car

Le sous-marin-baleine (des équivalents motorisés, et même nucléaires, ont été inventés)

Le train à grande vitesse

Le bateau volant ou l'hydravion (on dit aujourd'hui que les bateaux volants seraient l'avenir du nautisme)

L'orchestre automatique

Les patins à roulettes électriques (plutôt que les trottinettes électriques ou les hoverboards)

La couveuse (ou l'élevage intensif)

La moissonneuse automatique

Battle-Cars

Des chars d'assaut blindés

A Torpedo Plane

L'avion torpilleur

Aviation Police

La police de l'air

Hunting by Air

La chasse dans les airs

Des embouteillages aériens plutôt que des embouteillages routiers

Le cheval présenté en spectacle telle une « curiosité naturelle »

La gastronomie chimique

Madame at Her Toilette

Une salle de bain automatisée

Divers on Horseback

Des plongeurs à dos d'hippocampes géants

Fishing for Seagulls

La pêche à la mouette

A Croquet Party

Un match de croquet sous-marin

A Race in the Pacific

Le tiercé sous-marin (pourtant, à l'heure actuelle, les océans restent presque entièrement inexplorés et inexploités (mis à part l'épuisement de la ressource piscicole))

Le bateau-train (Allemagne, début du XXe siècle)

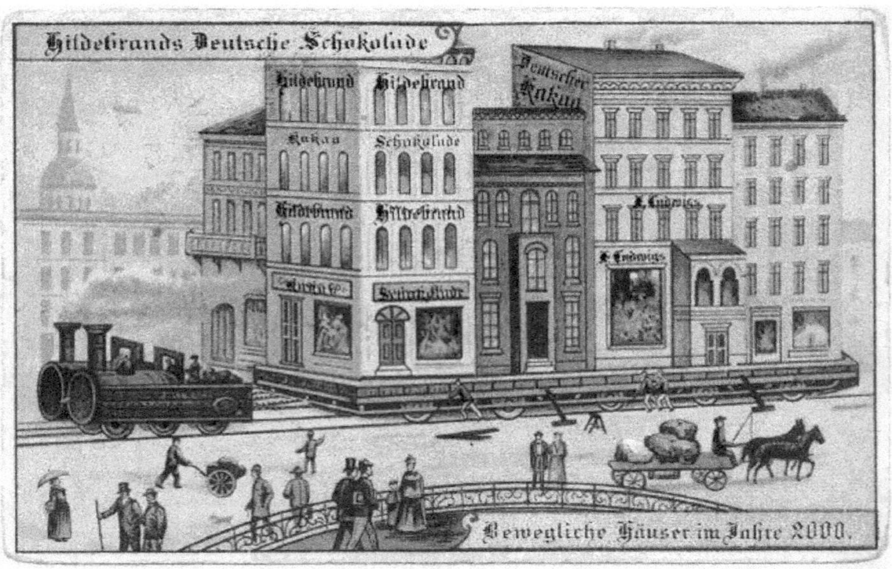

Des bâtiments qui se déplacent (Allemagne, début du XXe siècle)

Des villes sans pluie (Allemagne, début du XXe siècle)

La machine à disperser les nuages (Allemagne, début du XXe siècle)

Des passages piétons mobiles (Allemagne, début du XXe siècle)

Et, enfin, le téléphone portable (Jim Rassenberger, 1908)

Chaque invention présumée demeure très imprégnée du style « belle époque ». On imaginait de nombreux progrès technologiques, mais pas changer de mode vestimentaire, de style architectural ni même d'usages sociaux. Il n'est pas aisé d'ôter les lunettes de son époque.

Face au monde qui change, il vaut mieux penser
le changement que changer le pansement.

Francis Blanche

Bibliographie

ABÉLÈS M., *Penser au-delà de l'État*, Belin, 2014

ACCOLAS E., *Nécessité de refonte de l'ensemble de nos Codes et notamment le Code Napoléon, au point de vue de l'idée démocratique*, Librairie Centrale, 1866

AGUILA Y. et *alii*, *Quelles perspectives pour la recherche juridique ?*, Puf, coll. Droit et justice, 2007

ALBERSTEIN M., *Pragmatism and Law – From Philosophy to Dispute Resolution*, Routledge, 2002

AMAR G., *Aimer le futur – La prospective, une politique de l'inconnu*, Fyp éditions, coll. Innovation, 2013

AMSELEK P., *Perspectives critiques d'une réflexion épistémologique sur la théorie du Droit*, LGDJ, 1964

AMSELEK P., *Cheminements philosophiques – Dans le monde du droit et des règles en général*, Armand Colin, coll. Le temps des idées, 2012

AMSELEK P., dir., *Théorie du droit et science*, Puf, coll. Léviathan, 1994

AMSELEK P., « Éléments d'une définition de la recherche juridique », *Arch. phil. droit* 1979, p. 297 s.

AMSELEK P., « Réflexions critiques autour de la conception kelsenienne de l'ordre juridique », *RDP* 1978, p. 13 s.

AMSELEK P., « Une fausse idée claire : la hiérarchie des normes juridiques », *RRJ* 2007, p. 557 s.

AMSELEK P., GREGORCZYK Ch., *Controverses autour de l'ontologie du droit*, Puf, coll. Questions, 2000

ANCEL P., « Le Dalloz, source du droit », *RRJ* 2006, p. 453 s.

ANCEL P., « Le droit *in vivo* ou le plaidoyer d'un membre de la “doctrine” pour la recherche juridique empirique », in *Mélanges Philippe Jestaz*, Dalloz, 2006, p. 13 s.

ANCELIN C., « L'analyse structurelle : le cas du Vidéotex », *Futuribles* nov. 1983, n° 71

ANNET D., *L'après-communication*, Dangles, coll. Prospective, 2010

Arch. phil. droit 1965, « Philosophes d'aujourd'hui en présence du droit »

Arch. phil. droit 1971, « Le droit investi par la politique »

Arch. phil. droit 2001, « L'américanisation du droit »

ARDISSON D., « Observations sur la recherche, l'enseignement et les pratiques du droit », *Dr. et Société* 1993, p. 143 s.

ARMAND L., DRANCOURT M., *Plaidoyer pour l'avenir*, Calmann-Lévy, 1962

ARMSTRONG M. A., CERFONTAINE A., « Échecs économiques et dérive du pragmatisme juridique : l'expérience anglaise du droit de la faillite », *Dr. et société* 2000, p. 541 s.

ARNAUD A.-J., *Critique de la raison juridique – 2. Gouvernants sans frontières – Entre mondialisation et post-mondialisation*, LGDJ, coll. Droit et société, 2003

ARNAUD A.-J., « Le Droit, un ensemble peu convivial » *Dr. et société* 1989, p. 81 s.

ARNAUD A.-J., « Les juristes face à la société – 1975, 1993 », *Dr. et société* 1993, p. 525 s.

ARNAUD A.-J., « De la régulation par le droit à l'heure de la globalisation – Quelques observations critiques », *Dr. et société* 1997, p. 11 s.

ARNAUD A.-J., « Chercheurs et décideurs au coude à coude – Un modèle de gouvernance », in SOLINIS G., dir., *Construire des gouvernances : entre citoyens, décideurs et scientifiques*, Peter Lang, 2005, p. 165 s.

ARNAUD A.-J., « Regards croisés sur la notion de droit en contexte », *RIEJ* 2013, n° 70, p. 45 s.

ARNAUD A.-J., « De la régulation par le droit à l'heure de la globalisation – Quelques observations critiques », *Dr. et société* 1997, p. 11 s.

ARNAUD A.-J., « Le droit comme produit », *Dr. et société* 1994, p. 293 s.

ARNAUD A.-J., « Droit et société : du constat à la construction d'un champ commun », *Dr. et société* 1992, p. 17 s.

ARNAUD A.-J., « Du jeu fini au jeu ouvert – Réflexions additionnelles sur le Droit post-moderne », *Dr. et société* 1991, p. 45 s.

ARNAUD A.-J., « Repenser un Droit pour l'époque postmoderne », *Le Courrier du CNRS* 1990, n° 75, p. 81 s.

ARNAUD A.-J., « Droit et société – Un carrefour interdisciplinaire », *RIEJ* 1988, n° 21, p. 7 s.

ARNAUD A.-J., FARINAS DULCE M. J., *Introduction à l'analyse sociologique des systèmes juridiques*, Bruylant, 1998

ASEEVA A., « La production à la chaîne du savoir juridique », in FLÜCKIGER A., TANQUEREL Th., dir., *L'évaluation de la recherche en droit – Enjeux et méthodes*, Bruylant, coll. Penser le droit, 2015, p. 277 s.

ASTIER H., *L'Avatar est l'avenir de l'homme – Vers la dématérialisation*, Dangles, coll. Prospective, 2011

ATIAS Ch., *Épistémologie juridique*, Dalloz, coll. Précis, 2002

ATIAS Ch., *Devenir juriste – Le sens du droit*, 2e éd., LexisNexis, coll. Carré droit, 2014

ATIAS Ch., « Debout les ouvriers du droit ! Autorité et poids de la doctrine », in *Mélanges Jean-Luc Aubert*, Dalloz, 2005, p. 361 s.

ATIAS Ch., « La controverse doctrinale dans le mouvement du droit privé », *RRJ* 1983, p. 427 s.

ATIAS Ch., « La controverse et l'enseignement du droit », *Annales d'histoire des facultés de droit et de la science juridique* 1985, n° 2, p. 107 s.

ATIAS Ch., « La fin d'un mythe ou la défaillance du juridique », *D.* 1997, p. 44 s.

ATIAS Ch., « Des réponses sans questions : 1804-1899-1999 (quantitatif et qualificatif dans le savoir juridique) », *D.* 1998, p. 406 s.

ATTALI J., RIOT-SARCEY M., TOURAINE A. et *alii*, *Les Utopies, moteurs de l'histoire : les rendez vous de l'histoire*, Pleins feux, 2001

AUBERT J.-L., « Pour des rébellions constructives », *RTD civ.* 1992, p. 338 s.

AUBY J.-B., *La globalisation, le droit et l'État*, 2e éd., LGDJ, coll. Systèmes, 2010

AUBY J.-B., « Prescription juridique et production juridique », in CHAZEL F., COMMAILLE J., dir., *Normes juridiques et régulation sociale*, LGDJ, coll. Droit et société, 1991, p. 159 s.

AUBY J.-B., « Prescription juridique et production juridique », *RDP* 1988, p. 673 s.

AUDREN F., « Comment la science sociale vient aux juristes ? Les professeurs lyonnais et les traditions de la science sociale (1875-1930) », in DEROUSSIN D., dir., *Le renouvellement des sciences sociales et juridiques sous la IIIe République*, La Mémoire du Droit, 2007, p. 3 s.

AUDREN F., « Les professeurs de droit, la République et le nouvel esprit juridique », *Mil neuf cent – Revue d'histoire intellectuelle* 2011, n° 29, p. 7 s.

AUDREN F., HALPÉRIN J.-L., *La culture juridique française – Entre mythes et réalités – XIXe-XXe siècles*, CNRS Éditions, 2013

AUDREN F., KARSENTI B., « Emmanuel Levy (1871-1944) : juriste, socialiste et sociologue », *Dr. et société* 2004, p. 75 s.

AYNÈS L., *Le contrat de financement Etude comparative et prospective du crédit bancaire*, LexisNexis, coll. Le droit des affaires, 2006

AYNÈS L., GAUTIER P.-Y., TERRÉ F. « Antithèse de "l'entité" (à propos d'une opinion sur la doctrine) », *D.* 1997, p. 229 s.

AYRES R., *Prévision technologique et planification à long terme*, Éditions Hommes et Techniques, 1972

BACHELARD G., *La formation de l'esprit scientifique – Contribution à une psychanalyse de la connaissance objective*, Vrin, 1938

BAILLEUX A., DUMONT H., « Esquisse d'une théorie des ouvertures interdisciplinaires accessible aux juristes », *Dr. et société* 2010, p. 275 s.

BAILLEUX A., OST F., « Droit, contexte et interdisciplinarité : refondation d'une démarche », *RIEJ* 2013, n° 70, p. 25 s.

BAILLY J.-P., *Demain est déjà là – Prospective, débat, décision publique*, Éditions de l'Aube, 1999

BAKER L. A., « Just Do it: Pragmatism and Progressive Social Change », in BRINT M., WEAVER W., dir., *Pragmatism in Law and Society*, Westview Press, 1991, p. 99 s.

BALDWIN J. M., *Le darwinisme dans les sciences morales*, Alcan, 1911

BALDWIN J. M., « The Influence of Darwin on Theory of Knowledge and Philosophy », *Psychological Review* 1909, vol. 16, n° 3, p. 207 s.

BANAKAR R., TRAVERS M., *Law and Social Theory*, 2e éd., Hart Publishing, 2013

BARBIERI MASINI E., *Penser le futur*, Dunod, 2000

BAREL Y., *Prospective et analyse de systèmes*, La Documentation française, 1971

BARTENSTEIN K., LANDHEER-CIESLAK Ch., « Pour la recherche en droit : quel(s) cadre(s) théorique(s) ? », in FLÜCKIGER A., TANQUEREL Th., dir., *L'évaluation de la recherche en droit – Enjeux et méthodes*, Bruylant, coll. Penser le droit, 2015, p. 83 s.

BARTHE Y., CALLON M., LASCOUMES P., *Agir dans un monde incertain – Essai sur la démocratie technique*, Le Seuil, 2001

BAUDU A., « L'évaluation parlementaire, problème ou solution ? », *Revue française de finances publiques* 2011, n° 113, p. 131 s.

BEAUD O., *Les libertés universitaires à l'abandon ? Pour une reconnaissance pleine et entière de la liberté académique*, Dalloz, coll. Les sens du droit, 2010

BEAUD O., « Doctrine », in ALLAND D., RIALS S., dir., *Dictionnaire de la culture juridique*, Lamy-Puf, coll. Quadrige dicos poche, 2003

BEAUD O., « L'œuvre de Gaston Jèze signifie-t-elle un repli de la doctrine publiciste française sur la technique juridique ? », *Jus Politicum* 2013, n° 11

BEAUD O., CAILLE A., ENCRENAZ P., GAUCHET M., VATIN F., *Refonder l'université*, La découverte, 2010

BEAUD O., LIBCHABER R., « Où va l'Université ? Les chemins de la liberté » , *JCP G* 2014, doctr. 1264

BEHAR-TOUCHAIS M., MARTIAL-BRAZ N., RIFFARD J.-F., dir., *Les mutations de la norme*, Economica, coll. Études juridiques, 2011

BELL D., *L'Historien entre l'ethnologue et le futurologue*, Mouton, 1972

BELLEY J.-G., ISSALYS P., dir., *Aux frontières du juridique – Études interdisciplinaires sur les transformations du droit*, Presses de l'Université Laval, 1993

BELLEY J.-G., « Une métaphore chimique pour le droit », in BELLEY J.-G., dir., *Le droit soluble – Contributions québécoises à l'étude de l'internormativité*, LGDJ, 1993, p. 7 s.

BÉNABENT A., « Doctrine ou Dallas ? », *D.* 2005, p. 852 s.

BENASAYAG M., *Connaître est agir – Paysages et situations*, La découverte, coll. Armillaire, 2006

BÉNATOUÏL Th. et *alii*, *Le scepticisme*, Flammarion, coll. GF corpus, 2015

BENYEKHLEF K. et *alii*, *Une possible histoire de la norme : les normativités émergentes de la mondialisation*, Thémis, 2008

BERGEL J.-L., dir., *Le plurijuridisme*, PUAM, 2005

BERGEL J.-L., « Le processus des concepts émergeants », in LE DOLLEY E., dir., *Les concepts émergeants en droit des affaires*, LGDJ-Lextenso, 2010, p. 439 s.

BERGEL J.-L., « Esquisse d'une approche méthodologique de la recherche juridique », *RRJ* 1996, p. 1075 s.

BERGER G., *Les conditions de l'intelligibilité et le problème de la contingence*, L'Harmattan, coll. Prospective, 2010

BERGER G., *Phénoménologie du temps et prospective*, Puf, 1964

BERGER G., « Éducation et société », *Prospective* 1967, n° 14

BERGER G., « Sciences humaines et prévision », *Revue des deux mondes* 1957, n° 3

BERGER G., « L'attitude prospective », *Prospective* 1957, n° 1

BERGER G., DE BOURBON-BUSSET, MASSÉ J., *De la prospective – Textes fondamentaux de la prospective française (1955-1966)*, L'Harmattan, coll. Prospective, 2007

BERGSON H., *L'intuition philosophique*, Puf, coll. Quadrige grands textes, 2011

BERNARD A., POIRMEUR Y., dir., *La doctrine juridique*, Puf, 1993

BERNARD B., DRUMAUX A., MATTIJS J., *La justice pénale en prospective – Six scénarios à l'horizon 2020*, Bruylant, 2012

BERNARD Ph. J., *De l'utopie moderne et de ses perversions*, Puf, 1997

BERNAUDEAU V., « Les enseignants de la faculté libre de Droit d'Angers – Entre culture savante et engagement militant (fin XIXe-début XXe siècles) », *Mil neuf cent – Revue d'histoire intellectuelle* 2011, n° 29, p. 99 s.

BERTALANFFY L., *General System Theory – Foundations, Development, Applications*, George Braziller, 1968

BERTHELOT R., *Un romantisme utilitaire – Étude sur le mouvement pragmatiste*, Alcan, 1911

BERTHOU R., « La forumisation du droit : à propos des perspectives et enseignements d'une expérience originale de création du droit », *Dr. et société* 2005, p. 783 s.

BERTHOUD A., SERVERIN É., *La production des normes entre État et société civile – Les figures de l'institution et de la norme entre État et sociétés civiles*, L'Harmattan, 2000

BESSIN M., BIDART C., GROSSETTI M., *Bifurcations – Les sciences sociales face aux ruptures et à l'événement*, La découverte, 2010

BISHOP P., *Strategic Foresight*, University of Houston, 2007

BLACK D., *Sociological Jurisprudence*, Oxford University Press, 1990

BLOQUET S., « Quand la science du droit s'est convertie au positivisme », *RTD civ.* 2015, p. 59 s.

BOHMAN J., *Pragmatic Turn and Critical Theory*, The MIT Press, 2001

BOISVERT Y., *Le postmodernisme*, Boréal, coll. Boréal express, 1995

BOITEAU C., « Recherches et sources du droit », in AGUILA Y. et *alii*, *Quelles perspectives pour la recherche juridique ?*, Puf, coll. Droit et justice, 2007, p. 275 s.

M. BONIN, « Prospective juridique sur la connectivité écologique », *RJE* 2008, p. 170 s.

BOSSERELLE E., *Le cycle Kondratiev : mythe ou réalité ?*, Futuribles, 1994

BOULAD-AYOUD J., MELKEVIK B., ROBERT P., dir., *L'amour des lois – La crise de la loi moderne dans les sociétés démocratiques*, Presses de l'Université Laval-L'Harmattan, 1996

BOULAIRE J., « François Gény et le législateur », in HAKIM N., MELLERAY F., dir., *Le renouveau de la doctrine française – Les grands auteurs de la pensée juridique au tournant du XXe siècle*, Dalloz, coll. Méthodes du droit, 2009, p. 69 s.

BOURBON BUSSET J., « Réflexions sur l'attitude prospective », *Cahier Prospective* 1963, n° 10

BOURCIER D., *La décision artificielle – Le droit, la machine et l'humain*, Puf, coll. Les voies du droit, 1995

BOURCIER D., VAN ANDEL P., *De la sérendipité dans la technique, la science et le droit*, Hermann, 2013

BOURCIER D., THOMASSET C., dir., *L'écriture du droit… face aux technologies de l'information*, Diderot, 1996

BOURCIER D., « À propos des fondements épistémologiques d'une science du droit », in AGUILA Y. et *alii*, *Quelles perspectives pour la recherche juridique ?*, Puf, coll. Droit et justice, 2007, p. 69 s.

BOURDIEU P., *Raisons pratiques : sur la théorie de l'action*, Le Seuil, coll. Points, 1996

BOURDIEU P., « Décrire et prescrire, note sur les conditions de possibilités et les limites de l'efficacité politique », *Actes de la recherche en sciences sociales* 1981, n° 38, p. 69 s.

BOURDIEU P., « Les juristes, gardiens de l'hypocrisie collective », in CHAZEL F., COMMAILLE J., *Normes juridiques et régulation sociale*, LGDJ, coll. Droit et société, 1991

BOURGEOIS B., « La fin de l'histoire, aujourd'hui ? », *Arch. phil. droit* 2003, p. 141 s.

BOURGEOIS M., *La notion juridique d'impôt – Étude positive et prospective du droit belge à la lumière du droit européen*, Larcier, 2017

BOURJOL M. et *alii*, *Pour une critique du droit*, Maspero-Presses universitaires de Grenoble, 1978

BOYER L., SCOUARNEC A., *La prospective des métiers*, EMS, coll. Questions de société, 2009

BRAIBANT G., « Pour une grande loi », *Pouvoirs* 1991, n° 56, p. 112 s.

BRÉCHOT F.-X., « La constitutionnalité du “mariage pour tous” en question », *JCP G* 2012, p. 1388 s.

BRETON A., DES ORMEAUX A., PISTOR K., SALMON P., dir., *Le multijuridisme – Manifestations, causes et conséquences*, Eska, 2010

BRINT M., WEAVER W., dir., *Pragmatism in Law and Society*, Westview Press, 1991

BROOKS P., GEWIRTZ P., *Law's Stories – Narrative and Rhetoric in Law*, Yale University Press, 1996

BROUARD-GALLET C., « Les mutations de la norme et le renouvellement des sources du droit : questions pratiques de légistique », in BEHAR-TOUCHAIS M., MARTIAL-BRAZ N., RIFFARD J.-F., dir., *Les mutations de la norme*, Economica, coll. Études juridiques, 2011, p. 65 s.

BRUN Ph., « Les habitudes de penser », in DISSAUX N., GUENZOUI Y., dir., *Les habitudes du droit*, Dalloz, coll. Thèmes et commentaires, 2015

BRUN Ph., « Sources sulfureuses : remarques cursives sur l'office de la doctrine », in *Mélanges Philippe Jestaz*, Dalloz, 2006, p. 73 s.

BRUNDTLAND G. H., Our Common Future (Notre avenir à tous), Éditions du Fleuve, 1989

BRUNET P., CHAMPEIL-DESPLATS V., HENNETTE-VAUCHEZ S., MILLARD É., « Mariage pour tous : les juristes peuvent-ils parler “au nom du droit” ? », *D.* 2013, p. 784 s.

BUREAU D., MOLFESSIS N., « L'asphyxie doctrinale », in *Mélanges Bruno Oppetit*, Litec, 2009, p. 47 s.

CAHEN Ph., *50 réponses aux questions que vous n'osez même pas poser ! Signaux faibles et scénarios dynamiques pour vitaliser la prospective*, Kawa, 2012

CAHEN Ph., *Signaux faibles – Mode d'emploi*, Eyrolles-Éditions d'Organisation, 2010

CAHIN G., « Apport du concept de mythification aux méthodes d'analyse du droit international », in *Mélanges C. Chaumont*, Pedone, 1984, p. 89 s.

CAILLÉ A., DUFOIX S., dir., *Le tournant global des sciences sociales*, La découverte, 2013

CAILLOSSE J., « Une approche “tranquillisante” de la post-modernité ? L'économie du droit post-moderne selon Jacques Chevallier », *Droits* 2004, n° 39, p. 121 s.

CALAFAT G., FOSSIER A., THÉVENIN P., « Droit et sciences sociales : les espaces d'un rapprochement », *Tracés* 2014, n° 27, p. 7 s.

CALDWELL W., *Pragmatism and Idealism*, Black, 1913

CANDIDE L., « Le sexe, le mariage, la filiation et les principes supérieurs du droit français », *Gaz. Pal.* 4 oct. 2012, p. 7 s.

CANET R., DUCHASTEL J., dir., *La régulation néolibérale – Crise ou ajustement ?*, Athéna éditions, 2005

CAPELLER W., SIMOULIN V., « La gouvernance : du programme de recherche à la transdisciplinarité », *Dr. et société* 2003, p. 301 s.

CAPONE A., POGGI F., dir., *Pragmatics and Law – Practical and Theoretical Perspectives*, Springer, 2016

CARBONNIER J., *Flexible droit – Pour une sociologie du droit sans rigueur*, 8e éd., LGDJ, 1995

CARBONNIER J., « Légiférer avec l'histoire ? », *Dr. et société* 1990, p. 9 s.

CARDON D., *La démocratie internet*, Le Seuil, coll. La République des idées, 2010

CARRILHO M. M., *Rhétoriques de la Modernité*, Puf, 1992

CARTUYVELS Y., DUMONT H., GÉRARD Ph., HACHEZ I., OST F., VAN DE KERCHOVE M., dir., *Les sources du droit revisitées – Volume 4 : Théorie des sources du droit*, Publications de l'Université Saint-Louis-Anthemis (Bruxelles), 2013

CARTUYVELS Y., OST F., *Crise du lien social et crise du temps juridique – Le droit est-il encore en mesure d'instituer la société ?*, Fondation Roi Baudoin, coll. Citoyen, droit et société, 1998

CARTY A., dir., *Post-Modern Law*, Edinburg University Press, 1990

CARTY A., « Présentation – Le siècle des lumières, la Révolution et la mort de l'Homme – Une approche postmoderne du droit », *Dr. et société* 1989, p. 311 s.

CARTY A., « Du postmodernisme en théorie et en sociologie du droit, ou Rousseau et Durkheim lus par Baudrillard », *Dr. et société* 1989, p. 371 s.

CASTELLS M., *La Galaxie Internet*, Fayard, 2001

CASTELLS M., *L'Ère de l'information*, Fayard, 1998

CAYE P., « La condition immatérielle du monde et la question du droit », *Arch. phil. droit* 1999, p. 225 s.

CAYLA O., « Les juristes à l'épreuve du tournant pragmatique », in ROUSSEAU D., dir., *Le droit dérobé*, Montchrestien, coll. Grands colloques, 2007, p. 37 s.

CAZES B., *Histoire des futurs – Les figures de l'avenir de Saint Augustin au XXIe siècle*, L'Harmattan, coll. Prospective, 2008

Centre de Recherche sur le Droit des Affaires, *Les PME et le droit de la concurrence – Analyse critique, comparative et prospective*, LexisNexis, coll. Le droit des affaires, 2009

Centre international d'études pour le développement local, *Le droit autrement – Nouvelles pratiques juridiques et pistes pour adapter le droit aux réalités locales contemporaines*, Éditions Charles Léopold Mayer, 2001

CETRON M. J., *Technological Forecasting – A Practical Approach*, Gordon and Breach, 1969

CHAMPEIL-DESPLATS V., *Méthodologies du droit et des sciences du droit*, Dalloz, coll. Connaissance du droit, 2014

CHARLE Ch., *La République des universitaires (1870-1940)*, Le Seuil, 1994

CHATEAURAYNAUD F., TORNY D., *Les sombres précurseurs – Une sociologie pragmatique de l'alerte et du risque*, Éditions de l'EHESS, 2005

CHAZAL J.-P., « De la théorie générale à la théorie critique du contrat », *RDC* 2003, p. 27 s.

CHAZAL J.-P., « Léon Duguit et François Gény, controverse sur la rénovation de la science juridique », *RIEJ* 2010, n° 65, p. 85 s.

CHAZEL F., COMMAILLE J., *Normes juridiques et régulation sociale*, LGDJ, coll. Droit et société, 1991

CHESNEAUX J., *Habiter le temps*, Bayard, 1996

CHEMILLIER-GENDREAU M., MOULIER-BOUTANG Y., dir., *Le droit dans la mondialisation*, Puf, coll. Actuel Marx-confrontations, 2001

CHERFOUH F., « L'impossible projet d'une revue de la Belle Époque – L'émergence d'un juriste scientifique », *Mil neuf cent – Revue d'histoire intellectuelle* 2011, n° 29, p. 59 s.

CHÉROT J.-Y., « Usages de l'évaluation de la recherche et pilotage du secteur public académique – Enjeux pour la recherche en droit », in FLÜCKIGER A., TANQUEREL Th., dir., *L'évaluation de la recherche en droit – Enjeux et méthodes*, Bruylant, coll. Penser le droit, 2015, p. 239 s.

CHÉROT J.-Y., « Concept de droit et globalisation », in CHÉROT J.-Y., FRYDMAN B., dir., *La science du droit dans la globalisation*, Bruylant, coll. Penser le droit, 2012, p. 3 s.

CHEVALLIER J., « Doctrine juridique et science juridique », *Dr. et société* 2002, p. 103 s.

CHEVALLIER J., « La régulation juridique en question », *Dr. et société* 2001, p. 827 s.

CHÉROT J.-Y., FRYDMAN B., dir., *La science du droit dans la globalisation*, Bruylant, coll. Penser le droit, 2012

CHEVALLIER J., « La fin des écoles ? », *RDP* 1997, p. 679 s.

CHEVALLIER J., « Vers un droit postmoderne ? Les transformations de la régulation juridique », *RDP* 1998, p. 659 s.

CHEVALLIER J., « La régulation juridique en question », *Dr. et société* 2001, p. 827 s.

CHEVALLIER J., « L'État postmoderne : retour sur une hypothèse », *Droits* 2004, n° 39, p. 107 s.

CHEVALLIER J., *L'État postmoderne*, 3e éd., LGDJ, coll. Droit et société, 2008

CHEVALLIER J., « La rationalisation de la production juridique », in MORAND Ch.-A., dir., *L'État propulsif – Contribution à l'étude des instruments d'action de l'État*, Publisud, 1991, p. 11 s.

CHEVALLIER J., « La gouvernance, un nouveau paradigme étatique », *RF adm. publ.* 2003, p. 203 s.

CHEVALLIER J., « Vers un droit postmoderne ? », in CLAM J., MARTIN G., dir., *Les transformations de la régulation juridique*, LGDJ, coll. Droit et société, 1998, p. 31 s.

CHOURAQUI A., « Quelques difficultés actuelles d'articulation du juridique et du social », in CHAZEL F., COMMAILLE J., dir., *Normes juridiques et régulation sociale*, LGDJ, coll. Droit et société, 1991, p. 285 s.

CHOURAQUI A., « Normes sociales et règles juridiques : quelques observations sur des régulations désarticulées », *Dr. et société* 1989, p. 415 s.

CLAM J., MARTIN G., dir., *Les transformations de la régulation juridique*, LGDJ, coll. Droit et société, 1998

COASE R., « The Problem of Social Cost », *Journal of Law and Economics* 1959, n° 3, p. 1 s.

COLEMAN J. L., *The Practice of Principle – In Defense of a Pragmatist Approach to Legal Theory*, Oxford University Press, 2003

COLEMAN J. L., « Negative and Positive Positivism », *The Journal of Legal Studies* 1982, n° 11, p. 139 s.

COLONNA D'ISTRIA F., « Le concept méthodologique de la recherche juridique », in FLÜCKIGER A., TANQUEREL Th., dir., *L'évaluation de la recherche en droit – Enjeux et méthodes*, Bruylant, coll. Penser le droit, 2015, p. 139 s.

COOPER R. N., LAYARD R., *What the Future Holds : Insights from Social Science*, Massachusetts Institute of Technology Press, 2002

COMMAILLE J., *L'esprit sociologique des lois – Essai de sociologie politique du droit*, Puf, coll. Droit, éthique, société, 1994

COMMAILLE J., dir., *Normes juridiques et régulation sociale*, LGDJ, coll. Droit et Société, 1991

COMMAILLE J., « Nouvelles économies de la légalité, nouvelles formes de justice, nouveau régime de connaissance – L'anthropologie du droit avait-elle raison ? », in *La quête anthropologique du droit – Autour de la démarche d'Étienne Le Roy*, Karthala, 2006, p. 351 s.

COMMAILLE J., « Les nouveaux enjeux épistémologiques de la mise en contexte du droit », *RIEJ* 2013, n° 70, p. 62 s.

CORNFORTH M., *L'idéologie anglaise – Le positivisme, le pragmatisme*, Delga, 2012

CORNISH E., *Futuring – The Exploration of the Future*, World Future Society, 2004

CORNISH E., *The Study of the Future – An Introduction to the Art and Science of Understanding and Shaping Tomorrow's World*, World Future Society, 1977

CORNU E., GEVERS F., *The future prospects for intellectual property in the EU : 2012-2022*, Bruylant, 2012

CORNU G., « Aperçu de la pensée juridique française contemporaine », *Annales de l'Université de Poitiers* 1960, n° 1

CORTEN O., « Le "droit en contexte" est-il incompatible avec le formalisme juridique ? », *RIEJ* 2013, n° 70, p. 70 s.

COTTER Th. F., « Legal Pragmatism and the Law and Economics Movement », *Georgetown Law Journal* 1996, p. 2071 s.

COTTERRELL R. B., *The Politics of Jurisprudence – A Critical Introduction to Legal Philosophy*, 2e éd., University of Pennsylvania Press, 1994

COTTERRELL R. B. M., *The Sociology of Law – An Introduction*, 2e éd., Butterworths, 1992

COURNOT A.-A., *Essai sur les fondements de nos connaissances et sur les caractères de la critique philosophique*, 1851

CREIGHTON J. E., « Experience and Thought », *Philosophical Review* 1906, p. 482 s.

CROZIER M., FRIEDBERG E., *L'acteur et le système*, Le Seuil, 1977

CROZIER M., *État modeste, État moderne – Stratégies pour un autre changement*, 3e éd., Fayard, 1997

CROZIER M., « La crise des régulations traditionnelles », in MENDRAS H., dir., *La sagesse et le désordre*, Gallimard, coll. Bibliothèque des sciences humaines, 1980, p. 371 s.

CURAPP, *Les usages sociaux du droit*, Puf, 1989

CUZACQ N., « La responsabilité des sociétés mères du fait de leurs filiales : éléments de droit positif et de droit prospectif », *RRJ* 2009, p. 657 s.

DALKEY N., BROWN B., COCHRAN S., *La prévision à long terme par la méthode Delphi*, Dunod, 1972

DARCET J., « Introduction », in *Étapes de la prospective*, Puf, coll. Bibliothèque de prospective, 1967, p. 1 s.

DARTIGUEPEYROU D., dir., *Prospective d'un monde en mutation*, 3 vol., L'Harmattan, 2012

DATAR (Délégation à l'aménagement du territoire et à l'action régionale), *La méthode des scénarios – Une réflexion sur la démarche et la théorie de la prospective*, La documentation française, coll. Travaux et recherches de prospective, 1975

DAUGAREILH I., « Responsabilité sociale des entreprises transnationales : analyse critique et prospective juridique », *Journal de droit européen* 2011, p. 1 s.

DAUGERON B., LE POURHIET A.-M., ROUX J., STOFFEL-MUNCK Ph., « Mariage pour tous, silence pour quelques-uns », *D.* 2013, p. 933 s.

DEBAISE D., LATOUR B., STENGERS I., ZASK J., *Vie et expérimentation – Peirce, James, Dewey*, Vrin, coll. Annales de philosophie de l'Université Libre de Bruxelles, 2008

DE BECHILLON D., dir., *Les défis de la complexité – Vers un nouveau paradigme de la connaissance ?*, L'Harmattan, 1994

DE BÉCHILLON D., « Porter atteinte aux catégories anthropologiques fondamentales ? Réflexions à propos de la controverse Perruche, sur une figure contemporaine de la rhétorique universitaire », *RTD civ.* 2002, p. 47 s.

DE BÉCHILLON D., « La structure des normes juridiques à l'épreuve de la postmodernité », in BERTHOUD A., SERVERIN É., *La production des normes entre État et société civile – Les figures de l'institution et de la norme entre État et sociétés civiles*, L'Harmattan, 2000, p. 47 s.

DE BISSY A., « Le pragmatisme juridique au service de la rigueur scientifique », in *Mélanges Patrick Serlooten*, Dalloz, 2015

DECOCQ A., « Le désordre juridique français », in *Mélanges Jean Foyer*, Puf, 1997, p. 149 s.

DECOCQ G., « Réflexions sur l'influence doctrinale », in *Mélanges Philippe Jestaz*, Dalloz, 2006, p. 111 s.

DECOUFLÉ A.-C., *La prospective*, 3e éd., Puf, coll. Que sais-je ?, 1983

DECOUFLÉ A.-C., dir., *Traité élémentaire de prévision et de prospective*, Puf, 1978

DECOUFLÉ A.-C., « Prévision, prospective et action », in *Encyclopédies du savoir moderne – Les sciences de l'action, théorie et pratique*, 1974

DECOUFLÉ A.-C., « Champ et méthodes d'une prospective du droit des affaires », in A. Sayag, dir., *Quel droit des affaires pour demain ? Essai de prospective juridique*, Librairies techniques, 1984

DE COURSON J., *L'appétit du futur – Voyage au cœur de la prospective*, Charles Léopold Mayer, coll. Essai, 2005

DEFFAINS B., « L'économie comme instrument de la recherche juridique », in AGUILA Y. et *alii*, *Quelles perspectives pour la recherche juridique ?*, Puf, coll. Droit et justice, 2007, p. 85 s.

DEFFAINS B., FEREY S., « Théorie du droit et analyse économique », *Droits* 2007, p. 223 s.

DE FORNEL M., OGIEN A., QUÉRÉ L., *L'ethnométhodologie – Une sociologie radicale*, La découverte, 2001

DE JOUVENEL B., *L'art de la conjecture*, Éditions du rocher, 1964

DE JOUVENEL H., *Invitation à la prospective*, Futuribles, coll. Prospectives, 2004

DE JOUVENEL H., « Genèse et éthique de la prospective », in DURANCE Ph., dir., *La prospective stratégique en action – Bilan et perspectives d'une indiscipline intellectuelle*, Odile Jacob, 2014, p. 41 s.

DE LAMBERTIE I., « Réflexions sur la recherche en sciences du droit », *Droits* 1994, n° 20, p. 159 s.

DE LAPLACE P.-S., *Essai philosophique sur les probabilités*, Courcier, 1816

DE LA PRADELLE G., VAISSE S., « Estimer la doctrine : l'art… et la manière », *RTD civ.* 1996, p. 313 s.

DELMAS-MARTY M., *Pour un droit commun*, Le Seuil, 1994

DELMAS-MARTY M., *Trois défis pour un droit mondial*, Le Seuil, 1998

DELMAS-MARTY M., *Les forces imaginantes du droit – Le relatif et l'universel*, Le Seuil, coll. La couleur des idées, 2004

DELMAS-MARTY M., *Les forces imaginantes du droit – Le pluralisme ordonné*, Le Seuil, coll. La Couleur des idées, 2006

DELMAS-MARTY M., *Les forces imaginantes du droit – La refondation des pouvoirs*, Le Seuil, coll. La couleur des idées, 2007

DELMAS-MARTY M., « La grande complexité juridique du monde », in *Mélanges Gérard Timsit*, Bruylant, 2004, p. 89 s.

DELMAS-MARTY M., « Post-scriptum sur les forces imaginantes », in THIBIERGE C., dir., *La force normative – Naissance d'un concept*, LGDJ-Bruylant, 2009, p. 847 s.

DELMAS-MARTY M., « La mondialisation du droit : chances et risques », *D.* 1999, p. 43 s.

DELMAS-MARTY M., « L'espace juridique européen, laboratoire de la mondialisation », *D.* 2000, p. 421 s.

DELMAS-MARTY M., COSTE J.-F., « L'imprécis et l'incertain – Esquisse d'une recherche sur Logiques et droit », in BOURCIER D., MACKAY P., dir., *Lire le droit – Langue, texte, cognition*, LGDJ, coll. Droit et société, 1992, p. 109 s.

DELMAS-MARTY M., GUILLAUMOND R., *La constitutionnalisation du droit en Chine et en France – Rétrospective, perspectives, prospective*, Pedone 2017

DELVOLVÉ P., « Mariage : un homme, une femme », *Le Figaro* 8 nov. 2012

DEMUIJNCK G., VERCAUTEREN P., dir, *L'État face à la globalisation économique – Quelles formes de gouvernance ?*, Sandre, 2009

DE MUNCK J., VERHOEVEN M., dir., *Les mutations du rapport à la norme – Un changement dans la modernité ?*, De Boeck, 1997

DE ROSNAY J., *Le Macroscope – Vers une vision globale*, Le Seuil, coll. Points, 1975

DE SOUSA SANTOS B., *Vers un nouveau sens commun juridique – Droit, science et politique dans la transition paradigmatique*, trad. N. Gonzales Lajoie, LGDJ, 2004

DE SOUSA SANTOS B., « The Post-Modern Transition: Law and Politics », in SARAT A., KEARNS T. R., dir., *The Fate of Law*, University of Michigan Press, 1991

DE SOUSA SANTOS B., « Droit : une carte de lecture déformée – Pour une conception postmoderne du droit », *Dr. et société* 1988, n° 10, p. 379 s.

DEUMIER P., « Autopsie d'une polémique : la QPC, la Cour de cassation et la doctrine », in *Mélanges Jean-Louis Bergel*, Bruylant, 2013, p. 171 s.

DEUMIER P., « La doctrine collective législatrice : une nouvelle source du droit ? », *RTD civ.* 2006, p. 63 s.

DEUMIER P., « Les autorités des doctrines », in FOYER J., LEBRETON G., PUIGELIER C., dir., *L'autorité*, Puf, coll. Cahiers des sciences morales et politiques, 2008, p. 291 s.

DEUMIER P., « Les habitudes : problème de sources », in DISSAUX N., GUENZOUI Y., dir., *Les habitudes du droit*, Dalloz, coll. Thèmes et commentaires, 2015

DE WACHTER M., « Bioéthique et pluridisciplinarité : discours parallèles ou vrai dialogue ? », *Journal international de bioéthique* 2000, n° 11

DEWEY J., *La quête de certitude – Une étude de la relation entre connaissance et action*, tr. P. Savidan, Gallimard, coll. Bibliothèque de philosophie, 2014

D'HOMBRES E., GABELLIERI E., DURANCE Ph., dir., *Gaston Berger – Humanisme et philosophie de l'action*, L'Harmattan, coll. Prospective, 2012

DICKSTEIN M., *The Revival of Pragmatism – New Essays on Social Thought, Law, and Culture*, Duke University Press, 1998

DIEBOLT S., « La complexité comme paradigme pour concevoir une régulation juridique adéquate », *Dr. et société* 2000, p. 485 s.

DIENER P., « Pathologie juridique et doctrine universitaire en droit des affaires », *D.* 1997, p. 147 s.

DISSAUX N., GUENZOUI Y., dir., *Les habitudes du droit*, Dalloz, coll. Thèmes et commentaires, 2015

DOAT M., LE GOFF J., PÉDROT P., dir., *Droit et complexité – Pour une nouvelle intelligence du droit vivant*, Presses universitaires de Rennes, 2007

DOGOT D., VAN WAEYENBERGE A., « L'Union européenne, laboratoire du droit global », in CHÉROT J.-Y., FRYDMAN B., dir., *La science du droit dans la globalisation*, Bruylant, coll. Penser le droit, 2012, p. 251 s.

DOMMERGUES P. et *alii*, *Guide – La prospective au cœur des régions*, Syros, 1993

DOMPNIER N., « Le renoncement à la légitimité démocratique au nom de la "qualité des normes" ? », in FATIN-ROUGE STÉFANINI M., GAY L., PINI J., dir., *Autour de la qualité des normes*, Bruylant, coll. À la croisée des droits, 2010, p. 77 s.

DORE I. I., « L'influence française sur la nouvelle épistémologie juridique postmoderne aux États-Unis », *Arch. phil. droit* 2005, p. 368 s.

DRAGO G., « Une ambition pour la recherche dans les domaines du droit et de la justice », in AGUILA Y. et *alii*, *Quelles perspectives pour la recherche juridique ?*, Puf, coll. Droit et justice, 2007, p. 34 s.

Droit et société 2013, n° 83, « Les enjeux contemporains de la formation juridique »

Droit et société 2010, n° 75, « Sciences sociales, droit et science du droit : le regard des juristes »

Droit et société 2005, n° 60, « Savoirs académiques, savoirs pour l'action ? »

Droit et société 2003, n° 54, « La gouvernance : une approche transdisciplinaire »

Droit et société 1992, n° 20, « Une science sociale pour la pratique juridique ? »

Droit et société 1989, n° 13, « Lumières – Révolution – Post- modernisme »

Droit et société 1988, n° 10, « Pratiques de recherche, questions théoriques et problèmes épistémologiques sur le droit et la société »

Droits 1994, n° 20, « Doctrine et recherche en droits »

DUGUIT L., *Le droit social, le droit individuel et la transformation de l'État*, 2e éd., Alcan, 1911

DUGUIT L., *Le pragmatisme juridique*, La mémoire du droit, 2008

DULOT A., *Ce que penser veut dire*, L'Harmattan, coll. Pour comprendre, 2013

DU MARAIS B., « L'Etat à l'épreuve du principe de concurrence : analyse et prospective juridique », *Politiques et management public* 2002, vol. 20, p. 121 s.

DUPLESSIS I., « Le vertige de la soft law – Réactions doctrinales en droit international », *Revue québécoise de droit international* 2007, p. 246 s.

DUPRÉ DE BOULOIS X., KALUSZYNSKI M., dir., *Le droit en révolution(s) – Regards sur la critique du droit des années 1970 à nos jours*, LGDJ, coll. Droit et société, 2011

DUPRÉ DE BOULOIS X., ROMAN D., « Le mariage, Napoléon et la Constitution », *Le Figaro* 18 nov. 2012

DUPRÉ DE BOULOIS X., « Le mariage homosexuel, la Constitution et l'agrégée des facultés de droit », *RDLF* 2013, n° 23

DUPRET B., *Droit et sciences sociales*, Armand Colin, coll. Cursus, 2006

DUPRET B., « Droit et sciences sociales – Pour une respécification praxéologique », *Dr. et société* 2010, p. 315 s.

DUPUY J.-P., *Ordres et désordres, enquête sur un nouveau paradigme*, Le Seuil, 1986

DURANCE Ph., COATES J., GODET M., dir., *Strategic Foresight*, Elsevier, 2010

DURANCE Ph., ADDED E., RAFFARD PEARSON W., dir., *Réenchanter le futur par la prospective*, Village mondial, 2009

DURANCE Ph., dir., *La prospective stratégique en action – Bilan et perspectives d'une indiscipline intellectuelle*, Odile Jacob, 2014

DURANCE Ph., GODET M., *La prospective stratégique – Pour les entreprises et les territoires*, Dunod-Unesco, coll. Stratégie de l'entreprise, 2011

DURANCE Ph., « La prospective en France et aux États-Unis : influences et différences », in DURANCE Ph., dir., *La prospective stratégique en action – Bilan et perspectives d'une indiscipline intellectuelle*, Odile Jacob, 2014, p. 87 s.

DURANCE Ph., « De l'industrie au développement durable : la prospective en transition », in DURANCE Ph., dir., *La prospective stratégique en action. Bilan et perspectives d'une indiscipline intellectuelle*, Odile Jacob, 2014, p. 11 s.

DURANCE Ph., « Penser la rupture », in DURANCE Ph., dir., *La prospective stratégique en action – Bilan et perspectives d'une indiscipline intellectuelle*, Odile Jacob, 2014, p. 369 s.

DURANCE Ph., CORDOBES S., *Attitudes prospectives – Eléments d'une histoire de la prospective en France après 1945*, L'Harmattan, coll. Prospective, 2007

DURAND T., « Management stratégique de la technologie : dix enseignements », *Futuribles* 1989, n° 137

DURAND J., « Prospective, discontuinité, instabilité », *Futuribles* 1975, n° 4, p. 399 s.

DWORKIN R., *Prendre les droits au sérieux*, Puf, coll. Léviathan, 1995

DWORKIN R., *L'empire du droit*, Puf, 1994

DWORKIN R., « Le positivisme », *Dr. et société* 1985, p. 35 s.

EDELMAN B., « Le droit, les "vraies" sciences et les "fausses" sciences », *Arch. phil. droit* 1991, p. 55 s.

ENCINAS DE MUNAGORRI R., « L'analyse économique est-elle une source du droit ? Propos sur la doctrine du premier président de la Cour de cassation », *RTD civ.* 2006, p. 505 s.

ERMINE J.-L., *Les systèmes de connaissances*, Hermès, 1996

ERNER G., *Sociologie des tendances*, Puf, 2008

ESMEIN A., « La jurisprudence et la doctrine », *RTD civ.* 1902, p. 5 s.

FARBER D., « Reinventing Brandeis: Legal Pragmatism for the Twenty-First Century », *University of Illinois Law Review* 1995, p. 163 s.

FARON O., « La prospective, une science neuve et utile ! », in DURANCE Ph., dir., *La prospective stratégique en action – Bilan et perspectives d'une indiscipline intellectuelle*, Odile Jacob, 2014, p. 7 s.

FATIN-ROUGE STÉFANINI M., GAY L., VIDAL-NAQUET A., dir., *L'efficacité de la norme juridique – Nouveau vecteur de légitimité ?*, Bruylant, coll. À la croisée des droits, 2012

FATIN-ROUGE STEFANINI M., dir., *Autour de la qualité des normes*, Bruylant, 2010

FAVRE J., « La pensée juridique est-elle nécessairement une pensée de l'État ? », in ROUSSEAU D., dir., *Le droit dérobé*, Montchrestien, coll. Grands colloques, 2007, p. 97 s.

FERRAND F., PIREYRE B., *Prospective de l'appel civil*, Société de législation comparée, coll. Colloques, 2016

FERRARI G., « Le droit dans la forme praxéologique du jeu », *Dr. et société* 1991, p. 91 s.

FESTENSTEIN F., *Pragmatism and Political Theory*, Cambridge University Press, 1997

FITZPATRICK P., « The Desperate Vacuum: Imperialism and Law in the Experience of Enlightenment », in CARTY A., dir., *Post-Modern Law*, Edinburg University Press, 1990

FLAUSS J.-F., dir., *Droits sociaux et droit européen – Bilan et prospective de la protection normative*, Anthemis, coll. Droit & Justice, 2003

FLEURY-LE GROS P., dir., *Le temps et le droit*, LexisNexis, coll. Colloques et débats, 2010

FLÜCKIGER A., TANQUEREL Th., dir., *L'évaluation de la recherche en droit – Enjeux et méthodes*, Bruylant, coll. Penser le droit, 2015

FOBLETS M.-C., « RIEJ, désormais plate-forme pour l'analyse contextuelle du droit ? Attention aux cures de jouvence qui rétrécissent le champ de vue ! », *RIEJ* 2013, n° 70, p. 84 s.

FONTAINE L., *Qu'est-ce qu'un « grand » juriste ? Essai sur les juristes et la pensée juridique moderne*, Lextenso éditions, coll. Forum, 2012

FORRESTER J., *World Dynamics*, MIT Press, 1971

FORSE M., *L'analyse structurelle du changement social*, Puf, 1991

FOUCAULT M., « Le libéralisme comme nouvel art de gouverner », in SENELLART M., dir., *Naissance de la biopolitique*, Gallimard-Le Seuil, coll. Hautes études, 2003

FOURASTIER J., *Essais de morale prospective*, Gonthier, 1966

FRANK J., « Modern and Ancient Legal Pragmatism – John Dewey and Co. v. Aristotle : I », *Notre Dame Lawyer* 1950, p. 207 s.

FRANK J., « Modern and Ancient Legal Pragmatism – John Dewey and Co. v. Aristotle : II », *Notre Dame Lawyer* 1950, p. 460 s.

FREEDMAN D., « L'américanisation du droit français par la vie économique », *Arch. phil. droit* 2001, p. 207 s.

FREGA R., *Le pragmatisme comme philosophie sociale et politique*, Le bord de l'eau, coll. Les voies du politique, 2015

FRISON-ROCHE M.-A., « La recherche juridique en matière économique », in AGUILA Y. et *alii*, *Quelles perspectives pour la recherche juridique ?*, Puf, coll. Droit et justice, 2007, p. 93 s.

FRYDMAN B., *Petit manuel pratique de droit global*, Éditions de l'Académie royale de Belgique, 2014

FRYDMAN B., VAN WAEYENBERGE A., dir., *Gouverner par les standards et les indicateurs – De Hume aux rankings*, Bruylant, coll. Penser le droit, 2014

FRYDMAN B., *Le sens des lois*, LGDJ-Bruylant, 2005

FRYDMAN B., *Les transformations du droit moderne*, Story- Scientia-Fondation Roi Baudoin, coll. À la rencontre du droit, 1999

FRYDMAN B., « Comment penser le droit global ? », in CHÉROT J.-Y., FRYDMAN B., dir., *La science du droit dans la globalisation*, Bruylant, coll. Penser le droit, 2012, p. 17 s.

FRYDMAN B., « Y a-t-il en droit des révolutions scientifiques ? », *Journal des Tribunaux* 1996, p. 809 s.

FRYDMAN B., « Le droit, de la modernité à la postmodernité », *Réseaux* 2000, n° 88-90, p. 67 s.

FRYDMAN B., « Renouveau et avancée dans la définition du droit », *D.* 2014, p. 989 s.

FRYDMAN B., « Le rapport du droit aux contextes selon l'approche pragmatique de l'École de Bruxelles », *RIEJ* 2013, n° 70, p. 92 s.

FRYDMAN, B., « Le calcul rationnel des droits sur le marché de la justice : l'école de l'analyse économique du droit » in *Structure, système, champ et théories du sujet*, L'Harmattan, 1997, p. 127 s.

FRYDMAN B., HENNEBEL L., « Le contentieux transnational des droits de l'homme : une perspective stratégique », *Revue trimestrielle des droits de l'homme* 2009, p. 73 s.

GABILLIET Ph., *Les conduites d'anticipation – Des modèles aux applications*, L'Harmattan, coll. Prospective, 2008

GAGLIO G., *Sociologie de l'innovation*, Puf, coll. Que sais-je ?, 2011

GAGNÉ G., « Les transformations du droit dans la problématique de la transition à la postmodernité », in BELLEY J.-G., ISSALYS P., dir., *Aux frontières du juridique – Études interdisciplinaires sur les transformations du droit*, Presses de l'Université Laval, 1993, p. 221 s.

GARCIA VILLEGAS M., « Champ juridique et sciences sociales en France et aux États-Unis », *L'Année sociologique* 2009, n° 59, p. 29 s.

GARFINKEL H., *Recherches en ethnométhodologie*, Puf, 2007

GARRON R., « Un exemple d'erreur de méthode : la loi sur le "mariage pour tous" », *RRJ* 2014, p. 1625 s.

GAUCHET M., NORA P., *De quoi l'avenir intellectuel sera-t-il fait ?*, Gallimard, coll. Le débat, 2010

GAUDIN Th., *La prospective*, 2e éd., Puf, coll. Que sais-je ?, 2013

GAUDIN Th., *2100, récit du prochain siècle*, Payot, 1990

GAUDIN Th., *De l'innovation*, Éditions de l'Aube, 1998

GAUDIN Th., dir., *L'empreinte de la technique – Ethnotechnologie prospective*, L'Harmattan, coll. Prospective, 2010

GAUDIN Th., L'YVONNET F., *L'avenir de l'esprit*, Albin Michel, 2002

GAUDREAULT-DESBIENS J.-F., « La critique économiste de la tradition romanogermanique », *RTD civ.* 2010, p. 683 s.

GAUTIER P.-Y., « Les articles fondateurs (réflexions sur la doctrine) », in *Mélanges Pierre Catala*, Litec, p. 255 s.

GAUTIER P.-Y., « L'influence de la doctrine sur la jurisprudence », *D.* 2003, p. 2839 s.

GAY L., « L'exigence d'efficacité de la norme, facteur d'un nouvel âge d'or du comparatisme dans la production juridique », in FATIN-ROUGE STÉFANINI M., GAY L., dir., *L'efficacité de la norme juridique : nouveau vecteur de légitimité ?*, Bruylant, 2012, p. 107 s.

GEFFROY J.-B., *Finances publiques et politique familiale – État des lieux et éléments de prospective*, L'Harmattan, coll. Finances publiques, 2009

GÉRARD P., OST F., VAN DE KERCHOVE M., *L'accélération du temps juridique*, Publications des Facultés universitaires Saint-Louis, 2000

GESLIN A., « L'épistémologie des sciences du droit : un impensé de la recherche juridique ? », [en ligne] <triangle.ens-lyon.fr>, 2015

GILBERT S., « Le pragmatisme juridique selon Léon Duguit », in MELLERAY F., dir., *Autour de Léon Duguit*, Bruylant, 2011, p. 289 s.

GILBERT S., « Présentation », in DUGUIT L., *Le pragmatisme juridique*, La mémoire du droit, 2008, p. 1 s.

GIEDION S., *La Mécanisation au pouvoir*, CCI Centre Pompidou, 1980

GINGRAS Y., KEATING P., LIMOGES C., *Du scribe au savant – Les porteurs du savoir de l'Antiquité à la révolution industrielle*, Boréal, coll. Compact, 2009

GINGRAS Y., *Controverses – Accords et désaccords en sciences humaines et sociales*, CNRS éditions, coll. Culture et société, 2014

GLENN J. C., GORDON Th. J., *Futures Research Methodology version 2.0*, American Council for the United Nations University, 2003

GLENN H. P., « Penser le plurijuridisme », in BERGEL J.-L., dir., *Le plurijuridisme*, PUAM, 2005, p. 25 s.

GOBERT M., « Le temps de penser de la doctrine », *Droits* 1994, n° 20, p. 97 s.

GOBIN C., RIHOUX B., dir., *La démocratie dans tous ses états – Systèmes politiques entre crise et renouveau*, Bruylant, 2000

GODET M., *Crise de la Prévision, essor de la prospective*, Puf, 1977

GODET M., *Manuel de prospective stratégique – Tome 1 : Une indiscipline intellectuelle*, 3e éd., Dunod, coll. Progrès du management, 2007

GODET M., *Manuel de prospective stratégique – Tome 2 : L'art et la méthode*, 3e éd., Dunod, coll. Progrès du management, 2007

GODET M., *Le courage du bon sens – Pour construire l'avenir autrement*, Odile Jacob, 2009

GODET M., *Bonnes nouvelles des Conspirateurs du futur*, Odile Jacob, 2011

GODET M., *De l'anticipation à l'action*, Dunod 1991

GODET M., *From Anticipation To Action – A Handbook of Strategic Prospective*, Unesco Publishing, coll. Future-oriented Studies, 1994

GODET M., *Creating Futures – Scenario Planning as a Strategic Management Tool*, Economica, 2006

GODET M. et *alii*, *Libérer Prométhée – Des technologies pour l'homme*, Académie des technologies, 2011

GODET M., *Prospective et planification stratégique*, Economica, 1985

GODET M., *L'avenir autrement*, Armand Colin, 1991

GODET M., « Penser et agir autrement », *L'ENA hors les murs* 2016, n° 458, p. 7 s.

GODET M., « Le plaisir de l'indiscipline intellectuelle pour construire l'avenir autrement », in DURANCE Ph., dir., *La prospective stratégique en action – Bilan et perspectives d'une indiscipline intellectuelle*, Odile Jacob, 2014, p. 29 s.

GODET M., « La prospective, pourquoi faire », *Analyse financière* 1979, n° 39, p. 6 s.

GODET M., « Sept idées-clés », *Futuribles* nov. 1983

GODET M., « Prospective et stratégie : approches integrées », *Futuribles* nov. 1989, n° 137

GOHIN O., « Recherches en droit vs recherches sur le droit », in AGUILA Y. et *alii*, *Quelles perspectives pour la recherche juridique ?*, Puf, coll. Droit et justice, 2007, p. 280 s.

GOLDSMITH J.-C., « Esquisse d'un portrait du droit pour le prochain siècle », in *Dossier 2001*, 1980

GONOD P., *Dynamique des systèmes et méthodes prospectives*, Futuribles, coll. Travaux et recherches de prospective, 1996

GORDON T., HELMER O., « Prospective à long terme », *Futuribles* 1965, n° 38

GOUBEAUX G., « Il était une fois… la Doctrine », *RTD civ.* 2004, p. 239 s.

GOUX Ch., « La prospective est inhérente à l'homme », in DURANCE Ph., dir., *La prospective stratégique en action – Bilan et perspectives d'une indiscipline intellectuelle*, Odile Jacob, 2014, p. 23 s.

GOYARD-FABRE S., *Essai de critique phénoménologique du droit*, LGDJ, 1972

GOYARD-FABRE S., *Philosophie critique et raison juridique*, Puf, 2004

GOYARD-FABRE S., *Re-penser la pensée du droit*, Vrin, 2007

GOYARD-FABRE S., « Le droit et la société aujourd'hui », in CRDP, *Penser la justice*, CRDP Midi-Pyrénées, coll. Savoir et faire, 1998, p. 183 s.

GRARD L., *Du marché unique des transports aériens à l'espace aérien communautaire – Contribution à l'étude du droit positif et prospective juridique*, th. Université de Bordeaux 1, 1992

GRAS A., *Sociologie des ruptures – Les pièges du temps en sciences sociales*, Puf, coll. Le sociologue, 1979

GRAZ J.-Ch., *La gouvernance de la mondialisation*, 4e éd., La découverte, coll. Repères, 2013

GRAWITZ M., *Méthodes des sciences sociales*, 11e éd., Dalloz, coll. Précis, 2000

GREY Th. C., *Formalism and Pragmatism in American Law*, Brill, 2014

GROSDIDIER J., ISRAËL L., « John Dewey et l'expérience du droit – La philosophie juridique à l'épreuve du pragmatisme », *Tracés* 2014, n° 27, p. 163 s.

GRUMBACH T., « Doctrine et déontologie », *Dr. soc.* 1999, p. 323 s.

GRZEGORCZYK Ch., MICHAUT F., TROPER M., *Le positivisme juridique*, LGDJ-Story Scientia, coll. La pensée juridique, 1993

GRZEGORCZYK Ch., « Évaluation critique du paradigme systémique dans la science du droit », *Arch. phil. droit.* 1986, p. 281 s.

GUENGANT A., LE MEUR Y., *Optimiser les finances publiques locales – Analyse et prospective : schémas, méthodes, solutions pratiques*, Le Moniteur, coll. Méthodes, 2009

GUENZOUI Y., « Les querelles doctrinales », *RTD civ.* 2013, p. 47 s.

GUENZOUI Y., « Un conflit de doctrines – Doctrine universitaire versus Doctrine de la Cour de cassation », *RTD civ.* 2014, p. 275 s.

GUIGOU J.-L., *Réhabiliter l'avenir – La France malade de son manque de prospective*, L'Harmattan, coll. Prospective, 2009

GURVITCH G., *L'expérience juridique et la philosophie pluraliste du droit*, Pedone, 1935

GURVITCH G., *Le temps présent et l'idée du droit social*, Vrin, 1932

GUSY Ch., « Considérations sur le "droit politique" », *Jus Politicum* 2008, n° 1

GUTMANN D., « La fonction sociale de la doctrine », *RTD civ.* 2002, p. 455 s.

GUTMANN D., « Temps », in ALLAND D., RIALS S., dir., *Dictionnaire de la culture juridique*, Lamy-Puf, coll. Quadrige dicos poche, 2003

GUYONNET J.-F., LE CARDINAL G., dir., *Du mépris à la confiance – Quels changements de comportement pour faire face à la complexité ?*, Éditions de l'Université de technologie de Compiègne, 1991

HAACK S., « Pragmatism, Law, and Morality : The Lessons of Buck v. Bell », *European Journal of Pragmatism and American Philosophy* 2011, vol. 3, n° 2, p. 65 s.

HAACK S., « The Pluralistic Universe of Law: Towards a Neo-Classical Legal Pragmatism », *Ratio Juris* 2008, p. 453 s.

HAACK S., « On Legal Pragmatism: Where Does the "Path of Law" Lead Us? », *The American Journal of Jurisprudence* 2005, vol. 50, p. 71 s.

HABERMAS J., *De l'éthique de la discussion*, Flammarion, coll. Champs, 1999

HAGÈGE C., *Contre la pensée unique*, Odile Jacob, 2012

HAKIM N., MELLERAY F., dir., *Le renouveau de la doctrine française – Les grands auteurs de la pensée juridique au tournant du XXe siècle*, Dalloz, coll. Méthodes du droit, 2009

HALPÉRIN J.-L., *Profils des mondialisations du droit*, Dalloz, coll. Méthodes du droit, 2009

HALPÉRIN J.-L., « Jhering, L'évolution du droit », in CAYLA O., HALPÉRIN J.-L., dir., *Dictionnaire des grandes œuvres juridiques*, Dalloz, 2008, p. 298 s.

HARPER F. V., « Les forces cachées derrière et par-delà le pragmatisme juridique aux États-Unis », in *Mélanges François Gény*, 1934, p. 243 s.

HARPER F. V., « Some Implications of Juristic Pragmatism », *International Journal of Ethics* 1929, n° 39, p. 269 s.

HARVEY D., The Condition of Postmodernity, *Blackwells*, 1989

HAURIOU M., « La théorie de l'institution et de la fondation – Essai de vitalisme social », *Cahiers de la nouvelle journée* 1933, p. 91 s.

HATEM F., *La prospective – Pratiques et Méthodes*, Economica, 1993

HALÉVY M., *Prospective 2015-2025 – l'après-modernité*, Dangles, coll. Prospective, 2013

HANNOUN C., « La société par actions simplifiée – Essai de prospective juridique », in *Mélanges Alain Sayag*, Litec, 1997, p. 283 s.

HARTOG F., *Régimes d'historicité – Présentisme et expériences du temps*, Le Seuil, 2003

HECQUARD M., KRYNEN J., dir., *Regards critiques sur quelques (r)évolutions récentes du droit, t. 1 : Bilans*, Presses universitaires des sciences sociales de Toulouse, coll. Les travaux de l'IFR, 2005

HELMER O., *Looking Forward – À Guide to Futures Research*, Sage Publications, 1983

HÉRAULT B., « Retour sur l'exercice de prospective Interfuturs (1979) », *Futuribles* 2013, n° 396, p. 81 s.

HERRERA C. M., dir., *Actualité de Kelsen en France*, LGDJ, coll. La pensée juridique, 2001

HERRERA C. M., « Anti-formalisme et politique dans la doctrine juridique sous la IIIe République », *Mil neuf cent – Revue d'histoire intellectuelle* 2011, n° 29, p. 145 s.

HERTZFELD M., LENHART M., « Peirce as Catalyst in Modern Legal Science: Consequences », *Semiotics* 1982, p. 241 s.

HEURGON E., LANDRIEUX J., *Prospective pour une gouvernance démocratique*, Édition de l'Aube, 2000

HILAIRE J., SAYAG A., dir., *Quel droit des affaires pour demain ? Essai de prospective juridique*, Librairies techniques, coll. Le droit des affaires, 1984

HO DINH A. M., *Les frontières de la science du droit – Essai sur la dynamique juridique*, LGDJ, coll. Thèses, 2018

HOOK S., *Academic Freedom and Academic Anarchy*, Dell, 1969

HORKHEIMER M., *Théorie traditionnelle et théorie critique*, Gallimard, coll. Tel, 1996

HORWITZ M. J., *The Transformation of American Law, 1870-1960 – The Crisis of Legal Orthodoxy*, Oxford University Press, 1992

HORWITZ M. J., « Law and Economics: Science or Politics? », *Hofstra Law Review* 1980, p. 905 s.

HOUZÉ F., *La facture des idées reçues*, Odile Jacob, 2017

HOVENHAMP H., « Law and Economics in the United States – A Brief Historical Survey », *Cambridge Journal of Economics* 1995, n° 19, p. 331 s.

HOYT H., « The Economic Function of the Common Law », *The Journal of Political Economy* 1918, n° 26

HUBBS G., LIND D., *Pragmatism, Law and Language*, Routledge, 2014

HUNT A., *Explorations in Law and Society – Toward a Constitutive Theory of Law*, Routledge, 1993

HUSSON L., *Nouvelles études sur la pensée juridique*, Dalloz, 1974

INGERSOLL D. E., « Karl Llewellyn, American Legal Realism, and Contemporary Legal Behavioralism », *Ethics* 1966, vol. 76, n° 4, p. 253 s.

Institute for Prospective Technological Studies, European Commission, Joint Research Center, *Scenario Building, Convergences and Differences, Proceedings of Profutures Workshop*, Institute for Prospective Technological Studies (IPTS), 1995

Interfuturs, *Face aux futurs*, OCDE, 1979

JADOT B., OST F., dir., *Élaborer la loi aujourd'hui, mission impossible ?*, Publications des Facultés Universitaires Saint-Louis, coll. Travaux et recherches, 1999

JAMIN Ch., JESTAZ Ph., *La doctrine*, Dalloz, coll. Méthodes du droit, 2004

JAMIN Ch., JESTAZ Ph., « Doctrine et jurisprudence : cent ans après », *RTD civ.* 2002, p. 1 s.

JAMIN Ch., « Dix-neuf cents (crise et renouveau dans la culture juridique) », in ALLAND D., RIALS S., dir., *Dictionnaire de la culture juridique*, Lamy-Puf, coll. Quadrige dicos poche, 2003

JAMIN Ch., « Les habitudes d'enseigner », in DISSAUX N., GUENZOUI Y., dir., *Les habitudes du droit*, Dalloz, coll. Thèmes et commentaires, 2015

JAMIN Ch., « Économie et droit », in ALLAND D., RIALS S., dir., *Dictionnaire de la culture juridique*, Lamy-Puf, coll. Quadrige dicos poche, 2003

JAMIN Ch., XIFARAS M., « De la vocation des facultés de droit (françaises) de notre temps pour la science et l'enseignement », *RIEJ* 2014, p. 107 s.

JAMIN Ch., XIFARAS M., « Retour sur la "critique intellectuelle" des facultés de droit », *JCP G* 2015, p. 155 s.

JANTSCH E., *Technological Forecasting in Perspective*, OCDE, 1967

JANTSCH E., OZBEKAHN H., dir., *Vers une théorie générale de la planification – Prospective et politique*, OCDE, 1969

JEAMMAUD A., SERVERIN É., « Évaluer le droit », *D.* 1992, p. 263 s.

JEAMMAUD A., « Le droit au musée ? Les avocats du déclin », *Économie et humanisme* 1991, n° 318, p. 7 s.

JEAMMAUD A., « L'interdisciplinarité, épreuve et stimulant pour une théorie des règles juridiques », in KIRAT T., SERVERIN É., dir., *Le droit dans l'action économique*, CNRS éditions, 2000, p. 221 s.

JEAN J.-P., « L'élaboration du droit civil aujourd'hui », in COPPOLANI J.-Y., BASTIENRABNER F., dir., *Napoléon et le Code civil*, Éditions Alain Piazzola, 2009

JEANTIN M. et *alii*, *Dialogues avec Michel Jeantin – Prospectives du droit économique*, Dalloz, coll. Études, mélanges, travaux, 1999

JESTAZ Ph., « Déclin de la doctrine ? », *Droits* 1994, n° 20, p. 93 s.

JESTAZ Ph., « Une question d'épistémologie (à propos de l'affaire Perruche) », *RTD civ.* 2001, p. 547 s.

JESTAZ Ph., « Qu'est-ce qu'un résultat en droit ? », in *Mélanges Philippe Malinvaud*, LexisNexis-Litec, 2006

JESTAZ Ph., « Le beau droit », *Arch. phil. dr.* 1995, p. 14 s.

JHERING R., *La lutte pour le droit* (1872), trad. O. de Meulenaere, Dalloz, 2006

JOAS H., *Pragmatism and Social Theory*, The University of Chicago Press, 1993

JOAS H., « Pragmatisme et sciences sociales », in JOAS H. et *alii*, *L'héritage du pragmatisme – Conflits d'urbanité et épreuves de civisme*, Éditions de l'Aube, 2002, p. 17 s.

JULLIEN F., *Traité de l'efficacité*, Librairie générale française, coll. Le Livre de poche-Biblio essais, 2002

JUNGK R., *Le futur a déjà commencé*, Arthaud, 1954

KAHN H., *De l'escalade : métaphores et scénarios*, Calmann-Lévy, 1966

KAHN P. W., *The Cultural Study of Law – Reconstructing Legal Scholarship*, University of Chicago Press, 1999

KAHN Ph., dir., *L'exploitation commerciale de l'espace : droit positif, droit prospectif*, LexisNexis, 1992

KAKU M., *Visions, comment la science va révolutionner le XXIe siècle*, Albin Michel, 1999

KALINOWSKI G., « Une théorie de la dogmatique juridique », *Arch. phil. droit* 1970, p. 407 s.

KALUSZYNSKI M., « Le Mouvement Critique du droit ou quand le droit retrouve la politique », *Droit et Société* 2010

KARSENTI B., QUÉRÉ L., dir., *La croyance et l'enquête – Aux sources du pragmatisme*, Éditions de l'École des hautes études en sciences sociales, coll. Raisons pratiques, 2004

KATSH E., *Law in a Digital World*, Oxford University Press, 1995

KELSEN H., « The International Law of the Future », *Proceedings of the Institute of World Affairs* 1946, p. 190 s.

KENNEDY D., *A Critique of Adjudication*, Harvard University Press, 1997

KENNEDY D., « A Semiotics of Critique », *Cardozo Law Review* 2001

KENNEDY D., « Three Globalizations of Law and Legal Thought: 1850-2000 », in TRUBEK D., SANTOS A., dir., *The New Law and Economic Development – A Critical Appraisal*, Cambridge University Press, 2006, p. 19 s.

KENNEDY W. B., « Pragmatism as a Philosophy of Law », *Marquette Law Review* 1925, n° 9

KEOWN R., « Mathematical Models for Legal Prediction », *Computer LJ* 1980, p. 829 s.

KESSEDJIAN C., LOQUIN É., dir., *La mondialisation du droit*, Litec, coll. Les travaux du CREDIMI, 2000

KEVELSON R., *Peirce and Law – Issues in Pragmatism, Legal Realism and Semiotics*, Peter Lang Publishing, 1991

KIRAT Th., « Le pragmatisme, l'économie et l'intelligence des règles juridiques : leçons de la méthode institutionnaliste de J. R. Commons », *RIEJ* 2001, n° 47

KLEINHANS M.-M., MACDONALD R. A., « What is a Critical Legal Pluralism », *Revue Canadienne Droit et Société* 1997, n° 12, p. 25 s.

KORT F., « Predicting Supreme Court Decisions Mathematically – A Quantitative Analysis of the "Right to Counsel" Cases », *American Political Science Review* 1957, n° 51, p. 1 s.

KOSSELECK R., *Le futur passé*, EHESS, 1990

KUHN Th. S., *La structure des révolutions scientifiques* (1970), Flammarion, 1991

LACOUR S., *La sécurité de l'individu numérisé – Réflexions prospectives et internationales*, L'Harmattan, coll. Master études juridiques, 2008

LACROIX B., « Transformations du champ juridique et crise dans les représentations savantes du droit », in ROUSSEAU D., dir., *Le droit dérobé*, Montchrestien, coll. Grands colloques, 2007, p. 27 s.

LADRIÈRE P., PHARO P., QUÉRÉ L., dir., *La théorie de l'action*, Éditions du CNRS, 1993

LAGARDE P., « Approche critique de la lex mercatoria », in *Mélanges Berthold Goldman*, Litec, 1982, p. 125 s.

LAJOIE A., MACDONALD R. A., JANDA R., ROCHER G., dir., *Théories et émergence du droit : pluralisme, surdétermination et effectivité*, Bruylant-Thémis, 1998

LANNEAU R., « L'interdisciplinarité comme questionnement – Penser et dépasser les limites des approches juridiques traditionnelles », *RRJ* 2014, p. 557 s.

LASCOUMES P., ZANDER H., *Marx – Du « vol de bois » à la critique du droit*, Puf, 1984

LASSERRE V., *Le nouvel ordre juridique – Le droit de la gouvernance*, LexisNexis, 2015

LATOUR B., « Il ne faut plus qu'une science soit ouverte ou fermée », *Rue Descartes – Revue du Collège international de philosophie* 2003, n° 41, p. 65 s.

LAUNAY S., « La théorie réaliste est-elle morte pour cause de "mondialisation" ? », in DEMUIJNCK G., VERCAUTEREN P., dir, *L'État face à la globalisation économique – Quelles formes de gouvernance ?*, Sandre, 2009, p. 53 s.

LAVERGNE C., MONDÉMÉ Th., « Pragmatismes : vers une politique de l'action située », *Tracés* 2008, n° 15, p. 5 s.

LAWLOR R. C., « What Computers Can Do : Analysis and Prediction of Judicial Decisions », *American Bar Association Journal* 1963, p. 337 s.

LAZEGA E., « Quatre siècles et demi de New (New) Law & Economics : du pragmatisme juridique dans le régime consulaire de contrôle social des marchés », *Revue française de socio-économie* 2009, p. 3 s.

LEBEN Ch., « Une nouvelle controverse sur le positivisme en droit international public », *Droits* 1987, n° 5, p. 123 s.

LE BRIS S., LUTHER L., « De l'autorégulation à l'investiture étatique : éléments de réflexion pour une réforme », in FEUILLET-LE MINTIER B., dir., *De l'éthique au droit en passant par la régulation professionnelle*, Dalloz, 1999, p. 35 s.

Le Courrier du CNRS 1990, n° 75, « Les sciences du droit – Les terrains nouveaux de la recherche juridique »

LE FUR A.-V., *Le cadre juridique du crowdfunding – Analyses prospectives*, Société de législation comparée, 2015

LEGAC-PECH S., « Principe généraux du droit et droit prospectif », *LPA* 24 juin 2011, n° 125, p. 4

LEGENDRE P., *Sur la question dogmatique en occident*, Fayard, 1999

LEGUÉRINEL L., *Enjeux et limites des théories contemporaines de l'action – De la praxéologie à la pragmatique*, L'Harmattan, 2009

LE MOIGNE J.-L., *Le constructivisme – t. II : Épistémologie de l'interdisciplinarité*, L'Harmattan, 2003

LE MOIGNE J.-L., MORIN E., *L'intelligence de la complexité*, L'Harmattan, 1999

LEMPERT R. J., POPPER S., BANKES S. C., *Shaping the Next One Hundred Years: New Methods for Quantitative, Long-Term Policy Analysis*, Rand Corporation, 2003

LENOBLE J., MAESSCHALCK M., « L'action des normes – Éléments pour une théorie de la gouvernance », *La revue de droit* 2009

LEPETIT B., dir., *Les formes de l'expérience*, Albin Michel, 1995

LE POURHIET A.-M., « Un PFRLR contre le mariage gay ? Réponse à Alexandre Viala », *RDLF* 2013, n° 5

LEQUETTE Y., « Compte-rendu du compte-rendu de "L'avenir du droit" », *Rev. crit. DIP* 1999, p. 911 s.

LE ROY É., *Le jeu des lois – Une anthropologie « dynamique » du droit*, LGDJ, coll. Droit et société, 1999

LE ROY E., « L'hypothèse du multijuridisme dans un contexte de sortie de modernité », in LAJOIE A., MACDONALD R. A., JANDA R., ROCHER G., dir., *Théories et émergence du droit : pluralisme, surdétermination et effectivité*, Bruylant-Thémis, 1998, p. 29 s.

LESOURNE J., « De la réflexion à l'action », *Futuribles* déc. 1983

LESOURNE J., *L'Europe à l'heure de son crépuscule – Essai de prospective*, Odile Jacob, 2014

LESOURNE J., *Les mille sentiers de l'avenir*, Seghers, 1981

LESOURNE J., *Les temps de la prospective*, Odile Jacob, 1990

LESOURNE J., *Les Systèmes du destin*, Dalloz, 1976

LESOURNE J., *Démocratie, marché, gouvernance : quels avenirs ?*, Odile Jacob, 2004

LESOURNE J., *Ces avenirs qui n'ont pas eu lieu*, Odile Jacob, 2003

LESOURNE J., STOFFAËS Ch., dir., *La prospective stratégique d'entreprise – Concepts et études de cas*, Inter-Éditions, 1996

LESOURNE J., « Le chemin d'un ingénieur vers la prospective », in DURANCE Ph., dir., *La prospective stratégique en action – Bilan et perspectives d'une indiscipline intellectuelle*, Odile Jacob, 2014, p. 17 s.

LÉVY C., *Les scepticismes*, Puf, coll. Que sais-je ?, 2008

LEWIS E., SLITINE R., *Le coup d'État citoyen, ces initiatives qui réinventent la démocratie*, La découverte, 2016

LHUILIER G., *Le droit transnational*, Dalloz, coll. Méthodes du droit, 2016

LIBCHABER R., *L'ordre juridique et le discours du droit – Essai sur les limites de la connaissance du droit*, LGDJ, 2013

LIBCHABER R., « Réflexions sur le "désordre juridique français" », in *Mélanges André Decocq*, Litec, 2004, p. 405 s.

LIBCHABER R., « Une transformation des missions de la doctrine », *RTD civ.* 2002, p. 608 s.

LINSTONE H. A., MURRAY T., *The Delphi Method – Techniques and applications*, New Jersey Institute of Technology, 2002

LIPPITT R., WATSON J., WESTLEY B., dir., *The Dynamics of planned change – A comparative study of principles and techniques*, Harcourt, 1958

LIPSON L., WHEELER S., dir., *Law and the Social Sciences*, Russell Sage Foundation, 1986

LIVET P., « Temps de la loi, rythme des révisions et théorie des jeux », in GÉRARD P., OST F., VAN DE KERCHOVE M., *L'accélération du temps juridique*, Publications des Facultés universitaires Saint-Louis, 2000, p. 93 s.

LLEWELLYN K. N., « The Effects of Legal Institutions upon Economics », *American Economic Review* 1925, p. 665 s.

LOCHAK D., « La doctrine sous Vichy ou les mésaventures du positivisme », in CURAPP, *Les usages sociaux du droit*, Puf, 1989, p. 253 s.

LYOTARD J. F., *La condition postmoderne*, Minuit, 1979

MACKAAY E., « La règle juridique observée par le prisme de l'économiste – Une histoire stylisée du mouvement de l'analyse économique du droit », *RIDE* 1986, p. 43 s.

MAC LUHAN M., *Pour comprendre les médias*, Le Seuil, 1968

MADER L., « La législation, objet d'une science en devenir », in MADER L. et *alii*, *La science de la législation*, Puf, 1988, p. 13 s.

MAFFESOLI M., PERRIER B., *L'homme postmoderne*, François Bourin, coll. Société, 2012

MAGNON X., « En quoi le positivisme — normativisme — est-il diabolique ? », *RTD civ.* 2009, p. 269 s.

MAÏA J., « L'"efficacité du droit" et les nouvelles technologies », *Arch. phil. droit* 2011, p. 7 s.

MAISSANI P., WIENER F., « Réflexions autour de la conception postmoderne du droit », *Dr. et Société* 1994, p. 443 s.

MAITRE G., *La responsabilité civile à l'épreuve de l'analyse économique du droit*, LGDJ, coll. Droit et économie, 2005

MALAURIE Ph., « La pensée juridique du droit au XXe siècle », *JCP G* 2001, n° 283

MALAURIE Ph., « Le mariage homosexuel et l'union civile », *JCP G* 2012, n° 1096

MALINVAUD E., « Pourquoi les économistes ne font pas de découvertes ? », *Revue d'économie politique* 1996, n° 106

MALLOY R. P., *Law and Market Economy – Reinterpreting the Values of Law and Economics*, Cambridge University Press, 2000

MANDERSON D., *Songs without Music – Aesthetic Dimensions of Law and Justice*, University of California Press, 2000

MARTENS P., *Théories du droit et pensée juridique contemporaine*, Larcier, coll. Faculté de droit de l'Université de Liège, 2003

MARTINO J. P., *Technological Forecasting for Decision Making*, McGraw Hill, 1993

MASINI E., *Why Futures Studies?*, Grey Seal, 1993

MASSÉ P., *Le Plan ou l'anti-hasard*, Gallimard, 1965

MASSÉ P. et *alii*, *Les étapes de la prospective*, Puf, 1967

MEDUCIN D.-Y., « Avant-propos », *Revue de droit prospectif* 1976, n° 1, p. 1

MAZEAUD D., « La réforme du droit français des contrats : trois projets en concurrence », in *Mélanges Christian Larroumet*, Economica, 2010, p. 329 s.

MENDEL G., *Pourquoi la démocratie est en panne – Construire la démocratie participative*, La découverte, coll. Cahiers libres, 2003

MENDENHALL A., WENDELL HOLMES O., *Pragmatism, and the Jurisprudence of Agon – Aesthetic Dissent and the Common Law*, Bucknell University Press, 2016

MERCURO N., MEDEMA S. G., *Economics and the Law – From Posner to PostModernism*, Princeton University Press, 1997

MIAILLE M., *Une introduction critique au droit*, Maspero, 1982

MICHAUT F., « États-Unis (grands courants de la pensée juridique américaine contemporaine) », in ALLAND D., RIALS S., dir., *Dictionnaire de la culture juridique*, Lamy-Puf, coll. Quadrige dicos poche, 2003

MICHAUT F., « Vers une conception postmoderne du droit – La notion de droit chez Ronald Dworkin », *Droits* 1990, n° 11, p. 107 s.

MICHEL P., « La recherche juridique au CNRS – État des lieux et perspectives », in AGUILA Y. et *alii*, *Quelles perspectives pour la recherche juridique ?*, Puf, coll. Droit et justice, 2007, p. 52 s.

MILANI C., « La complexité dans l'analyse du système-monde : l'environnement et les régulations mondiales », *Dr. et société* 2000, p. 425 s.

MILL J. S., *De la liberté de pensée et de discussion*, 1860

MILLARD É., « Rendre compte du droit dans un contexte de globalisation », in CHÉROT J.-Y., FRYDMAN B., dir., *La science du droit dans la globalisation*, Bruylant, coll. Penser le droit, 2012, p. 49 s.

MILLARD É., « L'analyse économique du droit : un regard empiriste critique », *RRJ* 2008, p. 2523 s.

MILLER R., « Anticipation : la discipline de l'incertitude », in DURANCE Ph., dir., *La prospective stratégique en action – Bilan et perspectives d'une indiscipline intellectuelle*, Odile Jacob, 2014, p. 363 s.

MINCKE Ch., « Effets, effectivité, efficience et efficacité du droit : le pôle réaliste de la validité », *RIEJ* 1998, n° 40

MINOIS G., *Histoire de l'avenir – Des prophètes à la prospective*, Fayard, 1996

MITCHEL DE S.-O., « La MacDonald-isation du discours judiciaire français », *Arch. phil. droit* 2001, p. 137 s.

MOLFESSIS N., « Les prédictions doctrinales », in *Mélanges François Terré*, Dalloz-Puf-Jurisclasseur, 1999, p. 141 s.

MOLFESSIS N., « La controverse doctrinale et l'exigence de transparence de la doctrine », *RTD civ.* 2003, p. 161 s.

MONTAGUE W. P., « The True, the Good and the Beautiful from a Pragmatic Standpoint », *The Journal of Philosophy* 1909, t. 6, n° 9, p. 233 s.

MORET-BAILLY J., « Esquisse d'une théorie pragmatiste du droit », *Droits* 2013, n° 55, p. 177 s.

MOOR P., *Pour une théorie micropolitique du droit*, Puf, coll. Les voies du droit, 2005

MORALES A., dir., *Renascent Pragmatism – Studies in Law and Social Science*, Ashgate, 2003

MORAND Ch.-A., dir., *L'État propulsif – Contribution à l'étude des instruments d'action de l'État*, Publisud, 1991

MORAND Ch.-A., dir., *Le droit saisi par la mondialisation*, Bruylant, coll. Droit international, 2001

MORAND Ch.-A., « Le droit saisi par la mondialisation : définitions, enjeux et transformations », in MORAND Ch.-A., dir., *Le droit saisi par la mondialisation*, Bruylant, coll. Droit international, 2001, p. 81 s.

MORAND Ch.-A., « Régulation, complexité et pluralisme juridiques », in *Mélanges Paul Amselek*, Bruylant, 2005, p. 615 s.

MORAND Ch.-A., « Pesée d'intérêts et décisions complexes », in MORAND Ch.-A., dir., *La pesée globale des intérêts – Droit de l'environnement et de l'aménagement du territoire*, Helbing et Lichtenhahn, 1996, p. 41 s.

MORET-BAILLY J., « Analyse pragmatiste des rapports entre systèmes : droit de l'Union européenne et Constitution française », in BONNET B., dir., *Traité des rapports entre ordres juridiques – Bilan, enjeux, perspectives*, LGDJ, 2016, p. 1081 s.

MORET-BAILLY J., « Esquisse d'une théorie pragmatiste du droit », *Droits* 2013, n° 55, p. 177 s.

MORIN E., *La Méthode – La nature de la nature*, Le Seuil, 1977

MORIN G., « Le rôle de la doctrine dans l'élaboration du droit positif », *Arch. phil. droit* 1934, p. 63 s.

MOULY C., « Crise des introductions au droit », *Droits* 1986, n° 4, p. 99 s.

MUIR WATT H., « Les forces de résistance à l'analyse économique du droit dans le droit civil », in DEFFAINS B., dir., *L'analyse économique du droit dans les pays de droit civil*, Cujas, 2002, p. 37 s.

MUSSO P., PONTHOU L., SEUILLET E., Fabriquer le futur – *L'imaginaire au service de l'innovation*, 2e éd., Village Mondial, 2007

NADER L., *The Life of the Law – Anthropological Projects*, University of California Press, 2002

NADER L., *Law in Culture and Society*, University of California Press, 1997

NAGEL S. S., « Applying Correlation Analysis to Case Prediction », *Texas Law Review* 1964, p. 1006 s.

NICOLESCU B., *La transdisciplinarité*, Éditions du rocher, 1996

NYE J., *The Future of Power*, Public Affairs, 2011

OGUS A. I., « Law and Spontaneous Order: Hayek's Contribution to Legal Theory », *Journal of Law and Society* 1989, p. 393 s.

OLIVIER M., *Peirce : la pensée et le réel*, Hermann, 2013

OLSEN H. P., TODDINGTON S., « Idealism for Pragmatists », *Arch. phil. droit* 1999, p. 510 s.

OPPETIT B., « L'hypothèse du déclin du droit », *Droits* 1986, n° 4, p. 9 s.

Ordre des avocats de Paris, *Avocat – L'avenir d'une profession – Livre blanc de la commission prospective*, Descartes et Cie, 2006

OST F., *Le temps du droit*, Odile Jacob, 1999

OST F., « Mondialisation, globalisation, universalisation : s'arracher encore et toujours à l'état de nature », in MORAND Ch.-A., dir., *Le droit saisi par la mondialisation*, Bruylant, 2001, p. 5 s.

OST F., « Jupiter, Hercule ou Hermès : quel modèle pour un droit postmoderne ? », *Journal des Procès* 1990, n° 179-180

OST F., « Pour une théorie ludique du droit », *Dr. et société* 1992, p. 93 s.

OST F., « La régulation : des horloges et des nuages… », in JADOT B., OST F., dir., *Élaborer la loi aujourd'hui, mission impossible ?*, Publications des Facultés universitaires de Saint-Louis, coll. Travaux et recherches, 1999, p. 11 s.

OST F., « L'accélération du temps juridique », in GÉRARD P., OST F., VAN DE KERCHOVE M., dir., *L'accélération du temps juridique*, Publication des Facultés universitaires Saint-Louis, 2000, p. 7 s.

OST F., « Penser par cas : la littérature comme laboratoire expérimental de la démarche juridique », *RIEJ* 2014, n° 73, p. 99 s.

OST F., « Le rôle du droit : de la vérité révélée à la réalité négociée », in BELLOUBET-FIER N., CLAISSE A., TIMSIT G., dir., *Les administrations qui changent : innovations techniques ou nouvelles logiques ?*, Puf, 1996, p. 73 s.

OST F., « Entre ordre et désordre : le jeu du droit – Discussion du paradigme autopoiétique appliqué au droit », *Arch. phil. droit* 1986, p. 133 s.

OST F., VAN DE KERCHOVE M., *De la pyramide au réseau ? Pour une théorie dialectique du droit*, Publications des Facultés universitaires Saint-Louis, 2002

OST F., VAN DE KERCHOVE M., *Le droit ou les paradoxes du jeu*, Puf, 1992

OST F., VAN DE KERCHOVE M., *Le système juridique entre ordre et désordre*, Puf, 1988

OST F., VAN DE KERCHOVE M., « De la scène au balcon – D'où vient la science du droit ? », in CHAZEL F., COMMAILLE J., dir., *Normes juridiques et régulation sociale*, LGDJ, coll. Droit et société, 1991, p. 67 s.

OST F., VAN DE KERCHOVE M., « De la "bipolarité des erreurs" ou de quelques paradigmes de la science du droit », *Arch. phil. droit* 1988, p. 199 s.

OST F., VAN DE KERCHOVE M., « Présentation – Droit et jeu », *Dr. et société* 1991, p. 5 s.

OST F., VAN DE KERCHOVE M., « Le jeu : un paradigme fécond pour la théorie du droit ? », *Dr. et société* 1991, p. 173 s.

OST F., VAN DE KERCHOVE M., « Pluralisme temporel et changement », in *Mélanges François Rigaux*, Bruylant, 1993, p. 387 s.

OST F., VAN DE KERCHOVE M., « De la pyramide au réseau ? Vers un nouveau mode de production du droit ? », *RIEJ* 2000, n° 44, p. 1 s.

PAPAUX A., *Introduction à la philosophie du « droit en situation »*, LGDJ-Bruylant, coll. Quid iuris ?, 2006

PAPAUX A., « De quelle scientificité parle-t-on en droit ? », in FLÜCKIGER A., TANQUEREL Th., dir., *L'évaluation de la recherche en droit – Enjeux et méthodes*, Bruylant, coll. Penser le droit, 2015, p. 59 s.

PAPON P., *Bref récit du futur : Prospective 2050, science et société*, Albin Michel, coll. Bibliothèque Sciences, 2007

PARIENTE-BUTTERLIN I., *Le droit, la norme et le réel*, Puf, coll. Quadrige manuels philosophie, 2005

PECH L., « Le droit à l'épreuve de la gouvernance », in CANET R., DUCHASTEL J., dir., *La régulation néolibérale – Crise ou ajustement ?*, Athéna éditions, 2005

PERELMAN J., « Penser la pratique, théoriser le droit en action : des cliniques juridiques et des nouvelles frontières épistémologiques du droit », *RIEJ* 2014, n° 73, p. 133 s.

PETEV V., « Réflexion sur la postmodernité et les limites du législateur », in MORAND Ch.-A., dir., *Légistique formelle et matérielle*, PUAM, 1999, p. 299 s.

PETITGIRARD L., « Les lectures scientifiques du changement et de l'incertitude : une perspective historique », in DURANCE Ph., dir., *La prospective stratégique en action – Bilan et perspectives d'une indiscipline intellectuelle*, Odile Jacob, 2014, p. 69 s.

PETRUKHIN I. L., « La norme de droit optimale et son application efficace », in Association de sociologie franco-soviétique, *La création du droit – Aspects sociaux*, Éditions du CNRS, coll. Travaux de l'institut de recherches juridiques comparatives, 1981, p. 279 s.

PFERSMANN O., « Monisme revisité contre juriglobisme incohérent », in CHÉROT J.-Y., FRYDMAN B., dir., *La science du droit dans la globalisation*, Bruylant, coll. Penser le droit, 2012, p. 63 s.

PFERSMANN O., « Contre le néo-libéralisme juridique, pour un débat sur l'interprétation », [en ligne] <giuri.unige.it>, 2010

PFISTER L., « La réforme et le droit », in ALLAND D., RIALS S., dir., *Dictionnaire de la culture juridique*, Lamy-Puf, coll. Quadrige dicos poche, 2003

PICHONNAZ P., « La concrétisation des changements sociaux dans le droit : éléments de réflexions », *RIEJ* 2013, n° 70, p. 130 s.

PIERET J., « Droit, contexte et changement social dans la théorie des systèmes sociaux », *RIEJ* 2013, n° 70, p. 139 s.

PIGNARRE G., « L'effet pervers des lois », *RRJ* 1994, p. 1108 s.

PIMENTEL C.-M., « Reconnaissance et désaveu : contribution à une théorie du droit politique », *Jus Politicum* 2008, n° 1

PITKIN W. B., « The Relation between the Act and the Object of Belief », *The Journal of Philosophy* 1906, t. 3, n° 19

POIRIÉ G., *La crise des fondements*, Institut stratégique comparé, 1994

PONTHOREAU M.-C., « Trois interprétations de la globalisation juridique – Approche critique des mutations du droit public », *AJDA* 2006, p. 20 s.

POPELIER P., « Le droit constitutionnel en contexte », *RIEJ* 2013, n° 70, p. 149 s.

POPIOLEK N., *Prospective technologique – Un guide axé sur des cas concrets*, EDP Sciences, coll. Profil, 2015

POPPER K., *La logique de la découverte scientifique*, trad. N. Thyssen-Rutten, P. Devaux, Payot, 1973

POSNER E., *The Perils of Global Legalism*, University of Chicago Press, 2009

POSNER E., *Law and Social Norms*, Cambridge University Press, 2000

POSNER R., *Law, Pragmatism and Democracy*, Harvard University Press, 2003

POSNER R., *Economic Analysis of Law*, 6e éd., Aspen Publishers, 2003

POSNER R., *Overcoming Law*, Harvard University Press, 1995

POSNER R., « The New Institutional Economics Meets Law and Economics », *Journal of Institutional and Theoretical Economics* 1993, vol. 149, p. 73 s.

POSNER R., « The Law and Economics Movement », *American Economic Review* 1987, vol. 77, p. 1 s.

POSNER R., « Legal Formalism, Legal Realism, and the Interpretation of Statutes and the Constitution », *Case Western Reserve Law Review* 1986, n° 37, p. 179 s.

POSNER R., « Wealth Maximization Revisited », *Notre Dame Journal of Law* 1985, p. 85 s.

POSNER R., « Utilitarism, Economics, and Social Theory », in *The Economics of Justice*, Harvard University Press, 1981

POUND R., « Law in Books and Law in Action », American Law Review 1910, vol. 44, p. 12 s.

PRIGOGINE I., *La fin des certitudes*, Odile Jacob, coll. Sciences, 1996

PUTNAM H., *Fait-valeur, la fin d'un dogme – Et autres essais*, Éditions de l'Éclat, coll. Tiré à part, 2004

QUINTANE G., « La procéduralisation du droit public, promesses ou menace ? », in PIGACHE C., dir., *Les évolutions du droit – Contractualisation et procéduralisation*, Publications de l'Université de Rouen, 2004, p. 167 s.

RACINE J.-B., STRICKLER Y., dir., *L'arbitrage – Questions contemporaines*, L'Harmattan, 2012

RADBRUCH G., « L'abrutissement des consciences », in GRZEGORCZYK Ch., MICHAUT F., TROPER M., *Le positivisme juridique*, LGDJ-Story Scientia, coll. La pensée juridique, 1993, p. 505 s.

RAPOPORT C., « L'élaboration de la nouvelle directive "détachement" : le pragmatisme juridique au service d'une ambition sociale ? », *Revue de l'Union européenne* 2016, p. 75 s.

RAUCENT L., *Pour une théorie critique du droit*, Duculot, 1975

RENAUT A., « L'idée contemporaine du droit », *Droits* 1989, n° 10, p. 73 s.

RESTREPO-AMARILES D., « Legal Indicators, Global Law and Legal Pluralism – An Introduction », *Journal of Legal Pluralism and Unofficial Law* 2015

RESWEBER J.-P., *La méthode interdisciplinaire*, Puf, 1980

Revue d'histoire des sciences humaines 2001, « La science juridique entre politique et sciences humaines »

RIEJ 2014, n° 72, « Enseigner le droit demain »

RIEJ 2013, n° 70, « Le droit en contexte »

RIFKIN J., *L'âge de l'accès*, La découverte, 2000

RIGAUX F., *Ordonnancements juridiques et conversion numérique*, Larcier, coll. Petites fugues, 2014

RINGELHEIM J., « Droit, contexte et changement social », *RIEJ* 2013, n° 70, p. 157 s.

RINGLAND G., *Scenarios in Business et Scenarios in Public Policy*, John Wiley & Sons, 2002

RIPERT G., *Le déclin du droit – Études sur la législation contemporaine* (1949), LGDJ, 1998

RIVERO J., « Apologie pour les "faiseurs de système" », *D.* 1951, p. 99 s.

ROJEY A., *La prospective créative – Pour bâtir une vision d'avenir qui oriente l'action*, Vitrac, coll. Management, 2014

ROME F., « La doctrine aboie, la Cour de cassation passe… », *D.* 2011, p. 1273 s.

RORTY R., *L'espoir au lieu du savoir – Introduction au pragmatisme*, Albin Michel, coll. Bibliothèque du Collège international de philosophie, 1995

RORTY R., « What has Pragmatism to Offer Law? », in BRINT M., WEAVER W., dir., *Pragmatism in Law and Society*, Westview Press, 1991, p. 36 s.

ROSENBERG G. D., *The Hollow Hope: Can Courts Bring About Social Change?*, The University of Chicago Press, 1991

ROSS A., « La validité dépend de l'efficacité », in GRZEGORCZYK Ch., MICHAUT F., TROPER M., *Le positivisme juridique*, LGDJ-Story Scientia, coll. La pensée juridique, 1993, p. 323 s.

ROTTLEUTHNER H., « Le concept sociologique de droit », *RIEJ* 1992, n° 29, p. 67 s.

ROUSSEAU D., dir., *Le Droit dérobé*, Montchrestien, coll. Grands colloques, 2007

ROUVIÈRE F., « Qu'est-ce qu'une recherche juridique ? », in FLÜCKIGER A., TANQUEREL Th., dir., *L'évaluation de la recherche en droit – Enjeux et méthodes*, Bruylant, coll. Penser le droit, 2015, p. 117 s.

ROUVIÈRE F., « La globalisation du droit : une idée théoriquement inutile », in CHÉROT J.-Y., FRYDMAN B., dir., *La science du droit dans la globalisation*, Bruylant, coll. Penser le droit, 2012, p. 115 s.

ROUX J., « Le "mariage pour tous" et la Constitution : La méthode et le fond (Réponse à Alexandre Viala) », *RDLF* 2013, n° 6

ROY B., *Méthodologie multicritère d'aide à la décision*, Economica, 1985

ROZIER E., *Le pragmatisme et sa méthode – Interdisciplinarité et observation en philosophie*, L'Harmattan, coll. La librairie des humanités, 2011

RUBINLICHT-PROUX A., « Penser le droit : la fabrique romanesque », *Dr. et société* 2001, p. 495 s.

SADIN É., *La vie algorithmique : Critique de la raison numérique*, L'Échappée, 2015

SALAS D., « Le droit entre mondialisation et universalisme », *Revue des deux mondes* 2000

SAMPFORD C., *The Disorder of Law*, Basil Blackwell, 1989

SANTAYANA G., « The Efficacy of Thought », *The Journal of Philosophy* 1906, n° 15

SANTOS A., TRUBEK D., dir., *The New Law and Economic Development – A Critical Appraisal*, Cambridge University Press, 2006

SAULIER M., *Le droit commun des couples – Essai critique et prospectif*, IRJS Editions, coll. Bibliothèque de l'Institut de recherche juridique de la Sorbonne-André Tunc 2017

SAVATIER R., *Les métamorphoses économiques et sociales du droit civil d'aujourd'hui – L'universalisme renouvelé des disciplines juridiques*, Dalloz, 1959

SAVATIER R., « Les creux du droit positif au rythme des métamorphoses d'une civilisation », in PERELMAN Ch., dir., *Le problème des lacunes en droit*, Bruylant, 1968, p. 533 s.

SAINT PAUL R., TENIERE-BUCHOT P. F., *Innovation et évaluation technologiques : sélection des projets, méthodes de prévision*, Entreprise Moderne d'Édition, 1974

SCHWARTZ P., *The Art of the Long View*, Doubleday Currency, 1991

SCHWEIGUTH É., « La montée des valeurs individualistes », *Futuribles* 1995, n° 200, p. 131 s.

SEGAL J. A., « Predicting Supreme Court Cases Probabilistically – The Search and Seizure Cases », *American Political Science Review* 1984, p. 891 s.

Séminaire interdisciplinaire d'études juridiques, « De futurs juristes libres et responsables ! Manifeste pour la formation en droit », *RIEJ* 2016, n° 76, p. 169 s.

SERVERIN É., « Points de vue sur le droit et processus de production des connaissances », *RIEJ* 2007, n° 59, p. 73 s.

SERVERIN É., « Quels faits sociaux pour une science empirique du droit ? », *Dr. et société* 2002, p. 59 s.

SEUBE J.-B., « Les clauses "religion compatible" en droit des contrats : aspects de droit positif et de droit prospectif », *LPA* 31 mars 2017, n° 65, p. 53 s.

SÈVE R., « Droit et économie : quatre paradigmes », *Arch. phil. droit* 1992, p. 63 s.

SFEZ L., *L'administration prospective*, Armand Colin, 1970

SFEZ L., « Prospective », in ALLAND D., RIALS S., dir., *Dictionnaire de la culture juridique*, Lamy-Puf, coll. Quadrige dicos poche, 2003, p. 1265 s.

SIM S., dir., *The Routledge Critical Dictionnary of Postmodern Thought*, Routledge, 1999

SLAUGHTER R. A., dir., *The Knowledge Base of Futures Studies*, Future Study Centre, 1996

SMITH C., *Postmodern Winemaking – Rethinking the Modern Science of an Ancient Craft*, University of California Press, 2013

SMITH S. D., « The Pursuit of Pragmatism », *Yale Law Journal* 1990, p. 409 s.

Société d'études et de documentation économiques, industrielles et sociales, *La prospective*, Futuribles, 1972

SOLINIS G., dir., *Construire des gouvernances : entre citoyens, décideurs et scientifiques*, Peter Lang, 2005

SORMAN G., dir., *Les vrais penseurs de notre temps*, Fayard, 1989

SOUCHE S., « De l'évolution pragmatique du droit face aux réalités économiques – La concurrence des droits sur le domaine public », *Politiques et management public* 2006, n° 24, p. 99 s.

STIEGLER B., *La Technique et le Temps*, Galilée, 1996

STROBEL P., « Déficit structurel de la recherche juridique », in AGUILA Y. et *alii*, *Quelles perspectives pour la recherche juridique ?*, Puf, coll. Droit et justice, 2007, p. 61 s.

STROWEL A., « Utilitarisme et approche économique dans la théorie du droit – Autour de Bentham et de Posner », *Arch. phil. droit* 1992, p. 143 s.

SUEUR J.-J., « La “main invisible” ou le droit économique – Retour sur Adam Smith et certaines de ses institutions », *RIDE* 2013, p. 491 s.

SUMMERS R., *Instrumentalism and American Legal Theory*, Cornell University Press, 1982

SUPIOT A., *Homo Juridicus – Essai sur la fonction anthropologique du droit*, Le Seuil, coll. La couleur des idées, 2005

SUPIOT A., « Grandeur et petitesse des professeurs de droit », *Les Cahiers du droit* 2001, p. 595 s.

SUPIOT A., « Ontologie et déontologie de la doctrine », *D.* 2013, p. 1421 s.

SYNTEZ C., *Le constructivisme juridique – Essai sur l'épistémologie des juristes*, Mare et Martin, coll. Libre droit, 2014

TAGUIEFF P.-A., *L'effacement de l'avenir*, Galilée, 2000

TALEB N. N., *Le Cygne noir, la puissance de l'imprévisible*, Les Belles Lettres, 2008.

TAMANAHA B. Z., *Beyond the Formalist-Realist Divide – The Role of Politics in Judging*, Princeton University Press, 2009

TAMANAHA B. Z., *Realistic Socio-Legal Theory – Pragmatism and a Social Theory of Law*, Clarendon Press, 2000

TAMANAHA B. Z., « Pragmatism in U.S. Legal Theory: Its Application to Normative Jurisprudence, Sociolegal Studies, and the Fact-Value Distinction », *American Journal of Jurisprudence* 1996, p. 315 s.

TAMANAHA B. Z., « An Analytical Map of Social Scientific Approaches to the Concept of Law », *Oxford Journal of Legal Studies* 1995, p. 501 s.

TAYLOR Ch., *Grandeur et misère de la modernité*, trad. Ch. Melançon, Bellarmin, 1992

TAYLOR Ch., « Critique de la post-modernité », *Société* 1998, n° 18-19

Technological Forecasting and Social Change 2010, « La prospective stratégique », vol. 77

TERRÉ F., « La doctrine de la doctrine », in *Mélanges Philippe Simler*, Dalloz-Litec, 2006, p. 59 s.

TERRÉ F., « La recherche en droit », in AGUILA Y. et *alii*, *Quelles perspectives pour la recherche juridique ?*, Puf, coll. Droit et justice, 2007, p. 132 s.

TERRÉ F., « À propos de la doctrine de la doctrine de la doctrine », *Rev. droit d'Assas* févr. 2011, p. 38 s.

TERRÉ F., « La crise de la loi », *Arch. phil. droit* 1980, p. 17 s.

TERRÉ F., « Esprit juridique et esprit de système », *Arch. phil. droit* 2003, p. 357 s.

TEUBNER G., « After Legal Instrumentalism? Strategy Models of Post-Regulatory Law », in TEUBNER G., dir., *Dilemmas of Law in the Welfare State*, Walter de Gruyter, 1986, p. 299 s.

TEUBNER G., « Altera pars audiatur : le droit dans la collision des discours », *Dr. et société* 1997, p. 105 s.

THÉVENOT L., « Pragmatiques de la connaissance », in BORZEIX A., BOUVIER A., PHARO P., dir., *Sociologie et connaissance – Nouvelles approches cognitives*, Éditions du CNRS, coll. CNRS sociologie, 1998, p. 101 s.

THIBIERGE C., « Le droit souple – Réflexion sur les textures du droit », *RTD civ.* 2003, p. 599 s.

THIREAU J.-L., « Le jurisconsulte », *Droits* 1994, n° 20, p. 24 s.

THIRION N., « Des rapports entre droit et vérité selon Foucault : une illustration des interactions entre les pratiques juridiques et leur environnement », *RIEJ* 2013, n° 70, p. 180 s.

THOMASSET C., LA PERRIERE R., « François Gény, la libre recherche scientifique et la nature des choses », in JESTAZ Ph., THOMASSET C., VANDERLINDEN J., dir., *François Gény, mythe et réalités – 1899-1999 – Centenaire de Méthode d'interprétation et sources en droit positif – Essai critique*, Dalloz-Bruylant-Yvon Blais, 2000, p. 251 s.

THUILLIER G., « Obsolescence des travaux juridiques », in ALLAND D., RIALS S., dir., *Dictionnaire de la culture juridique*, Lamy-Puf, coll. Quadrige dicos poche, 2003

THUILLIER G., « Penser par soi-même en droit », in ALLAND D., RIALS S., dir., *Dictionnaire de la culture juridique*, Lamy-Puf, coll. Quadrige dicos poche, 2003

THUILLIER G., « Rêverie et droit », in ALLAND D., RIALS S., dir., *Dictionnaire de la culture juridique*, Lamy-Puf, coll. Quadrige dicos poche, 2003

THUNIS X., « La recherche juridique à contretemps », in GÉRARD Ph., OST F., VAN DE KERCHOVE M., dir., *L'accélération du temps juridique*, Publications des Facultés universitaires Saint Louis, 2000, p. 911 s.

THUNIS X., « Libres propos sur les recherches en Faculté de droit », *RIEJ* 1995, n° 35, p. 121 s.

TIANO A., *La méthode prospective*, Dunod, 1975

TIERCELIN C., *Le doute en question – Parades pragmatistes au défi sceptique*, Éditions de l'Éclat, coll. Tiré à part, 2005

TIMSIT G., « Modèles, structures et stratégies de l'administration. Éléments pour une prospective administrative », *RDP* 1980, p. 937 s.

TOFFLER A., *Le Choc du futur*, Denoël, 1974

TOURAINE A., *Critique de la modernité*, Fayard, 1993

TOUZEIL-DIVINA M., *Dix mythes du droit public*, LGDJ, coll. Forum, 2019

TRANNOIS M., VINCENDEAU B., *La réglementation des jeux d'argent en ligne en Europe – État des lieux et perspectives*, Université de Cergy-Pontoise-LEJEP, 2016

TREMBLAY L., « Le droit a-t-il un sens ? Réflexions sur le scepticisme juridique », *RIEJ* 1999, n° 42, p. 13 s.

TRICOT D., « La Cour de cassation face à la doctrine : trois opinions », *Droits* 1994, n° 20, p. 116 s.

TROPER M., « Entre science et dogmatique, la voie étroite de la neutralité », in AMSELEK P., dir., *Théorie du droit et science*, Puf, coll. Léviathan, 1994, p. 315 s.

TROPER M., « La pyramide est toujours debout ! Réponse à Paul Amselek », *RDP* 1978, p. 1523 s.

TRUFFIER J.-P., « Critique de la légitimité axiologique », in ROUSSEAU D., dir., *Le droit dérobé*, Montchrestien, coll. Grands colloques, 2007, p. 169 s.

TUNC A., « Le droit en miettes », *Arch. phil. droit* 1977, p. 31 s.

TUZET G., « La justification pragmatique des croyances », *Revue philosophique de la France et de l'étranger* 2008, t. 133

TWINING W., *Globalization and Legal Theory*, Butterworths, 2000

USUNIER L., « Le rapport Doing Business 2012, la concurrence des systèmes juridiques et l'attractivité du droit français des contrats », *RDC* 2012, p. 575 s.

VALASKAKIS K., « La prospective en trois leçons : mon apprentissage personnel », in DURANCE Ph., dir., *La prospective stratégique en action – Bilan et perspectives d'une indiscipline intellectuelle*, Odile Jacob, 2014, p. 55 s.

VALENTIN V., *Les conceptions néolibérales du droit*, Economica, 2002

VAN DE KERCHOVE M., « De la pyramide au réseau : pour une théorie dialectique du droit », *RID comp.* 2003, p. 730 s.

VANDERLINDEN J., « Réseaux, pyramide et pluralisme ou regards sur la rencontre de deux aspirants-paradigmes de la science juridique », *RIEJ* 2002, n° 49, p. 11 s.

VAUCHEZ A., « Entre droit et sciences sociales – Retour sur l'histoire du mouvement Law and Society », *Genèses* 2001, n° 45, p. 134 s.

VENDRYES P., *De la probabilité en histoire*, 2e éd., Economica, 1998

VERCAUTEREN P., dir., *L'État en crise – Souveraineté et légitimité en question ?*, FIUC, 2000

VERGÈS E., « La responsabilité du fait des nanotechnologies : entre droit positif, droit prospectif et science-fiction », *Cahiers Droit, Sciences et Technologies* 2008, p. 85 s.

VIALA A., « La pensée juridique peut-elle se passer de la dualité être/devoir être ? », in ROUSSEAU D., dir., *Le droit dérobé*, Montchrestien, coll. Grands colloques, 2007, p. 73 s.

VIALA A., « Un PFRLR contre le mariage gay ? Quand la doctrine fait dire au juge le droit qu'elle veut qu'il dise », *RDLF* 2013, n° 4

VIANDIER A., « La crise de la technique législative », *Droits* 1986, n° 4, p. 75 s.

VILLEY M., *Critique de la pensée juridique moderne – Douze autres essais*, Dalloz, coll. Bibliothèque Dalloz, 2009

VILLEY M., *La formation de la pensée juridique moderne*, Puf, coll. Quadrige, 2013

VINCENT P., « Les nouvelles caractéristiques du droit contemporain », in CIEDEL, *Le droit autrement : nouvelles pratiques juridiques et pistes pour adapter le droit aux réalités locales contemporaines*, Éditions Charles Léopold Mayer, 2001, p. 59 s.

VINCKE P., *L'aide multicritère à la décision*, Éditions de l'Université de Bruxelles, 1989

VIRALLY M., *La pensée juridique*, LGDJ, 1960

VOGLIOTTI M., « La bande de Möbius : un modèle pour penser les rapports entre le fait et le droit », *RIEJ* 1997, n° 38, p. 105 s.

VOGLIOTTI M., « La "rhapsodie" : fécondité d'une métaphore littéraire pour repenser l'écriture juridique contemporaine », *RIEJ* 2001, n° 46, p. 141 s.

VOGLIOTTI M., « L'urgence de la question pédagogique pour le droit postmoderne », *RIEJ* 2014, n° 72, p. 73 s.

VOGLIOTTI M., « Le "tournant contextuel" dans la science juridique », *RIEJ* 2013, n° 70, p. 194 s.

WACHSMANN P., « Le kelsénisme est-il en crise ? », *Droits* 1986, n° 4, p. 56 s.

WATZLAWICK P., *L'invention de la réalité – Contribution au constructivisme*, Le Seuil, 1988

WHITE M., « Pragmatism and the Scope of Science », SCHLESINGER A., WHITE M., dir., *Paths of American Thought*, Houghton Mifflin School, 1970, p. 190 s.

WIENER C., « Crise et science de la législation en France », in BANKOWSKI Z. et *alii*, *La science de la législation*, Puf, 1988, p. 87 s.

WINTGENS L., *Droit, principes et théories – Pour un positivisme critique*, Bruylant, 2000

XIFARAS M., dir., *Généalogie des savoirs juridiques contemporains – Le carrefour des lumières*, Bruylant, 2008

ZAORSKI J.-M., « Le 25 février 1976 à la Faculté de Droit d'Aix-en-Provence », *Revue de droit prospectif* 1976, n° 2, p. 5 s.

ZAORSKI J.-M., « Trois ans déjà : Autocritique et essai d'un bilan "prospectif" d'activité », *Revue de droit prospectif* 1978, n° 5, p. 1 s.

ZAORSKI J.-M., GHEVONTIAN R., « La Prospective et l'Europe », *Revue de droit prospectif* 1977, n° 3-4, p. 1 s.

ZAORSKI J.-M., GHEVONTIAN R., « Le temps qui passe... », *Revue de droit prospectif* 1976, n° 2, p. 1 s.

ZAORSKI J.-M., MEDUCIN D.-Y., « Pour une approche prospective de la recherche juridique », *Revue de droit prospectif* 1976, n° 1, p. 7 s.

ZENATI F., « Le droit et l'économie au-delà de Marx », *Arch. phil. droit* 1992, p. 121 s.

ZOLINSKI C., « Questions de légistique soulevées par la construction de la norme à l'aune du renouvellement des sources de droit », in BEHAR-TOUCHAIS M., MARTIAL-BRAZ N., RIFFARD J.-F., dir., *Les mutations de la norme*, Economica, coll. Études juridiques, 2011, p. 51 s.

ZWICKY F., *Discovery, Invention, Research – Through the Morphological Approach*, The Macmillian Company, 1969

ZWICKY F., WILSON A., *New Methods of Thought and Procedure – Contributions to the Symposium on Methodologies*, Springer, 1967

Table des matières

DROIT

AUX ÉDITIONS L'HARMATTAN

Dernières parutions

REPÈRES DE FISCALITÉ DES PROFESSIONNELS ET DES PARTICULIERS

Rock Dieudonné Landze Mbere

La fiscalité est un système de collecte et de redistribution de richesses fondée sur la contribution des ménages, des professionnels et des entreprises. Pour mieux jouer leur partition et s'orienter dans les affaires, le citoyen et le manager ont besoin des repères de fiscalité. Car, en raison de la contrainte financière, le contentieux fiscal au Congo va progressivement s'intensifier.

(320 p., 33 euros)

ISBN : 978-2-343-18620-7, EAN EBOOK : 9782140131783

LA DÉCENTRALISATION DANS LES PAYS FRANCOPHONES D'AFRIQUE DE L'OUEST

Jean-Luc Pissaloux

Cet ouvrage, constitué de contributions écrites par des universitaires, des experts et/ou des hauts fonctionnaires, démontre parfaitement combien la décentralisation est encore une sorte d'idéal-type à atteindre, et qu'elle est loin d'être une pratique effective, efficiente et efficace dans les pays francophones d'Afrique de l'ouest.

(Coll. Droits Publics, 390 p., 38,5 euros)

ISBN : 978-2-343-18272-8, EAN EBOOK : 9782140131653

L'APPLICATION DU DROIT D'AUTEUR AUX HYPERLIENS

Analyse de droit français et de droit américain

Mickaël Le Borloch

Cet ouvrage propose un travail de fond sur les droits français et américain concernant une problématique peu traitée malgré son importance pour le développement de l'internet et la protection des auteurs : l'application du droit d'auteur aux hyperliens.

(Coll. Le Droit aujourd'hui, 632 p., 49 euros)

ISBN : 978-2-343-16341-3, EAN EBOOK : 9782140131660

LES DYNAMIQUES D'INTÉGRATION EN ZONE FRANC EN LIEN AVEC LA ZONE EURO TOME II

Les nouvelles régulations économiques et/ou l'économie de l'intégration

Thimoté Dongotou

Ce deuxième tome fait des propositions sur les nouvelles dynamiques d'intégration en Afrique. Ainsi la prise en compte des partenariats public-privé (PPP) et des dimensions institutionnelles, sociales et anthropologiques est considérée comme de nouvelles régulations économiques et monétaires en Zone Franc Africaine et en zone euro. L'auteur aborde entre autres les grandes familles institutionnelles en économie ou la macroéconomie historique du courant européen contemporain

(Coll. Études africaines, 348 p., 36 euros)

ISBN : 978-2-343-13844-2, EAN EBOOK : 9782140130915

LE CONSTITUTIONNALISME EN EUROPE DE L'EST ET DANS LE MONDE ARABE

Mohamed Ibrahim Hassan

Préface du Dr Lauréline Fontaine

Bien qu'éloignés dans le temps et l'espace, les mouvements révolutionnaires est-européens de la fin des années 80 et du monde arabe des années 2010 ont en commun le constitutionnalisme qui a été le moyen immédiat de sortir du chaos révolutionnaire. S'il a été le dénominateur commun que les peuples ont utilisé pour instaurer les nouveaux régimes politiques qu'ils souhaitaient démocratiques, la singularité de chaque région et de chaque pays s'est imposée lors de la transition et de l'adoption des nouvelles Constitutions. Mais la démocratie ne se décrète pas. A l'instar de la Pologne ou de la Roumanie, les Etats arabes sont confrontés aux mêmes défis sur le chemin de la démocratisation.

(Coll. Droit comparé, 422 p., 40 euros)

ISBN : 978-2-343-17996-4, EAN EBOOK : 9782140131554

EXPÉRIENCES JURIDIQUES SUR LES DROITS HUMAINS

Marco Alberto Quiroz Vitale, Bassin Sandrine Marie-Thérèse Diringbin

Cet ouvrage collectif offre une contribution au débat sur les droits humains à la lumière des théories et de la méthodologie propres à la sociologie juridique. Parmi les questions analysées : les pratiques traditionnelles violant les droits des filles ; les violations de l'interdiction de torture dans la guerre contre la terreur ; les effets sociojuridiques de la globalisation sur le trafic humain...

(Coll. Harmattan Italia, 184 p., 28 euros)

ISBN : 978-2-336-31872-1, EAN EBOOK : 9782140131776

LA CRIMINALITÉ PHARMACEUTIQUE EN RÉPUBLIQUE DÉMOCRATIQUE DU CONGO

Une véritable menace au droit à la santé

Starmans Bofoe Lokangu

Préface de Mwayila Tshiyembe

Pendant que l'humanité assiste passivement à la criminalité pharmaceutique qui englobe la contrefaçon pharmaceutique, la fabrication et le commerce des médicaments falsifiés, gâtés, périmés, illicites ou de qualité douteuse, les patients mettent leur santé en danger. Comme instrument d'interpellation des autorités politiques et sanitaires, des professionnels de droit et de santé, l'ouvrage démontre qu'il est utopique de croire en l'exercice du droit à la santé en présence d'une criminalité pharmaceutique consacrée et institutionnalisée qui constitue une véritable menace pour lui. L'assainissement du secteur pharmaceutique et la répression dissuasive de pharmacriminels restent des mécanismes correctifs pour juguler ce fléau en RDC.

(Coll. Géopolitique mondiale, 238 p., 25,5 euros)

ISBN : 978-2-343-17537-9, EAN EBOOK : 9782140131448

LES DYNAMIQUES D'INTÉGRATION EN ZONE FRANC EN LIEN AVEC LA ZONE EURO TOME I

Les problèmes et scénarios

Thimoté Dongotou

Dans ce premier tome, Thimoté Dongotou étudie, en relation avec les crises économiques, les dynamiques d'intégration en zone franc à l'heure de l'euro. L'ensemble de l'ouvrage est construit autour de trois parties : la zone franc comme projet d'intégration et de développement économique (approches historiques et évolutives) ; les approches d'intégration par la fiscalité et les règles qui s'y appliquent ; la création monétaire en Zone Franc Africaine (ZFA).

(Coll. Études africaines, 498 p., 45 euros)

ISBN : 978-2-343-13843-5, EAN EBOOK : 9782140130908

COLLECTIVITÉS TERRITORIALES ET CINÉMA

Le droit public local du cinéma

David Chappat

Préface d'Olivier Henrard

À partir des années 1940, l'État a pris en charge la réglementation du cinéma en France pour aboutir à la création du Centre National du Cinéma. Depuis quelques dizaines d'années, c'est au niveau local que se poursuit cet effort. L'aide au cinéma permet de développer une politique culturelle, mais également de soutenir une politique sociale, éducative et surtout économique. Pour cela, une répartition des rôles s'est élaborée entre les différents niveaux de collectivités territoriales et de nombreux dispositifs ont été créés afin de couvrir toutes les activités cinématographiques. Mais la validité de certains mécanismes d'aide a été remise en cause, notamment vis-à-vis du droit européen et national de la concurrence.

(Coll. Droit des collectivités territoriales, 128 p., 14,5 euros)

ISBN : 978-2-343-18334-3, EAN EBOOK : 9782140130885

LA PROTECTION DES DROITS DES MIGRANTS

Interactions entre la protection des droits de l'hommes et la protection diplomatique et consulaire

Arafat Abi

Préface de Khadija Elmadmad

En 2018, respectivement le 10 décembre à Marrakech et le 17 décembre à New York, le Pacte mondial pour des migrations sûres, ordonnées et régulières et le Pacte mondial sur les réfugiés ont été adoptés. Premiers accords du genre, ils remplacent la question des migrations au coeur des défis. En effet, à l'heure de la mondialisation, une évidence est d'actualité : l'augmentation des flux migratoires. Et si les Etats tentent souverainement de gérer ces flux, on ne peut oublier que les droits de l'homme sont au-dessus de toutes considérations. La gestion harmonieuse et efficace des migrations doit donc être globale et prendre en compte à la fois les synergies de développement et la protection des droits des personnes migrantes.

(Coll. Le Droit aujourd'hui, 244 p., 25,5 euros)

ISBN : 978-2-343-18037-3, EAN EBOOK : 9782140130427

LES MUTATIONS CONSTITUTIONNELLES EN AFRIQUE NOIRE FRANCOPHONE

à partir des exemples du Congo, du Bénin et du Sénégal

Aimé Ange Wilfrid Bininga

Préface de Frédéric Joël Aïvo - Avant-propos de Babacar Gueye

Ce livre traite des mutations constitutionnelles dans les États d'Afrique noire francophone depuis le renouveau démocratique des années 1990. Ces mutations se manifestent au moyen de la révision constitutionnelle, des lois et règlements infra-constitutionnels, de l'interprétation des normes, de la pratique des acteurs de la vie politique et institutionnelle, de la suspension et de l'abrogation des constitutions. D'une part, elles favorisent le reflux des promesses démocratiques du début des années 1990 et d'autre part, à contresens de cette tendance, les mutations constitutionnelles participent à l'affirmation de l'irréversibilité de la dynamique démocratique.

(Coll. Harmattan Congo-Brazzaville, 360 p., 37 euros)

ISBN : 978-2-343-18410-4, EAN EBOOK : 9782140129926

SÉCURITÉ INTÉRIEURE : PROXIMITÉ ET GLOBALITÉ

Sous la direction de Franck Durand

Il est devenu nécessaire d'envisager la sécurité intérieure en termes de proximité et de globalité. Ainsi en est-il de la réforme emblématique de la nouvelle majorité : la police de sécurité du quotidien, entre présence au plus proche des citoyens et restauration de l'autorité de l'État sur le terrain. Dans le cadre de cette réforme, l'avenir du garde-champêtre, acteur traditionnel de la sécurité rurale, fait l'objet d'incertitudes. Les risques sociaux et sociétaux, les nouvelles menaces, s'inscrivent eux aussi dans plusieurs dimensions. Les rapports entre les acteurs de la sécurité reposent sur une nécessaire complémentarité. Enfin, la révolution numérique a créé un nouvel espace offrant aux prédateurs un nouveau terrain de chasse : cybercriminalité, cyberconflictualité et cyberguerre.

(Coll. Droit de la sécurité et de la défense, 186 p., 19,5 euros)

ISBN : 978-2-343-18095-3, EAN EBOOK : 9782140129100

DÉFIANCE, DOUTE, INCERTITUDE

Quelle place pour la notion de confiance dans les sociétés modernes ?

Sous la direction de Julie Tribolo

Héritières des Lumières, les sociétés modernes se caractérisent par un niveau de développement scientifique et technique toujours plus poussé. L'on pourrait s'attendre à ce que cette domination sans partage du scientifique rende les sociétés plus résilientes, mieux armées face à l'incertain, mais elle a plutôt abouti au contraire à les rendre intolérantes au doute et allergiques au risque. Dans un contexte de judiciarisation croissante des rapports sociaux, et en l'absence le plus souvent de toute certitude, comment le juge peut-il alors susciter l'adhésion des parties à ses décisions ? La confiance apparaît comme un antidote à l'incertitude.

(Coll. Droit privé et sciences criminelles, 90 p., 13 euros)

ISBN : 978-2-343-18231-5, EAN EBOOK : 9782140128677

AMNISTIE ET DROITS DES VICTIMES EN RÉPUBLIQUE CENTRAFRICAINE

Fleury Fulgence Banale

En début d'année 2019, la République Centrafricaine a amorcé une nouvelle page de son histoire par la signature d'un huitième accord entre « le Gouvernement et les Groupes armés ». Cet accord n'a pas fait mention explicite de l'amnistie car le peuple centrafricain ne veut pas en entendre parler et avait réclamé au forum de Bangui « zéro impunité ». Toutefois, parce que l'amnistie, dans le passé n'a pas fonctionné, faut-il l'exclure des solutions politiques possibles à la crise centrafricaine ? Comment garantir les droits des victimes au regard des expériences antérieures d'amnistie ?

(126 p., 14 euros)

ISBN : 978-2-343-18163-9, EAN EBOOK : 9782140128264

LE DROIT DOUANIER À L'ÉPREUVE DE LA CRIMINALITÉ TRANSNATIONALE ORGANISÉE DANS L'ESPACE CEDEAO

Ndiaga Soumaré

Le droit douanier comporte des mécanismes de lutte contre la fraude qui lui ont permis, jusque-là, de faire face au phénomène de la Criminalité transnationale organisée (CTO) tout en gardant sa spécificité et son autonomie. Mais très vite, les douanes vont se rendre compte que la lutte contre la CTO va devoir impliquer l'intégration d'autres mécanismes juridiques extra-douaniers. Il est devenu primordial de neutraliser l'action des organisations criminelles à travers le renforcement de la surveillance des frontières et la sécurisation du contrôle des opérations commerciales. La finalité, pour les douanes, étant de concilier la protection de la chaîne logistique internationale et la facilitation des échanges commerciaux.

(Coll. Harmattan Sénégal, 406 p., 40 euros)

ISBN : 978-2-343-17842-4, EAN EBOOK : 9782140128714

SELON (QUE) LA JURISPRUDENCE

Kambamutu Matadiwamba

Ce livre procède d'un souci d'équilibre, en livrant au public de quoi juger le travail des magistrats congolais. L'auteur affirme qu'il existe de bonnes et de mauvaises décisions judiciaires, sans oublier des décisions critiquables. Le tout est de savoir s'y retrouver. Hélas, depuis deux décennies, rien ni personne n'arrête la montée de la fièvre, la saturation des jugements acquis moyennant des influences de tout genre.

Academia (Coll. Bibliothèque de droit africain, 292 p., 30 euros)

ISBN : 978-2-8061-0461-8, EAN EBOOK : 9782806110282

NOUVEAU DROIT DE LA RESPONSABILITÉ DE PROTÉGER

Droit international public et régional

Jean-Nazaire Tama

Préface de Christophe Euzet

« Si l'intervention humanitaire constitue effectivement une atteinte inadmissible à la souveraineté, comment devons-nous réagir face à des situations comme celles dont nous avons été témoins au Rwanda ou à Srebrenica, durant des violations flagrantes, massives et systématiques des droits de l'Homme, qui vont à l'encontre de tous les principes sur lesquels est fondée notre condition d'êtres humains ? », s'est interrogé Kofi Annan dans son rapport du Millénaire. L'utilisation intéressée du principe de la responsabilité de protéger par les États l'a dévoyé de son esprit humanitaire. Cet ouvrage révèle et analyse le système international de mise en oeuvre dudit principe sous l'empire de la Charte des Nations Unies, et celui régional établi par l'Union Africaine et la Communauté économique des États de l'Afrique de l'Ouest (CEDEAO).

(Coll. Logiques Juridiques, 362 p., 37 euros)

ISBN : 978-2-343-17098-5, EAN EBOOK : 9782140127830

Structures éditoriales du groupe L'Harmattan

L'Harmattan Italie
Via degli Artisti, 15
10124 Torino
harmattan.italia@gmail.com

L'Harmattan Hongrie
Kossuth l. u. 14-16.
1053 Budapest
harmattan@harmattan.hu

L'Harmattan Sénégal
10 VDN en face Mermoz
BP 45034 Dakar-Fann
senharmattan@gmail.com

L'Harmattan Cameroun
TSINGA/FECAFOOT
BP 11486 Yaoundé
inkoukam@gmail.com

L'Harmattan Burkina Faso
Achille Somé – tengnule@hotmail.fr

L'Harmattan Guinée
Almamya, rue KA 028 OKB Agency
BP 3470 Conakry
harmattanguinee@yahoo.fr

L'Harmattan RDC
185, avenue Nyangwe
Commune de Lingwala – Kinshasa
matangilamusadila@yahoo.fr

L'Harmattan Congo
67, boulevard Denis-Sassou-N'Guesso
BP 2874 Brazzaville
harmattan.congo@yahoo.fr

L'Harmattan Mali
Sirakoro-Meguetana V31
Bamako
syllaka@yahoo.fr

L'Harmattan Togo
Djidjole – Lomé
Maison Amela
face EPP BATOME
ddamela@aol.com

L'Harmattan Côte d'Ivoire
Résidence Karl – Cité des Arts
Abidjan-Cocody
03 BP 1588 Abidjan
espace_harmattan.ci@hotmail.fr

L'Harmattan Algérie
22, rue Moulay-Mohamed
31000 Oran
info2@harmattan-algerie.com

L'Harmattan Maroc
5, rue Ferrane-Kouicha, Talaâ-Elkbira
Chrableyine, Fès-Médine
30000 Fès
harmattan.maroc@gmail.com

Nos librairies en France

Librairie internationale
16, rue des Écoles – 75005 Paris
librairie.internationale@harmattan.fr
01 40 46 79 11
www.librairieharmattan.com

Lib. sciences humaines & histoire
21, rue des Écoles – 75005 Paris
librairie.sh@harmattan.fr
01 46 34 13 71
www.librairieharmattansh.com

Librairie l'Espace Harmattan
21 bis, rue des Écoles – 75005 Paris
librairie.espace@harmattan.fr
01 43 29 49 42

Lib. Méditerranée & Moyen-Orient
7, rue des Carmes – 75005 Paris
librairie.mediterranee@harmattan.fr
01 43 29 71 15

Librairie Le Lucernaire
53, rue Notre-Dame-des-Champs – 75006 Paris
librairie@lucernaire.fr
01 42 22 67 13

www.ingramcontent.com/pod-product-compliance
Lightning Source LLC
LaVergne TN
LVHW050634051026
849532LV00002B/385